Partizipation und nachhaltige Entwicklung

Michael Schönhuth ·
Maja Tabea Jerrentrup

Partizipation und nachhaltige Entwicklung

Ein Überblick

Michael Schönhuth
Universität Trier
Trier, Deutschland

Maja Tabea Jerrentrup
Ajeenkya DY Patil University
Pune, Indien

Diese Einführung basiert in Teilen auf einem Studienbrief für den Fernstudiengang „Nachhaltige Entwicklungszusammenarbeit" der TU Kaiserslautern.

ISBN 978-3-658-27853-3   ISBN 978-3-658-27854-0 (eBook)
https://doi.org/10.1007/978-3-658-27854-0

Die Deutsche Nationalbibliothek verzeichnet diese Publikation in der Deutschen Nationalbibliografie; detaillierte bibliografische Daten sind im Internet über http://dnb.d-nb.de abrufbar.

Springer VS
© Springer Fachmedien Wiesbaden GmbH, ein Teil von Springer Nature 2019
Das Werk einschließlich aller seiner Teile ist urheberrechtlich geschützt. Jede Verwertung, die nicht ausdrücklich vom Urheberrechtsgesetz zugelassen ist, bedarf der vorherigen Zustimmung des Verlags. Das gilt insbesondere für Vervielfältigungen, Bearbeitungen, Übersetzungen, Mikroverfilmungen und die Einspeicherung und Verarbeitung in elektronischen Systemen.
Die Wiedergabe von allgemein beschreibenden Bezeichnungen, Marken, Unternehmensnamen etc. in diesem Werk bedeutet nicht, dass diese frei durch jedermann benutzt werden dürfen. Die Berechtigung zur Benutzung unterliegt, auch ohne gesonderten Hinweis hierzu, den Regeln des Markenrechts. Die Rechte des jeweiligen Zeicheninhabers sind zu beachten.
Der Verlag, die Autoren und die Herausgeber gehen davon aus, dass die Angaben und Informationen in diesem Werk zum Zeitpunkt der Veröffentlichung vollständig und korrekt sind. Weder der Verlag, noch die Autoren oder die Herausgeber übernehmen, ausdrücklich oder implizit, Gewähr für den Inhalt des Werkes, etwaige Fehler oder Äußerungen. Der Verlag bleibt im Hinblick auf geografische Zuordnungen und Gebietsbezeichnungen in veröffentlichten Karten und Institutionsadressen neutral.

Springer VS ist ein Imprint der eingetragenen Gesellschaft Springer Fachmedien Wiesbaden GmbH und ist ein Teil von Springer Nature.
Die Anschrift der Gesellschaft ist: Abraham-Lincoln-Str. 46, 65189 Wiesbaden, Germany

Vorwort

Participation matters – not only as a means of improving development effectiveness, as we know from our recent studies – but as the development to long-term sustainability and leverage. We must never stop reminding ourselves that it is up to the government and its people to decide what their priorities should be.
(J. Wolfensohn 1998, in seiner Jahresansprache als Weltbankpräsident)[1]

Der vorliegende Überblick führt Sie in das Feld der partizipativen Lern- und Forschungsansätze für nachhaltige Entwicklung ein. Er richtet sich an alle, die auf der akademischen oder praktizierenden Seite bzw. auf der Grenze zwischen diesen beiden Feldern hier und an anderen Orten in der Welt arbeiten und ihr Wissen in diesem Feld vertiefen, bzw. ihr Methodenrepertoire erweitern wollen. Die Theoriebezüge, methodologischen Ansätze, Instrumente und Beispiele wurden so gewählt, dass Sie am Ende das Feld in seinen wesentlichen Einsatzbereichen (Lernen, Forschung, Beratung) kennengelernt haben, seine Möglichkeiten und Grenzen einschätzen und diesen Lernfortschritt für Ihre Arbeit nutzen können, egal, in welchem dieser drei Bereiche Sie Ihren Schwerpunkt haben.

Der Fokus des Buches liegt aufgrund seines Entstehungszusammenhanges auf der Internationalen/Entwicklungszusammenarbeit. PRA und Verfahren, die mit ähnlicher Zielrichtung und Methodensets arbeiten, haben sich im ‚globalen Süden' entwickelt. Ihre besonderen Stärken (Visualisierung und damit Zugang auch für Gruppenmitglieder ohne Verbalisierungsvorteil; methodenpluraler, möglichst viele Perspektiven einbeziehender, aber meist auf einen überschaubaren Zeitraum konzentrierter, äußerst dynamischer Gruppenprozess) wurden

---

[1] Vgl. Aycrigg 1998: Participation and the World Bank: Success, Constraints, and Responses: https://siteresources.worldbank.org/INTPCENG/Resources/sdp-29.pdf.

allerdings seit der Jahrtausendwende auch im ‚globalen Norden' in partizipativen Erhebungs-, Planungs- oder Evaluierungsprozessen erfolgreich eingesetzt. Der kulturelle Kontext spielt zwar für das Funktionieren partizipativer Methoden eine nicht unerhebliche Rolle, und wir gehen darauf an entsprechender Stelle ein – nicht jedoch im Sinne einer grundsätzlichen Trennung zwischen ‚Globalem Norden' und ‚Globalem Süden'.[2] Das Buch ist insofern auch ein Versuch, über lange Zeit getrennt geführte partizipative Diskurse wieder vermehrt miteinander ins Gespräch zu bringen. Wir selbst haben mit diesen Ansätzen an verschiedenen Orten in Deutschland, Österreich, Indien, Tansania, Ghana, Russland und Kasachstan, in Trainings-, Beratungs- und Forschungs- und Entwicklungsprozessen sowie im Rahmen von Lehrforschungen gearbeitet. Auftraggeber kamen dabei aus staatlichen wie Nichtregierungsorganisationen, aus der Wissenschaft sowie aus der freien Wirtschaft.

Partizipative Entwicklungsansätze, deren erkenntnistheoretische Wurzeln bis in die 1940er Jahre zurückreichen, wurden im Wesentlichen in den 1980er Jahren an ganz unterschiedlichen Standorten von einer Vielzahl enthusiastischer Forscher/innen und Berater/innen entwickelt. Sie haben sich in der Folge, durch die den Ansätzen immanente „*Sharing*"-Philosophie über UN-Universitäten und einschlägige Praxiszeitschriften, in denen Praktizierende ihre Erfahrungen mit einer weltweiten ‚Gemeinde' von Interessierten teilten, über den gesamten Globus verbreitet. Die Phase zwischen 1995 und 2005 kann als eine Zeit der Konsolidierung angesehen werden, in der sich die Ansätze auch in den großen Entwicklungsinstitutionen etabliert und – wenn Sie so wollen – ‚kanonisiert' haben. Wo wir uns im Nachfolgenden auf diesen Kanon partizipativer Ansätze im Entwicklungskontext beziehen, rekurrieren wir vor allem auf einschlägige Literatur und Praxisbeispiele aus dieser Zeit. In den letzten zehn Jahren lässt sich dann eine Ausdifferenzierung in und eine Anpassung der Methoden für ganz unterschiedliche Anwendungsfelder erkennen. Diese Entwicklung verfolgen wir mit Ihnen in ausgewählten Bereichen. Außerdem geben wir am Ende der jeweiligen Kapitel Hinweise auf neuere und neueste Literatur, die in der Regel auch elektronisch verlinkt und damit für Sie kostenlos (selten auch kostenpflichtig) downloadbar ist.

---

[2]Wir verstehen die Begriffe ‚globaler Süden' und ‚Norden' weniger im Sinne nationaler ökonomischer Entwicklungsunterschiede, als vielmehr im Sinne des ungleichen Zugangs zu natürlichen und Wissensressourcen, politischen Entscheidungen, Wertschöpfung, Bildung, Digitalisierung und anderer Faktoren, die Macht- und Privilegienunterschiede in unserer „Einen Welt" ausmachen und unterstreichen; aber auch im Sinne professioneller Diskursgemeinschaften, die sich über eigene Theorietraditionen, gemeinsame koloniale und postkoloniale Erfahrungen sowie spezifische Methoden, Phänomenen des gesellschaftlichen und kulturellen Wandels annehmen und sich darüber untereinander verständigen.

Der Einführung ist ein Glossar mit für dieses Buch zentralen Begriffen beigefügt. Damit tragen wir dem Umstand Rechnung, dass gerade im interkulturellen Forschungs- und Beratungsfeld Benennungen zugleich auch Weltanschauungen transportieren und sich in Begriffen auch Machtverhältnisse und Durchsetzungsansprüche widerspiegeln. Trotzdem haben wir darauf verzichtet, im Text „problematische" Begriffe wie „*Ziel*" gruppe oder Entwicklungs „*hilfe*" komplett auszublenden, oder nur noch mit Ersatzbegriffen zu arbeiten („Entwicklungsarbeit", „internationale Zusammenarbeit", „Endbegünstigte", „an Entwicklungsvorhaben Beteiligte"; „lokale Partner" …), denn erstere bezeichnen manchmal auch eine Wirklichkeit, die durch die bloße Umbenennung noch nicht abgeschafft oder überwunden ist. In diesem Sinne plädieren wir für eine Sensibilisierung und eine Kontextualisierung von Begriffen („wann ist welcher angemessen"). Den Transfer (mit welchen Begriffen wollen Sie zukünftig arbeiten, was wollen Sie damit transportieren) leisten Sie dann selbst.

Aus demselben Grund haben wir uns im Buchtitel für das Adjektiv ‚*partizipativ*' entschieden; nicht, weil wir nicht an die Macht von ausdrücklich auf ‚*transformatorische*' Veränderungen zielende ‚*partizipatorische*' Ansätze glauben – die auch in diesem Überblick ihren Platz haben –, sondern weil sie in der Praxis noch immer mehr Ausnahme als Regel darstellen und wir das begrifflich nicht bemänteln wollen. Dort, wo der Entschluss zur Veränderung von Gruppen selbst ausgeht bzw. das Ziel Selbst*bestimmung* bzw. *gleichberechtigte* Teilhabe *(‚equal sharing')* ist, sprechen wir von ‚*partizipatorisch*', dort wo der Forschungs- oder Veränderungsprozess ‚auf Augenhöhe' stattfindet von ‚*kollaborativ*'. Das 2015 vom Bundestag verabschiedete „Gesetz für die gleichberechtigte Teilhabe von Frauen und Männern an Führungspositionen" wäre ein Beispiel für das Ziel des ‚*Equal Sharing*', das Onlineprojekt *Wikipedia*, in dem Nutzer/innen hierarchiefrei an der Optimierung enzyklopädischer Begriffe arbeiten, oder *OpenStreetMap,* das frei nutzbare Geodaten sammelt *(Open Data)* gute Beispiele für Kollaboration auf Augenhöhe.

Dem Grunde und der Historie nach haben partizipative Ansätze und Methoden mit *direkten* Begegnungen zwischen Menschen und Gruppen zu tun. Ihre Stärken liegen zweifelsohne auf der kommunalen und regionalen Ebene. Lokale und nationale Politikgestaltung (die sog. ‚*Governance*') lassen sich heute allerdings häufig kaum mehr trennen, umso mehr, als Politik immer mehr auch außerhalb institutioneller Gefüge in horizontalen Netzwerken ‚gemacht' wird. Vor dem Hintergrund der Veränderungen von Entwicklungszusammenarbeit in Richtung programmbasierter bzw. sektorweiter Programme und internationaler Budgethilfe haben sie in diesem Feld inzwischen auch eine globale Dimension und werden Teil einer *Participatory Multilevel Governance* (Heinelt et al. 2002;

Zanella et al. 2015; Taylor 2016; Grindle 2017). Trotzdem werden aufgrund des Zuschnitts dieses Überblicks Leser/innen mit lokalem Partizipationsinteresse mehr Lesefutter finden als solche mit Regierungsberatungsambitionen, weil dort die Aufgabe eher in der *Befähigung* von Institutionen *zur* Partizipation liegt. In Konstellationen, wo staatliche Institutionen vorübergehend nicht mehr funktionieren (z. B. in Nothilfe-Situationen), aber auch im Rahmen der sogenannten *E-Governance* (KfW 2019) spielen partizipative Ansätze hingegen wieder eine Schlüsselrolle für nachhaltige Lösungen.

Die für Partizipation zentrale Frage, „wer wen, wann, wie und bis zu welchem Grad beteiligt" – oder ausschließt – ist jenseits von gesellschaftlichen Verhältnissen fast immer auch eine *„gegenderte"*. Dem wollen wir im Text sprachlich Rechnung tragen, auch wenn der eine oder andere Satz dadurch etwas holpriger geworden ist. Partizipation beinhaltet unter anderem den Anspruch, Lernende dort abzuholen, wo sie stehen. Auch wenn Theorie manchmal unverzichtbar ist, haben wir versucht, sie zumindest anschlussfähig zu machen und ihr nicht mehr Raum zu geben, als notwendig. Wir freuen uns – auch im Hinblick auf zukünftige Überarbeitungen – über Rückmeldungen, wie weit das gelungen ist. Das Autorenteam hat eine ethnologische Heimatbasis, die wir nicht verstecken. Wir nutzen diese fachliche Positionierung aber (hoffentlich) nur dort, wo sie einen Erkenntnismehrwert verspricht.

Unser Dank geht an die Menschen, die dieses Projekt inspiriert oder mit wichtigen Hinweisen und Kommentaren begleitet haben, insbesondere an: Christoph Antweiler, Christine Bald, Frank Bliss, Robert Chambers, Uwe Kievelitz, Franziska Köppe, Markus Linden und Hartmut Müller. Für allfällige Fehler übernimmt das Autorenteam die alleinige Verantwortung.

Trier
Königswinter
im November 2019

Michael Schönhuth
Maja Tabea Jerrentrup

Zum Auftakt: Partizipative HIV-Präventionsforschung in Uganda

Von Juli bis September 2009 führte ein multidisziplinäres Team ein partizipatives Gesundheitsforschungsvorhaben in sechs Fischereigemeinden am Viktoriasee in Uganda durch. Es ging darum, neue Wege zu finden, um HIV-vulnerable Gruppen zu erreichen und sie dabei möglichst aktiv in die Präventionsforschung einzubeziehen. Das Kernteam bestand aus dem Sozialplaner Peter Byansi, dem Medizinethnologen Paul Bukuluki sowie sechs wissenschaftlichen Mitarbeiter/innen (drei Frauen, drei Männer) mit Erfahrung in der HIV/AIDS-Prävention.

14 Tage vor der eigentlichen Forschung besuchten die Teamleiter zwei der Forschungsstandorte, beobachteten Personen bei ihren Alltagsaktivitäten und führten informelle Gespräche, um ein Gefühl für geeignete Forschungsmethoden zu bekommen und erste Kontakte zu lokalen Führern und Netzwerken zu knüpfen. Es stellte sich heraus, dass offizielle Vertreter oder ‚Torwächter' *(Gatekeeper)* von Netzwerken in der Kontaktanbahnung mit betroffenen Individuen oder Gruppen hilfreich sein können, diese die Kontakte aber auch im eigenen Interesse kontrollieren. Auch wurde klar, dass für das empirische Ziel, vulnerable Personen wie Fischer, Sexarbeiterinnen oder Barmädchen für die Forschung zu gewinnen, Tagesbesuche des Forscherteams nicht ausreichen würden.

Die Teamleiter trafen die Entscheidung, dass das gesamte Team zu Beginn der Handlungsforschung jeweils vier Tage und Nächte am Stück im Feld zubringen und dass Teammitglieder mit einem eigenen Fischereihintergrund den Fischern bei der Arbeit zur Hand gehen sollten. Die ausgewählten partizipativen Methoden, unter ihnen soziale Karten, Akteurs- und Entscheidungsdiagramme, Saisonale Kalender sowie Ranking- und Scoring-Techniken wurden in einem vergleichbaren Dorfsetting in der Nähe von Kampala im Feld getestet und teilweise angepasst. Schlüsselinformanten- und Fokusgruppeninterviews sowie teilnehmende Beobachtungen kamen vor allem beim Arbeiten mit den Fischern, beim Trocknen der Fische mit den Frauen und während Aufenthalten in Restaurants und öffentlichen Videohallen zum Einsatz.

Die Informalität der Methoden und die Vertrautheit einiger Teammitglieder mit dem lokalen Kontext halfen dabei – trotz des sensiblen Themas – Zugang zu den Betroffenen zu finden. Es stellte sich heraus, dass das HIV-Risiko hauptsächlich von ungeschützten Sexualkontakten von Sexarbeiterinnen zu Menschen mit unbekanntem HIV-Serostatus ausging und betroffene Frauen sich auf solche Kontakte des Gelderwerbs wegen einließen. Informelle Gespräche mit Sexarbeiterinnen offenbarten aber auch andere Gründe, z. B. das Bedürfnis nach sexueller Befriedigung Kameradschaft, Unterstützung, Sicherheit und Liebe, oder die Suche nach Trost, aufgrund eines andauernden Missbrauchs, dem sie zu Hause ausgesetzt waren.[3] Der partizipative Ansatz zeigte insgesamt, dass Menschen durchaus in der Lage sind, entwicklungsrelevante Daten selbst zu sammeln, zu analysieren und auf deren Grundlage für sie tragfähige Lösungen zu finden. Mithilfe lokaler Führungsstrukturen und Netzwerkakteure wurden sensibilisierende Öffentlichkeitsaktivitäten mit Musik, Tanz und Theaterstücken geplant, Sozialarbeiter/innen geschult, Dorfdialoge etabliert, Boote und leere Wände mit Aufklärungsslogans versehen. (siehe Abb. 1)

Abb. 1 Ein Fischerboot mit aufgemalter Botschaft zur HIV-Prävention. (Abdruck mit frdl. Genehmigung des Uganda Virus Research Institute ©; P. Byansi)

---

[3]Für einen Überblick über im HIV-Bereich eingesetzte partizipative Methoden in Uganda (vgl. Kasaija und Nsabagasani 2008).

Vorhergehende, mit europäischer Hilfe finanzierte wissenschaftliche Studien in der Region hatten bei den Menschen kaum Spuren hinterlassen. Der Schlüssel zum Verständnis der Bedeutung von HIV-Prävention war die direkte Erfahrung der Beteiligten, dass partizipative Forschung für sie selbst nachvollziehbare, praktisch verwertbare Erkenntnisse über bisher nicht bekannte Zusammenhänge sowie direkte Verbesserungen bezüglich des Zugangs zu HIV-Präventions- und Behandlungsressourcen brachte.

Die Aufrechterhaltung der Aktivitäten ist nach Einschätzung der Autoren nach wie vor eine Herausforderung, aber die Tatsache, dass die Gemeinschaften begonnen haben, ihr Potenzial zu nutzen, um Einfluss zu nehmen und ihre Erfahrungen innerhalb ihrer Netzwerke zu teilen, kann als Beleg gewertet werden, dass ein Prozess der Selbstermächtigung begonnen hat.

(Zusammenfassung aus einem Felderfahrungsbericht von Byansi et al. 2013 in PLA Notes)

Inhaltsverzeichnis

1	**Partizipation als Konzept und Querschnittsthema**	1
	1.1 Was ist Partizipation?	1
	1.2 Partizipative Ansätze global	5
	1.3 Entwicklungspolitik und Partizipation im Wandel	14
	1.4 Partizipation in Zeiten von Sustainable Development Goals (SDGs)	20
	1.5 Partizipation und das Problem der Allmende	27
2	**Entwicklungsphasen partizipativer Ansätze**	31
	2.1 Rapid (Rural) Appraisal	31
	2.2 Participatory Appraisal	33
	2.3 Participatory Learning and Action	35
	2.4 Mainstreaming Participation	36
	2.5 Formen und Dimensionen der Partizipation	38
3	**Partizipation in Entwicklungs- und Transformationsprozessen**	43
	3.1 Planungsphase (Appraisal)	45
	3.2 Implementierung	46
	3.3 Participatory Monitoring & Evaluation (PM&E)	49
4	**Partizipation in der Forschung**	61
	4.1 Forschungsparadigmen	61
	4.2 Forschungsstrategien	65
	4.3 Forschungskonstellationen	69
	4.4 Ausgewählte kollaborative Forschungsansätze	72
	4.5 Forschung und Entwicklungspraxis: Arbeiten in zwei Welten?	85

5	Toolbox: Partizipative Forschungs- und Beratungsinstrumente	87
5.1	Trainingssetting	91
5.2	Team: Rollen, Verantwortlichkeiten, Arbeitstechniken	92
5.3	Der Schritt ins Feld	100
5.4	Toolbox	104
5.5	Gütekriterien partizipativ erhobener Daten	153
6	**Exemplarische Anwendungsfelder**	**157**
6.1	The Myth of Community	159
6.2	Arme	163
6.3	Gender	167
6.4	Kinder/Jugendliche	173
6.5	Menschenrechte/Minderheitenrechte	180
6.6	Landrechte	185
6.7	Elektronische und digitale Partizipation	190
6.8	Kultur	198
7	**Partizipation und Repräsentation**	**203**
7.1	Repräsentation in unterschiedlichen Mediengefügen	206
7.2	Interessenkonflikte	208
7.3	Partizipation an der Darstellung	211
8	**Partizipation und Ethik**	**213**
9	**Zwanzig Tipps für die partizipative Praxis**	**219**
10	**Anstatt eines Schlusswortes**	**223**
Anhang		**227**
Glossar		**229**
Literatur		**245**

Über die Autoren

Dr. Michael Schönhuth ist Professor für Ethnologie an der Universität Trier. Forschungsschwerpunkte: Migration; Organisation, Netzwerke, partizipative Verfahren. Er hat in den 1990er Jahren an der Entwicklung und Verbreitung partizipativer Verfahren in der deutschen EZ mitgewirkt (vgl. Schönhuth und Kievelitz 1995) und berät seit dieser Zeit deutsche und internationale Institutionen in den Feldern, Kultur, Entwicklung und Partizipation. Er ist Autor eines Onlineglossars zu Kultur & Entwicklung (www.kulturglossar.de) und Mitentwickler der partizipativen Netzwerkvisualisierungs-Software Vennmaker (www.vennmaker.com) sowie Ausrichter einer Netzwerkschule (http://www.sna-summer-school.de/). Weitere Informationen unter: http://www.uni-trier.de/index.php?id=43516.

Ausgewählte Publikationen:
- 2015. Zuhause fremd 2.0. Migration und Remigration zwischen Deutschland und Osteuropa (herausgegeben zusammen mit Markus Kaiser). Bielefeld: transcript.
- 2013. Visuelle Netzwerkforschung (herausgegeben zusammen mit Markus Gamper, Michael Kronenwett, Martin Stark). Bielefeld: transcript.

- 2011. Participatory Research Approach: Principles, Challenges and Perspectives (mit Gohar Tadevosyan). In: Bulletin of the Yerevan University, 134(5), S. 3–13.
- 1995. Participatory Learning Approaches: Rapid Rural Appraisal/Participatory Appraisal. An introductory guide (zusammen mit Uwe Kievelitz). Roßdorf. http://star-www.giz.de/dokumente/bib/95-0930.pdf.
- Vollständige Publikationsliste unter: https://www.uni-trier.de/index.php?id=52679.

Dr. Maja Tabea Jerrentrup ist Medienanthropologin und arbeitet als Professorin an der ADYP University in Pune, Indien und Journalistin im Bereich Fotografie. Sie promovierte 2010 bei Michael Schönhuth und Christoph Antweiler an der Universität Trier in Ethnologie. In den vergangenen Jahren wirkte sie an unterschiedlichen EZ-Projekten mit. Ihre Forschungsschwerpunkte sind Repräsentation, Identität und Fotografie.

Ausgewählte Publikationen:
- 2005. Werbung für wohltätige Zwecke im Medium des Plakats. Nordhausen: Bautz Verlag
- 2005. Abwenden? Plakatwerbung für wohltätige Zwecke. Stuttgart: Ibidem Verlag
- 2018. Modeln als Therapie? Zum Potenzial inszenierter Menschenfotografie. Münster: Waxmann.

Abkürzungsverzeichnis

ABD	Asian Development Bank
AGEE	Arbeitsgemeinschaft Entwicklungsethnologie
AIDS	Acquired Immune Deficiency Syndrome
AMWCY	African Movement of Working Children and Youth
AUSAid	Australian Aid
BICC	Bonn International Center for Conversion
BMBF	Bundesministerium für Bildung und Forschung
BMNT	Bundesministerium für Nachhaltigkeit und Tourismus
BMZ	Bundesministerium für wirtschaftliche Zusammenarbeit und Entwicklung
BpB	Bundeszentrale für politische Bildung
CBM	Community Based Management
CBPR	Community Based Participatory Research
CIFOR	Center for International Forestry Research
DAC	Development Assistance Committee
DDR	Deutsche Demokratische Republik
DEAT	Department of Environmental Affairs and Tourism
DED	Deutscher Entwicklungsdienst
DeGEval	Deutsche Gesellschaft für Evaluation
DEval	Deutsches Evaluierungsinstitut der Entwicklungszusammenarbeit
DFID	Department for International Development
EU	Europäische Union
EZ	Entwicklungszusammenarbeit
F&E	Forschung und Entwicklung
FQS	Forum: Qualitative Social Research
GAD	Gender and Development

GIGA	German Institute of Global and Area Studies
GIS	Geoinformationssystem
GIZ	Deutsche Gesellschaft für Internationale Zusammenarbeit
GNP	Gross National Product
GONGO	Government-Organized Non-Governmental Organizations
GTZ	Deutsche Gesellschaft für Technische Zusammenarbeit
HIV	Human Immunodeficiency Virus
HYV	High Yield Variety
ICTA	Institut de Ciència i Technologia Ambientals
IDS	Institute of Development Studies
IFPRI	International Food Policy Research Insitute
IIED	International Institute for Environment and Development
IK	Indigenous Knowledge
ILC	International Land Coalition
ILO	International Labour Organization
INGO/INRO	International Non-Governmental Organization
IZ	Internationale Zusammenarbeit
LDC	Least Developed Countries
LICCI	Local Indicators of Climate Change Impacts
M&E	Monitoring- und Evaluierungsphase
MAPP	Method for Impact Assessment of Programmes and Projects
MDGs	Millennium Development Goals
MOA	Ministry of Agriculture
MOPAWI	Agency for the Development of the Mosquita
NGO/NRO	Non-Governmental Organization/Nichtregierungsorganisation
ODA	Official Development Assistance
OECD	Organisation for Economic Co-operation and Development
OEGUT	Österreichische Gesellschaft für Umwelt und Technik
OLPC	One Laptop per Child
P3DM	Participatory Three-Dimensional Modelling
PAR	Participatory Action Research
PCIA	Peace and Conflict Assessment
PGIS	Participatory Geographic Information System
PIM	Participatory Impact Monitoring
PLA	Participatory Learning and Action
PLUP	Participatory Land Use Planning
PPGIS	Public Participatory Geographic Information System
PRA	Participatory Rural Appraisal
PRSP	Poverty Reduction Strategy Paper

PT	Process Tracing
PUBinPLAN	Public in Spatial Planning Supported by Information and Communication Technology
QGIS	Quantum-Geoinformationssystem
RBA	Rechtsbasierter Ansatz
RCA	Reality Check Approach
RRA	Rapid Rural Appraisal
SDGs	Sustainable Development Goals
SFCG	Search for Common Ground
SLE	Seminar für ländliche Entwicklung
SLF	Sustainable Livelihood Foundation
SLR	Single Lense Reflex Camera
SSI	Semistrukturiertes Interview
SWAp	Sector-Wide Approach
TED	Technology, Entertainment, Design
ToT	Transfer of Technology
TRAFIG	Transnational Figurations of Displacement
TZ	Technische Zusammenarbeit
UN	United Nations
UNCED	United Nations Conference on Environment and Development
UNESCO	United Nations Educational, Scientific and Cultural Organization
UNHCR	United Nations High Commissioner for Refugees
UNICEF	United Nations International Children's Emergency Fund
UNISDR	United Nations International Strategy for Disaster Reduction
USA	United States of America
USAID	US Agency for International Development
WHO	World Health Organization
WID	Women in Development
ZEF	Zentrum für Entwicklungsforschung

Partizipation als Konzept und Querschnittsthema 1

> *Participation is a right held by all people to engage in society and in the decisions that impact their lives. Participation is thus a political endeavour that challenges oppression and discrimination, in particular of the poorest and most marginalised people. Through participation people can identify opportunities and strategies for action, and build solidarity to effect change.*
> Joanna Howard, Cluster Participation, Inclusion and Social Change, Institute of Development Studies (https://www.ids.ac.uk/clusters-and-teams/participation/)

1.1 Was ist Partizipation?

Jede Form der Sozialorganisation fordert Regelungen zur Beteiligung ihrer Mitglieder. Insofern beschäftigte ‚Partizipation' sicher auch schon steinzeitliche Gruppen vor 2,5 Mio. Jahren, wenn es um die Verteilung der Aufgaben im Rahmen der Jagd oder die Form der Teilhabe an den Jagdergebnissen ging. Begrifflich geht ‚Partizipation' auf das spätlateinische Kompositum *participatio* (Substantiv *pars:* Teil und Verb *capere:* fangen, ergreifen, sich aneignen, nehmen) zurück (Georges et al. 2017). In klassischen Schriften wurde sie im Sinne von *teilhaftig werden, einbeziehen, teilnehmen lassen, (mit)teilen* oder *teilhaben* verstanden und benutzt. Alle diese Formen lassen sich auch in der deutschen Verwendung des Begriffes finden. So bezeichnet er in der (politischen) Soziologie den Grad der Einbeziehung von Einzelnen oder Gruppen in Entscheidungs- und Willensbildungsprozesse, sei dies in Form der Bürgerbeteiligung, betrieblichen

Mitbestimmung, innerhalb eines Interessenverbandes oder einer politischen Partei.
Betriebswirtschaftlich kann Partizipation z. B. die direkte oder indirekte Teilhabe am Erfolg eines Unternehmens bezeichnen, über materielle Anreize oder Beteiligungen am Betriebskapital *(shareholder)*. Mit dem sog. *Human-Relations*-Ansatz in den 1930ern[1], über Formen des kooperativen Managements (Zimmermann 2011) bis hin zu einer „Unternehmensdemokratie" (Zeuch 2015) gibt es in diesem Feld darüber hinaus Strömungen, die das menschliche Miteinander und wechselseitigen Respekt zwischen Hierarchieebenen als Voraussetzung für nachhaltige Unternehmensführung betonen.

Orchester ohne Dirigent? Das Orpheus Chamber Orchestra

Das US-amerikanische Kammerorchester wurde 1972 von jungen Musiker/innen um den Cellisten Julian Fifer gegründet. Eine Besonderheit des Orchesters liegt darin, dass es grundsätzlich ohne Dirigent arbeitet. Dazu haben die Musiker eine spezielle teambasierte Struktur und ein Abstimmungsverfahren entwickelt, das als *„Orpheus Process"* bezeichnet wird. Für jedes Stück werden Konzertmeister und Stimmführer neu festgelegt. Diese Gruppe erarbeitet das Konzept für Interpretation und Proben; bei den abschließenden Proben setzen sich Orchestermitglieder abwechselnd in den Konzertsaal, um Balance, Klangverschmelzung, Dynamik u. a. zu bewerten. Der *Orpheus Process* wird von Unternehmensberatungen inzwischen auch für durchaus ‚nicht-musikalische' Teambildungs- und Konfliktlösungsprozesse propagiert. (https://de.wikipedia.org/wiki/Orpheus_Chamber_Orchestra).

Homepage: https://orpheusnyc.org/. Multimediahinweis: https://www.youtube.com/watch?v=HtblP6ECnbI. Ayelet Heller (2005): Music meets business.

Im pädagogischen Bereich geht es um die aktive Einbindung der Klientel (Erwachsene, Schüler/innen, Kinder) in sie betreffende Entwicklungs- oder Veränderungsprozesse, sei dies bei der Gestaltung des Schulausbaus oder der

---

[1]Die Entwicklung dieser Strömung lässt sich in den Beiträgen der Zeitschriften *Human Relations* (1947 – heute) oder *Human Organization* (1949 – heute) recht gut nachverfolgen.

1.1 Was ist Partizipation?

Ausgestaltung von Curricula. In den meisten Fällen ist Partizipation dabei positiv belegt. In der Politik gilt Partizipation als Basis für eine funktionierende Demokratie. Ihre Wurzeln sind im antiken Griechenland zu finden, wo sich die Bürger der ersten Demokratie der Welt im Sinne einer engagierten Bürgerschaft zur offenen Abstimmung auf der Agora zusammenfanden (Grieb 2008). Wir kommen auf diese urdemokratische Form der Partizipation am Ende des Buches zurück.

Waren Partizipationsrechte in den Jahrhunderten nach der Antike aufs Engste mit dem jeweiligen Stand (Adel, Bürger, Bauern, Unständische) verbunden, und damit ein Großteil der Bevölkerung von der politischen Mitwirkung praktisch ausgeschlossen, wurde seit der Aufklärung und dem Aufstieg des Bürgertums mehr und mehr ein Recht auf politische Teilhabe eingefordert. Meilensteine einer politischen Partizipation waren die amerikanische Unabhängigkeitserklärung von 1776, die Französische Revolution von 1789 sowie der während der Herrschaft von Napoléon (1804–1815) in vielen Teilen Europas (in Frankreich im Prinzip bis heute) gültige, Freiheits- und Gleichheitsrechte garantierende *Code Civil (Napoléon)*. In dieser Tradition steht in Deutschland das sogenannte ‚Hambacher Fest' von 1832, dessen Teilnehmende neben der Einheit Deutschlands, Presse-, Meinungs-, Versammlungsfreiheit sowie die Gleichberechtigung der Frauen einforderten. Auch die ideengeschichtlich daran anschließende, von liberalen, bürgerlich-demokratischen Kräften getragene Revolution von 1848 gehört in diese Reihe (Abb. 1.1 und 1.2).

Als später ideenpolitischer Nachläufer könnte die Protestbewegung der „68er" gelesen werden. Vertreter/innen einer neuen Jugendkultur, Studierende und Künstler forderten mehr Transparenz bezüglich der Vergangenheit ihrer Eliten, genderunabhängig gleiche Rechte und insgesamt mehr direkte Teilhabe am politischen Prozess, wenn nicht gleich den Systemwechsel. In Willy Brandts Regierungserklärung von 1969 fiel dann der berühmte Satz „Wir wollen mehr Demokratie wagen". Mit den Montagsdemonstrationen 1989 in der damaligen DDR wurde zunächst auch nur mehr Partizipation innerhalb des bestehenden politischen Systems eingefordert, bevor das alte System im wahrsten Sinne des Wortes ‚den Geist aufgab' und einer Parlamentsdemokratie westlichen Zuschnitts wich.

Partizipation als Beteiligung von Bürgerinnen und Bürgern an politischen Willensbildungs- und Entscheidungsprozessen findet aber nicht nur über Wahlen statt. Vor allem seit den 2000ern haben sich in Deutschland ganz unterschiedliche Formen der direkten Demokratie und gesetzlich verankerte Beteiligungsprozesse, wie Volks- oder Bürgerbegehren, Bürgerentscheide oder Einwände im Rahmen von Planungsverfahren etabliert. In jüngster Zeit geriet die Forderung

Abb. 1.1 Perikles hält eine Gefallenenrede auf dem Berg Pnyx in Athen. Das von ihm beantragte Bürgerrechtsgesetz hält fest, dass nur diejenigen athenische Bürgerrechte und damit politische Teilhabe besitzen sollen, deren beide Elternteile athenische Bürger waren. Philipp von Foltz (1852 ff.): Das Zeitalter des Perikles. Wikimedia Commons, https://upload.wikimedia.org/wikipedia/commons/f/f1/Discurso_funebre_pericles.PNG

nach mehr direkter Teilhabe – etwa in Form von Volksbegehren nach dem Schweizer Modell – jedoch auch in die Kritik, da deren Ergebnisse unter Umständen mit Minderheitenrechten in Konflikt geraten. Hier zeigt sich bereits, wo Partizipation an ihre Grenzen stößt.

Neben verbindliche Verfahren treten dialogorientierte, wie Bürgerräte, Bürgergutachten, Bürgerforen bzw. mit Bürgern und Experten gemischte, themenbezogene ‚Fachforen', Runde Tische, Zukunftswerkstätten, Planungszellen oder Mediationsverfahren. Sie sollen Vertreter/innen der Bürgerschaft und Entscheidungsträger/innen möglichst frühzeitig miteinander ins Gespräch bringen. Im Idealfall tragen sie dazu bei, von einer breiten Basis getragene, bedarfsorientierte Planungsvorschläge zu erarbeiten. Die Gefahr dabei ist, dass auf Bürger/innenseite hohe Erwartungen an die Umsetzung ihrer Vorschläge gestellt werden, die nicht immer erfüllt werden können.

Abb. 1.2 Zug auf das Hambacher Schloss (1832). Nach einer zeitgenössischen Darstellung, Wikimedia Commons. https://upload.wikimedia.org/wikipedia/commons/7/77/Hambacher_Fest_1832.jpg. Zur Entstehung und zum Hintergrund des Bildes: Historisches Museum der Pfalz: https://rlp.museum-digital.de/index.php?t=objekt&oges=6712&nav-lang=de

1.2 Partizipative Ansätze global

Partizipative Ansätze und Methoden haben sich im globalen Norden und im globalen Süden nur wenig zeitversetzt entwickelt. Die Idee, Interessenformulierung und Entscheidungsmacht aus den Köpfen und Händen weniger Entscheidungsträger in die Köpfe und Hände vieler Beteiligter zu geben (*„handing over the stick"*) bzw. aufgrund ihrer gesellschaftlichen Position bisher wenig Gehörten eine Stimme zu geben, war dabei dieselbe. Für im globalen Norden sozialisierte Fachleute galt: Aufgrund unterschiedlicher Berufsbilder (Gemeindeentwickler/Stadtplaner im Norden vs. Entwicklungsfachleute im Süden) und institutioneller Strukturen (Stadt- und Gemeindeverwaltungen vs. Institutionen der staatlichen wie nichtstaatlichen internationalen Zusammenarbeit) kam es nicht allzu häufig zum Erfahrungsaustausch. Ausnahmen gab es, wenn Entscheider,

Durchführungsverantwortliche oder Beratende berufsbiografisch vom einen ins andere Feld wechselten. Ganz eigene Entwicklungs- und Verbreitungswege nahmen die Ansätze im globalen Süden. Seit Ende der 1990er Jahre finden die spannendsten Innovationen bzw. Lokalisierungen der Partizipationsidee dort statt, ob diese nun unabhängig vor Ort oder aus Süd-Nord bzw. Süd-Süd-Kooperationen entstanden sind.[2]

Dem Schwerpunkt dieser Einführung entsprechend fokussieren wir auf Methoden, die im Beratungskontext des globalen Südens kreiert wurden, aber prinzipiell auch im Norden funktionieren. Ihr besonderer Anspruch ist es, möglichst inklusiv zu wirken, also auch Menschen einzuschließen, die einen anderen (nichtwestlichen) Bildungshintergrund haben, sich schwerpunktmäßig nicht über Niedergeschriebenes artikulieren oder die in größeren Gruppen eher schweigen. Gerade in Zeiten der verstärkten Fluchtmigration nach Europa und den damit verbundenen Integrationsfragen gewinnen solche Methoden auch in hiesigen Forschungs- und Beratungszusammenhängen eine besondere Relevanz.

Das Buch will auch zur Reflexion und zum Dialog über Einsatzfelder, Möglichkeiten und Grenzen partizipativer Ansätze insgesamt einladen. Deshalb soll hier wenigstens ein kurzer Blick auf partizipative Methoden im globalen Norden geworfen werden. Beginnend mit der *Anwaltsplanung*,[3] in der Planungsanwälte Interessen bestimmter Klientelgruppen vertreten (Davidoff 1965) und vergleichbaren Ansätzen, z. B. das *Community Planning* (Wilson 1963) oder die

---

[2] Motto: „Vietnamizing PRA" (Danish Red Cross 1996; Hess et al. 1999; Teves 2000; vgl. auch Hasnain 2017 im Feld digitaler Partizipation; Abschn. 6.7 in diesem Buch). Für die gesamte Problematik von durch Institutionen aus dem globalen Norden „induzierte" Partizipation, im Gegensatz zu „organischer", aus lokalen Zusammenhängen heraus entwickelten Beteiligungsmodellen vgl. die ausgezeichnete (Weltbank)Publikation von Mansuri und Rao 2013 „Localizing Development: Does Participation Work?". Für einen frühen Vergleich partizipativer Ansätze in Nord und Süd (USA und Thailand) vgl. Prokopy/Castelloe 1999.

[3] Seit fast 40 Jahren wird auch in deutschen Städten erfolgreich mit *Anwaltsplanung* experimentiert. So wurde in Hannover zwischen 1972 und 1989 Nord ein Anwaltsplaner eingesetzt, der mit einem Stundenbudget von 720 h/Jahr, finanziert von der Stadt, mit einem Team von Fachleuten einem lokalen Zusammenschluss von Initiativen seine Expertise zur Verfügung stellte (weitere Informationen zur Anwaltsplanung in deutschen Städten heute unter https://www.buergergesellschaft.de/mitentscheiden/methoden-verfahren/planungsprozesse-initiieren-und-gestaltend-begleiten/anwaltsplanung/inhalt/komplettansicht/ bzw. als Fallbeispiel: Bürgerbüro Stadtentwicklung für Beteiligungskultur, Hannover: https://bbs-hannover.de/).

1.2 Partizipative Ansätze global

Planungszellen[4] (Dienel 1975, 2002) in den 1970ern, hat sich im OECD[5] -Raum in den letzten 40 Jahren eine überwältigende Zahl unterschiedlichster Klein- und Großgruppenmethoden entwickelt, die bei Partizipationsprozessen eingesetzt werden. Eine in den letzten Jahren besonders häufig eingesetzte Methode möchten wir exemplarisch vorstellen.

Das World Café

Diese von den US-amerikanischen Unternehmensberatern Juanita Brown und David Isaacs (Brown und Isaacs 2005) entwickelte Workshop-Methode eignet sich für Gruppen ab zwölf Personen. Sie ist aber auch bei Großgruppen einsetzbar. Es geht beim *World Café* um die Herstellung einer möglichst zwanglosen Gesprächssituation: „Kleingruppen von je vier bis sechs Personen kommen in entspannter Café-Atmosphäre (deshalb der Name) zu einem vorgegebenen Thema miteinander ins Gespräch. […] In mehreren aufeinander folgenden Gesprächsrunden von jeweils 20 bis 30 min tauschen die Teilnehmerinnen und Teilnehmer eines World Cafés ihr Wissen aus. In jeder neuen Runde wechseln sie die Tische, wodurch sich immer neue Gesprächskonstellationen ergeben" (Nanz et al. 2012, S. 77). Moderiert werden die Tische von ‚Gastgeber/innen', die bei ihrem Tisch verbleiben und auf Papiertischdecken die Ideen in Stichworten oder Bildern festhalten. In jeder Runde erläutern sie den neu Hinzukommenden das bisher Dokumentierte und diskutieren dann neue bzw. vertiefen schon gesetzte Themen. Am Ende stellen die Gastgeber/innen das Ergebnis an Moderationswänden in Form einer Ergebnisgalerie für die Gesamtgruppe vor (Abb. 1.3).

Je nach Moderationsziel können an den Tischen unterschiedliche Unterthemen behandelt werden, sodass am Ende jede teilnehmende Person zu mehreren Themen seiner/ihrer Wahl Stellung beziehen kann. Es ist aber auch möglich, nur ein

---

[4]Die Bürgerjurys einer *Planungszelle* bestehen aus vom jeweiligen Auftraggeber (meist einer Stadt/Kommune) bestellten „Laien" ab 16 Jahren, die im Zufallsverfahren über das Einwohnermeldeamt ausgewählt, für ca. eine Woche von ihren arbeitsalltäglichen Verpflichtungen vergütet freigestellt werden, um in rotierenden Kleingruppen Lösungsvorschläge für ein vorgegebenes Planungsproblem zu erarbeiten (vgl. Dienel 2002).

[5]Die Organisation für wirtschaftliche Zusammenarbeit und Entwicklung (OECD) besteht aus derzeit 36 Mitgliedstaaten, vorwiegend aus dem ‚globalen Norden'. Sie ist der Idee einer „globalen Wirtschaftsgovernance" (Reform des internat. Steuersystems, Korruptionsbekämpfung, inklusives Wachstum) verpflichtet.

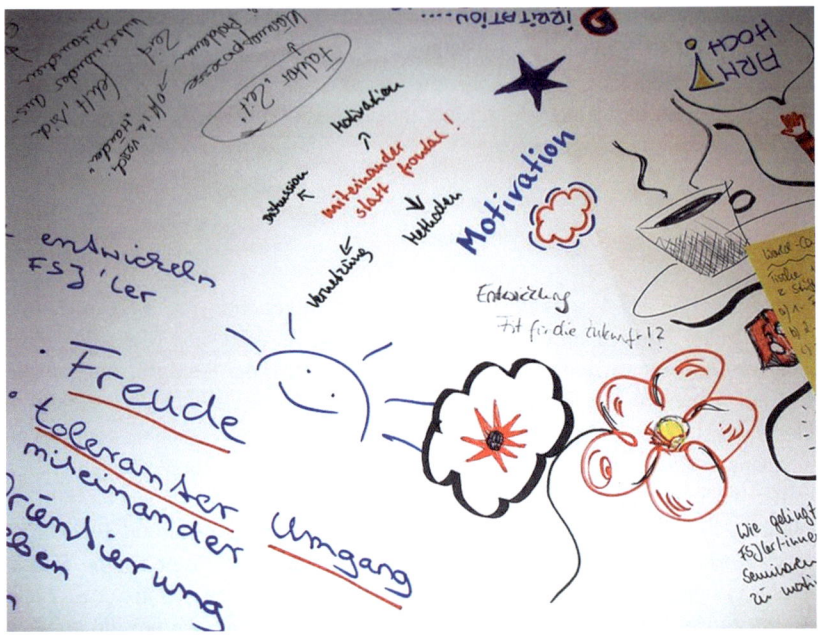

Abb. 1.3 „Papiertischdecke" nach Abschluss des World Café, https://upload.wikimedia.org/wikipedia/commons/2/22/Zeichnung_world_cafe.jpg

einziges Großthema an allen Tischen zu behandeln und damit aufgrund der mehrmals wechselnden Gruppenzusammensetzung und der Dynamik verschiedenste Diskussionsperspektiven zusammenzutragen. Steht die Gesamtfrage in einem konkreten Handlungskontext, besteht die Option, die Einzelergebnisse von den Teilnehmenden am Ende z. B. mit Klebepunkten zu priorisieren. Wenn Entscheidungsträger oder lokale ‚Notable' bei der Endpräsentation mit von der Partie sind, können diese die Ergebnisse auf ihre prinzipielle Umsetzbarkeit hin oder in Form von Absichtserklärungen kommentieren. Handelt es sich um machtgleiche ‚Stakeholder', können auf der Basis der Gruppenergebnisse erste Interessennetzwerke geknüpft oder Arbeitsgruppen vereinbart und so gemeinsame Aktivitäten geplant werden. Die Methode des *World-Café* kann auch im Migrations- oder Geflüchtetenkontext eingesetzt werden, vorausgesetzt, die angesprochene Gruppe ist sprachhomogen, der Ablauf ist vorher mit Gruppenvertreter/innen auf kulturbedingte Klippen (mögliche Missverständlichkeiten, angemessenes Ambiente) hin abgeklopft worden, und an jedem Tisch sitzt neben dem Moderator/der Moderatorin auch ein/e sprachkundige/r Übersetzer/in.[6]

> **Partizipative Methoden im globalen Norden: eine Zusammenschau**
> Das österreichische Nachhaltigkeitsministerium hat im deutschsprachigen Raum häufig genutzte partizipative Planungs- und prozessbegleitenden Methoden auf seiner Website zusammengestellt und diese auch nach jeweils gewünschtem Aktvierungs-/Partizipationsgrad *(I = Information, K = Konsultation, M = Mitbestimmung)* sowie der geeigneten Gruppengröße nach *(Kleingruppen, mittlere, Großgruppen)* geordnet. Unter dem Methodenstichwort lässt sich auch Genaueres über den Ablauf, mögliche Einsatzfelder und Praxistipps zur Durchführung in Erfahrung bringen.
>
> Agenda Konferenz (K+M); Aktivierende Befragung (K); Anwaltsplanung (M); Appreciative Inquiry (M); BürgerInnenrat (K); BürgerInnenversammlung (I+K); Community Organizing (M); Delphi-Befragung (K); Dialog (M); Dragon Dreaming (M); Dyade (M); Dynamic Facilitation (M); Epesos-Modell (I+K+M); Fish Bowl (K); Fokusgruppe (K); Gewaltfreie Kommunikation (M); Holacracy (M); InternetForum (K); Konsensus-Konferenz (K+M); Kooperativer Diskurs (M); Laddering (M); Mediation (M); Neo-Sokratischer Dialog; (K); Open Space Konferenz (K+M); Planning for Real (M); Planspiel (K+M); Planungszelle (M); Pro Action Café (M); Runder Tisch (M); Soziokratie (M); SUP am runden Tisch (M); Systemisches Konsensieren (K+M); THANCS (M); Workshop (I+K); World Café (K+M); Zukunftskonferenz (M); Zukunftswerkstatt (M).
>
> *Für weitere Methoden bzw. Internetseiten mit ‚Werkzeugkoffern' vgl. die Literaturempfehlungen am Ende dieses Kapitels.*

Kommunale Wahlgremien (Stadt-, Gemeinderäte) greifen Bürger- oder Trägervorschläge aus Gruppenprozessen wie World Café, Open Space oder Zukunftswerkstatt auf und lassen sie in strategische Ziele einfließen, die dann von den

---

[6]Zur Methode des Word-Cafés gibt es neben den einschlägigen Methodenseiten (siehe untenstehende Box: „Netzressourcen") auch einen guten Wikipediaeintrag (https://de.wikipedia.org/wiki/World-Caf%C3%A9). Für ein Beispiel des World Cafés in der Mongolei vgl. Lamkowsky und Saladin 2014: http://ipit.eu/wa_files/MoMoII_Partiz_Methoden_Kompendium_1.pdf.

jeweiligen Kommunalverwaltungen rechenschaftspflichtig umgesetzt werden müssen. So können auch dialogorientierte Beteiligungsformen wieder in „verbindliche" Beteiligungsverfahren überführt werden.

Ein gelegentlich zu hörender Vorwurf ist, dass der Fokus auf ‚Konsens' bei partizipativen Planungsprozessen Bürger daran hindern könnte, dominante Politikdiskurse grundsätzlich zu hinterfragen. Der Vorwurf ist nicht von der Hand zu weisen. Allerdings wird auch umgekehrt ein Schuh daraus: frühzeitige aktive und transparente Beteiligung von Bürgern über etablierte Verfahren kann helfen, dass Planungsprozesse nicht aus dem Ruder laufen und in eskalierende Konfliktkonstellationen münden, die kaum wieder einzufangen sind. Ein Lehrstück dafür aus jüngster Zeit ist die Auseinandersetzung um das Bahnprojekt *Stuttgart 21,* das über eine jahrelange Desinformationspolitik in massive Gegendemonstrationen von bis dahin weitgehend unpolitischen Bürger/innen, vergebliche Schlichtungsversuche und schließlich in eine Volksabstimmung mündete, die das Projekt zwar politisch entscheiden half, das Unbehagen und den Unmut vieler Bürger aber letztlich nicht befrieden konnte.[7] In Großbritannien kümmert sich eine eigens eingerichtete Behörde, die *Infrastructure and Projects Authority* um Transparenz und Bürgerbeteiligung bei staatlichen Infrastrukturprojekten. In der Schweiz gibt es mit dem sogenannten *Vernehmlassungsverfahren* ein qualifiziertes Anhörungsverfahren zur Vorbereitung normativer Regelungen, welches auch die Anhörung einzelner Bürger/innen einschließt.[8]

▶ **Literaturempfehlungen**
- BMNT/OEGUT. 2019. Bürgerbeteiligung. *Verfügt über eine umfangreiche Methodenseite (vgl. Infobox oben und* https://www.partizipation.at/methoden.html; *sowie eine Seite mit einer umfangreichen Linksammlung zum Thema Partizipation aus Österreich, Belgien, Brasilien, Deutschland, EU, Finnland, Frankreich, Großbritannien, Kanada, Mittel-/Osteuropa, Niederlande, Portugal, Schweden, Schweiz, Skandinavien, Slowakei, Spanien, USA und mit der Thematik befassten Internationalen Organisationen).*

---

[7]Die gesamte Chronologie des Konflikts um Stuttgart 21 lässt sich unter: https://de.wikipedia.org/wiki/Protest_gegen_Stuttgart_21 aktuell verfolgen.

[8]Jede Person und jede Organisation kann sich an einem Vernehmlassungsverfahren beteiligen und eine Stellungnahme einreichen. Zur Stellungnahme grundsätzlich eingeladen werden: die Kantone; die in der Bundesversammlung vertretenen politischen Parteien; die Dachverbände der Gemeinden und der Wirtschaft (vgl. Schweizerischer Bundesrat 2005 https://www.bk.admin.ch/dam/bk/de/dokumente/kommunikation/E-Demokratie_E-Partizipation/vig_-_vernehmlassungsgesetz.pdf.download.pdf/vig_-_vernehmlassungsgesetz.pdf).

1.2 Partizipative Ansätze global

- BpB (Bundeszentrale für Politische Bildung). 2015. Achter Statusbericht des Portals Buergerhaushalt.org. Juni 2015. http://www.buergerhaushalt.org/sites/default/files/downloads/8._Statusbericht_Buergerhaushalte_in_Deutschland_Juni_2015.pdf.
- Infostelle des Deutschen Kinderhilfswerks. *Methodenseite. Umfangreiche Methodensammlung mit Filtermöglichkeiten nach Alter (8–90) und Gruppengröße (Schwerpunkt Kinder).* https://www.kinderpolitik.de/methoden.
- Nanz, Patrizia und Fritsche, Miriam. 2012. Handbuch Bürgerbeteiligung. Verfahren und Akteure, Chancen und Grenzen. Schriftenreihe Band 1200. Bonn: bpb. http://www.bpb.de/system/files/dokument_pdf/Handbuch_Buergerbeteiligung.pdf. *Umfassendes Handbuch zum Thema, das unterschiedlichste Verfahren der Bürgerbeteiligung vorstellt und unter politikwissenschaftlicher Perspektive beleuchtet.*
- Reich, Kersten (Hg.). 2019. Methodenpool. http://methodenpool.uni-koeln.de. *Möchte „einen möglichst übersichtlichen Zugang zu unterschiedlichen Methoden des Lehrens und Lernens in einfacher und kostengünstiger Form" geben. Darstellung, theoretische und praktische Begründung, Beispiele, Reflexion sowie praktische Erfahrungen zu jeder Methode (80 Groß- und Kleinmethoden von ‚Arbeitsateliers' bis ‚Zukunftswerkstatt').*
- Slocum, Nikki. 2003. Participatory methods toolkit. A practitioner's manual. King Baudouin Foundation and the Flemish Institute for Science in collab. with United Nations University. http://archive.unu.edu/hq/library/Collection/PDF_files/CRIS/PMT.pdf. *Ausführliche Anleitungen zu: Citizens Jury; Consensus Conference; Delphi, Expert Panel, Focus group; Participatory Assessment, Monitoring and Evaluation, Planungszelle; Scenarios; World Café.*
- Stiftung Mitarbeit https://www.buergergesellschaft.de/: *Eine parteiunabhängige politische Stiftung bürgerlichen Rechts, die bundesweit tätig ist, mit dem Ziel, „Demokratieentwicklung von unten zu fördern". Verfügt über eine Methodenseite, die von „Appreciative Inquiry" über Bürgerausstellung, Bürgerpanel, Demokratiewerkstatt, Verfahren der eDemocracy und Konfliktlösung bis zum Open Space, Planning for Real, PRA, Stadtteilforen und Zukunftswerkstatt reicht. Das Besondere hierbei ist, dass zu jeder Methode auch mindestens ein deutsches Praxisbeispiel aufgeführt und erläutert wird, s.* https://www.buergergesellschaft.de/mitentscheiden/methoden-verfahren/.

- Walz, Susanne, et al. 2011. Handbuch zur Partizipation. Berlin: Kulturbuch-Verlag GmbH. https://www.stadtentwicklung.berlin.de/soziale_stadt/partizipation/download/Handbuch_Partizipation.pdf. *Herausgegeben vom Berliner Senat soll das Handbuch in erster Linie den Mitarbeitenden der Berliner Verwaltung sowie den im Auftrag der Verwaltung Tätigen dabei helfen, „…die Möglichkeiten von Partizipation in Ihren Aufgabenbereichen aktiv zu nutzen". Schwerpunkte in der Stadt- und Freiraumplanung, in der Beteiligung an der Aufstellung kommunaler Haushalte (Bürgerhaushalt) und Stadtteilbudgets, in der Unterstützung bürgerschaftlicher Netzwerke, in der Kinder- und Jugendbeteiligung sowie der E-Partizipation.*

▶ **Medialink**
- Der Bürgerbeteiligungs-Blog: http://partizipendium.de. *Um die weit verstreuten Informationen im Netz zu Partizipation im Sinne von „Bürgerbeteiligung" zu bündeln und rasch zugänglich zu machen, hat der Berater und ehemalige Projektmanager Andreas Paust ein Onlinekompendium zum Thema zusammengestellt.*

Partizipative Ansätze in der internationalen Zusammenarbeit

Im Kontext der Entwicklungs- bzw. Internationalen Zusammenarbeit (EZ/IZ) meinte Partizipation zunächst die Einbindung von sogenannten „Zielgruppen" und Individuen in Entscheidungs- und Willensbildungsprozesse. Dies beinhaltet, dass „Menschen die Möglichkeit haben, sich eine eigene Meinung zu bilden, diese zum Beispiel in Form von Entwicklungszielen zu artikulieren, gehört zu werden, mit entscheiden zu können und Veränderungen aktiv zu steuern" (Brendel 2002, S. 14). Nach Arthur Zimmermann, der lange Jahre in der Entwicklungszusammenarbeit beraten und Kluges zum Organisationsverständnis und zum Planungswahn in der internationalen Zusammenarbeit geschrieben hat (vgl. Zimmermann 2003, 2006, 2011; Sülzer und Zimmermann 2013), dient die Beteiligung von Menschen an EZ-Projekten und -programmen dazu:

- dass das Vorhaben sich an die Potenziale der Akteure anschließt *(contracting)*,
- dass die Erfahrungen der (lokalen) Akteure einfließen *(local knowledge)*
- dass die Akteure ihre Rollen klären *(shared responsibilities)*,
- dass die Akteure ihren Verpflichtungen nachkommen *(committment building)*,
- dass sich die beteiligten Akteure das Vorhaben zu eigen machen *(ownership)*
- dass die Akteure nachhaltige Wirkungen anstreben *(sustainability and impact)*.

1.2 Partizipative Ansätze global

Die Beteiligung von Menschen an Projekten und Programmen, ist aber nur eine Seite der Partizipation. Um auf sicheren Beinen zu stehen, muss sie flankiert werden von Prozessen der demokratischen Willensbildung auf der einen und der Schaffung von politischen und gesellschaftlichen Institutionen, die Partizipation absichern, auf der anderen Seite. Nur wenn diese drei Dimensionen zusammenwirken, wird Partizipation nachhaltig. Mit all diesen Dimensionen von Partizipation wird sich dieses Buch noch beschäftigen.

„Partizipativ" oder „Partizipatorisch"?

Im Deutschen gibt es miteinander konkurrierende Adjektivendungen, wie die zwischen *-iv* und *-orisch*: Im allgemeinen besagen *-iv*-Bildungen, dass „… das im Beiwort Genannte ohne ausdrückliche Absicht in etwas enthalten ist […], während die -orisch-Bildungen den im Beiwort genannten Inhalt auch zum Ziel haben" (Kühnold et al. 1978, S. 285). Übertragen auf partizipative bzw. partizipatorische Methoden, Prozesse oder Ansätze, beschreibt und bewertet die *-iv*-Endung ein Beteiligungsmoment, das in Methoden/Prozessen/Ansätzen *enthalten* ist, *unabhängig von den Intentionen* der Akteure und vom (institutionellen, politischen) Kontext, in den sie eingebunden sind. Methoden können also partizipativ sein, ohne notwendigerweise mehr Selbstbestimmung oder eine Veränderung bestehender Macht- oder Entscheidungsstrukturen nach sich zu ziehen. Die *-orisch*-Endung beinhaltet dagegen einen Beginn an transformatorischen und emanzipatorischen Anspruch der Beteiligten, dessen Ziel letztlich Selbstbestimmung von Einzelnen oder Gruppen in Kontexten ist, in denen sie bisher durch herrschende Machtverhältnisse dominiert bzw. marginalisiert waren. Partizipatorische Ansätze sind eindeutig auf gleichberechtigte Teilhabe *(‚equal share'/‚equal participation')* ausgerichtet.

In der Entwicklungstheorie gibt es seit etlichen Jahren eine klare Tendenz zu emanzipatorisch-partizipatorischen Ansätzen (vgl. Abschn. 4.3), in der Entwicklungspraxis dominieren nach wie vor die partizipativen, in denen Partizipation innerhalb von klassischen Aufbau- und Ablauforganisationen eingebettet bleibt. Dass selbst dort, wo Mitbestimmung von Marginalisierten geplant ist, am Ende die Kaperung durch etablierte Machtstrukturen droht, mag ein Beispiel aus der Praxis zeigen.

> **Partizipation und Elitekaperung**
> Am 15. November 2007 wurde die Küstenregion von Bangladesch vom Zyklon „Sidr" weitgehend verwüstet, annähernd 3.500 Menschen starben, über 700.000 Häuser wurden zerstört. Die bengalische Regierung und ausländische Nothilfeagenturen waren an einer raschen, gerechten und partizipativen Verteilung der Wiederaufbauhilfe an die Bedürftigsten interessiert. NGOs rekrutierten dazu in großem Maße Freiwillige aus der lokalen Bevölkerung. Diese Freiwilligen kamen, so konnte eine achtmonatige, auf Dorfebene angelegte ethnologische Netzwerkstudie zeigen, vorwiegend aus den reicheren Schichten der Gemeinschaft, die oft auch mit überlokalen politischen Machtakteuren vernetzt waren. Sie kanalisierten und verteilten die Ressourcen überwiegend innerhalb ihres eigenen Netzwerkes. Mitglieder der ärmsten bzw. marginalisierter Gruppen hatten schlicht keine Zeit für Freiwilligenarbeit, oft auch nicht die Erfahrung im Umgang mit Externen, um am ‚Verteilungsspiel' zu partizipieren; und so resümiert die Studie: „Marginality is a matter of one's relative distance from the centre of power. […] In the end, it is not Cyclone Sidr but rather social and economic marginalization through the misappropriation of resource distribution, vested interests, or political and kinship networks, which is pushing people into poverty and has taken the control of their livelihoods away from them" (Nadiruzzaman und Wrathall 2014: o.S.).

1.3 Entwicklungspolitik und Partizipation im Wandel

Die ersten 20 Jahre – Partizipation ‚light' (1960–1980)

Nicht immer war Partizipation ein Grundpfeiler der internationalen Zusammenarbeit. Solange man davon ausging, dass Entwicklung nachholend geschehen müsse, und der Fokus primär auf technischen Errungenschaften des ‚Westens' lag, spielte ein Mitspracherecht der Projektpartner bei der Planung, Umsetzung oder Evaluierung eine untergeordnete Rolle. Manche Projekte und Programme liefen allerdings ins Leere, andere konnten keinen dauerhaften Erfolg verzeichnen oder führten zu unerwünschten Nebenwirkungen. Am deutlichsten dokumentierte dies eine vom BMZ selbst in Auftrag gegebene interne Querschnittsevaluierung aus neun Jahren Erfolgskontrolle staatlicher Entwicklungsprojekte (BMZ 1986), mit dem programmatischen Titel „Aus Fehlern lernen". In diese Zeit der Suche nach tragfähigen und nachhaltigen Ansätzen in der Projektarbeit fiel ein Konzept, das schon längst vorhanden war, aber angesichts dominierender Diskurse und großer Theorien, deren endgültiges Scheitern schließlich Menzel 1991 konstatierte, bis dato ein Nischendasein geführt hatte: „Partizipation".

Ende der 1950er Jahre taucht der Begriff „Partizipation" erstmals im Fachjargon einzelner, eher selbstkritischer Entwicklungsexperten auf. Mit dem Scheitern der Politik der ersten beiden Entwicklungsdekaden verlor er dann seinen subversiven Charakter. Bis in die Weltbankspitze wurde nun von der angemessenen „Teilhabe" *(participation)* der Armen am Wachstum gesprochen (vgl. McNamara 1973; insbes. auch das Auftaktzitat zu diesem Buch). Partizipation wurde wahlpolitisch interessant, galt als effektivitätssteigernd und als wirksames Argument für Spenden und Hilfsgelder.

Das Konzept der Partizipation befand sich aber nicht nur im internationalen Entwicklungskontext auf dem Vormarsch: „Der Brasilianer Paulo Freire kritisierte 1970 mit seinem Buch ‚Pädagogik der Unterdrückten' die übliche Unterrichtsmethode, bei der ein Lehrer die Köpfe seiner Schüler mit Wissen füllt, als zahle er Spareinlagen auf ein Konto ein. Er stellte dieser ‚Bankiers-Methode' die ‚problemorientierte Bildung' gegenüber, bei der Schüler und Lehrer im Dialog die Wirklichkeit reflektieren" (Kröck 2016, S. 248).

1979 beschäftigte sich dann die *„Mondiacult"*-Weltkonferenz über Kulturpolitik in Mexico City unter anderem als Folge des Iranschocks explizit mit den soziokulturellen Aspekten von Entwicklung. Dort wurde auch die im Kern bis heute gültige und von vielen großen internationalen Organisationen unverändert übernommene Definition von Kultur geprägt. Sie sagt aus, dass Kultur in ihrem weitesten Sinne als die Gesamtheit der einzigartigen geistigen, materiellen, intellektuellen und emotionalen Aspekte angesehen werden kann, die eine Gesellschaft oder eine soziale Gruppe kennzeichnen. Dies schließt nicht nur Kunst und Literatur ein, sondern auch Lebensformen, die Grundrechte des Menschen, Wertesysteme, Traditionen und Glaubensrichtungen (UNESCO-Kommission 1983). Kultur war damit als ein bedeutender Faktor der Entwicklung verstanden worden, der in der internationalen Zusammenarbeit Berücksichtigung finden muss.

„Putting People First" (1980–2000)

Anfang der 1980er Jahre kritisierte der Entwicklungswissenschaftler Robert Chambers die Rolle der Experten in Entwicklungsprogrammen, in denen die Realität der Betroffenen oft nicht ausreichend wahrgenommen werde. Seine programmatische Forderung, „*Putting The Last First*" (1983), die sich zunächst vor allem über Methodentrainings an UN-Universitäten im Globalen Süden verbreitete, setzte ein Umdenken auch in internationalen Entwicklungskreisen in Gang. Befördert wurde dieses Umdenken durch Erkenntnisse über die Bedeutung kultureller Werte und Ideologien für Entwicklungsprozesse im Nachgang zur Irankrise 1979, und damit auch über den möglichen Beitrag von Kultur- und Sozialwissenschaftler/innen für die Arbeit von Entwicklungsagenturen (Schönhuth 1991).

In der internationalen EZ wurde bis auf wenige Ausnahmen (vgl. z. B. Olsson 1991 für Schweden, Tonti 1991 für die Schweiz) noch bis weit in die 1990er Jahre Partizipation von „*Zielgruppen*" in erster Linie als Mittel zur Erreichung vorher von Experten definierter Ziele verstanden. Spätestens mit der zweiten Auflage der Weltbankpublikation des Sozialwissenschaftlers Michael Cernea „*Putting People First*" von 1991 und dem fünf Jahre später folgenden Partizipationshandbuch der Weltbank (World Bank 1996; Rietbergen-McCracken 1996), wurde jedoch auch eine programmatische Wende hin zu mehr aktiver Beteiligung der sogenannten „Zielgruppen" sichtbar. Die Autor/innen dieses Handbuchs forderten unmissverständlich dazu auf, nicht organisierte bzw. nicht artikulationsfähige Gruppen auf lokaler Ebene in die Entscheidungsfindungsprozesse von Projekten und Programmen einzubinden. Zumindest formell wurde damit ein Wechsel hin zu einem Konzept vollzogen, das Partizipation politisch verstand und dessen Ziel letztlich eine Veränderung machtpolitischer Konstellationen zugunsten Benachteiligter war. Mit der entwicklungspolitischen Konzeption des BMZ aus dem Jahr 1996 hat auch die deutsche Bundesregierung diesen Anspruch festgeschrieben (vgl. Schönhuth 2005a).

1999 wurde schließlich im Hause des BMZ das auf eine Auftragsstudie der Entwicklungsethnolog/innen Frank Bliss, Karin Gaesing und Stefan Neumann (1997) zurückgehende übersektorale Konzept „Partizipative Entwicklungszusammenarbeit – Partizipationskonzept" erstellt. Es schrieb erstmals die partizipative Gestaltung der gesamten EZ fest und integrierte die beiden bereits vorliegenden Politikpapiere „Soziokulturelle Kriterien für Vorhaben der EZ" und „Sektorübergreifendes Zielgruppenkonzept" des BMZ. Als Ziel nennt das Konzept, es „… allen Beteiligten – Frauen wie Männern – zu ermöglichen, an einem transparenten Dialog- und Entscheidungsproze0 teilzunehmen. Im Vordergrund dieses Partizipationskonzeptes stehen gesellschaftliche Gruppen, deren Beteiligungsmöglichkeiten u. a. aufgrund der Verteilung von Macht und wirtschaftlichen Möglichkeiten unzureichend sind" (BMZ 1999, S. 2; vgl. auch BMZ 2000). Nun rückten Selbstverantwortung und Selbstbestimmung der Beteiligten in den Fokus. Weitere Meilensteine waren die Studie „*Voices of the Poor*" (Narayan et al. 2000; Narayan et al. 2000) und der Millennium-Entwicklungsbericht der Weltbank zu Armut (World Bank 2001), der erstmals den *Empowerment*-Begriff als maßgeblichen Pfeiler für eine armutsorientierte Entwicklung einführte.

Anspruch und Wirklichkeit klafften beim Partizipationskonzept noch lange auseinander. Partizipation ließ sich begrifflich von jedem einsetzen, andererseits aber praktisch äußerst schwierig einfordern, überprüfen oder sanktionieren. Im Grenzfall konnten auch Zwangspartizipation in Massenveranstaltungen (von Einheitsparteien oder Religionsgemeinschaften, Beispiele bei Elwert 2002), Nepotismus (Lauth 1999) oder Patron-Klientstrukturen (Patronage; z. B. Teves 2000; Mosse 2001) als Partizipation bezeichnet und von den Beteiligten auch so empfunden werden. Elwert plädierte deshalb dafür, eindeutig zur Verrechtlichung von Partizipation zu stehen und Partizipation nicht als Ersatz für den Rechtsstaat zu akzeptieren (Elwert 2002). Auch wurde der mögliche Konflikt von nicht demokratisch legitimierter Partizipation und formeller Demokratie (Kommunalparlament versus Bürgergruppen) thematisiert (vgl. Bliss 2003). Ein nur schwer zu lösendes Problem stellte die Partizipation dritter, oft machtvoller Gruppen dar, die nicht ‚Zielgruppen' eines Projektes, aber in erheblichem Umfang in eine Maßnahme involviert waren.

Die Paris-Erklärung und ihre Folgen (2005–2015)

Anfang der 2000er wurde angesichts zahlreicher Einzel- und Metaevaluierungen zur Wirksamkeit der Entwicklungspraxis (z. B. Doucouliagos und Paldam 2005) deutlich, dass Einzelprojekte in ihrer Wirkung zwar oft positiv bewertet werden konnten, auf der Makroebene der wirtschaftlichen Entwicklung aber kaum nachhaltige Wirkungen in den Partnerländern zeitigten. 2005 trafen sich deshalb mehr als 100 Vertreter aus Industrie- und Transformationsländern, aus Wirtschaft und Gesellschaft und einigten sich in der „Erklärung von Paris" auf „fünf Grundprinzipien einer wirksamen Zusammenarbeit" (BMZ – Paris Agenda). So sollte die Eigenverantwortung der Nehmerländer gestärkt werden *(Ownership)*, die Geberländer ihre Programme an den Strategien und Verfahren der Partner ausrichten *(Alignment)*, untereinander abstimmen *(Harmonisation)* und ihre gesamten Bemühungen auf (messbare) Ergebnisse ausrichten *(Managing for Results)* (OECD 2005). Programmbasierte Ansätze sollten den Partnerländern bzw. den lokalen Partnern mehr Eigenverantwortung übertragen (Trägerschaftsübergabe) sowie allgemeine bzw. sektorbezogene Budgethilfen entlang gemeinsam vereinbarter Budgetlinien und Rechenschaftsprozesse vergeben werden (zur Praxis dieser Instrumente vgl. Leiderer 2012). McPeak et al. fordern angesichts dieser Entwicklung eine Anpassung partizipativer Methoden in der Post-Paris-Ära:

> „What is the role for INGO staff in this post-Paris world? Three modalities can be seen. Firstly, there are situations in which our organisations will still directly implement projects, particularly in contexts of poor governance or in emergencies. Here, the full range of *participatory methodologies* we grew up using will be indispensable to achieving just and enduring outcomes. In other situations, we will work to achieve positive change in partnership with local government or civil society, or with both. [...] INGO workers need to adapt the tools that worked well pre-Paris, such as participatory methodologies, to our times. That means that in many, perhaps most, contexts, *our role now is to help governments* fulfill their legal obligations towards all, especially those most excluded; and to help people (especially those most excluded) *participate as active citizens.*" (McPeek et al. 2013, S. 17–18, unsere Hervorh.).

Werden partizipative Ansätze in der bisherigen Form nur noch in der basisnahen Implementierungsarbeit gebraucht, in NRO-Kontexten, in der Nachbarschaftsentwicklung, in qualitativ-forscherischen Zusammenhängen, in der Not- oder Flüchtlingshilfe bzw. dort, wo der öffentliche Sektor zu schwach ist, um als Dialogpartner zu funktionieren? Es ist sicher eine Frage der Perspektive, aber unsere Antwortet darauf lautet: „nein". Auch Leistungen der öffentlichen Hand sind auf eine funktionierende Kommunikation mit dem privaten, dem *Non-Profit-*Sektor sowie einer immer besser informierten und sensibilisierten Bürgerschaft angewiesen. Merilee Grindle, eine der intimsten Kennerinnen der Debatte in der Nach-Paris-Ära, fasst deren Ansprüche vor wenigen Jahren wie folgt zusammen:

> "A recent review of governance scholarship summarized expectations about what good governance should entail in terms of public sector performance: Delivering quality services with fewer resources to diverse populations of users, partnering effectively with the private and non-profit sectors, responding flexibly and rapidly to shifts in demands and needs, assuring citizens' safety and security, stimulating widespread and equitable economic growth and opportunity, and coping proactively with transnational threats." (Grindle 2017, S. 18).

Und sie resümiert: „This is a tall order for any government, let alone for poor ones with major deficits on all these counts" (Grindle 2017, S. 18). Grindle fordert deshalb einen integrierten Ansatz, in dem nachhaltige Ansätze auf der Mikroebene mit solchen auf der Ebene des politischen Regimes interagieren. „Time, experimentation, and learning from doing are central to this approach" (Grindle 2017, S. 20) – was wäre dafür besser geeignet als partizipative Zugänge!

Auch im Rahmen der *E-Governance* spielt Partizipation eine entscheidende Rolle. Sie zielt darauf ab, über über bürgerfreundliche Internetauftritte und smartphonetaugliche Apps, Barrieren zwischen Behörden und Bürger/innen abzubauen. Informationen bezüglich staatlicher Organisation, aber auch zu behördlichen Dienstleistungen (z. B. Geburtsurkunden, Steuerzahlungen oder Gewerbeanmeldungen) können so einfacher bereitgestellt, Entfernungen zu den großen Zentren überbrückt, und privilegierte Zugänge zu Beamten ('Vetternwirtschaft') abgebaut werden. Im gerade in ländlichen Gebieten noch fehlenden Netzausbau sowie in der sowieso schon jetzt Menschen mit Bildungszugang bevorteilenden Vermittlung von Anwenderkenntnissen liegen die Klippen der E-Governance in Entwicklungs- und Transformationsländern. Auch schafft sie in repressiven Systemen zusätzliche Möglichkeiten zur Manipulation und Überwachung durch den Staat (vgl. KfW 2019; Khurana et al. 2014).

▶ **Literaturempfehlungen**
- Grindle, Merilee S. 2017. Good Governance, R_I_P_ A Critique and an Alternative. Governance: An International Journal of Policy, Administration, and Institutions, 30, 1, pp. 17–22. https://onlinelibrary.wiley.com/doi/pdf/10.1111/gove.12223.
- KfW. 2019. E-Governance: Barrieren zwischen Behörden und BürgerInnen abbauen. https://newsletter.kfw.de/inxmail2/d/d.pdf?q00fgwol00dzu400d000000000000000bynkjf6y253&.
- Khurana, Reema et al. 2014. E-governance initiatives in India – critique and challenges. *International Journal of Procurement Management, Inderscience Enterprises Ltd,* 7, 1, 85–102.
- Taylor, Zack. 2016. Good Governance at the Local Level: Meaning and Measurement IMFG Papers on Municipal Finance and Governance, 16. Toronto: Western University. https://munkschool.utoronto.ca/imfg/uploads/346/imfgpaper_no26_goodgovernance_zacktaylor_june_16_2016.pdf.
- World Bank. 2018b. Worldwide Governance Indicators. Accessed September 10, 2018. Electronic Source: http://info.worldbank.org/governance/wgi/index.aspx#home.

1.4 Partizipation in Zeiten von Sustainable Development Goals (SDGs)

Am 1. Januar 2016 trat mit den „*Sustainable Development Goals*" (SDGs) eine Agenda mit 17 politischen Zielsetzungen der Vereinten Nationen (UN) in Kraft, die der Sicherung einer nachhaltigen Entwicklung auf ökonomischer, sozialer sowie ökologischer Ebene dienen sollen. „Ausgangspunkte für die Agenda 2030 und ihre Ziele für nachhaltige Entwicklung waren zum einen die Rio-Konferenz 1992 mit der dort verabschiedeten Agenda 21, zum anderen der Millenniumsgipfel des Jahres 2000 und die im Anschluss formulierten *Millenium Development Goals* (*MDGs;* Global Policy Forum 2017, S. 8). Richteten sich die MDGs noch an Ziele, die es für die ‚Entwicklungsländer' zu erreichen galt, so gelten die SDGs auch für Staaten des globalen Nordens. Auch sie sind gehalten, in ihren Ländern Ungleichheiten zu nivellieren. „So soll laut ‚SDG 1' bis zum Jahr 2030 die extreme Einkommensarmut (gegenwärtig definiert als Prokopfeinkommen von weniger als 1,90 US$ proTag) überall auf der Welt beseitigt sein. Zusätzlich soll aber auch der Anteil der Menschen mindestens halbiert werden, die nach den jeweiligen nationalen Definitionen in Armut (‚in all ihren Dimensionen') leben. Dies betrifft somit auch die Armut in Deutschland" (Global Policy Forum 2017, S. 15).

Diesen Zielen der MDGs und der SDGs sehen sich so gut wie alle nationalen und internationalen Entwicklungspolitiken explizit verbunden (für Deutschland vgl. BMZ 2017). Noch stärker als bei den MDGs (Ziel 1: „Bekämpfung von extremer Armut und Hunger") stehen bei den SDGs die *komplette Beendigung* von Armut und Hunger, ein gesundes Leben und Forderung nach „Bildung für alle" ganz oben auf der Agenda. Wir wollen diese drei Ziele im Folgenden aus partizipatorischer Sicht etwas näher beleuchten:

Armut – welche (und wessen) Armut?

„Armut ist eine der größten Herausforderungen der Gegenwart. Ihre Folgen sind in unserer politisch und wirtschaftlich eng verflochtenen Welt weltweit zu spüren: Armut betrifft dadurch jeden von uns. Ihre Beseitigung ist ein übergeordnetes Ziel der internationalen Politik für eine nachhaltige Entwicklung und auch der deutschen Entwicklungszusammenarbeit. Alle Maßnahmen, die das BMZ fördert, tragen – direkt oder indirekt – dazu bei, die weltweite Armut zu vermindern" (BMZ 2017). Was aber bedeutet ‚Armut' genau?

Aufbauend auf der Bedürfniskategorisierung des Sozialpsychologen Maslow aus den 1950er Jahren (in einer Art Pyramidenstruktur werden tendenziell zuerst

1.4 Partizipation in Zeiten von Sustainable Development Goals (SDGs)

niedere Bedürfnisse befriedigt wie Essen, Sicherheit, danach dann die höheren, wie soziale Anerkennung und Selbstverwirklichung) entwickelte der US-amerikanische Politologe Ronald F. Inglehart seit den 1970ern einen menschlichen Entwicklungsindex, der sich in drei Stufen vollzogen haben soll. So konzipierte er sog. „vormoderne Gesellschaften" als „Mangelgesellschaft", deren Primärziel die Sicherung des eigenen Überlebens sei; danach die „moderne und Industriegesellschaft" mit dem Streben nach Leistung, Wohlstand und Sicherheit sowie der Überwindung der Armut und schließlich die „Postmoderne Gesellschaft" als Konsum- und Dienstleistungsgesellschaft, mit dem Ziel der Selbstverwirklichung (vgl. Inglehart 1998; Rössel 2006).

Allerdings wies der Wirtschaftsethnologe Marshall Sahlins schon 1974 nach, dass die als ‚primitivste' Wirtschaftsform apostrophierten Jäger- und Sammlerinnenkulturen keine Mangel-, sondern eher Überflussgesellschaften waren, die zwar wenig Besitz hatten, um mobil sein zu können, deren Zeitaufwand für Nahrungsbeschaffung aber im Durchschnitt nur zwei bis vier Stunden pro Tag betrug und die in der Regel alles hatten, was sie benötigten. Die Arbeitszeit pro Kopf steigt mit der kulturellen Evolution, der Anteil der Freizeit sinkt. Der Anteil von Hunger in der Welt war nach Sahlins nie so groß wie in der industriellen Welt (vgl. Sahlins 1974; für eine Relativierung der universellen Gültigkeit dieses Prinzips vgl. Kaplan 2000).

Folgt man der Weltbankdefinition, so kann Armut objektiv (Prokopfeinkommen von derzeit weniger als 1,90 US$/Tag) gemessen werden. Sie kann aber auch relativ gefasst werden, nach dem Motto: „arm sind die, die weniger haben als andere". Materielle Armut kann Defizite hervorbringen, die wiederum das Ausbrechen aus der materiellen Armut verhindern. So sprach der Anthropologe Oscar Lewis auf der Basis seiner empirischen Studien in mexikanischen Städten schon in den 1950ern von einer regelrechten „Kultur der Armut", in der die Menschen gefangen blieben und die durch das Fehlen von Zukunftplanung, Misstrauen gegenüber Behörden, geringer gesellschaftliche Durchsetzungsfähigkeit und einer fatalistischen Grundhaltung ohne Klassenbewusstsein geprägt wären (vgl. Lewis 1959).

In einer faszinierenden Studie zum Leben auf Müllhalden in Kairo entwickelte Unna Wikan 1976 eine Gegenthese zu Lewis: Arme haben zwar eine eigenständige Lebenswelt und Werthierarchien, aber keine „Kultur der Armut", in der sie sich einrichten; sie geben nicht sich selbst die Schuld, sondern dem gesellschaftlichen Umfeld bzw. den täglich unlösbaren Widersprüchen. Ihr Drama: Sie können sich kein Gehör, keine Stimme (*„voice"*) verschaffen: Armut ist nach Wikan eine von einer Gewöhnung, Nichtbeachtung und Ausgrenzung zum Verstummen gebrachte Kultur (Wikan 1980). Eine umfassende

Weltbankstudie, bei der 40.000 Arme in 43 Ländern befragt wurden, kam 2000 zu ganz ähnlichen Ergebnissen (Armut als Mangel an Arbeit, Geld, Wohnung und Kleidung, aber auch das Gefühl von Machtlosigkeit und der fehlenden Möglichkeit, die eigenen Interessen überhaupt nur artikulieren zu können; vgl. Narayan et al. 2000).

Armut ist danach vorenthaltenes Recht auf Mitwirkung und Teilhabe, fehlende Handlungs- und Entfaltungsmöglichkeiten. Der indische Anthropologe Arjun Appadurai fasste dieses gesellschaftliche Teilhaberecht in seinen Begriff der *„Capacity to Aspire"*, dem Vermögen eines jeden Gesellschaftsmitglieds, sich nach seinen/ihren Möglichkeiten in Würde und Anerkennung zu entfalten (vgl. Appadurai 2004). Einen ähnlichen Ansatz verfolgt der Wirtschaftswissenschaftler und Philosoph Amartya Sen mit seinem wohlfahrtsorientierten Entwicklungsbegriff. Er sieht Entwicklung als „… nichts anderes als ein Prozess der Zunahme von Freiheit für eine möglichst große Zahl von Menschen und derartige Freiheit umfasst die Freiheit von Hunger und Armut und den freien Zugang zu Bildungs- und Gesundheitseinrichtungen ebenso wie politische Freiheit einschließlich der Freiheit, bei der Regelung öffentlicher Angelegenheiten mitzubestimmen" (v. Freyhold 2002, S. 272). Eine partizipatorische Perspektive setzt Armut in Bezug zu lebensweltlichen Erfahrungen. Selbst eine Heuschreckenplage kann so für Land- oder Viehbesitzer den Ruin bedeuten, für Landlose hingegen zum vorübergehenden Segen als Eiweißlieferant werden.

Gesundheit oder „Wohlsein"?

„Gesundheit ist Ziel, Voraussetzung und Ergebnis von nachhaltiger Entwicklung. Ihre Förderung ist ein Gebot der Menschlichkeit und Bestandteil verantwortungsvoller Regierungsführung – sowohl in den Industrie- als auch in den Entwicklungsländern." So definiert das BMZ dieses SDG-Ziel (BMZ 2017). Als ein umfassendes Maß für Gesundheit lässt sich die Definition der Weltgesundheitsorganisation (WHO) nutzen: „Health is a state of complete physical, mental and social well-being and not merely the absence of disease or infirmity" (WHO 2014, S. 1). Gesundheit wird hier als *Well-Being* definiert und damit in inklusiver Weise. Dieser ‚ganzheitliche' Gesundheitsbegriff entspricht auch neueren medizinischen und psychologischen Forschungen, nach denen soziale, psychologische und körperliche Aspekte in enger Wechselwirkung miteinander stehen. Das *Well-Being* kann auch als Grundlage dafür verstanden werden, physische und kognitive Ressourcen freizusetzen, um sich mit weiteren Zielen, etwa solchen, die Nachhaltigkeitsaspekten zugutekommen, beschäftigen zu können. Wer sich wohl fühlt und sich nicht um das tägliche Brot sorgen muss, kann sich für mehr Bildung, für Umweltschutz etc. engagieren. Das *Wording* der WHO begrenzt ganz bewusst nicht den Zeitraum und umfasst somit auch das *Well-Being* künftiger Generationen im Sinne der *Sustainable Development Goals*. Auch partizipative Methoden, die in den 1980ern noch Matrizen der Einkommensunterschiede in Dorfgemeinschaften mittels *Wealth Ranking* erstellten, haben inzwischen das viel breitere *Well-Being*-Konzept mit seinen relativen und lokal angepassten Kriterien übernommen, und das hinauf bis zu Untersuchungen auf nationaler Ebene (Rowley 2014). Betrachten wir indigene Gemeinschaften und ihr Verhältnis zur Gesundheit/zum Wohlsein, dann kommt noch eine weitere Dimension hinzu, die spirituelle: „For most indigenous peoples, good health represents a state of equilibrium among spiritual, communal and individual; it is not merely the absence of disease" (Brewer 2014). Mit einem anderen Zungenschlag als bei der Weltbankdefinition geht es dabei auch nicht um „komplettes" Wohlsein, sondern um ein Gleichgewicht zwischen spirituellem, gemeinschaftlichem und individuellem Status. Das ist ein semantisch kleiner, aber praktisch u. U. recht großer Unterschied: Wir könnten auch sagen, das Ziel ist ‚Equilibrium' statt ‚Optimum'.

Bildung (um jeden Preis?)

„Bildung ist ein Menschenrecht – sie befähigt Menschen, ihre politische, soziale, kulturelle und wirtschaftliche Situation zu verbessern. Jedes Kind hat das Recht auf eine Schulausbildung und jeder Mensch ein Anrecht darauf, seine grundlegenden Lernbedürfnisse zu befriedigen – ein Leben lang. Bildung ist der Schlüssel für eine zukunftsfähige Entwicklung und deshalb ein Schwerpunkt der deutschen Entwicklungspolitik" (BMZ 2017). Kaum ein Entwicklungsziel wird so leidenschaftlich und widerspruchslos verfolgt, wie das der Bildung. Vor allem im privaten Sektor gibt es nur wenige Projekte, die bei entsprechender Größe nicht den „Bau einer Schule" mit im Portfolio haben. Das gilt inzwischen selbst für kunstorientierte Projekte, wie das sog. *„Operndorf Afrika"* von Christoph Schlingensief in Burkina Faso.[9] Doch genügt das für Entwicklung; und vor allem,

---

[9]Zu dessen Kritik vgl. z. B. den Zeit-Essay „Der weiße Mann schluchzt" von Eckstein/Schönhuth 2011. URL: https://www.zeit.de/2011/34/Schlingensief; zum derzeitigen Stand:. https://de.wikipcdia.org/wiki/Operndorf_Afrika; oder natürlich die Projektseite: http://www.operndorf-afrika.com/.

was kommt danach? Die Bundesregierung hat schon vor Jahren auf diese Frage reagiert und exportiert das in Deutschland äußerst erfolgreiche Modell der „dualen Berufsbildung" als geeignete Schnittstelle zwischen Schule und Arbeitsmarkt in Entwicklungsländer. Eine von mehreren deutschsprachigen Staaten 2016 in Auftrag gegebene Studie (D, A, CH, LI) zur dualen Berufsbildung kommt indes zu einer durchaus differenzierten Einschätzung dieses Exportschlagers:

> „Das Berufskonzept in Partnerländern direkt zu fördern und duale Berufsbildung im Gesamtpaket mit der ganzen gesellschaftlichen Wertigkeit zu verkaufen, dürfte sich als wenig erfolgversprechendes Vorhaben erweisen ... Duale Berufsbildung allein, selbst wenn sie Qualität und Arbeitsmarktrelevanz bietet, ist nicht hinreichend, um die in vielen Partnerländern angeschlagene Reputation und geringe soziale Akzeptanz von Berufsbildung zu korrigieren. Duale Berufsbildung ist eine Verbundaufgabe und braucht Trägerschaften. Ohne Verbände funktioniert duale Berufsbildung langfristig nicht. In vielen Partnerländern ist der Organisationsgrad der Privatwirtschaft allerdings niedrig und Verbände schwach. Eine einzelbetriebliche Trägerschaft mag für internationale Firmen eine Option sein, für die Entwicklungszusammenarbeit ist sie keine" (Jäger 2016, S. 4 ff.).

Wie in vielen anderen Fällen zeigt sich, dass der bloße Transfer erfolgreicher Technologien noch kein Garant für Nachhaltigkeit ist. Es kommt darauf an, die Kontextbedingungen in ihrer Komplexität zu kennen, oder zumindest zu achten, unbeabsichtigte Neben- und Wechselwirkungen einschätzen zu lernen und mit geplanten Interventionen anschlussfähig für vorhandene Strukturen wie Akteurs- und Wertekonstellationen zu werden. Kultursensible *Stakeholder*-Analysen im Vorfeld, Planung schon mit den von Entwicklungsmaßnahmen Betroffenen, aber auch Einbindung lokaler Expertise in allen Phasen von Projekten und Programmen auf Augenhöhe sind dafür eine gute Voraussetzung.

Der Afrikawissenschaftler und Soziologe Elisio Macamo untersucht seit Jahren Laufbahnen von Bildungserfolgreichen in Mali und Burkina Faso und kommt bezüglich derer Berufsaussichten zu folgender Einschätzung:

> „Jungdiplomierte machen prozentual zwar nur einen Bruchteil der Bevölkerung aus, doch der Bildungstitel birgt die Hoffnung des sozialen Aufstiegs und damit Teil der Elite des Landes werden zu können. Mit steigender Zahl der Absolventen finden aber nur wenige von ihnen eine ihrem Diplom entsprechende Anstellung. Die ökonomische Krise der 1980er Jahre und die damit verbundenen Strukturanpassungsprogramme markierten den Anfang der nach unten gerichteten sozialen Mobilität, die seither anhält: Persönliche Beziehungen gelten mehr als Diplome. Das Angebot an Jungdiplomierten ist höher als die Nachfrage – trotz aller Arbeitsmöglichkeiten im Bereich der Entwicklungszusammenarbeit" (Macamo 2009–2017).

Nahm die nationale Verwaltung und internationale Organisationen noch einen Großteil der Studienabsolvent/innen auf, so ist der Markt inzwischen gesättigt. Zweifellos ist ein Hochschulabschluss auch in Transformationsländern attraktiv, wünschenswert und unterstützungswürdig. Aber es muss auch der Markt für akademische Absolvent/innen vorhanden sein, oder aber er muss erst noch geschaffen werden.

Zeit

Ende der 1990er Jahre veröffentlichte ein erfahrener Projektleiter in einer hausinternen Publikation ein Papier dem Titel: *„Ein Projekt beginnt damit, dass ein Projekt nichts tut"*. Er forderte dort, dass ein neu aufgelegtes Projekt ein Jahr lang kein Geld ausgeben bzw. Projektziele verfolgen, sondern nur ankommen, zuhören, lernen und sich lokal aufstellen und vernetzen solle, damit am Ende des ersten Jahres sinnvolle Entscheidungen getroffen werden könnten, wie die ursprünglichen Ziele den vorhandenen menschlichen und institutionellen Rahmenbedingungen angepasst werden müssten. Leider verhallte dieser Aufruf in der damaligen Welt der „zielorientierten Projektplanung" (ZOPP) weitgehend ungehört. Aber das Ansinnen und die Botschaft waren klar: Projekt- und Programmarbeit in kulturell heterogen konnotierten Kontexten hat am meisten Aussicht auf Erfolg, wenn der Handlungs-, Kompetenz- und Mittelabflussdruck aus dem System genommen und eine Haltung eingenommen wird, die das Nichtverstehen und die eigene Handlungs*in*kompetenz zur Voraussetzung für neue Einsichten macht bzw. zur eigenen Kompetenz erklärt (vgl. Schönhuth 2019b). Spielräume für eine solche Haltung auch in bestehenden Projekt- und Programmstrukturen zu eröffnen, wäre ein vornehmes Ziel einer partizipativ ausgerichteten Entwicklungspolitik.

> **„Wer die Zeit nicht hat, eilt voraus und lässt andere zurück"**
> Heinz Oelers, langjähriger Regionalreferent für Misereor in Haiti resümiert seine Erfahrungen mit dem Wiederaufbau in Haiti nach dem Wirbelsturm von 2010: „Die Reparatur des ‚eigenen' Hauses, so die Erfahrung von Misereor, schafft eine andere Identifikation der Eigentümer mit dem Gebäude als die Inbesitznahme eines Hauses, das quasi von der Hilfsorganisation ‚mitgebracht' wird. Deutlich mehr Beachtung fand auch die Aktivierung der lokalen Wirtschaft durch das Bemühen, so viele Ressourcen wie möglich aus den lokalen ökonomischen Kreisläufen zu nutzen und dort zu belassen. Erst neun Monate nach dem Erdbeben wurde mit

dem Bau des ersten Hauses begonnen; auch diese Trägheit des Prozesses setzt voraus, dass man Geduld hat, sich und allen Beteiligten die Zeit lässt, eigene Entscheidungen zu treffen. Wer die Zeit nicht hat, eilt voraus und lässt andere zurück" (Oelers 2015).

▶ **Multimediahinweis** Raoul Peck 2013: Tödliche Hilfe: Frankreich/USA/Belgien/Haiti. Originaltitel: Assistance Mortelle R: Raoul Peck P. 99 Min. *(Der haitianische Filmemacher Raoul Peck verfolgte zwei Jahre lang den Wiederaufbau Haitis mit der Kamera und deckte neben der Hybris westlicher Entwicklungsexperten auch eine unheilige Allianz zwischen lokalen Eliten und westlichen Aufbauzielen [nach dem Motto: Neubau statt Reparatur, Fertiglösungen statt lokale Beteiligung] auf.. Youtube-Video:* https://www.youtube.com/watch%3Fv%3DsqvBtbD5bmU. *Zum Hintergrund [Presseheft]:* https://www.ezef.de/sites/default/files/downloads/publikationen/toedliche_hilfe_presseheft.pdf. *Für eine kurze Kritik am Film aus NGO-Perspektive:* https://www.epd-film.de/filmkritiken/toedliche-hilfe*)*.

▶ **Literaturempfehlungen**
- Cornwall, Andrea/Eade, Deborah (Hg.) 2010. Deconstructing Development Discourse. Buzzwords and Fuzzwords Oxford: Practical Action Publishing. https://oxfamilibrary.openrepository.com/bitstream/handle/10546/118173/bk-deconstructing-development-buzzwords-010910-en.pdf?sequence=1&isAllowed=y. *(Beschäftigung mit der Dekonstruktion zentraler „Plastikwörter" im Entwicklungsdiskurs; von Advocacy über Citizenship und Participation bis Sustainability.)*
- Debiel, Tobias (Hg.) 2018. Entwicklungspolitik in Zeiten der SDGs. Essays zum 80. Geburtstag von Franz Nuscheler. Duisburg. *(Der – Stand 2019 – aktuellste deutschsprachige Sammelband zum Thema).*
- IDS 2013. Policy Briefing. Informing Post-2015 Development with Ground Level Knowledge. https://opendocs.ids.ac.uk/opendocs/bitstream/handle/123456789/2905/PolicyBriefing%2044%20LowRes.pdf?sequence=1.
- Menzel, Ulrich. 2016. Entwicklungstheorie. In *Entwicklungspolitik. Theorien – Probleme – Strategien,* Hg. R. Stockmann, U. Menzel und Franz Nuscheler, 12–46. Berlin: de Gruyter. *(enthält auf Seite 15 eine schöne Synopsis der großen Entwicklungsparadigmen und ihrer Entwicklungsverständnisse vom Merkantilismus im 16. Jahrhundert bis zur ‚Verwobenen Moderne' von heute.)*

1.5   Partizipation und das Problem der Allmende

1968 schrieb der Ökologe Garret Hardin einen Essay für die renommierte Zeitschrift *Science,* der die wissenschaftliche Debatte um die Grenzen der Tragfähigkeit von Ökosystemen für Jahrzehnte prägen sollte (Hardin 1968). Am Beispiel der globalen Bevölkerungsexplosion versuchte er zu belegen, dass sich Gemeingüter (die endlichen Ressourcen der Erde) nur durch Erzwingungsregelungen von oben (d. h. in diesem Fall durch staatliche Geburtenregelung) nachhaltig bewirtschaften ließen. „Individuals locked into the logic of the commons are free only to bring on universal ruin; once they see the necessity of mutual coercion, they become free to pursue other goals" (Hardin 1968, S. 1248). Aber muss die Nutzung von Gemeingütern in individueller Regie in jedem Fall zum Scheitern führen, zur „Tragödie der Gemeingüter" *(„Tragedy of the Commons")* wie Hardin das nannte? Fordern sie immer eine Zentralgewalt, die Regeln setzt und im Konfliktfall mit Erzwingungsmacht durchsetzt?

Die amerikanische Ökonomin Elinor Ostrom verfolgte seit den 1970er Jahren einen anderen Ansatz. Sie fand am Beispiel der knappen Grundwasserressourcen in Südkalifornien heraus, „… dass kleinere und ‚polyzentrische' Einheiten bei der kommunalen Organisation von Gemeingütern robuster waren als zentrale Verwaltungen. […] Ein verschachteltes Gemisch aus großen und kleinen Organisationseinheiten, die zum Teil autonom agierten, erwies sich einer zentralen Wasserbehörde als eindeutig überlegen – ein eklatanter Widerspruch zur orthodoxen Lehre" (Stollorz 2011, S. 4). Im Lauf der Jahre sammelte sie unzählige Beispiele für eine erfolgreiche Bewirtschaftung von Allmenden auf der ganzen Welt.

> **Hummerfischer und die Lösung des Allmendeproblems**
> „In den 1920er Jahren wären (im Bundesstaat Maine) die Hummerbestände um Haaresbreite durch Überfischung zerstört worden. In der Krise reorganisierten sich die lokalen Fischer. Über Jahre hinweg entwickelten sie eine Reihe origineller, an die örtlichen Bedingungen angepasster Entnahmeregeln, einschließlich eines effektiven Monitorings der bedrohten Hummerbestände. So einigten sich die Fischer zum Beispiel darauf, trächtige Weibchen am Schwanz mit einem ‚V' zu markieren und wieder freizulassen, um den Nachwuchs zu sichern. Wer sich als Hummerverkäufer oder Kunde nicht an die Spielregeln hielt, fiel durch die Markierung der Tiere auf den Märkten sofort auf. Heute zählt Maine zu den weltweit erfolgreichsten Zentren der Hummerfischerei – eine Folge der von den Fischern

> selbst etablierten Normen, die staatliche Fangverbote oder die Preise des Marktes nicht erzwingen konnten" (Stollorz 2011, S. 5).

Aus ihrem Datenbestand entwickelten Ostrom und ihr Team Design-Prinzipien bzw. „potenziell produktive Arrangements" (Ostrom in Stollorz 2011) erfolgreicher *Allmenden.* „Dazu gehören zum Beispiel: eindeutige und akzeptierte Grenzen zwischen legitimen Nutzern und Nichtnutzern; Sanktionen, die sich bei wiederholten Verstößen gegen die vereinbarten Regeln verschärfen; ein präzises Monitoring der Ressource und ihrer Nutzer; lokale Arenen für eine rasche Lösung von Konflikten; ein Mindestmaß von Rechten der bürgerlichen Gemeinschaft, sich eigene Regeln zu setzen" (Stollorz 2011, S. 6; vgl. auch Helffrich et al. 2015).

Stollorz stellt in seinem Beitrag zur „Wiederentdeckung der Allmende" auch die spannende Frage, inwieweit sich Elemente der Ostromschen Allmenderegeln auf Prozesse einer ‚polyzentrischen Stadtplanung' anwenden ließen, so z. B. auf die Bürgerproteste um den Bahnhofsumbau Stuttgart 21 (vgl. Abschn. 2.1). Diese werden von Gemeingüteraktivisten als „Prozess der Wiederaneignung und Wiedergewinnung städtischer Gemeingüter" (Stollorz 2011, S. 7) interpretiert. 2009 wurde Elinor Ostrom als erster und bisher einziger Frau für ihre bahnbrechenden Arbeiten zur Allmendeverwaltung durch Nutzergruppen der Nobelpreis für Wirtschaftswissenschaften zuerkannt.

▶ **Literaturempfehlungen**
- Helfrich, Silke, Rainer Kuhlen, Wolfgang Sachs, Wolfgang und Christian Siefkes. 2010. Gemeingüter – Wohlstand durch Teilen. Ein Report. Berlin 2010. https://www.boell.de/sites/default/files/Gemeingueter_Report_Commons.pdf.
- Ostrom, Elinor. 2011. Was mehr wird, wenn wir teilen. Vom gesellschaftlichen Wert der Gemeingüter (hg., überarbeitet und übersetzt von Silke Helfrich). München: Oekom-Verlag.
- Ostrom, Elinor. 2015 [1990]. Governing the Commons: The Evolution of Institutions for Collective Action. Oxford: Cambridge University Press (Reissue). *(Der Klassiker.)*
- Sachs, Wolfgang 1992. The Development Dictionary: A Guide to Knowledge as Power, London: Zed Books. *(Der Klassiker zur kritischen Dekonstruktion entwicklungspolitischer Begriffe –Vorbild für Cornwall/Eade 2010.)*

- Stollorz, Volker. 2011. Elinor Ostrom und die Wiederentdeckung der Allmende. *Aus Politik und Zeitgeschichte (APuZ)* 61. Jg;/ 28–30, 3–8. https://www.bpb.de/apuz/33204/elinor-ostrom-und-die-wiederentdeckung-der-allmende?p=all.

Transferfragen

1. In einem südindischen NGO-Projekt lernen Mädchen das Besticken von Servietten und Tischdecken nach alten, englischen Mustern. Die Produkte sind für den Export bestimmt. Die Schule funktioniert autoritär, eigene Kreativität ist nicht gefragt. Ziel des Projekts ist es, den Mädchen Fertigkeiten zu vermitteln, die ihnen später ermöglichen, zum Familieneinkommen beizutragen und ihre Position neben ihren Ehemännern aufgrund ihrer größeren wirtschaftlichen Autonomie zu stärken. Was spricht für diesen Ansatz, was dagegen? Was wären mögliche Alternativen?
2. Kennen Sie Beispiele von gemeinsam bewirtschafteten Ressourcen aus Ihrem Alltag (nicht-kommerzielles Car-Sharing, gemeinschaftlich genutzte Räume, gemeinsame Anschaffungen …)? Wenn Sie funktionieren/funktioniert haben: an welchen Parametern lag das? Wenn nicht, oder nur bedingt: hätte die Berücksichtigung einiger von Ostroms Designprinzipien einen Unterschied gemacht?

Entwicklungsphasen partizipativer Ansätze 2

Zwischen den 1980er und den 2000er Jahren lassen sich grob vier Phasen der Umsetzung der Partizipationsidee in die Entwicklungspraxis unterscheiden. Sie reichen von der Mitwirkung der „Zielgruppen" in der Projektidentifizierungsphase („Appraisal") bis zu Ansätzen des gemeinsamen Lernens und Handelns im gesamten Projekt- oder Programmzyklus.

2.1 Rapid (Rural) Appraisal

Schon mit den Anfängen der EZ in den 1960ern wurden im Umfeld von Projekten sozioökonomische Daten gesammelt. Meist geschah dies in Form konventioneller Erhebungen. So notwendig die Erhebung exakter Zahlen über sog. Basiserhebungen *(Baseline Surveys)* auf regionaler oder staatlicher Ebene war – z. B. für landesweite Impfkampagnen – sie hatten auch gravierende Nachteile:

- die Erhebung der Daten verlangte einen vergleichsweise hohen personellen und finanziellen Aufwand;
- die Analyse der Daten und die darauf rekurrierenden Empfehlungen ließen nicht selten Monate oder länger auf sich warten und waren dann von der unter Handlungsdruck stehenden Projektwirklichkeit überholt;
- statistische Erhebungen betonen vor allem Sachdaten und Durchschnittswerte. Für Projekte, die vor Ort mit Menschen arbeiten und nicht nur über deren Köpfe hinweg geplant werden sollten, stand der konkrete Erkenntniswert wegen der Komplexität sozialer Wirklichkeit oft in keinem Verhältnis zum betriebenen Aufwand.

© Springer Fachmedien Wiesbaden GmbH, ein Teil von Springer Nature 2019
M. Schönhuth und M. T. Jerrentrup, *Partizipation und nachhaltige Entwicklung*,
https://doi.org/10.1007/978-3-658-27854-0_2

Den sogenannten Kurzzeitexpertisen, die von extern rekrutierten Fachleuten erstellt wurden, mangelte es auf der anderen Seite häufig an Kontextwissen und sie waren in erster Linie durch die Fachlichkeit des jeweiligen Experten geprägt. Die Probleme solcher Erhebungen, die in der Regel einem vom Auftraggeber diktierten Zeitplan und in Stunden gemessenen Begegnungen mit vorab festgelegten und leicht erreichbaren Gesprächspartnern folgten, bringt eine Karikatur von Clive Offley aus jener Zeit, auf den (überspitzten) Punkt (Abb. 2.1).

Aufgrund der Unzufriedenheit unter Projektverantwortlichen und Experten selbst, etablierte sich in den 1980ern als Alternative zunächst noch an den Rändern der Entwicklungsberatung eine Vorgehensweise, bei der ein multidisziplinäres Team vor Ort unter Einbeziehung der lokalen Bevölkerung in kurzer Zeit handlungsrelevante Informationen und Hypothesen über ländliches Leben und ländliche Ressourcen sammelt. In einer Zeit der Krise der großen Theorien wurden neue Ansätze für eine effektivere und zugleich praxisnähere EZ

„Yes, I am the expert, as you can well see. Arriving by jet plane, With my HYV (*High Yield Variety). -It's straight to the hotel, Decisions today! I'm meeting those chaps from the M.0. A. –Let's grow carnations! Now wouldn't that be, a nice way of raising their low G N P? – Then off to the village (I hope it's not far). First on with the shorts and my S L R* (single lense reflex camera). – I can't speak the lingo; phew, what a hot day! But I saw a nice farmer and things seem OK. – So I write my report, and I pocket my fee, then it's time to depart to the next LDC."
– The Village: „Now who was that man and why did he come? Stayed just half an hour, only met the chief's son?"
– The Government: „What's this he left us? Four volumes or more! We'll need a new expert, to say what it's for! ..."

Abb. 2.1 The Million Dollar Man. (Quelle 1 February 1981 new internationalist 96, Zeichnung: Clive Offley, https://newint.org/features/1981/02/01/million-dollar-man/, Abdruck mit frdl. Genehmigung des Rechteinhabers)

gesucht, die bessere Resultate zeigen sollte, zugleich aber auch raschen und zeitschonenden (effizienten) Einsatz der verwendeten Mittel versprach. Unter dem Label „*Rapid Rural Appraisal*" (RRA), fanden diese neuen Ansätze Eingang in die Planungsabteilungen kleinerer und größerer Entwicklungsorganisationen. Die Daten wurden vermehrt mittels nicht standardisierter, einfacher Methoden und unter Einbeziehung des lokalen Wissens der Bevölkerung gesammelt, analysiert und ausgewertet. Das entsprechende Methodenset, das auch aufgrund einer von Praktikern für Praktiker produzierten, zeit- und praxisnah publizierten sowie weltweit verbreiteten Reihe (RRA-Notes) rasch anwuchs, wurde als „*RRA-Toolbox*" bezeichnet. Neue Methoden wie semistrukturierte Einzel- und Gruppeninterviews, systematische Ortsbegehungen (sogenannte Transekte), Ranking-Techniken, partizipativ erstellte Diagramme, Kartierungen fanden Eingang in den Kanon möglicher Erhebungsinstrumente.

Entscheidend für diesen und ähnliche Ansätze war, dass die Sicht der Betroffenen im Mittelpunkt stand und nur so weit geforscht und analysiert wurde, wie es zum Erkennen der Bedürfnisse oder für gemeinsam mit der Bevölkerung geplante Strategien und Aktivitäten notwendig war. Nicht die Objektivität der Daten, sondern das Zusammenfügen der einzelnen Sichtweisen zu einem stimmigen Gesamtbild war das Ziel der meist ein- bis zweiwöchigen Feldaufenthalte. RRA-Verfahren boten sich als Alternative zu konventionellen Verfahren an, wenn es nicht um die systematische Erfassung exakter Zahlen, sondern um rasche, handlungsorientierte Einschätzung von lokalem Wissen, Bedürfnissen und Potenzialen, um Konfliktlösungsstrategien oder die Untersuchung von spezifischen Problemen ging (vgl. Schönhuth und Kievelitz 1995).

2.2 Participatory Appraisal

Participatory Rural Appraisal, kurz PRA, stellte eine Weiterentwicklung des RRA dar. Es legte seinen Fokus auf die Übernahme einer aktiven Rolle durch die Betroffenen. Sie selbst sollten in die Lage versetzt werden, Möglichkeiten und Grenzen ihrer Lebenssituation mithilfe der RRA-Methoden in einem gemeinsamen Prozess darzustellen, zu diskutieren und mögliche Handlungsoptionen zu erarbeiten (Abb. 2.2).

Mit PRA erfährt die Rolle der Entwicklungsexperten, zu denen sowohl einheimische, wie auch ausländische Mitarbeiter/innen von EZ-Organisationen, Angestellte, als auch externe Berater und Forscherinnen zählen, eine fundamentale

RRA	PRA
• Partizipative Erhebung von Daten als Basis für Entscheidungen des RRA-Teams • Daten „gehören" dem RRA-Team • Hilfe von außen • RRA-Team als Experten • RRA-Werkzeugkasten	• Partizipative Datenerhebung • (Mit)Entscheidung der Betroffenen • Daten „gehören" den Betroffenen • Verbesserung der Situation von Innen • PRA-Team als Facilitator • Methodenflexibilität je nach Situation

Abb. 2.2 RRA und PRA im Vergleich. (Eigene Darstellung)

Veränderung. Sie geben nun den Stab bei *Appraisal*-Prozessen weitgehend aus der Hand und reichen ihn an die lokale Bevölkerung weiter. Ihre eigene Rolle gleicht nun mehr der aus der lokalen Expertise Lernenden und der von Prozessbegleiter/innen. Auch hinsichtlich der Methodenflexibilität unterscheiden sich die beiden Herangehensweisen: Bei PRA gibt es

„keinen festen *RRA-Werkzeugkasten* mehr. Je nach Gegenstand, Situation, Größe der Bevölkerungsgruppe, Aufgabe und Ziel der Untersuchung, werden aus anderen Gebieten bekannte oder aus der PRA-Praxis neu entstandene Instrumente ausgewählt, um die momentane Lage, die frühere Situation und die Zukunftsperspektiven aus der Sicht der Bevölkerung für alle Beteiligten sichtbar zu machen und möglichst viele Betroffene in die Analyse und Planung auf Dauer miteinzubeziehen. Dies könnte man auch als die Partizipationsdefinition von PRA bezeichnen" (Schönhuth 2005a, S. 39)

Schlüsselprinzipien des Participatory Appraisals
1. Lernen in Gemeinschaft
2. Methoden-Triangulation, um verschiedene Perspektiven zu erfahren
3. „Optimale" Ignoranz und „angemessene Ungenauigkeit" *(es wird nur so weit bzw. exakt erhoben, wie es für ein gemeinsames Handeln notwendig ist)*
4. Angepasste, sich ergänzende Instrumente *(Sequencing)*
5. Gemeinsame Analysen & Präsentationen *(„Visual Sharing")*
6. Fortlaufendes Begleiten des Entwicklungsprozesses

2.3 Participatory Learning and Action

In den 1990er Jahren vollzog sich dann eine weitere Wendung. PRA wurde jetzt als fortschreitender Prozess verstanden, der das Entwicklungsvorhaben und dessen Beziehung zur Bevölkerung von Beginn an prägen sollte. Es ging darum, die Organisations- und Selbsthilfefähigkeit benachteiligter Gruppen im städtischen und ländlichen Kontext auszuweiten und zu stärken. Aufgrund dieses gewandelten Selbstverständnisses lag es nahe, diesen Ansatz mit einem Paradigma zu verbinden, das Lern-Ansätze aus der Erwachsenenbildung zu einer gemeinsamen partizipativen Beratungsphilosophie im Entwicklungskontext zusammenfügte: *Participatory Learning and Action*. Neben geeigneten, zur Beteiligung einladenden inklusiven Lern- und partizipativen Erhebungsmethoden kommt im „PLA" einem geeigneten Lernumfeld eine wichtige Rolle zu. Dies betrifft nicht nur entsprechende, lernfreundliche Räumlichkeiten, sondern auch lernfördernde Gruppenstrukturen. Existiert eine ausgeprägte Gruppenhierarchie mit dominanten Mitgliedern, ist dies meist abträglich für den Lernerfolg der Gruppe (vgl. Pretty et al. 1995, S. 1).

Soll es nicht nur bei Trainingserfahrungen oder situationsbezogenen Erkenntniserweiterungen bleiben, sondern sollen tatsächlich transformative „Aktionen" aus den Lernerfahrungen folgen, bedarf es schließlich des *Commitment* der Entscheidungsträger der beteiligten Institutionen. Der mit der Vorstellung des Lernens verbundene Kulturwandel muss in den Organisationen mitgetragen bzw. mitdurchgesetzt werden. Dabei berührt der Aspekt des Lernens in institutionellen Kontexten auch Machtfragen – wenn partizipativer agiert werden soll, werden Entscheidungsmachtanteile zwangsläufig von oben nach unten verschoben. Das bedeutet: Gerade die mittlere Entscheidungsebene muss ggf. bereit sein, institutionelle Macht abzugeben, was sie nicht in jedem Falle freiwillig tut. Wer sich bisher über die eigene Fachexpertise oder Positionsmacht im System definiert hat, empfindet das ‚Lernen-Sollen' oder das ‚Stab aus der Hand geben' womöglich als Missachtung der über Jahre erworbenen eigenen Kompetenz oder sogar als persönliche Degradierung. Nur wenn in den Veränderungsprozess involvierte Organisationen oder Organisationsteile selbst die Philosophie des PLA übernehmen und Partizipation als ‚Kultur des Hauses' etablieren, hat das Partizipationsparadigma Aussicht auf Nachhaltigkeit. Manchmal müssen dazu in hierarchischen Strukturen Akteure unter Umständen gänzlich unpartizipativ zur Abgabe von Entscheidungsmacht bewegt werden (Abb. 2.3).

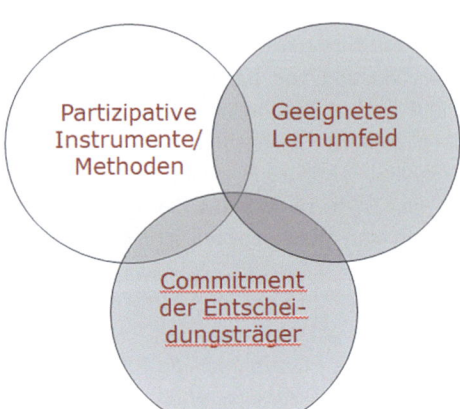

Abb. 2.3 Voraussetzungen für nachhaltige Partizipation im institutionellen Kontext. (© Schönhuth 2018)

2.4 Mainstreaming Participation

Mit der Erkenntnis, dass es die Rolle der Entwicklungspolitik sein muss, die Menschen bei der Artikulation und Durchsetzung ihrer Interessen und Rechte zu unterstützen, und dass Partizipation „… eine zentrale Rolle bei der Verwirklichung von Menschenrechten, *Good Governance* und einer lebendigen Demokratie" sowie „für eine wirksame Armutsbekämpfung" spielt (so der damalige Leiter des Referats *„Governance, Demokratie, Frauen- und Menschenrechte"* im BMZ, Eduard Westreicher; vgl. GTZ 2006, S. 5) begann der vorläufig letzte Schritt der Institutionalisierung des Partizipationsparadigmas in der deutschen staatlichen EZ.

Mainstreaming Participation bedeutet, dass Partizipation nun auf allen Ebenen in Politikfelder Einzug halten soll, sich also nicht nur auf die konkrete Arbeit im Feld beschränkt. Im gleichnamigen Sektorvorhaben der staatlichen deutschen EZ wurde dieser Schritt zwischen 2006 und 2011 koordiniert. Spätestens seit dieser Zeit gilt Partizipation auch in der deutschen Entwicklungspolitik als Leitbild partnerschaftlicher und wirkungsvoller EZ. Sie wird – jetzt im übertragenen Sinne – zur „Politik des Hauses". Auch das BMZ möchte seither Partizipation auf drei Ebenen verankert wissen:

2.4 Mainstreaming Participation

1. als *Prozessbeteiligung* (bezieht sich auf die Beteiligung der Akteure vor Ort an der Identifizierung, Planung, Durchführung und Evaluierung von Entwicklungsvorhaben, wobei die Partnerorganisation eine federführende Rolle einnehmen soll).
2. als *demokratische Partizipation* (insbesondere durch die Befähigung und Stärkung benachteiligter Gruppen sowie die Förderung lokaler Netzwerke und Ausbildung von Multiplikatoren).
3. als „*verankerte*" Partizipation (durch Absicherung der Prozesse über Gesetze, Regeln und Normen; bei staatlichen Institutionen z. B. durch die Unterstützung bei Finanz- oder Justizreformen, aber auch durch die dauerhafte Verankerung von zivilgesellschaftlichen Beteiligungsformen)

Dass ein solcher Mehrebenenansatz mit einer umfassenden sozialen, wirtschaftlichen, kulturellen und politischen Beteiligung der Bevölkerung in Partnerländern auf komplexe Herausforderungen stößt, ist den Verantwortlichen dabei durchaus bewusst.

„So fehlt es z.b. an demokratischen oder rechtlichen Strukturen oder am politischen Willen, Beteiligungsräume für Partizipation zu schaffen. Zusätzlich sind oft die Voraussetzungen für eine aktive Beteiligung aufseiten der Zivilgesellschaft nicht oder nur partiell vorhanden. Es fehlt an Artikulationsfähigkeit, Wissen, Information, Organisation und einer Kultur der Partizipation. Partizipative Ansätze in der Verfahrensweise der EZ setzen gleichzeitig gesellschaftspolitische Beteiligungsprozesse in Gang, die auf eine demokratisch verfasste, friedliche Gesellschaft zielen. Gute Regierungsführung, Demokratieförderung und der Schutz der Menschenrechte sind darin eingeschlossen, wenn es denn gelingt, die partizipativen Verfahren in Regeln und Gesetzen zu verankern." (GTZ 2006, S. 8).

Partizipation „eingehegt"
Die Gefahr eines „*Mainstreaming Participation*" besteht darin, dass die widerständigen Formen der Partizipation, die bestehende Strukturen und institutionelle Abläufe bisher herausgefordert haben – und diese Rolle hatten die partizipativen Ansätze bis Mitte der 2000er in der EZ zweifellos – nun im großen Strom des wirkungsorientierten und effizienten Projekt- und Programmmanagements institutionell und im „Wording" eingehegt und dabei „unschädlich" gemacht werden. Sehen wir uns das große Bild der Entwicklung der letzten Jahre an, so ist diese Befürchtung nicht ganz von der Hand zu weisen.

▶ **Literaturempfehlungen**
- Fernandez, Aloysius P. 2018. The Myrada Experience. 50 Years of Learning. Bangalore: MYRADA. (*Geschichte und Lernerfahrungen einer der im Feld partizipativer Ansätze profiliertesten NGOs in Südindien*)
- GTZ 2006. Förderung partizipativer Entwicklung in der deutschen Entwicklungszusammenarbeit. Vom Leitbild zur entwicklungspolitischen Praxis. Sektorvorhaben Mainstreaming Participation: http://star-www.giz.de/dokumente/bib/07-0016.pdf.
- Holtz, Uwe 2018. SDGs und demokratische Partizipation: Was ist die Rolle von Parlamenten? In: Debiel, Thomas (Hg.), Entwicklungspolitik in Zeiten der SDGs, S. 93–98. https://inef.uni-due.de/index.php?rex_media_type=ImgTypeName&rex_media_file=entwicklungspolitik_in_zeiten_der_sdgs_web.pdf.

2.5 Formen und Dimensionen der Partizipation

Der Grad an Partizipation wird in der einschlägigen Literatur auf unterschiedliche Weise charakterisiert. Pretty und Vodouhé schlagen für den Entwicklungskontext eine Typologie vor, die von „Passiver Partizipation", in der Menschen ausschließlich über bereits beschlossene Abläufe informiert werden, bis zur Selbstmobilisierung reichen, in der Menschen auch ganz unabhängig von externen Institutionen Eigeninitiative ergreifen, in Veränderungsprozessen die die Kontrolle behalten und dabei unter Umständen auch bestehende Machtstrukturen infrage stellen (Abb. 2.4).

Sarah White unterscheidet in ähnlicher Weise vier Formen der Partizipation. Bei der *nominalen Partizipation* geht es oft darum, dass mächtigere Akteure ihre Entwicklungspläne legitimieren möchten und dafür weniger Mächtige involvieren. Bei der *instrumentellen Partizipation* sollen die Fähigkeiten verschiedener Akteure für die Projektumsetzung genutzt werden. Die *repräsentative Partizipation* gibt den Akteuren die Möglichkeit der Mitwirkung bei Entscheidungs- und Umsetzungsprozessen. Bei der *transformativen Partizipation* schließlich sollen die Beteiligten bevollmächtigt werden und folglich jene Strukturen und Institutionen, die ihnen diesen Machtanteil bisher vorenthalten haben, verändert werden. Die zentrale ‚Bremse' für nachhaltige Veränderungen in Richtung

2.5 Formen und Dimensionen der Partizipation

Typology	Characteristics of Each Type
1. Passive Participation	People participate by being told what is going to happen or has already happened. It is a unilateral announcement by an administration or project management without any listening to people's responses. The information being shared belongs only to external professionals.
2. Participation in Information Giving	People participate by answering questions posed by extractive researches using questionnaire surveys or similar approaches. People do not have the opportunity to influence proceedings, as the findings of the research are neither shared nor checked for accuracy.
3. Participation by Consultation	People participate by being consulted, and external agents listen to views. These external agents define both problems and solutions and may modify these in the light of people's responses. Such a consultative process does not concede any share in decision making, and professionals are under no obligation to take on board people's views.
4. Participation for Material Incentive	People participate by providing resources, for example labour, in return for food, cash, or other material incentives. Much on-farm research falls in this category, as farmers provide the fields but are not involved in the experimentation or the process of learning.It is very common to see this called participation, yet people have no stake in prolonging activities when the incentives end.
5. Functional Participation	People participate by forming groups to meet predetermined objectives related to the project, which can involve the development or promotion of externally initiated social organization. Such involvement does not tend to be at early stages of project cycles or planning, but rather after major decisions have been made. These instructions tend to be dependent on external initiators and facilitators but may become self-dependent.
6. Interactive Participation	People participate in joint analysis, which leads to action plans and the formation of new local institutions or the strengthening of existing ones. It tends to involve interdisciplinary methodologies that seek multiple perspectives and make use of systemic and structured learning processes. These groups take control over local decisions, and so people have a stake in maintaining structures or practices.
7. Self-Mobilization	People participate by taking initiative independent of external institution to change systems. They develop contacts with external institutions for resources and technical advice they need but retain control over how resources are used. Such self-initiated mobilization and collective action may or may not challenge existing inequitable distribution of wealth and power.

Abb. 2.4 Eine Typologie der Partizipation (© Pretty und Vodouhé 1998; für den deutschen Kontext vgl. Bliss 2002)

einer partizipatorischen Entwicklung liegt häufig im Abgeben von Macht von oben nach unten.

Der Unternehmensberater Andreas Zeuch unterscheidet in seinem Entwurf für eine „Unternehmensdemokratie" (2015) noch zwei weitere Dimensionen von Partizipation auf der *institutionellen* oder *Organisationsebene:* neben den

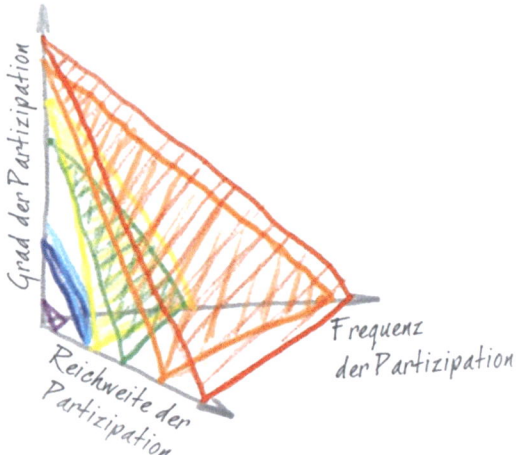

Abb. 2.5 Die drei Dimensionen der Partizipation, https://www.unternehmensdemokraten.de/wp-content/uploads/2016/03/Partizipation-3-Dimensionen.jpg.001.jpeg, © Franziska Köppe, CC-BY-ND I madiko https://www.unternehmensdemokraten.de/doku_-autokratie-oder-mitbestimmung-lesart-10_2015/ (Abdruck mit frdl. Genehmigung von Franziska Köppe)

Partizipations*grad* (der in etwa Pretty's und White's Partizipations*form* entspricht) treten hier noch die sog. *Partizipationsreichweite* und die *Partizipationsfrequenz* (Abb. 2.5).

- die *Partizipationsreichweite* kann als Grad der Mit- und Selbstbestimmung auf zwei Ebenen beschrieben werden: „Die Zeitachse mit kurz-, mittel- und langfristigen Entscheidungen sowie die Bedeutungsachse mit nicht existenziellen, das Wohl des Unternehmens nachhaltig beeinflussenden und existenziellen Entscheidungen". Diese lassen sich typischerweise „den Reichweiten operativer (Mitgestaltung kurzfristiger Entscheidungen), taktischer (z. B. Personalbeschaffung) und strategischer Entscheidungen (z. B. über Fusionen, neuen Geschäftsmodellen) zuordnen" (Zeuch 2015, S. 36–37).
- *Partizipationsfrequenz:* Hier stellt sich die Frage, „wie kontinuierlich die jeweiligen Partizipationsgrade und -reichweiten umgesetzt werden" (Zeuch 2015, S. 38) oder ob zum Beispiel in Zeiten der Krise wieder nach einer starken Hand gerufen wird, die nach einer Zeit der Selbstorganisation ‚das Ruder wieder herumreißt' und zur klassischen *Top-Down*-Führung zurückkehrt.

2.5 Formen und Dimensionen der Partizipation

Dieses Problem stellt sich auch in Projektorganisationen, insbesondere, wenn das Projekt zu Ende ist bzw. die Organisation in der internationalen Zusammenarbeit in einheimische Hände und damit häufig in übliche *top-down-Strukturen übergeben* wird.

Transferfragen

1. Überlegen Sie sich Situationen aus Ihrem Alltagszusammenhang (Schule, Universität, Arbeitsplatz, Bürgerinitiative, Weiterbildungsveranstaltung, Workshops …), in denen Partizipationsfragen tangiert wurden. Welchen der sieben Typen von Pretty kamen sie am nächsten? Welche Rolle spielten Sie selbst darin? Hätte es alternative Szenarien gegeben, in denen Sie oder andere Stakeholder inklusiver oder partizipativer hätten agieren können?
2. Wenn Sie schon in organisationellen Zusammenhängen gearbeitet haben, wo es explizit um Mitarbeiterbeteiligung ging: Welche Rolle spielten die Dimensionen „Zeit" (Beteiligung an kurz-, mittel- bzw. langfristigen Entscheidungen) und „Existentialität" (Beteiligung an operativen oder strategischen Entscheidungen)? Welche Organisations- oder Unternehmenskultur stand dahinter?

3 Partizipation in Entwicklungs- und Transformationsprozessen

Ziel eines jeden partizipatorischen Prozesses ist die bewusste Verschiebung strukturell verankerter Kompetenzen und Entscheidungsmacht von oben nach unten. Wie weit diese gehen bzw. gelingen kann und an welchen Stellen im System, hängt von ganz unterschiedlichen Faktoren ab. Eine erste, rasche Wirkungseinschätzung zur Partizipation in Gruppenprozessen lässt sich mit einer einfachen Fragenfolge vornehmen:

> „Wer beteiligt,
> wen,
> wann,
> woran,
> bis zu welchem Grad,
> zu welchem Ziel,
> mit welchen Folgen,
> für wen?"

Wer stößt Partizipation an, mit welchen Ressourcen, Motiven bzw. welcher (politischen) Agenda, wer treibt sie voran, wer bestimmt die Regeln und Instrumente, wer kontrolliert, wer sichert die Umsetzung der Ergebnisse, wer legt wem gegenüber über das Erreichte Rechenschaft ab? Wer diese Fragen schon früh beantwortet und offen kommuniziert, vermeidet Frust bei den Beteiligten und hält einen Schlüssel für die Nachhaltigkeit partizipativer Prozesse in der Hand. Die Informationswebsite „Partizipation & nachhaltige Entwicklung in Europa" des österreichischen Bundesministerium für Nachhaltigkeit und Tourismus schlägt dafür folgende Prüffragen vor (OEGUT 2019: https://www.partizipation.at/methoden.html):

- Was ist das Ziel der Beteiligung? Welche Intensität der Beteiligung ist gewünscht/sinnvoll? Geht es nur um Information; darum, Meinungen/Reaktionen einzuholen, oder aber Diskussionsprozesse zu starten, etwas gemeinsam zu planen, längerfristig zusammenzuarbeiten, oder sogar darum, Konflikte zu bearbeiten?
- Welche Ergebnisse sollen erreicht werden (im Gesamtprozess, in den Teilprozessen)?
- Welche Zielgruppen sollen beteiligt werden und warum? Gibt es innerhalb dieser Zielgruppen Menschen, die besonders schwer erreichbar sind? Wie kann es gelingen, auch sie einzubeziehen?
- Welche Gestaltungsspielräume bestehen? Was ist der (politische, strukturelle, rechtliche usw.) Rahmen für den Beteiligungsprozess?
- Welche Inhalte sollen bearbeitet werden?
- Wie konflikthaft ist das Thema oder das Feld?
- Wann soll der Beteiligungsprozess stattfinden und wie lange soll er dauern?
- Wo soll der Beteiligungsprozess stattfinden?
- Wie können die Teilnehmer/innen informiert bzw. kontinuierlich auf dem Laufenden gehalten werden?
- Welche finanziellen, personellen und zeitlichen Ressourcen stehen zur Verfügung?

Je nach der Beantwortung dieser Fragen eignen sich andere Methoden oder Methodensets. Diese können klassische Elemente, (z. B. semistrukturierte Interviews), partizipativ-qualitative Zugänge oder auch partizipativ-quantitative Berechnungen enthalten (z. B. beim Matrix Ranking). Auch Ortsbegehungen, gehören für die klassischen wie die partizipativen Verfahren zu den wichtigen Instrumenten. Der Unterschied liegt im Rollenverständnis: wer hält den Zeigestock; mit welchem Selbstverständnis arbeiten die Entwicklungsfachleute; wer hat Kontrolle über Analyse, Ergebnisse, personelle und finanzielle Ressourcen? So lautet die Schlüsselfrage im gesamten Projektzyklus denn auch: *"Whose Reality Counts?"* (vgl. Chambers 1994b). Diese Frage ist von besonderer Aktualität, da die Digitalisierung hier neue Möglichkeiten eröffnet, wie Chambers betont: „Our digital age has opened up a wider range of participation: methodologically, with participatory geographic information systems (PGIS), mobile phones and the like; creatively, with accelerating innovation in developing countries (…); and socially, through the connectivity increasingly of many poor people" (Chambers 2013, S. 13 f.). Widmen wir uns aber zunächst dem herkömmlichen, analogen Zugang und Partizipationsfragen in den klassischen Phasen gesteuerter Gruppenprozesse.

3.1 Planungsphase (Appraisal)

An die Stelle konventioneller Bedarfsanalysen, Machbarkeits- und Akzeptanzstudien, mit denen ein Programm oder Projekt von Externen normalerweise vorbereitet wird, tritt in partizipativen Prozessen ein Diskussionsprozess, „…an dem die Zielgruppe als Subjekt beteiligt ist und in dem sie selbst ihre Nöte, Möglichkeiten und Prioritäten erkundet" (von Freyhold 2002, S. 275). Schon hier entscheidet sich, ob auch auf den ersten Blick nicht sichtbare Gruppen eine Chance haben, sich einzubringen: „As in all participatory approaches, it is important to ask who participates. Power relations matter within all communities, and some groups or individuals always have a louder voice than others" (IDS o. J. https://www.participatorymethods.org/). Folgende Vorabklärungen sind essenziell (vgl. Lukensmeyer et al. 2003, S. 13):

- *Wissen:* In welchem Ausmaß existiert schon Vorwissen zu den Thematiken in der Gesellschaft, in bestimmten Gruppen etc.?
- *Reife:* Wie umfangreich wurde das Thema schon diskutiert? Existieren schon feste Positionen oder etablierte Reaktionsmuster?
- *Komplexität:* Ist das Thema so komplex, dass weitere Vorabinformationen notwendig sind?
- *Kontroverse:* Ist die Angelegenheit kontrovers? Wird die Debatte polarisiert, sodass eine Konsensbildung schwierig wird?

> **Anforderungen an beteiligte Akteure aus Entwicklungsinstitutionen**
> - *Kognitive Kompetenzen:* Kenntnisse über die Strukturen und Funktionsweisen politischer Systeme und über internationale politische und wirtschaftliche Zusammenhänge, Verständnis für den Sinn verschiedener Institutionen
> - *Prozedurale Kompetenzen:* Wissen um den Ablauf politischer Entscheidungsprozesse, Fähigkeit, politische Ziele zu formulieren und zu vertreten
> - *Habituelle Kompetenzen:* positive Einstellungen zum Gemeinwesen, Tugenden wie Toleranz, Fairness, Solidarität, Gerechtigkeitssinn – damit zusammenhängend auch die Bereitschaft zur Partizipation
> - (vgl. Götsch et al. 2012)

Digitale Partizipationsmöglichkeiten beziehen sich in der Planungsphase beispielsweise auf die einfachere Visualisierbarkeit von Ergebnissen und Prozessen sowie das einfachere Teilen der Ergebnisse selbst: es gibt kein „Original", das eine Einzelperson oder eine Gruppe behält, sondern jede/r mit digitalen Schnittstellen kann eine identische Kopie nutzen. Auch die computergestützte Simulationstechnik bietet neue Chancen (vgl. Lachmann 2010, S. 118), um die Nachhaltigkeit eines Vorhabens zu prüfen: genügend und adäquate Vorinformationen vorausgesetzt, kann man gemeinsam alternative Szenarien durchspielen und gewinnt so eine verlässlichere Entscheidungsbasis.

> **Partizipative Prüffragen in der Appraisal-Phase**
> - Wer soll entscheiden darüber, wer teilnimmt und wer nicht?
> - Wer entscheidet darüber, was wichtig ist?
> - Wessen Probleme sollen dargestellt werden, aus wessen Perspektive?
> - Wessen Fragen werden gestellt?
> - Wer soll – wie intensiv – Zugang zum Gestaltungsprozess haben?
> - Wer muss den Ablauf verstehen, wer soll ihn kontrollieren, wer ihn kommentieren?
> - Wer sichert die Ergebnisse? Wie werden sie zugänglich gemacht?

3.2 Implementierung

Bei der Implementierung stellt sich neben der Beteiligungsfrage auch die nach der Steuerung und der „Abnahme" von abgeschlossenen Aktivitäten. Wer vergibt Aufträge, wer hat worüber Budgethoheit, wer prüft, wer kontrolliert, wer mahnt, wenn Leistungen suboptimal umgesetzt wurden? Wer ist an welcher Stelle wem gegenüber rechenschaftspflichtig *(„accountable")*?

> „Official aid agencies and NGOs, for example, fund accountability and transparency programmes or initiatives with the objective of reforming governance practices they judge to be unaccountable. Aid agencies engage recipient governments in policy dialogue to try to persuade them to be more transparent and accountable to their citizens in their use of public funds and aid. Aid programmes are subject to monitoring, evaluation, impact assessment and reporting using a wide array of tools and standards, although few are designed to account to those citizens whose lives are meant to be improved by international aid" (vgl. IDS o. J. www.participatorymethods.org).

3.2 Implementierung

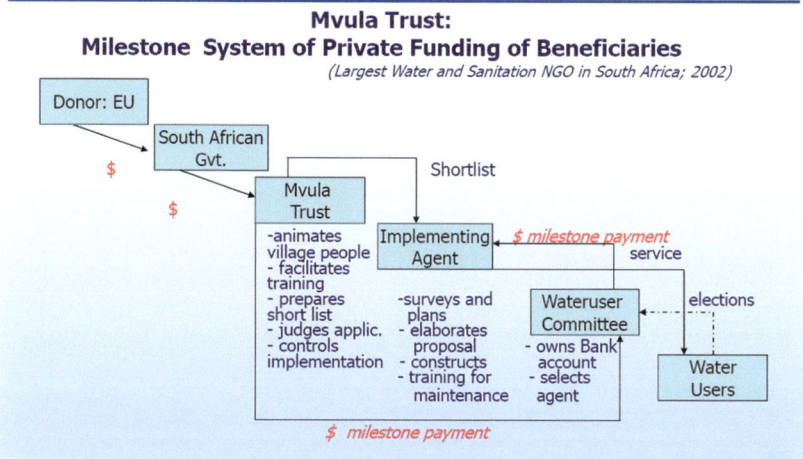

Abb. 3.1 Meilensteinprinzip bei der Verantwortungsübergabe an Leistungsempfänger (Mvula Trust 1999). (© Schönhuth 2002)

Der MVULA-Trust, Afrikas größte Wasser- und Sanitär-NGO, hat Mitte der 1990er ein Budgetierungskonzept implementiert, das Teilverantwortung für Budgetentscheidungen bis auf die Endnutzer/innenebene überträgt (Mvula Trust 1999; Deverill 2001). Das von diesen jeweils auf Dorfebene gewählte Wassernutzungskomitee wählt aus einer *Shortlist* von durch die NGO geprüften Dienstleistern, den nach ihren eigenen Kriterien geeignetsten aus und bezahlt ihn mit Hilfe von *„Milestone Payments"*, die die NGO jeweils zum Zeitpunkt der Erreichung gemeinsam vereinbarter Zwischenziele an das Dorf überweist. Der Ansatz wurde unter dem Label *„Demand Responsive Approach"* inzwischen in vielen Programmen weltweit erfolgreich angewandt (vgl. z. B. Andres et al. 2017 für Kerala, Indien) (Abb. 3.1).

> **Ein erster Schritt zur Eigenregie**
> „Das *Kabala Rural Development Programme* wurde zwischen der Regierung von K. und einer internationalen Entwicklungsagentur vereinbart, um die Lebenssituation der ländlichen Bevölkerung … zu verbessern. Eine Zwischenevaluation stellt fest, dass von den 120 gebauten Schulen schon

nach einem Jahr 30 % nicht mehr in Betrieb und von 400 Handpumpenbrunnen sogar 60 % nicht mehr funktionstüchtig waren. Dafür beschwerten sich Bauernvertreter, dass sie keinerlei Ackerbaugeräte durch das Programm erhalten hätten. Auf Empfehlung der Evaluatoren wurden in allen Distrikten *Development Committees* gegründet mit der Aufgabe, die Schulen und Brunnen besser zu managen. Die Komitees erhielten zur Stärkung der Motivation kleine Fonds, aus denen sie Kleinkredite an die Bauern vergeben durften" (AGEE 2013, S. 8).

Partizipative Prüffragen in der Durchführungsphase
- Wer soll darüber entscheiden, was wichtig ist und wer beteiligt wird
- Wer soll an welchem Punkt und wie intensiv Zugang zum Gestaltungsprozess, bekommen,
- Wer soll wann, Zugang zu welchen Ressourcen bekommen und in welcher Form
- Schließt die Komplexität, oder die Notwendigkeit von Expertise Beteiligte vom Zugang zu spezifischen Ressourcen aus und wie soll/ kann dem begegnet werden
- Wer überträgt wem und wann Verantwortung und in welcher Form
- Wer kontrolliert bzw. entscheidet an welcher Stelle über das Budget

...

▶ **Literaturempfehlungen**
- Burns, D.; Lopez-Franco, E.; Shahrokh, T. und Ikita, P. 2015. Citizen participation and accountability for sustainable development, Brighton: IDS. https://opendocs.ids.ac.uk/opendocs/bitstream/handle/123456789/5995/Citizen_Partic_Report_.pdf?sequence=1.
- Participate. 2015. Policy briefing: Achieving meaningful accountability for people living in poverty and marginalisation. 02 March. https://opendocs.ids.ac.uk/opendocs/bitstream/handle/123456789/6002/Participate_Accountability_PB.pdf?sequence=1.

3.3 Participatory Monitoring & Evaluation (PM&E)

Die kontinuierliche Überprüfung und die Lehren, die aus ihr gezogen werden, gelten als integraler Bestandteil von Entwicklungs- und Transformationsprozessen. Den Anspruch an partizipatorische Monitoring- und Evaluierungssysteme fasste der Aktions- und Partizipationsforscher Gerrit Huizer schon in den 1980er Jahren wie folgt zusammen:

> *"Participatory monitoring is a process of measuring, data collecting, processing and communicating to assist the beneficiaries and project staff in decision-making. The purpose is to provide all concerned with information as to whether project objectives are being achieved and whether the operations, performance and impact of a project is 'on course'... In order to set up a workable participatory monitoring system the beneficiaries are to be motivated in particular and this implies that: a) their felt needs, desires and problems are taken into account; b) simple, understandable and attractive methods are introduced and repeatedly explained and c) the results are presented to them on a continuous basis and by adequate means including regular group discussions and audio-visual aids... In sum, the main tools of participatory monitoring are: 1) recording of group meetings, workplans, progress made, problems met, etc. in group log-books; 2) group bookkeeping for inputs, outputs, credits, savings, etc.; and 3) action-research"* (Huizer 1982).

Und heute, knapp 40 Jahre später? Vor allem dort, wo es um öffentliche oder Gemeingüter *(commons)* geht, sind Träger zunehmend bereit, auch lokale Wissensressourcen „in Wert" zu setzen. So bilden in diesen Feldern nicht nur Daten-/Wissensbestände aus Wissenschaft, Industrie und öffentlicher Verwaltung, sondern, im Rahmen eines inklusiven Monitorings, auch lokales und ggf. indigenes Wissen einen Teil der Informations- und Datengrundlage für Entscheidungsträger (vgl. Stegemann und Morris 2016, S. 6; vgl. auch den Punkt *„Community Based Monitoring und Indigenous Evaluation"* am Ende dieses Kapitels). Wie weit diese „Einbindung" allerdings geht bzw. wessen Daten bei widersprüchlichen Interessen letztlich den Ausschlag für Entscheidungen geben, das hängt wiederum vom Machtgefüge bzw. institutionalisierten Beteiligungsrechten ab.

> **Partizipative Prüffragen in der Monitoring- und Evaluierungsphase (M&E)**
> - Wer soll von wem und in welcher Weise über den Fortschritt oder Probleme eines Projektes/Programmes informiert werden
> - Wer soll wann im Prozess entscheiden können, was „publik" gemacht wird und was nicht

> - Wer entscheidet mit wem über notwendige Umsteuerungen/Korrekturen
> - Wessen Kriterien für den „Erfolg" von Maßnahmen sollen einer Evaluierung zugrunde liegen
> - Wer legt fest, wann eine Maßnahme als erfolgreich oder als gescheitert gilt
> - Nicht nur: wessen Realität zählt, sondern auch: wer „zählt" Realität (*„who counts reality,"* vgl.: Estrella und Gaventa 1998; Green 2012; Holland 2013); wessen Zahlen, Bewertungen, Erkenntnisse werden für Entscheidungen herangezogen?
>
> ...

Eine interessante Weiterentwicklung der Frage: *„who counts reality"*, stellen Dee Jupp und Sohel Ibn Ali in ihrer Publikation: *Measuring Empowerment? Quantifying qualitative outcomes from people's own analysis* vor. Hier wird am Beispiel von sozialen Bewegungen in Bangladesch der Versuch unternommen, *Empowerment* von benachteiligten Gruppen über die Quantifizierung qualitativer Befunde aus partizipativen Evaluationsprozessen zu erreichen (Jupp und Ali 2010). Eine noch weitergehende Form ist die Selbstevaluation von Systemen. Sie wird von den Betroffenen selbst vorgenommen. Verstanden als klärender interner Prozess ist sie wichtig und schwierig zugleich. Einerseits erhöht sie die Chance für die Umsetzung der Evaluationsergebnisse. Ihre Kehrseite ist andererseits die mangelnde Distanz, die sogenannten *„Blind Spots"* von Systemmitgliedern. Intuitives Ausblenden oder stillschweigender Konsens führen dazu, dass unter Umständen die wichtigsten Fragen nicht behandelt werden. Dieser selbstreflexive Zug findet sich auch im Modell der „Kontributionsanalyse" (weiter unten im Kapitel) wieder.

Wirkungsmodelle im Dienste nachhaltiger Entwicklung

Nach dem klassischen Zielmodell der Evaluationsforschung wurde „der Grad der tatsächlichen Zielerreichung nur auf den beabsichtigten Zieldimensionen mithilfe eines Soll-Ist-Vergleichs bestimmt" (Stockmann 1996, S. 102). Allerdings wurde in der Praxis der Istzustand als Basislinie selten systematisch erhoben und auch die Projekt- oder Programmziele nur verschwommen bzw. nicht stringent genug definiert. Um Effekte sauber darstellen zu können, wurde zwischen *Input, Output, Outcome* und *Impact* unterschieden. Dabei stellt der Input die Investition dar, die in ein Projekt fließt (Zeit, Geld, Kreativität und Technik), sagen wir, um eine „Backanlage" aufzubauen. Der *Output,* den die Backanlage generiert, wären die produzierten Brötchen. Der *Outcome* bezeichnet den direkten Nutzen, etwa, wie die Kunden auf die Qualität der Brötchen reagieren oder welche Veränderungen sie durch die Backanlage erleben. Der Blick auf den *Outcome,* liefert ggf. auch weitere Ideen, etwa eine Ergänzung des Sortiments um Plätzchen. Der *Impact* zoomt noch weiter heraus und nimmt das Umfeld ins Visier: Was passiert um die Backanlage herum? Machen die neuen, günstigen Brötchen den lokalen Markt kaputt? Ändern sie mittelfristig Essgewohnheiten vor Ort und entstehen dadurch beispielsweise mehr Fälle von Karies oder Diabetes? Hier werden also auch Folgewirkungen betrachtet. „Mit einem einfachen Vorher-Nachher-Vergleich kann man keine Wirkungen von Programmen messen, denn Veränderungen können genauso gut durch externe Effekte entstanden sein", stellt Neubert (2010a, S. 1) fest und fährt fort:

„Bei quantitativ-rigorosen Ansätzen erfolgt dies über Kontrollgruppen, durch die ermittelt wird, was geschehen wäre, wenn die Maßnahme nicht durchgeführt worden wäre. Bei qualitativen Verfahren erfolgt die Zuordnung dagegen durch die Plausibilisierung oder Erläuterung der Zusammenhänge, die mit Hilfe von Expertenwissen und durch Einschätzungen der Zielgruppen gewonnen werden" (Neubert 2010a, S. 1). Dort, wo kein eindeutiger Wirkungszusammenhang zwischen direktem Nutzen *(Outcome)* und indirektem Nutzen *(Impact)* belegt werden kann, also die Plausibilisierung nicht gelingt, entsteht eine sogenannte „Zuordnungslücke" *(attribution gap).*

Spielte diese Zuordnungslücke in qualitativen Evaluierungen der 1990er Jahre noch eine untergeordnete Rolle, standen auch sie in den 2000er Jahren zunehmend vor der Herausforderung, Ursache-Wirkungs-Zusammenhänge zuverlässig beschreiben bzw. belegen zu können. Meist wurde dies durch eine Kombination (Triangulation) unterschiedlicher Instrumente, wie semi-strukturierte Interviews, Gruppendiskussionen, Dokumentenanalysen versucht (Neubert 2010a, S. 2). Der Schwäche qualitativer Verfahren, ihrer mangelnden Generalisierbarkeit, wird seit einigen Jahren durch eine Standardisierung begegnet, die dann auch ein gewisses Aggregieren der Daten zulässt. Solche Verfahren, wie das PCIA *(Peace and Conflict Assessment,* GTZ 2007), MAPP *(Method for Impact Assessment of Programmes and Projects,* Neubert 2010b) oder PIM *(Participatory Impact Monitoring,* Gohl und GATE 1993) wurden zusammen mit anderen Verfahren der Wirkungsanalyse von der Deutschen Gesellschaft für Evaluation (DeGEval) 2010 in einem Handbuch zusammengefasst.

Unter dem Eindruck des komplexen Wirkungsgefüges, in dem EZ stattfindet, hat die GIZ 2012 ihr bis dahin gültiges, an Ursache-Wirkungszusammenhängen orientiertes Modell grundlegend überarbeitet (Abb. 3.2).

Es gibt hier keine Wirkungsketten mehr, die man belegen, keine Zuordnungslücke, die man schließen müsste. Es geht um die *Formulierung von Wirkungshypothesen,* in der Form: was wollen wir bewirken, was wollen unsere Partner bewirken und was sind Aktivitäten, die wir uns überlegen, um Voraussetzungen für gewünschten Wirkungen zu schaffen. *Prüffragen* leiten die Planung, Steuerung oder Evaluierung an, nach dem, Motto: auf welche Fragen sollten wir eine Antwort haben, bevor wir loslegen (bzgl. „Strategieoptionen", bzgl. möglicher lokaler Partner und Interessengruppen oder ungewollt Betroffenen, bzgl. des Festlegens von Verantwortlichkeiten und – wo angemessen – bzgl. der Effizienz und Effektivität). Und es geht um *Indikatoren,* die Bereitschaft, etwas zu formulieren, das „anzeigt", dass „gute Voraussetzungen" geschaffen, dass ein Prozess in Gang gesetzt wurde.

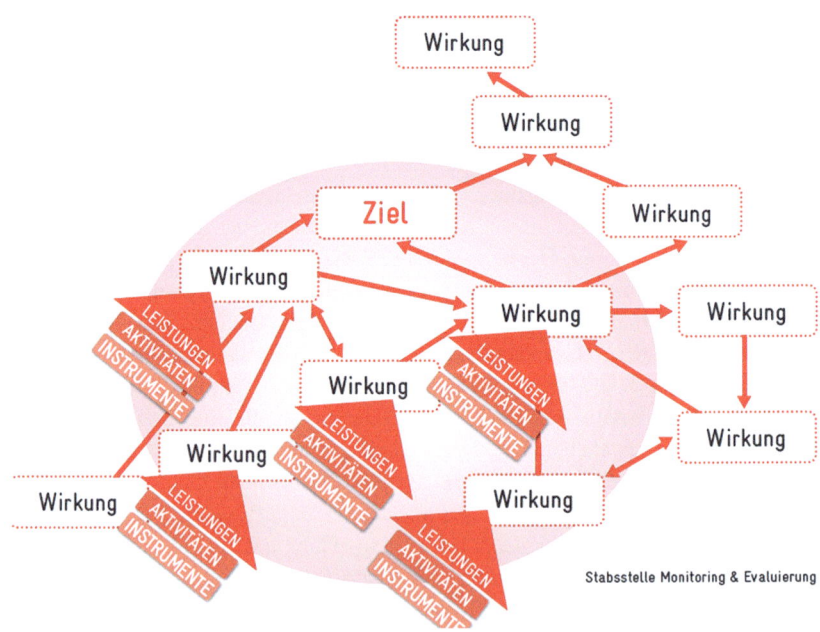

Abb. 3.2 Das GIZ-Wirkungsmodell. (© GIZ 2013; Abdruck mit frdl. Genehmigung)

3.3 Participatory Monitoring & Evaluation (PM&E)

Das Modell ist ambitioniert. Aus partizipatorischer Sicht kritisch anzumerken ist, dass die fünf konkreten Evaluierungskriterien der GIZ (Relevanz: „Tun wir das Richtige": Oberziel: Armutsminderung bzw. Querschnittsthemen wie Genderbalance; Effektivität; übergeordnete entwicklungspolitische Wirkungen, Effizienz/Wirtschaftlichkeit und Nachhaltigkeit) zwar mit den internationalen (DAC)-Prüfkriterien des Ausschusses für Entwicklungshilfe der Organisation für wirtschaftliche Zusammenarbeit und Entwicklung (OECD) kompatibel sind, nicht aber mit den womöglich teilweise anders gelagerten lokalen Kriterien. Diese sind u. U. weniger an Effizienz oder möglichst maximalen Wirkungen interessiert, als vielmehr an Stabilität, Verantwortlichkeit und Verlässlichkeit von geschaffenen Strukturen und Institutionen – auch über das Projektende hinaus (vgl. dazu auch den Eintrag zu *„Indigenous Evaluation"* weiter unten im Kapitel, oder das *Utang-na-loob*-Prinzip auf den Philippinen, vgl. Abschn. 6.8).

Einen Schritt weiter geht das 2015 entwickelte Wirkungsmodell des Goethe-Instituts. Vor die Herausforderung gestellt, insbesondere die Wirkungen seiner kultur- und bildungspolitischen Projekte und Programme belegbar zu machen, legt dieses Modell seinen Fokus auf den wechselseitigen Transfer von Ideen bzw. Ergebnissen von Kulturarbeit zwischen Deutschland und dem Gastland sowie auf deren Weiterentwicklung vor Ort, unabhängig von ursprünglich fördernden Institutionen. Dabei rückt – über den unmittelbaren Aktionsraum hinaus – der jeweilige gesellschaftliche Kontext in den Wirkungskreis, den es zu evaluieren gilt (Abb. 3.3).

Neben gängige Evaluierungsmethoden tritt hier auch das eingangs (Abschn. 1.2) vorgestellte WORLD CAFÉ, das bislang bei Evaluation noch selten angewendet wird. Aber auch Formen der Sozialen Netzwerkanalyse werden eingesetzt, um das „Sozialkapital" eines Instituts oder einer Projektgruppe sowie Veränderungen der Netzwerkstruktur zu zwei gegebenen Zeitpunkten sichtbar zu machen. Die Visualisierung ist dabei angelehnt an eine Methode aus der Toolbox partizipativer Methoden, das sogenannte *„Venn Diagram"* (vgl. Abschn. 5.4).

Auch kognitive Karten, mental vereinfachte Repräsentationen mehrdimensionaler, komplexer Zusammenhänge, kommen zum Einsatz. Die Interviewten werden dabei gebeten, sich an einen bestimmten Zeitraum zu erinnern und den zugehörigen physischen Raum aufzuzeichnen, in dem sie sich bewegt haben – mit Wegen, Grenzlinien, bedeutsamen Bereichen sowie Merk- und Wahrzeichen. So können Erinnerungen und besonders bedeutsame, für den Aufenthalt oder die eigene Inspiration prägende, wie irritierende Momente in der Kulturbegegnung (sogenannte *„rich points"*, Agar 1994, S. 60 ff) wachgerufen und im Rahmen des Interviews ausgewertet werden (Abb. 3.4).

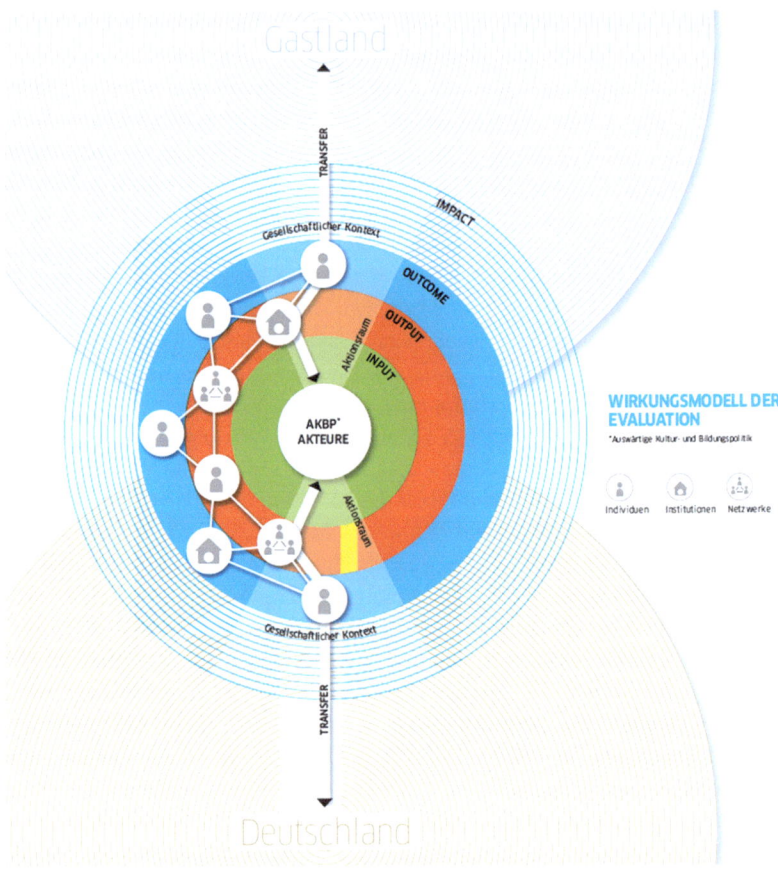

Abb. 3.3 Wirkungsmodell des Goethe-Instituts 2016. (© Goethe-Institut; Abdruck mit frdl. Genehmigung)

▶ **Literaturempfehlungen**
- Befani, Barbara, Chris Barnett und Elliot Stern. 2014. Rethinking Impact Evaluation for Development. *IDS Bulletin* 45, 6 (Nov). https://bulletin.ids.ac.uk/idsbo/issue/view/18.
- Befani, Barbara, Ben Ramalingam und Elliot Stern (Hg.). 2015. Towards Systemic Approaches to Evaluation and Impact. *IDS Bulletin* 46, 1 (Jan.). https://bulletin.ids.ac.uk/idsbo/issue/view/11.

3.3 Participatory Monitoring & Evaluation (PM&E)

- Community Toolbox Team. o. J. Section 1. A Framework for Program Evaluation: A Gateway to Tools. University of Kansas: Center for Community Health and Development. https://ctb.ku.edu/en/table-of-contents/evaluate/evaluation/participatory-evaluation/main.
- Gohl, Eberhard et al. 2011. NGO-IDEAs Impact Toolbox: Participatory Monitoring of Outcome and Impact. Bonn: VENRO. http://www.ngo-ideas.net/mediaCache/impact_toolbox/NGO_Ideas_Toolbox_v05.pdf.
- Goethe-Institut. 2016. Kultur Wirkt. Mit Evaluation Außenbeziehungen nachhaltiger gestalten. München URL.: http://educult.at/wp-content/uploads/2011/08/Kultur-wirkt_Brosch%C3%BCre.pdf.

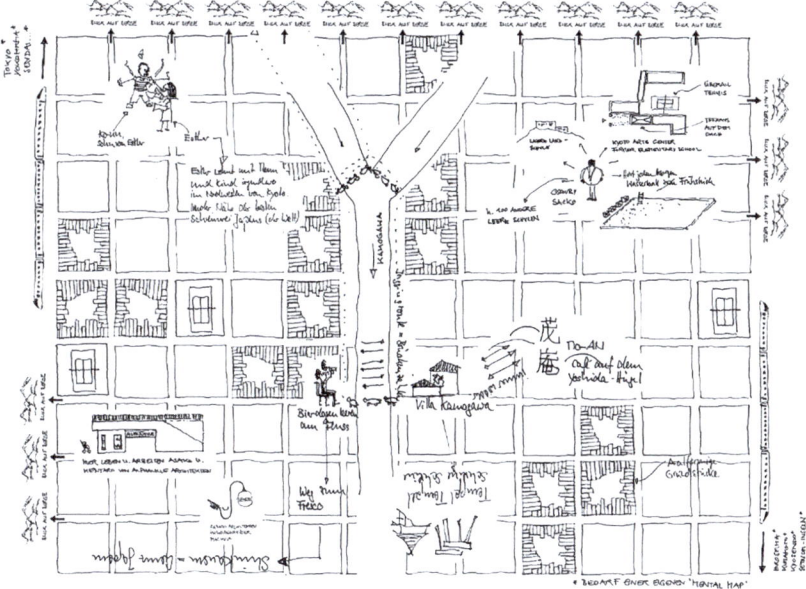

Abb. 3.4 Kognitive Karte (mental map), gezeichnet von zwei Goethe-Stipendiat/innen in der Villa Kamogawa/Japan; angeleitet von K.-J. Eckstein. (© K.-J. Eckstein; Goethe-Institut 2016, S. 29; Abdruck mit frdl. Genehmigung)

Kontributionsanalyse

Eine in den letzten Jahren in der Evaluationspraxis immer stärker verfolgte Idee zum Schließen der ‚Zuordnungslücke', besteht darin, den Wirkungszusammenhang in umgekehrter Richtung zu verfolgen: was hat sich für einen Stakeholder, bezogen auf das zu evaluierende Feld in letzter Zeit verändert, welche Wirkungen lassen sich feststellen, und in welchem Ausmaß kann eine spezifische Wirkung der zu evaluierenden Intervention oder Maßnahme zugeschrieben werden? Dazu werden zusammen mit „urteilsfähigen", weil informierten Stakeholdern plausible Begründungsketten entwickelt. Diese werden mit dem Wirkungsmodell der Institution, das heißt ihren Annahmen über die durch die geplanten Interventionen beabsichtigten Wirkungen, der sogenannten „*Theory of Change*", abgeglichen. Für jede Annahme einer kausalen Verknüpfung in der Kette müssen Belege gefunden und gezeigt werden, ob auch andere Faktoren im Umfeld zu der Veränderung beigetragen haben bzw. welche kontextuellen oder externen Faktoren, die nichts mit der Maßnahme zu tun haben, mit im Spiel waren. Am Ende dieses Prozesses steht eine „*contribution story*", die belegt, warum es vernünftig ist, anzunehmen, dass die Aktivitäten eines Programms oder einer Intervention in einer ganz bestimmten Weise zu einem beobachteten Ergebnis *(Outcome)* beigetragen haben. Danach wird die Geschichte auf ihre Belastbarkeit geprüft: Wie glaubwürdig ist sie, wo sind ihre Schwächen, finden Stakeholder sie nachvollziehbar? Wo hat die zugeschriebene Kausalkette Lücken und benötigt deshalb zusätzliche Information? Auf diese Weise lässt die Kontributionsanalyse „robuste" Schlussfolgerungen über den „Entwicklungsbeitrag" *(Impact)* des Programms zu. Die Kontributionsanalyse beruht auf einem „Theoriemodell des Wandels", das John Mayne für den Evaluationskontext Ende der 1990er Jahre entworfen (1999) und seither weiterentwickelt hat (2012).

Gerade angesichts immer komplexer werdender Programmkonstellationen und sektorweiter Ansätze *(sector-wide approaches, SWAps)* ist die Kontributionsanalyse ein zukunftsweisendes, weil einerseits theoriebasiertes, andererseits an den konkreten Erfahrungen und Einschätzungen der Stakeholder ansetzendes und damit an dieser Stelle auch partizipatives Evaluierungsmodell. Die australische Entwicklungsagentur AUSAid wendet es schon seit den 2000er Jahren auf seine Evaluationen an (Kotvojs und Shrimpton 2004), das bundeseigene Evaluierungsinstitut DEval seit einigen Jahren ebenfalls (Noltze 2014 für den Einsatz im Rahmen eines SWAp zwischen Deutschland und Ruanda) und bietet dazu auch Kurse an (http://deval.org/en/). Auch große NGOs wie Fairtrade (Fairtrade International 2015) oder Greenpeace

(Roth 2016) bedienen sich des „*Theory-of-Change*"-Modells zur Überprüfung der Wirkungen ihrer Kampagnenarbeit. Eine neuere Entwicklung ist die Verknüpfung der Kontributionsanalyse mit der Prozessverfolgung deterministischer Zusammenhänge („*process tracing: from ‚assessing impact' to ‚assessing confidence' about impact*"; Befani und Mayne 2014). Sie bringt Kausalketten und Alltagswahrnehmung in einen nachvollziehbaren Begründungszusammenhang.

Community Based Monitoring und Indigenous Evaluation

In qualitativen Verfahren werden die Daten durch Triangulation bis zum Sättigungspunkt validiert und zumindest theoretisch so lange geforscht, bis keine relevanten neuen Informationen mehr hinzukommen. Bei partizipativen Ansätzen gelten die Prinzipien der „optimalen Ignoranz" *(optimal ignorance)* und „angepassten Ungenauigkeit" *(appropriate imprecision)*, d. h. es werden Daten nur so weit und genau erhoben, wie es für ein gemeinsames Handeln notwendig ist (vgl. Abschn. 2.2). Solche partnerschaftlichen Evaluationsansätze, in denen die Kriterien der von Entwicklung/Veränderung Betroffenen und das gemeinsame Lernen im Mittelpunkt stehen, gehen bis in die 1980er Jahre zurück (Feuerstein 1986; Davis-Case 1990; für einen Überblick GTZ o. J.).

Allgemein gesprochen werden im *Community Based Management* (CBM) Daten bzw. Informationen von betroffenen Bürgern bzw. lokalen Gemeinschaften auf lokaler Ebene systematisch gesammelt und bewertet. Anschließend werden diese Daten in Regierungs- oder Verwaltungshandeln eingespeist. CBM hat sich in ganz unterschiedlichen Einsatzfeldern bewährt: im Wasserschutz kanadischer Seen in „*First Nations*"-Gebieten (Stegemann und Morris 2016), beim nachhaltigen Ressourcenmanagement für ärmere Bevölkerungsschichten in Südafrika (DEAT und GIZ o. J.). Ein besonders eindrückliches Beispiel stellt das Waldmanagement in Uganda dar, wo lokal ausgewählte und für ihren Einsatz speziell geschulte „Wächter" *(monitors)* illegale Aktivitäten in Waldschutzgebieten beobachten und in einem ausgeklügelten Controlling-System an die zuständigen Stellen weitermelden (Heckmann 2014).

In der kommunalen Versorgung von Flüchtlingen beschreitet das UN-Flüchtlingshilfswerk seit Anfang der 2000er Jahre ähnliche Wege, weg von der individuellen Unterstützung, hin zum Bauen auf vorhandene Ressourcen und die aktive Mitarbeit der Betroffenen auch im Monitoring und der Evaluation sowie zum Bekenntnis der eigenen Rechenschaftslegung ihnen gegenüber:

„"… by placing people of concern at the centre of operational decision-making, and building protection strategies in partnership with them, they will be better protected, their capacities to identify, develop and sustain solutions will be strengthened, and the resources available will be used more effectively. In a rights- and community-based approach, people of concern not only have the right to participate in making decisions that affect their lives, but they also have a right to information and transparency from UNHCR and partner staff." (UNHCR 2008, S. 5)

Noch mehr als bei Beteiligungsverfahren in der Planung stellt sich in partizipativen M&E-Prozessen allerdings die Frage, wie die unterschiedlichen Wissensressourcen und ‚Datenbestände' miteinander ins Gespräch gebracht werden. Wie können indigenes und wissenschaftliches Wissen über Naturzusammenhänge sinnvoll verbunden werden? Was, wenn im Rahmen von „*Citizen-Science*" erworbene Monitoring-Erkenntnisse mit solchen aus der Wissenschaft bzw. der Verwaltungsebene konkurrieren? Welchen schenken politische Entscheidungsträger im Zweifelsfall mehr Vertrauen? Gerade im städtischen Umfeld, wo ein etabliertes Verwaltungsregime vorherrscht, tun sich CBM-Ansätze schwer. Tatsächlich existieren bisher, so eine von der GIZ betreute Überblicksstudie, nur wenige erfolgreiche Beispiele zum Einsatz von CBM in der Stadtentwicklung (vgl. GIZ 2014). Eines davon hat die GIZ selbst in Äthiopien begleitet und resümiert:

„Wenn Bürgerinnen und Bürger merken, dass ihre Stimme in der Stadt gehört wird und – wie im Beispiel aus Äthiopien – der sprichwörtliche „Stein des Anstoßes" beseitigt wird, dann steigt automatisch das Vertrauen und die Zufriedenheit in die Stadtverwaltung. Damit kann CBM auch dem Empowerment dienen; insbesondere, wenn marginalisierte Bevölkerungsgruppen ermutigt werden können, sich einzubringen und ihre Bedürfnisse darzulegen. Denn nur durch die Inklusion von verarmten Randgruppen in das politische, soziale, ökonomische und kulturelle Geflecht lässt sich städtische Armut überwinden." (GIZ 2014, o.S.)

Dort, wo indigene Gruppen eine starke Lobby haben, oder über politische Teilautonomie verfügen, wie in Kanada *(First Nations),* Neuseeland *(Maori)* oder Australien *(Aborigines),* regen sich in den letzten Jahren Stimmen, die eine Neurahmung klassischer M&E-Systeme im Sinne einer „*Indigenen Evaluation*" fordern. In ihnen kommt indigenen Wissensweisen *(indigenous ways of knowing, Cochran 2008)* und Werten (Respekt vor der Natur, kulturelle Bedeutung von Orten, Familie und Gemeinschaft als zentrale Pfeiler eines Sozialwesens, Achtung der Souveränität indigener Gruppen innerhalb von Nationalstaaten) eine Schlüsselrolle zu (für Kanada: LaFrance et al. 2010; für Australien Hurworth und Harvey 2012; systematisch Cram et al. 2018).

„Objektiv geht nicht mehr": Von der *Rigorous Impact Evaluation* zurück zum partizipativen und systemischen Lernen
In den letzten Jahrzehnten ist Evaluation zu einem festen Bestandteil der Politikgestaltung und -steuerung geworden (vgl. Stockmann und Meyer 2016, S. 35). Vor dem Hintergrund des immer stärker werdenden Rechtfertigungsdrucks bezüglich nachprüfbarer Wirkungen von EZ hat ein einem methodologischen Rigorismus verpflichtetes Evaluierungsparadigma in den letzten Jahren die Szene beherrscht (so auch im bundeseigenen Evaluierungsinstitut DEval). Interessanterweise schlägt das Pendel, aufgrund nicht zufriedenstellender Ergebnisse der „Rigorous Impact Evaluation" derzeit nun wieder in Richtung sozialkonstruktivistischer und partizipativer Ansätze zurück. Diese gehen davon aus, dass soziale Realität nur aus verschiedenen Perspektiven sinnvoll beschrieben werden kann (nach dem Prinzip: *„Our truth lies at the intersection of all possible lies"*; vgl. Abschn. 6.5, *„Trustworthiness"*). Bugenhagen fasst diese neue Entwicklung mit der Einschätzung einer Evaluationsexpertin wie folgt zusammen: „Ich glaub der Höhepunkt von dem Ansatz der *rigorous impact evaluation* ist vorbei […]. Bei uns ‚in' … ist es z. B. so, wir fokussieren im Moment ganz stark auf die Lernfunktion von Evaluierung und weniger auf Rechenschaftslegung. Das heißt für uns sind solche systemischen Ansätze hoch relevant" (Bugenhagen 2015, S. 112).

▶ Literaturempfehlungen
- Cram, Fiona, Katherine Tibbetts, and Joan LaFrance (Hg.). 2018. Indigenous Evaluation. *New Directions for Evaluation* 159. 1–133 (Fall 2018). https://onlinelibrary.wiley.com/doi/epdf/10.1002/ev.20279 (Inhaltsverzeichnis).
- Feuerstein, Marie-Therese. 1987. Partners in Evaluation: Evaluating Development and Community Programmes with Participants. Macmillan Education. *(Ein Klassiker zur partizipativen Evaluation in Entwicklungsprogrammen).*
- NGO-IDEAs. 2011. Impact Toolbox. Participatory Monitoring of Outcome and Impact. Bonn. http://ngo-ideas.net/mediaCache/impact_toolbox/NGO_Ideas_Toolbox_v05.pdf. *Erläutert insbesondere drei komplexe Tools zum partizipativen Wirkungsmanagement (Well-Being-Ranking; Performance Appraisal by Groups; Participatory Impact Analysis and Reflection).*

- Wilhelm, Jan Lorenz (Hg.). 2015. Evaluation komplexer Systeme. Systemische Evaluationsansätze in der deutschen Entwicklungszusammenarbeit. https://publishup.uni-potsdam.de/opus4-ubp/frontdoor/deliver/index/docId/7838/file/pgp10.pdf.

Transferfragen

1. Wenn Sie zur Miete wohnen (oder einmal gewohnt haben): Macht es einen Unterschied, ob bei einem tropfenden Wasserhahn oder einer kaputten Heizung der Vermieter den Handwerker ruft und bezahlt, oder ob Sie selbst ein Budget hätten, mit dem Sie gegenüber dem Handwerker als Kunde/Kundin auftreten und die Rechnung bezahlen könnten? Wie sähe Ihre Position bei Handwerksmängeln oder notwendigen Nachbesserungen aus?
2. Im Rahmen eines Projektes für das nachhaltige Management eines First-Nation-Rervates, sollen auch lokale Wissensbestände *(Indigenous Knowledge indicators)* Teil des Umweltmonitorings werden. Wie würden Sie einen Dialog zwischen dem eher auf ‚anekdotischen' Beobachtungen fußenden Wissen der indigenen Gruppen und dem auf wissenschaftlichen Erkenntnissen beruhenden Indikatorensystemen beginnen? Mit welchen Widerständen müssten Sie aufseiten der beteiligten Stakeholder rechnen? Wie wären solche Klippen zu umschiffen? (für mögliche Antworten vgl. Stegemann und Morris 2016 https://d3n8a8pro7vhmx.cloudfront.net/freshwateralliance/pages/217/attachments/original/1476805515/Realizing_the_Potential_of_Community_Based_Monitoring.pdf).

Partizipation in der Forschung 4

4.1 Forschungsparadigmen

Das Verständnis, das wir von der Welt haben, und die Frage, auf welchem Weg wir aus unseren Beobachtungen oder Fragen valide Erkenntnisse ziehen, bestimmen ganz wesentlich die Theoriewahl und welche Methoden, Arbeitsweisen und Kriterien unsere wissenschaftliche Praxis bestimmen – kurz gesagt: welchem Forschungsparadigma wir folgen. Guba und Lincoln identifizieren 1994 drei Felder, auf denen wir Fragen an die Natur von Realität und unsere Wissensproduktion richten können und deren Beantwortung dabei helfen, Untersuchungsparadigmen zu unterscheiden:

- Auf dem *ontologischen* Feld (der Lehre des *Seins*): Was wollen wir als real oder existierend anerkennen? Wie unterscheiden wir „Wirkliches" von „Nichtwirklichem"? Gibt es dafür eine gemeinsame Basis, oder ist ‚Wirklichkeit' eine rein subjektive Erfahrung?
- Auf dem *epistemologischen* (erkenntnistheoretischen) Feld: Wie erlangen wir Wissen über uns und die Welt, durch unsere Sinne oder durch das Nachdenken über die Welt? Erfahren wir Neues durch das Entdecken von Dingen, die unabhängig von uns schon existierten, oder konstruieren wir während des Entdeckens neue Sinnzusammenhänge?
- Auf dem *methodologischen* Feld: Wie können wir Wissen über die Realität produzieren? Wie gehen wir dabei am besten vor? Welche Strategien nutzen wir?

Je nachdem, wie diese Fragen beantwortet werden, verbinden sich damit wissenschaftlich unterschiedliche Denkhaltungen oder ‚Denktraditionen'.

So hat der *Positivismus* als Forschungsparadigma auf die Frage nach der Realität eine klare Antwort: es gibt nur *eine* beobachtbare Realität. Aus dieser Realität lässt sich über neutrale, objektive Messungen Wissen ableiten, das frei von kontextuellen oder subjektiven Einflüssen ist. Innerhalb der Evaluationsforschung folgt die in den letzten Jahren populär gewordene und am Ende des letzten Kapitels angesprochene *Rigorous Impact Evaluation* diesem Paradigma.

Der *Postpositivismus* nimmt die Position ein, dass die (immer noch objektiv angenommene) Realität nur unvollkommen und probabilistisch erfasst werden kann. Karl Popper hat dafür das Bild des Scheinwerfers in der Nacht entworfen: „Wie ich mit einem Scheinwerfer im Dunkeln meine Umwelt gezielt ableuchte und so die beleuchteten Stellen betrachten kann, so untersucht das erkennende Subjekt Erkenntnisgegenstände mit Hilfe von Hypothesen, Theorien oder Dispositionen... Das Bild des Scheinwerfers macht es deutlich. Was wir sehen, hängt ganz davon ab, wie wir ihn ausrichten und was für ein Licht wir wählen" (Wurzer 1994, S. 16). „Theorien mittlerer Reichweite" wie sie Robert K. Merton 1949 für die Sozialwissenschaften gefordert hat und die nicht mehr nach für alle Gesellschaften und immer gültige „Allaussagen" suchen, sondern „gehaltvolle, zugleich aber operationalisierbare" Arbeitshypothesen zur Verfügung stellen, wären ein damit verknüpfbarer Ansatz (vgl. Merton 1949).

Der *Sozialkonstruktivismus* geht hingegen davon aus, dass ‚Fakten' nur Fakten innerhalb eines soziokulturellen Systems sind. Die Gesellschaft konstruiert eine Wirklichkeit, in die wir als Individuen hineinsozialisiert werden und die für ihre Mitglieder zunächst einmal Gültigkeit beansprucht. Die Soziologen Berger und Luckmann, zwei Vordenker dieses Paradigmas, fassen diesen Zusammenhang wie folgt: „Der Mensch ist biologisch bestimmt, eine Welt zu konstruieren und mit anderen zu bewohnen. Diese Welt wird ihm zur dominierenden und definitiven Wirklichkeit. Ihre Grenzen sind von der Natur gesetzt. Hat er sie jedoch erst einmal konstruiert, so wirkt sie zurück auf die Natur. In der Dialektik zwischen Natur und gesellschaftlich konstruierter Welt wird noch der menschliche Organismus umgemodelt. In dieser Dialektik produziert der Mensch Wirklichkeit – und sich selbst." (Berger und Luckmann [1970] 1973, S. 195; Borg et al. 2012). Was aber passiert, wenn soziokulturelle Systeme mit unterschiedlichen Wirklichkeitsauffassungen aufeinandertreffen?

Nach der *kritischen Theorie* von Jürgen Habermas (1981) kann ein gemeinsames Realitätsverständnis in arbeitsteilig ausdifferenzierten Gesellschaften über offene, herrschaftsfreie Kommunikationssituationen ausgehandelt werden, die sich durch Verständlichkeit, objektive Wahrheit, normative Richtigkeit und subjektive Wahrhaftigkeit auszeichnen. Der Bezugspunkt dafür ist eine ‚kommunikative Rationalität', mit deren Hilfe sich Handelnde ‚verständigungsorientiert aufeinander beziehen'. Idealerweise setzt sich in solchen Kommunikationssituationen der „eigentümlich zwanglose Zwang des besseren Argumentes" durch. Voraussetzungen für das Gelingen solcher Kommunikationssituationen sind für Habermas gleiche Chancen auf Dialoginitiation und -beteiligung sowie gleiche Chancen der Deutungs- und Argumentationsqualität.

Das *partizipatorische Paradigma* nimmt Erkenntnisse aus der sozialkonstruktivistischen und der kritischen Theorie auf. Es geht von der prinzipiellen Gleichwertigkeit unterschiedlicher Lebenswelten und Wirklichkeitskonstruktionen aus, *die sich für die Handelnden in ihrem eigenen System jeweils bewährt haben* und Gültigkeit beanspruchen. Auch im partizipatorischen Paradigma geht es um die Frage nach der Herstellung gleicher Chancen in Aushandlungsprozessen. Im Gegensatz zur kritischen Theorie von Habermas geht es aber von einer prinzipiell strukturellen Ungleichheit von Gruppen aus, die nicht einfach kommunikativ ausgehebelt werden kann und in der nicht der ‚zwanglose Zwang des besseren Arguments' gewinnt, sondern machthaltige Strategien strukturell bevorteilter Akteure. Diese strukturelle Ungleichheit gilt es in gemeinsamen Erkenntnisprozessen vorübergehend methodologisch abzumildern oder auszusetzen (durch theoretische Offenheit, Schaffung möglichst machthomogener Aushandlungsräume, Einsatz partizipativer Forschungsmethoden und Untersuchungsinstrumente), oder aber durch Ermächtigungsprozesse bisher benachteiligter Gruppen nachhaltig zu verändern (durch politische Bewusstseinsbildung, politische Teilhabeprozesse, oder aber durch Aktionsforschung im Dienste lokaler Gruppen).

Loewenson et al. (2014) haben wesentliche Charakteristika dieser Forschungsparadigmen auf ontologischer, epistemologischer und methodologischer Ebene zusammengefasst (Abb. 4.1):

	Positivismus	Postpositivismus	Kritische Theorie	Konstruktivismus	Partizipation
Ontologie Was ist real?	Existenz einer einzigen, beobachtbaren Realität, die verstanden werden kann	**Kritischer Realismus** Existenz einer Realität, die jedoch nur unvollständig und probabilistisch wahrgenommen werden kann	**Historischer Realismus** Realität als durch soziale, politische, ökonomische und gender-Werte geformt und über die Zeit herauskristallisiert	**Relativismus** Existenz lokaler Realitäten, mitkonstruiert durch die Gesellschaft	**Partizipative Realität** Realität als subjektiv und gemeinsam miterschaffen, verständlich durch Erfahrung und Aktion
Epistemologie Was ist Wissen? Was kann über die Realität gewusst werden?	**Objektivistisch** Wissen über die Realität möglich durch wertneutrale Beobachtung	**Objektivistisch** Wie in der positivistischen Perspektive, aber Notwendigkeit gemeinschaftlicher Wahrnehmung für ganzheitliches Verständnis	**Transaktional/ Subjektivistisch** Wissen als subjektiv, wertvermittelt und kontextspezifisch	**Transaktional/ Subjektivistisch** Wissen als sozial konstruiert	**Kritisch-Subjektivistisch** Nutzung gemeinsamer Erfahrung und partizipativer Analyse und Aktion, um sozial konstruiertes Wissen aufzubauen
Methodologie Wie kann Wissen über die Realität erschaffen werden?	**Experimentell** Durch Beobachtung und Methoden der Verifikation von Hypothesen	**Modifiziert experimentell** Durch Methoden zur Falsifizierung von Hypothesen	**Dialogisch / Dialektisch** Durch Inklusion subjektiver Bedeutungen	**Hermeneutisch /Dialektisch** Durch geteilte Bedeutung und soziale Konstruktion	**Politisch-Partizipativ** Mittels gemeinschaftlicher Erhebung, Fokus auf das Praktische, Basis in geteilter Erfahrung

Abb. 4.1 Charakteristika von Untersuchungsparadigmen. (nach Loewenson et al. 2014, S. 21, kompiliert aus diversen Quellen, unsere Übersetzung)

> *Selbstermächtigung* in einem EU-Forschungsprojekt
> Der Aufbau und die Stärkung lokaler Kapazitäten wurde in einem EU-geförderten Forschungsprojekt über zwei Mechanismen erreicht: durch die gemeinsame Erarbeitung von „*Community/Indigenous Engagement Protocols*", die die Beziehungen der Forschenden mit den lokalen Gruppen regeln und letztere auch bei zukünftigen Forschungsbegegnungen stärken sollen sowie durch das gemeinsame Erstellen und direkte Publizieren von Forschungsergebnissen. So erarbeitete das Team während der Forschung

bei *Baka*-Gemeinschaften in Kamerun Alphabetisierungsbücher und nahm lokale Lieder und Gesänge auf permanente Datenträger auf, in *Tsimane*-Gemeinschaften in Bolivien erstellte es unter anderem gemeinsame Radioprogramme, Podcasts und Kalender mit lokalen Veranstaltungen. Alle diese Materialien wurden mit den Gemeinden geteilt und sind auch auf der Webseite des Projekts zugänglich. Diese Art von Materialien ist selbstermächtigend, da sie den Teilnehmenden zeigen, dass ihr Wissen einen Wert hat (Lek Team/ICTA 2014 http://icta.uab.cat/Etnoecologia/lek/index.php?Color=verde&Opcion=16).

4.2 Forschungsstrategien

Partizipatorische Forschung zielt darauf ab, den *Forschungsprozess* mit den Menschen, deren Lebenswelt und Handlungen Gegenstand der Forschung sind, *gemeinsam zu planen und zu gestalten* (Bergold und Thomas 2012: Abs. 1). Dies bedeutet auf der einen Seite eine fundamentale Abkehr vom gängigen akademischen Verständnis der Produktion von Wissen, in der das forschende Subjekt allein den Forschungsprozess und damit auch die Forschungsentscheidungen bestimmt. Auf der anderen Seite zieht diese Definition eine Grenze zu aktionsorientierten partizipatorischen *Entwicklungs*ansätzen, in denen das gemeinsame Ziel auf eine *Veränderung sozialer Realitäten* ausgerichtet ist. Diese Unterscheidung ist prinzipiell wichtig, gibt es doch auch Aktionsforschungsprojekte, die auf eine verstärkte politische Teilhabe *(‚equal share')* marginalisierter Gruppen zielen, im Forschungsprozess aber nicht unbedingt partizipativ gestaltet sind (Kemmis und Mc Taggert 2005). Andererseits gibt es partizipative Forschungsprojekte, in denen die ‚Beteiligung' auf die Methodenebene beschränkt bleibt *(instrumentelle Partizipation),* oder aber Forschungskonstellationen, wo das Ende der Partizipation mit dem Ende der Erhebungsphase zusammenfällt *(„co-researcher's in the inquiry",* Bergold und Thomas 2012: Abs. 12; vgl. auch Heron 1996). Partizipative/Partizipatorische Forschungsansätze unterscheiden sich also ganz wesentlich danach:

- wer im Forschungsprozess das Wissen produziert und wem es letztlich zur Verfügung steht *(ownership orientation);*
- wie ausgeprägt die Handlungsorientierung ist *(change orientation);*
- ob der Forschungsansatz gesellschaftspolitische Rahmenbedingungen als gegeben hinnimmt, also systemoptimierenden Charakter hat

(partizipativ = *system orientation*), oder eher transformativ auf Veränderung bestehender Machtstrukturen angelegt ist *(partizipatorisch = empowerment orientation)* (vgl. Schönhuth 2005a).

In der Praxis sind die Übergänge fließend, wie das Beispiel der partizipativen HIV-Präventionsforschung mit Fischergemeinden in Uganda zum Auftakt dieses Buches zeigt. Bergold und Thomas benennen in ihrem Überblicksbeitrag zu partizipativen Forschungsansätzen 2012 hilfreiche *Voraussetzungen für ‚gute' partizipative Forschung*. Dazu gehören:

- politische Rahmenbedingungen, die die gleichberechtigte Teilhabe von benachteiligten Gruppen am Forschungsprozess erlauben;
- geschützte Räume, in denen Forschungsbeteiligte sich angstfrei äußern können;
- eine Sensibilität für Machtstrategien innerhalb homogener Gruppen sowie
- eine teilnehmersensible Form der Vergütung für die Teilnahme (die sich nicht nur geldwert ausdrücken muss)

Die beiden Autoren sprechen auch die fundamentale Rolle von *Vertrauen* im kollaborativen Forschungsprozess an. Gerade in der Zusammenarbeit mit Gruppen, die sich durch ihre Ausgrenzungserfahrungen Außenstehenden gegenüber in der Regel nur sehr vorsichtig öffnen, wird Vertrauen zu einer zentralen Ressource: „Dieses Vertrauen muss sich erst entwickeln können und baut auf einer längerfristigen, offenen Beziehung auf, die durch Zulassen von Nähe, durch Mitgefühl und durch emotionale Betroffenheit gekennzeichnet ist" (Bergold und Thomas 2012: Abs. 47). Aber ist das auch realistisch?

Der Aufbau von Vertrauen kostet *Zeit*. Diese ist oft weder in den in den Sozialwissenschaften üblichen Kurzzeitforschungen, noch in den auf rasche Ergebnisse zielenden Entwicklungserhebungen (im Stile des in den 1990ern verbreiteten „*Rapid Rural Appraisal*") in genügendem Maß vorhanden. Emotionales Sich-Einlassen auf das Forschungsgegenüber gehört nicht zum Standardrepertoire wissenschaftlicher Ausbildung, und manche/r ist auch schlicht nicht bereit oder fähig dazu. Sich darüber frühzeitig klar zu werden und eigene Grenzen wie die der Forschungspartner/innen akzeptieren und reflektieren zu lernen, ist die vielleicht anspruchsvollste Aufgabe einer partizipativen Forschungsunternehmung. Für Vertrauensaufbau gibt es keine methodologische Abkürzung – auch das zeigt das Forschungsbeispiel aus Uganda am Anfang des Buches.

> **Partizipative Forschung in internationalen Großprojekten**
> Dass sich auch in multidisziplinär und transnational aufgestellten Großprojekten sinnvoll mit partizipativen Forschungsmethoden arbeiten lässt, zeigt ein zwischen mehreren nationalen Konsortialpartnern aufgeteiltes, auf zunächst drei Jahre (2019–2022) angelegtes Forschungsprojekt zur Handlungsfähigkeit *(Agency)* und dem *Empowerment* von in Flüchtlingscamps festsitzenden Menschen. Neben klassischen *Survey*-Methoden und qualitativen Erhebungsinstrumente (Experteninterviews, semistrukturierte und biografische Interviews, Fokusgruppen) kommen in den empirischen Erhebungen auch unterschiedliche PLA-Methoden zum Einsatz *(Timeline, Transekt, Needs Ranking, Kräftefeld-Analysen, Venn Diagramm)*. Den Abschluss der bis zu elf Monaten dauernden Feldphase bilden dann sog. *Multi-Stakeholder-Community Consultations,* in denen beteiligte Akteure (Geflüchtete, Hilfsorganisationen, weitere Schlüsselakteure) ihre Einschätzungen zu den empirischen Forschungsergebnissen diskutieren und sich auf gemeinsame Maßnahmen verständigen können. Sie sind den sog. *Barza (inter-)communautaires* nachempfunden, gemeinschaftsübergreifenden Zusammenkünften, die in der VR-Kongo traditionellerweise zur Intergruppenkonfliktregelung eingesetzt werden.13F[1]
> Informationen zum TRAFIG Projekt *(Transnational Figurations of Displacement)* unter: https://trafig.eu/ sowie Etzold et al. 2019.

Wann ist eine Forschung partizipatorisch?: The „Ladder of Participation" Revisited

Um unterschiedliche Formen der Bürgerbeteiligung voneinander unterscheiden und deren Partizipationsgrad besser bestimmen zu können, hat Sherry Arnstein 1969 ein vielfach zitiertes und kolportiertes ‚*Partizipationsleiter'-Modell* eingeführt. Es reicht von Formen der Nichtpartizipation (Stufe 1–3: *Manipulation – Information*) über Formen mit *Alibifunktion (Tokenism, Stufe 3–5)* bis zu Formen der Kontrolle durch die Betroffenen (Stufe 6–8: Partnerschaft – vollständige Kontrolle durch Bürger/innen) (Abb. 4.2).

---

[1]Zur Institution des Barza communautaire: Tunamsifu 2015: Transitional justice and peacebuilding in the Democratic Republic of the Congo, https://www.accord.org.za/ajcr-issues/transitional-justice-and-peacebuilding-in-the-democratic-republic-of-the-congo/.

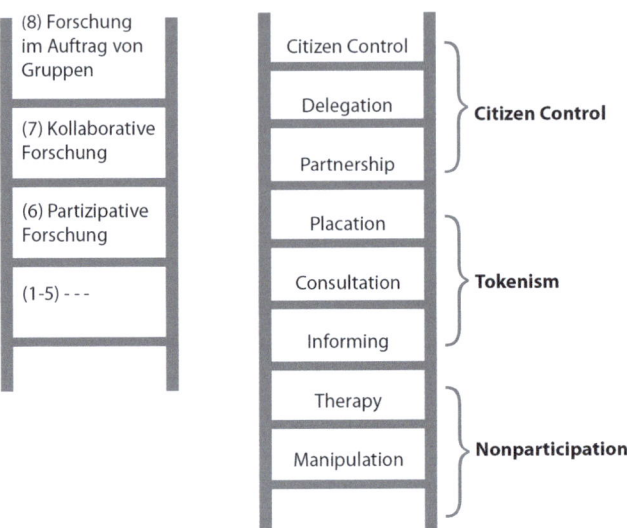

Abb. 4.2 Rechte Seite: Arnstein's ‚ladder of citizen participation' (Arnstein 1969). Linke Seite: Ab Stufe 5 beginnt „Partizipative Forschung".

Auch bei *partizipativen Forschungsprojekten* stellt sich die Frage, wer, wen, zu welchem Zeitpunkt, woran genau beteiligt, oder kurz gesagt, wer die Forschung in welcher Phase des Projektes *kontrolliert*. Cooke und Kothari 2001 kritisieren das Leitermodell von Arnstein, weil es ein Kontinuum an Beteiligung suggeriert, wo es in Wirklichkeit um ganz grundlegende Unterschiede geht (vgl. auch Fung 2006).

Erst auf Arnstein's „Stufe 6" *(Partnership)* beginnt eigentlich *partizipative* Forschung. Zieht sie sich über den gesamten Forschungsprozess, kann von *kollaborativer Forschung („auf Augenhöhe")* gesprochen werden; wird sie von Gruppen selbst beauftragt, von *Aktionsforschung im Auftrag von Gruppen* (entsprechend der Stufe 8 der Bürgerbeteiligung nach Arnstein). Solange Menschen nicht die Rolle von echten Forschungspartnern oder Co-Forschenden übernehmen, sollte jedenfalls nicht von ‚partizipatorischer' bzw. ‚kollaborativer' Forschung gesprochen werden (vgl. ähnlich auch Bergold und Thomas 2012: Abs. 31).

4.3 Forschungskonstellationen

Als Forschende in von einem Machtgefälle gekennzeichneten Konstellationen sind wir nicht vom Gegenstand unserer Forschung abgegrenzte, vorurteilsfreie und objektive Expertinnen/Experten. Wissensaneignung in realen Lebenswelten (d. h. außerhalb kontrollierter Laborsituationen) geschieht in hohem Maße kontextbezogen und interessengeleitet. Forschungs- oder Auftraggeber/inneninteressen, aber auch unser eigener persönlicher und beruflicher Hintergrund beeinflussen, was wir wahrnehmen, auf welche Weise wir das tun und in welche (wissenschaftsfähige) Ordnung wir das bringen. Auch von unseren lokalen Forschungspartner/innen werden wir in vielfacher Weise zugeordnet, über unser Geschlecht, unsere Ressourcen, unsere Verbindungen zu anderen machtvollen Akteuren im Feld (unsere Statusposition) und den damit verknüpften Erwartungen, die wiederum beeinflussen, was und wie mit uns kommuniziert, was uns gezeigt und was verborgen wird. Als Forschende im Entwicklungskontext haben wir Teil an einer ‚Wissensproduktionsmaschine', in der machtvolle Institutionen durch die Kontrolle dominanter Diskurse bestimmen, was als Wissen gilt, das wiederum für die Entwicklungspraxis bereitgestellt und dort in Entwicklungshandeln umgesetzt wird (Crawford et al. 2017, S. 11).

Macht wird nicht nur als *Ressourcen-* oder *Positionsmacht* relevant, sondern auch als *Definitionsmacht* bezüglich wissenschaftlichen, gesellschaftlichen oder politischen Diskursen. Auch wenn in der partizipativen Forschung Definitionsmacht und Wissensproduktion teilweise abgegeben werden, ist es wichtig, sich der eigenen Positionalität und deren Konsequenzen für das, was an Wissen produziert wird, bewusst zu werden. Der kanadische Entwicklungskritiker Ilan Kapoor schlägt für diese Form der „*erhöhten Reflexivität*" einen Dreischritt vor:

- *zunächst,* anzuerkennen, dass unsere persönlichen und institutionellen Interessen unvermeidbar in unsere Repräsentationen über die „Anderen" eingeschrieben sind;
- *dann,* dominante und als solche ‚vertraute' Wissenssysteme zu „verlernen" und
- *drittens,* „*zu lernen, von unten zu lernen",* sodass Wissensaustausch nach beiden Seiten möglich wird (Kapoor 2008, S. 55; vgl. auch Breuer 2009).

Wie prägend Definitionsmacht im Entwicklungsdiskurs werden kann, zeichnete der kolumbianisch-amerikanischer Anthropologe Arturo Escobar in einem einflussreichen Beitrag 1995 nach. Er zeigte, wie nach dem 2. Weltkrieg sog. „*Dritte- Welt-Gesellschaften"* im dominanten westlichen Diskurs („*western world ordering knowledge"*; Hobart 1993, S. 1) konstruiert und als ‚unterentwickelt' einsortiert wurden. Auf diese Weise konnten die systematischen Interventionen im Namen von ‚Entwicklung' legitimiert werden: „Development constructs the contemporary Third World, silently, without our noticing it. By means of this discourse, individuals, governments and communities are seen as ‚underdeveloped' and treated as such" (Escobar 1995, S. 213).

Wird durch den Austausch westlicher mit einheimischen Forschenden das Problem der Positionalität in jedem Fall gelöst (Becker und Owen 2005; Jackson 1987)? Bei Forschungen zu marginalisierten Gruppen haben lokal verortete, heimische Forschende für gewöhnlich eine höhere Legitimität und sind vertrauter mit den politischen und soziokulturellen Zusammenhängen und Machtspielen auf der Vorder- und Hinterbühne der lokalen ‚Entwicklungsarena' sowie den im lokalen Kontext angemessenen Verhaltensweisen (vgl. dazu das Fallbeispiel aus dem Auftakt). ‚*Insider*' in unseren Augen können aber gleichzeitig ‚*Outsider*' in den Augen lokaler Gemeinschaften sein, sei dies, weil sie aus einer anderen (lokalen) ethnischen Gruppe, oder von einer Universität kommen, oder als Frau in Kontexten männlich dominierter Lokalpolitik forschen (vgl. Crawford et al. 2017, S. 12; Dhanaka 2017). Auch lokale *Gatekeeper* und Forschungsassistierende können durch ihre eigene Positionalität im Feld das Verhältnis mit unterschiedlichen Forschungsgruppen beeinflussen, wie Ashish Shah (2017) in einem partizipativen Forschungsprojekt in Malawi zeigen konnte:

Elite-Bias in der partizipativen Forschung
„From 2012 to 2014 I was conducting fieldwork in villages in Malawi. […] The village headman was very welcoming and seemed open to me conducting research in ‚his' village. He introduced me to a young man who spoke English relatively well, and who could help me with the logistics of my research in the village. […] As human nature has it, we spent more and more time with the assistant and began to increasingly rely on his local knowledge. We recognised his ‚convening power', and asked him to help us mobilise focus group discussions. These emergent findings seemed to be representative of the entire village population. […] We facilitated a participatory social mapping exercise. By the end of two weeks, the map had gone through several iterations, and most residents seemed to agree that it was a relatively accurate representation of their village. […] Using the social map, I asked a family categorised as one of the poorer households if they would be willing to host me so that I could immerse myself and better understand their daily lives. I ended up staying several nights with

this family and began to see a different village. As I retraced my steps, I learnt that the ‚residents' I had spoken to had all been ‚planted'. When I was doing a transect walk to every fourth household, the village headman, his assistants and the ‚plants' had always been several steps ahead of me, informing residents that they would answer my questions in their place. I discovered that all my ‚independent' interviews had actually been conducted with members of the Mbumba – the family network of the village head." [Auszüge aus: Shah 2017, S. 47–52)

▶ **Literaturempfehlungen**
- Becker, Heike, Emile Boonzaier, and Joy Owen. 2005. Fieldwork in shared spaces: positionality, power and ethics of citizen anthropologists in southern Africa. Anthropology Southern Africa, 28 (3–4): 123–132.
- Bergold, Jarg/Thomas, Stefan. 2012. Partizipative Forschungsmethoden: Ein methodischer Ansatz in Bewegung. In: *Forum Qualitative Social Research,* 13 (1), qualitative-research.net/index.php/fqs/article/view/1801/3335.
- Breuer, Franz. 2009. *Subjektivität, Perspektivität und Selbst/Reflexivität*. In Franz Breuer, Reflexive Grounded Theory. Eine Einführung in die Forschungspraxis (S. 115–141). Wiesbaden: VS.
- Crawford, Gordon/Kruckenberg, Lena/J. Loubere, Nicholas/Morgan, Rosemary. 2017. Understanding Global Development Research: Fieldwork Issues, Experiences and Reflections. London: Sage Publications.
- Gubrium, Aline and Krista Harper. 2013. *Participatory visual and digital methods Walnut Creek: California Left Coast Press.* Volltext: https://works.bepress.com/krista_harper/21/download.
- Heron, John. 1996. *Co-operative inquiry: Research into the human condition.* London: Sage.
- Jackson, Anthony. 1987. *Anthropology at Home.* London: Tavistock Publications.

▶ **Medialinks**
- McCulloch, Daniel. 2018. Do participatory research methods ‚give voice'?: https://www.youtube.com/watch?v=UsL3zPxWDRg.

Youtube-Vortrag zur Frage, inwieweit „Participatory Visual Methods" Forschungsteilnehmenden eine „Stimme" geben („approaches in which research participants are active in shaping the project as co-producers of visual knowledge" (Gubrium und Harper 2013).
- MESH 2019. Report:"Nothing about us without us": How families affected by Zika are claiming back control: https://mesh.tghn.org/articles/report-nothing-about-us-without-us-how-families-affected-zika-are-claiming-back-control/: *Stimmen von Betroffenen, Wissenschaftler/innen und Entscheidungsträgern auf einer Konferenz in York zu den Folgen des Zika-Virus.*
- SLF 2019. https://youtu.be/CLBpS0ZIPXI. *Diskussion eines partizipativen Forschungsprojektes der Sustainable Livelihood Foundation (SLF), einer Non-Profit-Organisation um die Gesundheitswissenschaftlern Gill Black, die sich zum Ziel gesetzt hat, die Kluft zwischen Theorie und Praxis in der Zusammenarbeit zwischen Wissenschaftlern und marginalisierten städtischen Gemeinschaften zu überwinden.*

4.4 Ausgewählte kollaborative Forschungsansätze

Partizipatorische Aktionsforschung (PAR)

Eine Form der partizipatorischen Forschung, die auf Machtfragen eine Antwort gibt, ist die ursprünglich auf Kurt Lewin (1958) zurückgehende Partizipatorische Aktionsforschung (PAR), die neben dem emanzipatorischen Aspekt, in dem gesellschaftliche Akteure zu selbstermächtigten Co-forscher/innen werden, d. h. Forschungsfragen und Methoden mitbestimmen, den notwendigen Aspekt gemeinsamen Handelns im Sinne der Praxisforschung in den Vordergrund rückt. Onyango/Worthen fassen diesen Zusammenhang in einem Handbuch zu PAR wie folgt zusammen:

> „Participatory Action Research (PAR) is one type of participatory methodology that is designed not only to achieve social change for a group or in a community, but also to document and learn from that process through research. PAR actively involves the target participants in a process to improve their situations. Participants become the „program designers" and „researchers" as they identify and implement solutions to the obstacles to achieving full participation in their community. Participants are key actors as evaluators of the project, reflecting on how well the process has helped them reach their stated goals" (Onyango uns Worthen 2010, S. 2).

Der Prozess ist iterativ und im Prinzip unabgeschlossen, d. h. er verläuft in Erkenntnisschleifen zwischen Aktion und Reflektion: dem Sammeln vorliegender

Erfahrungen, der gemeinsamen Analyse, der Planung von Aktivitäten, ihrer Durchführung und Evaluierung und dem erneuten Sammeln der dadurch gewonnenen Erfahrungen. „Forschen, Lernen und Entwickeln werden in einen Prozess von ‚Reflexion und Aktion' so integriert, dass erste Ergebnisse der Forschung Anlass zur Reflexion, aber auch Ausgangspunkt für weitere Überlegungen, Planungen und Aktionen werden. Aktionsforschungsprozesse sind längerfristig angelegt und im Prinzip nie abgeschlossen" (Bergfelder-Boos 2012).

▶ **Literaturempfehlungen**
- Chevalier, Jacques M und Daniel J. Buckles.2019. Handbook for Participatory Action Reserach, Planning and Evaluation. Ottawa: SAS2 Dialogue.
- Estacio, Emee Vida and David F. Marks. 2010. Critical reflections on social injustice and participatory action research: The case of the indigenous Ayta community in the Philippines. *Procedia – Social and Behavioral Sciences.* 5, S. 548–552. *(Ethische Herausforderungen/Probleme beim Versuch, den PAR-Ansatz in einer philippinischen Dorfgemeinschaft umzusetzen).* https://www.sciencedirect.com/science/article/pii/S1877042810015144/pdf?md5=508056b3b14672879c4e7ad171758e3d&pid=1-s2.0-S1877042810015144-main.pdf.
- Fals-Borda, Orlando und Muhammad A. Rahman. 1991. Preface. In Orlando Fals-Borda and Muhammad A. Rahman (Hg.), Action and knowledge: Breaking the monopoly with participatory action research (S. vii–viii). New York: Doubleday, http://www.scribd.com/doc/36035852/Fals-Bordaand-Rahman-1991-Action-and-Knowledge-Breaking-the-Monopoly-With-P.
- Kemmis, Stephen und Robin McTaggart. 2005. Participatory action research. Communicative action and the public sphere. In Norman K. Denzin & Yvonna S. Lincoln (Hg.), *Handbook of qualitative research* (3. Aufl.), S. 559–603. Thousand Oaks, CA: Sage. *(Überblicksartikel)*
- Kindon, Sara, Rachel Pain und Mike Kesby (Hg.). 2010. Participatory Action Research Approaches and Methods: Connecting People, Participation and Place, New York: Routledge. *213.55.83.214:8181/Education/27.503.pdf. (Standardwerk: kritische Einführung in Theorie und Praxis des PAR; geht auf Herausforderungen und aktuelle Debatten ein).*
- Loewenson, René et al. 2014. Participatory Action Research in Health Systems: A Methods Reader. Equinet http://www.equinetafrica.org/sites/default/files/uploads/documents/PAR%20Methods%20Reader2014%20for%20web.pdf

- Onyango, Grace and Miranda Worthen. 2010. Handbook on Participatory Methods for Community-Based Projects: A Guide for Programmers and Implementers Based on the Participatory Action Research Project with Young Mothers and their Children in Liberia, Sierra Leone, and Northern Uganda. URL.: http://www.uwyo.edu/girlmotherspar/_files/pubs-handbook.pdf.
- Reason, Peter und Hillary Bradbury (Hg.). 2006. Handbook of action research: Participative inquiry and practice (2. Auf.). London: Sage. *(Wissenschaftliches Basiswerk zur partizipativen/Aktionsforschung).*
- Wöhrer, Veronika et al. 2017. Was ist Partizipative Aktionsforschung? Warum mit Kindern und Jugendlichen? In: dies.: Partizipative Aktionsforschung mit Kindern und Jugendlichen. Wiesbaden: Springer, 28–47.

Community-Based Participatory Research (CBPR)

Die gemeinschaftsbasierte partizipative Forschung (CBPR) versteht sich als ein partnerschaftlicher Forschungsansatz, der Gemeinschaftsmitglieder, Organisationsvertreter, Forschende und ggf. andere Stakeholder in alle Aspekte des Forschungsprozesses über die gesamte Dauer des Forschungsprozesses einbezieht, wobei alle Partner Fachwissen einbringen, Verantwortung für Teilergebnisse übernehmen und an Entscheidungen über den Forschungsverlauf sowie der Bewertung der Forschungsergebnisse mitwirken (vgl. Israel et al. 1998). CBPR hat sich vor allem in der gesundheitsbezogenen Forschung etabliert, aber auch bezüglich der Generierung von Umweltwissen (Pflanzenwissen, Klimaveränderungen und deren lokale Folgen) sowie Nachhaltigkeit (lokale Resilienzfaktoren sensibler Ökosysteme). Sie fußt auf den gleichen Prinzipien wie die Partizipative Aktionsforschung (PAR) und beruft sich auch auf deren Gründer, nur dass der Schwerpunkt hier eher in Richtung gemeinsamer Forschung verschoben ist und über die Beteiligung an der Umsetzung von gemeinsam gewonnenen Erkenntnissen in politisches Handeln noch nichts ausgesagt ist – die Gemeinsamkeit im Prinzip also mit den gemeinsam produzierten Forschungsergebnissen endet. Manche Autoren sprechen in diesem Zusammenhang deshalb auch von *„protagonist driven ethnography"* (Cobb und Hoang 2015).

Kritische Grenzen bzw. Dilemmata für den Ansatz ergeben sich in der Definition der Rollen zwischen externen Forschenden und lokaler Gemeinschaft (wer definiert, wer leitet, wer steuert, wer trifft wann Entscheidungen im Forschungsprozess) sowie bei der Bewertung unterschiedlicher Wege der Wissensgewinnung

(*„different ways of knowing"*: was gilt als Wissen, welches Ergebnis gilt als belastbar oder wissenschaftsfähig bei unterschiedlichen Erkenntniswegen und Ergebnissen; Cochran et al. 2008). Ebenso stellt sich die Frage nach Inklusion oder Exklusion von Beteiligten (wo beginnt, wo endet die *Community;* vgl. dazu auch Abschn. 6.1) und bezüglich der Inhomogenität und Machtdifferenz innerhalb von Gruppen (Guijt und Shah 1998).

> **„Researchers are like mosquitoes; they suck your blood and leave"**
> Auf der Basis ihrer Erfahrungen in der Forschung mit indigenen Gruppen geben Cochran et al. (2008) teils weitreichende Empfehlungen für gemeinschaftsbasiertes Forschen, die nicht uneingeschränkt mit dem Postulat der Wissenschaftsfreiheit vereinbar sind, aber Partizipation in der Forschung konsequent zu Ende denken:
>
> 1. Akademisch Forschende und ihre unterstützenden Institutionen müssten möglicherweise ihren Einfluss auf die Rolle des *„Principal Investigators"* aufgeben und die Verbreitung von Forschungsergebnissen den Bedürfnissen und Wünschen der Gemeinschaft anpassen – d. h. gegebenenfalls auch Teilergebnisse nicht veröffentlichen/verbreiten.
> 2. Forschungsfördernde Institutionen müssten partizipative Forschungsverfahren in indigenen Gemeinschaften in einer Form unterstützen, die es diesen ermöglicht, sich schon in der Forschungsplanung mit kulturell angemessenen Forschungsdesigns einzubringen.
> 3. Forschungsförderer, die Wert auf gemeindebasierte partizipative Forschung legen, sollen sich verstärkt auf *alternative Wissensweisen (alternative ways of knowing, Cochran et al. 2008)* als Grundlage für die Erkenntnisgewinnung einlassen.
> 4. Lokale Teilnehmende an partizipativer Forschung müssten von ihren Alltagsaktivitäten freigestellt und über die gesamte Zeit ihrer Beteiligung angemessen entlohnt werden.
>
> Cochran et al. schließen ihre Empfehlungen mit einem Appell ab: „Finding ways to maintain trust, increase institutional support, and redefine partnership roles – but continue moving forward in participatory research – is a challenge we embrace, and we encourage others with interest in indigenous communities to accept it" (2008, S. 27; vgl auch. Datta 2018).

▶ **Literaturempfehlungen**
- Cobb, Jessica Shannon und Hoang, Kimberly Kay. 2015. Protagonist-Driven Urban Ethnography. *City & Community*. 14 (4): 348–351.
- Cochran, Patricia A. L.; Catherine A. Marshall, Catherine, Carmen Garcia-Downing et al. 2008. Indigenous Ways of Knowing: Implications for Participatory Research and Community. *American Journal of Public Health* 98 (1): 22–27. https://doi.org/10.2105/ajph.2006.09364. https://www.ncbi.nlm.nih.gov/pmc/articles/PMC2156045/
- Datta, Ranjan. 2018. Decolonizing both researcher and research and its effectiveness in Indigenous research. *Research Ethics* 14 (2), 1–24. https://journals.sagepub.com/doi/pdf/10.1177/1747016117733296.
- Guijt, Irene and Meera Kaul Shah (eds.) 1998. The Myth of Community: Gender Issues in Participatory Development. IIED: London. Practical Action.
- Israel, B.A., A.J. Schulz, E.A. Parker und A.B. Becker. 1998. Review of community-based research: Assessing partnership approaches to improve public health. *Annual Review of Public Health*, 19, 173–202.
- Zanella, Matheus Alves, Judith Rosendahl und Jes Weigelt (Hg.). 2015. *Pro-poor Resource Governance under Changing Climates*. Potsdam: IASS; Rom: IFAD. https://www.researchgate.net/publication/273403446_Pro-poor_Resource_Governance_under_Changing_Climates_BOOK.

Participatory Visual Research Methods (PVMs)

Fotos mit der Methode *Photovoice, Participatory Videos* (inklusive Smartphone Videos), digitales Geschichtenerzählen, aber auch klassische Zeichnungen und Kartierungen: Sie alle gehören zur *Toolbox* der Visualisierungstechniken, die in der partizipativen Entwicklungspraxis und in der partizipatorischen Forschung seit ungefähr 20 Jahren systematisch zum Einsatz kommen (vgl. zu den Einzeltechniken Abschn. 5.4, *Die Toolbox*). Ihre Produkte – Fotoausstellungen, Videoproduktionen, aber auch *Youtube*-Videos – eignen sich in geradezu idealer Form, um „gesehen" und geteilt zu werden. Ihr Potential bestimmen Mitchell et al. in ihrem Einführungsbuch zu partizipatorischen Visualisierungsmethoden, wie folgt: „While there are hefty debates about process versus product, and the sometimes exaggerated claims that are often made for the overall effectiveness of such methods (…), there are few who would argue against the power of the visual to

4.4 Ausgewählte kollaborative Forschungsansätze

engage multiple audiences" (2017, S. 4). Was die Ansätze eint, ist die Idee des Einsatzes visueller Methoden in Prozessen sozialen Wandels, ob dies nun *reflexiv* an die Teilnehmer/innen selbst, *kommunikativ* an Gemeinschaften, oder *proaktiv* an politische Entscheidungsträger gerichtet ist.

Sind visuelle Forschungen mit transformatorischem Anspruch ‚nachhaltig'? Mitchell et al. geben in ihrem Buch auch Einblicke in das Eigenleben eines ihrer visuellen Projekte zehn Jahre nach der Forschungsintervention (2017, S. 184 ff). Sie hielten einen Workshop mit damaligen Teilnehmer/innen ab und fragten in kontributionsanalytischer Manier (vgl. Abschn. 3.3), welche Auswirkungen das Projekt auf ihren weiteren Lebensweg gehabt habe. Bezeichnenderweise war keine/r der Teilnehmenden in der Lage, auch nur eine belegbare Wirkungskette aufzustellen. Neben wenigen enttäuschten Reflexionen über die ausgebliebenen Veränderungen des Projektes auf die eigene persönliche Lebenslage, war es wohl vor allem die grundlegende Botschaft eines offenen, selbstreflexiven Raums, innerhalb dessen etliche Teilnehmer/innen einen Anstoß für eine positive Entwicklung in ihrem Leben bekamen; nicht mehr, aber auch nicht weniger.

Auch in den von uns in den letzten 20 Jahren begleiteten und teilweise evaluierten Feldprozessen war dies der stärkste Eindruck: Partizipative Interventionen vermögen bestehende Machtsysteme und Machtasymmetrien für einen Moment lang „anzuhalten" und beinhalten damit für marginalisierte Akteure die Option, eine neue Perspektive auf sich, ihre Rolle und ihre Position im Sozialgefüge einzunehmen. Manchen gelingt es, dieses *„Momentum"* für sich und eine Veränderung ihrer Lage zu nutzen, anderen – aus den vielfältigsten Gründen – nicht.

Dort, wo Veränderungen für marginalisierte Gruppen im Fokus stehen, geht es letztlich aber nicht nur um das Hör- und Sichtbarmachen von zum Verstummen gebrachten Stimmen *(„who gets to speak")* und individuelle Optionen, sondern um die Frage, wem zugehört wird, mit welcher Absicht *(„who is heard and to what end";* vgl. Burgess 2006) und wie daraus Politik wird. Mitchell et al. widmen dieser „Gretchenfrage", wie man im Rahmen der visuellen Methoden Entscheidungsträger ins Boot holen könnte, deshalb auch ein ganzes Kapitel (Mitchell et al. 2017, Kap. 8).

▶ **Literaturempfehlungen**
- Bayre, Francesca et al. 2016. Participatory Approaches to Visual Ethnography from the Digital to the Handmade. An Introduction. *Visual Ethnography 5, 1. [eine komplette Ausgabe der Zeitschrift, die sich mit ethnologischen Annäherungen an Visual Research befasst].*

- Mitchell, Claudia et al. 2017. *Participatory Visual Methodologies. Social Change, Community and Policy.* Sage; Los Angeles etc.
- Pauwels, Luc. 2013. ‚Participatory' visual research revisited: A critical-constructive assessment of epistemological, methodological and social activist tenets. *Ethnography,* 16(1), 95–117. https://journals.sagepub.com/doi/pdf/10.1177/1466138113505023. *[Wiss.-kritische Würdigung des Visual Research-Ansatzes].*
- Schönhuth, Michael et al. 2013. *Visuelle Netzwerkforschung.* Bielefeld: transcript.

Visualisierung in partizipativen Prozessen

„If we consider human history from the perspective of the length of time that humans have inhabited the earth then text-based human communication is a relative latecomer. Some of the earliest evidence of human existence takes the form of visual technologies" (Ball und Gilligan 2010). Das Visuelle scheint eine Grundkonstante menschlicher Existenz darzustellen, es durchzieht seit jeher unser Leben und begegnet uns in Form sogenannter „hoher Kunst", in der Wissenschaft wie auch im Konsum etc. So liegt es nahe, sich auch in der EZ des Visuellen zu bedienen. In vielerlei Hinsicht kommt Visualisierungen hier eine besondere Relevanz zu:

- Oft sind Visualisierungen besser verständlich und selbstschießend. Da Visualisierungen weniger linear funktionieren als Text, kann jeder Rezipient/jede Rezipientin seinen/ihren eigenen Weg „durch die Visualisierung" wählen.
- Der Bezug zur Realität wird im Falle von Fotos und Videos, aber auch bei Karten besonders deutlich.
- Visualisierungen bevorteilen nicht diejenigen, die besondere Schulbildung genossen haben.
- Visualisierungen führen oft zu weniger Hemmungen, sich selbst zu beteiligen.
- Plakate u. ä. können an den Wänden des Raumes verbleiben, sodass sie den Teilnehmenden auch in den Pausen oder später die Themen vor Augen führen.
- Wenn über mehrere Kanäle kommuniziert wird – gesprochene Sprache und Visualisierung, etwa werden Inhalte besser behalten.

Zu vermeiden sind generell überladene Visualisierungen, ebenso wie eine zu hohe Anzahl. Auch sollte nie nur auf Visualisierungen gebaut werden – sie können je nach Vorbildung, sozialem oder kulturellem Kontext auch deplatziert sein. Es gibt Kulturen, die orale Kommunikation präferieren, oder religiöse Strömungen, Die bildlichen Repräsentationen negativ gegenüberstehen.

Kollaborative Ethnographie

Einen ganz ähnlichen Ansatz wie die Partizipatorische Aktionsforschung verfolgt die kollaborative Ethnographie (Tavangar 2016), die ihre Wurzeln in der Auseinandersetzung des Faches Ethnologie mit Entwicklungsfragen hat. Gardner und Lewis teilen in einem Einführungswerk 2015 die Themen einer mit Entwicklungsthemen befassten Ethnologie in drei wesentliche Felder: erstens die sozialen und kulturellen Effekte ökonomischen Wandels; zweitens die sozialen und kulturellen Effekte von Entwicklungsprojekten (und warum diese fehlschlagen) und drittens die internen Abläufe und Diskurse der internationalen Hilfeindustrie (2015, S. 80). Entwicklungsethnologie hat es mit Auswirkungen von Veränderungsprozessen zu tun, die mit unterschiedlichen Ressourcen ausgestattete Akteure in einem ungleich verteilten, meist zwischen Staaten aufgespannten Machtfeld mit dort gültigen eigenen kulturellen Regeln zu beeinflussen bzw. zu steuern versuchen. David Mosse nennt seine langjährigen Erfahrungen als ethnologischer Berater im Feld unterschiedlichster Entwicklungsinstitutionen nicht umsonst „Adventures in Aidland" (Mosse 2011).

Dieser ambivalente, von Macht- und Gestaltungsinteressen geprägte Zusammenhang galt schon zu Beginn des letzten Jahrhunderts in Großbritannien, in denen Ethnologen „Bestandteil des kolonialen Dispositivs" (Bierschenk 2014, S. 4) waren. Das heutige Urteil über die erste systematische Tätigkeit von Ethnologen im Dienste von „Entwicklung" fällt dementsprechend zwiespältig aus. Die Einschätzungen reichen von der Rolle als willfährige „Handlanger" des Kolonialregimes (so Ferguson 1999), bis zur Feststellung, dass in den Forschungen der englischen Schule der Ethnologie in den 1930er Jahren erstmals Fragen nach der Einbindung lokaler Akteure in globale Abhängigkeitsstrukturen aufgeworfen wurden (Brown 1973).

In den USA waren in den Weltkriegsjahren viele Ethnolog/innen auch regierungsberatend tätig, in den 1950er Jahren dann in der US-amerikanischen Entwicklungshilfe und in internationalen Organisationen wie der WHO. Die Umsetzung der sogenannten Grundbedürfnisstrategie unter Weltbankpräsident

McNamara, unter dessen Ägide 1974 auch der erste Kulturanthropologe bei der Weltbank eingestellt wurde sowie die stärkere Berücksichtigung soziokultureller Aspekte, mit einer „*Social Soundness Analysis*" als zwingendem Bestandteil von regierungsgestützten Entwicklungsprojekten bei USAID *(US Agency for International Development)* hatten dann eine systematischere Einbindung von Ethnolog/innen in die Entwicklungspraxis zur Folge. So arbeiteten Mitte der 1990er Jahre zwischen 50 und 60 entwicklungsethnologisch orientierte Sozialwissenschaftler/innen fest bei der Weltbank.

Neben den ethnologischen Beteiligungen im Mainstream des Entwicklungsdiskurses, die innerhalb des Faches aufgrund der im Rahmen stationärer Feldforschungen generierten Vertrautheit der Forschenden mit lokalen Forschungspartnern teilweise als „unethisch" und „depolitisierend" kritisiert wurde (Ferguson 1990), gab es schon früh alternative Ansätze, die den „Zielgruppen" bzw. Betroffenen von Entwicklung eine viel aktivere Rolle zubilligten. Diese partizipatorisch-politisierenden Forschungsansätze setzten sich zum Ziel, Gruppen selbst gestaltend an der Veränderung ihrer Lebensumstände zu beteiligen. Ähnlich wie in der Entwicklungspädagogik Paulo Freires *(„Pedagogy of the Oppressed")* ging es in dieser handlungsorientierten Ethnologie um Bewusstseinsbildung und das stellen von Machtfragen.

Wegweisend war hier die *„Action Anthropology"* von Sol Tax und seinen Studierenden. Zwar endete sein Projekt 1958, ohne dass die Fox-Indianer wesentlich an der Planung, Mitbestimmung und Durchführung von Aktivitäten beteiligt worden wären; die Verbindung von Lernen und Helfen und das darin enthaltene Konzept des Rechts eines jeden Subjekts auf Freiheit und Selbstbestimmung, waren jedoch prägend für weitere Ansätze, wie dem *„Research and Development"*-Ansatz (Holmberg 1958), der unter anderem auf die Umverteilung der Machtverhältnisse durch Abschaffung der Leibeigenschaft und Übernahme von Landbesitz durch ehemalige Hazienda-Arbeiter abzielte, oder dem „emanzipatorischen, dialogischen und nicht-manipulativen Ansatz" von Gerrit Huizer (1982), wo soziale Gruppen zusammen mit den für sie arbeitenden Ethnolog/innen *(advocacy anthropology)* ihre Lebenssituation untersuchen und Schlüsse für eine selbstbestimmte Entwicklung ziehen sollten (vgl. dazu auch Seithel 2000).

Die australische Ethnologin Robyn Eversole plädierte vor einigen Jahren für eine Neubestimmung von Partizipation (Eversole 2010, *„Remaking Participation"*) im Sinne einer Forschungspartnerschaft auf kommunaler Ebene *(„Knowledge Partnering for Community Development", Eversole 2015);* und sie forderte „Übersetzungsagenten" an den Schnittstellen: „translation agents who are comfortable in the circles of both the powerful and the powerless, and who are able to facilitate the journeys of both" (2010, S. 37). Der Ansatz mündet in eine Form der „reziproken" „Ethnographie" im Rahmen einer nachhaltigen Gemeindeentwicklung, die sich nicht nur als eine Produzentin entwicklungsrelevanten Wissens, sondern auch als eine ethische, moralische und politische Unternehmung versteht (vgl. dazu auch Lassiter 2005).

> **Forschen in transkulturellen Tandems**
> Eine bereits seit längerem erprobte Form der kollaborativen Ethnografie stellen *Forschungstandems* dar, wie sie zwischen den ethnologischen Instituten in Yogyakarta (Indonesien) und Freiburg i. Br. im Rahmen der universitären Ausbildung seit 2004 etabliert wurden. Jeweils zwei Studierende aus beiden Universitäten forschen zu einem gemeinsamen Forschungsthema; zunächst vier bis sechs Wochen in Indonesien und dann ebenso lange in Deutschland. Die Tandems forschen jeweils einmal auf heimischem Terrain und einmal in der „Fremde". Der Wechsel der *„Outsider-Insider"*-Rollen und der jeweiligen Forschungsperspektiven, verknüpft mit dem gemeinsamen Forschungsinteresse, sorgen für Voraussetzungen, die die hegemoniale Deutungsmacht westlicher Forschungstraditionen ein Stück weit auszuhebeln im Stande sind. Die Chancen auf Reziprozität und Komplementarität im Forschungsprozess steigen. Dennoch bleiben strukturelle Differenzen: die deutschen Forschungspartner/innen haben durch vorher absolvierte Sprachkurse in der Regel bessere Sprachvoraussetzungen, sie verfügen aufgrund der wohlhabenderen Umfeldbedingungen in der Regel über mehr Fernreiseerfahrung, die Zugangsbedingungen zu wissenschaftlicher Literatur über das Partnerland sind besser und sie bewegen sich häufig selbstbewusster am ‚fremden' Ort. Trotzdem: die Tandems sind nicht nur relativ einmalig in der Forschungslandschaft, sie sind auch ein Erfolgsmodell. Inzwischen finden sie auch auf Doktorandenebene und mit Forschungspartnern aus anderen Ländern und benachbarten Disziplinen statt (mehr zu den Forschungstandems bei Schlehe und Hidayah 2013; Heybrock 2018).

Mit der Diskussion um eine Neuformulierung des klassischen Feldforschungsverständnisses ergeben sich in den letzten Jahren spannende Entwicklungen rund um sogenannte „experimentelle Kollaborationen". Wissenschaftler/innen begeben sich dabei in Handlungs- und Aushandlungsgemeinschaften mit den bisher „beforschten" Gruppen, wobei das gemeinsame Experimentieren und die gemeinsame Wissensproduktion im Vordergrund der Zusammenarbeit stehen. Dabei werden auch innovative digitale Formen der Wissensgenerierung, des Sharings und der kollaborativen Entscheidungsfindung genutzt (vgl. Estalella und Criado 2019).

▶ **Literaturempfehlungen**
- Cartwright, Elizabeth/Schow, Diana. 2016. Anthropological Perspectives on Participation in Community-Based Participatory Research (CBPR). Insights from the Water Project, Maras, Peru. Qualitative Health Research 26, 1.
- Estelella, Alfonso und Tomás Sánchez Criado.2019. Experimental Collaborations. Ethnography through Fieldwork Devices. New York, Oxford: Berghahn.
- Eversole, Robyn, 2018. Anthropology for Development: From Theory to Practice. New York: Routledge.
- Eversole, Robyn. 2015. Knowledge Partnering for Community Development. New York: Routledge.
- Harper, Krista and Aline Gubrium. 2017. Visual and Multimodal Approaches in Anthropological Participatory Action Research. General Anthropology 24 (Fall), 1–14. https://anthrosource.onlinelibrary.wiley.com/doi/epdf/10.1111/gena.12028.
- Lassiter, Luke Eric. 2005. The Chicago Guide to Collaborative Ethnography. Chicago and London: The University of Chicago Press.
- Schlehe Judith und Sita Hidayah. 2013. Transcultural Ethnography in Tandems: Collaboration and Reciprocity Combined and Extended. *Freiburger Ethnologische Arbeitspapiere* 23. https://www.freidok.uni-freiburg.de/fedora/objects/freidok:9155/datastreams/FILE1/content.
- Schwartz, Saul/Lederman, Rena. 2011. Collaborative Methods: A Comparison of Subfield Styles. *Reviews in Anthropology*, 40, 1.
- Tavangar, Temily. 2016. Development and Anthropology: Moving From Participatory to Collaborative Methods. August: The University of Hongkong. https://www.researchgate.net/publication/313413842_Development_and_Anthropology_Moving_From_Participatory_to_Collaborative_Methods.

Reality Check Approach (RCA)

Für kürzere Forschungsaufenthalte hat sich in den letzten Jahren, im Gefolge von „*Pro-Poor*"-Politiken ein Ansatz entwickelt, der Forschung quasi in einer Art Kurzzeitethnografie näher an die Alltagsrealität der Menschen anbinden möchte: „As such, it has been noted to capture the often unmeasured and dynamic everyday experiences, awareness and aspirations of people living in poverty" (RCA Community of Practice 2018). RCA-Teams sollen unabhängig sein und dies auch den Menschen vor Ort vermitteln. RCA-Teams nutzen deshalb auch keine Gatekeeper, um in eine Gemeinde eingelassen zu werden. Weitere, mit diesem Ansatz verbundene Grundprinzipien, lassen sich nach Arvidson (2013) wie folgt zusammenfassen:

- *Living with rather than visiting:* Jedes Jahr verbringt das Team eine Zeitlang mit den Haushalten vor Ort und lebt bei diesen. Es geht um: „*naturalistic observation*" and „Experiencing daily life by being experiential, directly participating in chores, activities, social and cultural life" (RCA Community of Practice 2018).
- *Conversations rather than interviews:* Die Datenerhebung erfolgt nicht als einseitige Daten-Extraktion, sondern in Form von Gesprächen in relaxter Atmosphäre„(...) a more flexible and accomodating context of curiosity is developed" (RCA 2018).
- *Learning rather than finding out:* Das Zuhören steht im Vordergrund, der Forscher nimmt sich selbst und ggf. auch seine Methoden zurück, um den Betroffenen das Wort zu geben.
- *Inclusion:* Die Arbeit ist von Sensibilität gegenüber Gender und Alter geprägt.

Der RCA-Ansatz wird in den letzten Jahren wegen seiner Handlungsorientierung und den relativ rasch erzielbaren Ergebnissen weltweit in vielen Kontexten angewandt. Ähnlich wie bei anderen „*Rapid*"-Ansätzen stehen der Anspruch einer Forschungsbeziehung, die von „gegenseitiger Fürsorge, Respekt und Freundschaft" geprägt sein soll, auf der einen Seite und der Ergebnisdruck in handlungsorientierten Kontexten auf der anderen in einem nur schwer lösbaren Spannungsverhältnis. Am besten versteht man die Potenziale und Grenzen des Ansatzes, in dem man ihn wörtlich nimmt: Es geht um einen „Realitätscheck", das heißt das *Abgleichen* von gegebenen oder geplanten Programmstrukturen von Geber- oder Regierungsorganisationen mit der lokalen Perspektive von Endbegünstigten. Sie kann im günstigsten Fall tatsächlich zu neuen Einsichten in die Wirkung von Maßnahmen aus Betroffenenperspektive führen.

Bei Loewensen et al. 2014 findet sich eine schöne Zusammenschau der Hauptströmungen partizipativer Lern- und Forschungsansätze, beginnend mit den 1940er Jahren, als der Sozialpsychologe Kurt Lewin erstmals mit Aktionsforschungsmethoden im Rahmen von sozialem Management experimentierte, bis zu heutigen emanzipatorischen Lern- und Handlungsforschungsansätzen. Wir haben diese Synopsis noch um betriebliche und Burgerbeteiligungsmodelle im globalen Norden erweitert, an die Inhalte dieses Überblicks angepasst und sie bis heute weitergeschrieben. Auch wenn die wechselseitigen Beeinflussungen in Wirklichkeit noch komplexer waren, kann das Schema helfen, im Dschungel unterschiedlicher Strömungen den Überblick zu behalten (Abb. 4.3).

4 Partizipation in der Forschung

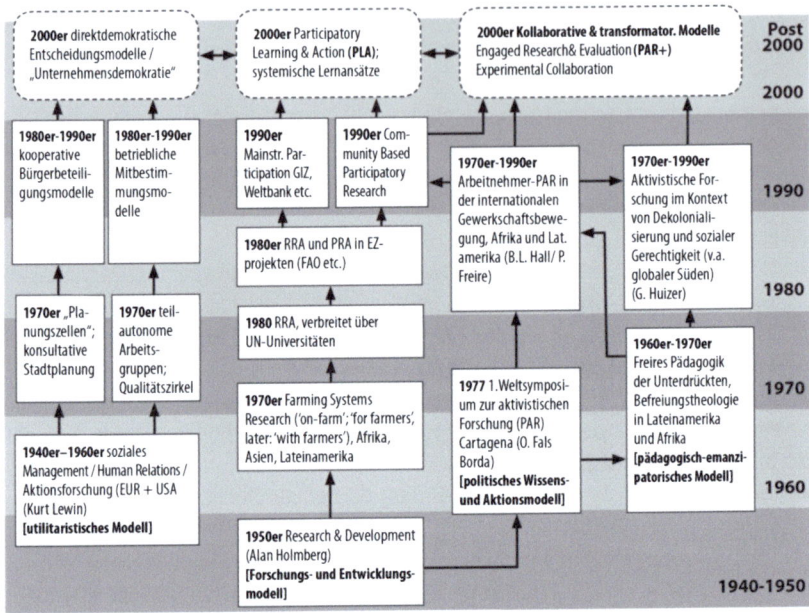

Abb. 4.3 Zeitachse der Hauptströmungen partizipativer Lern- und Forschungsansätze. (nach Loewenson 2014, S. 19; leicht verändert und übersetzt durch das Autorenteam)

▶ **Literaturempfehlungen**
- Nepal Rural Access Programme. Monitoring, Evaluation and Learning Component. 2015. *Reality check approach baseline report* (June 2015). UK Aid Government of Nepal Ministry of Federal Affairs and Local Development. https://itad.com/wp-content/uploads/2015/07/rca_baseline_report.pdf.
- RCA. 2015. *Experiences and Perspectives of Direct Beneficiaries: Reality Check Approach Study.* http://www.reality-check-approach.com/uploads/6/0/8/2/60824721/rap_beneficiaries_rca_report_final_v2.pdf.

▶ **Medialinks**
- RCA 2018: http://www.reality-check-approach.com/ (enthält etliche Einführungsvideos).
- Youtube Videos zum Reality-Check-Approach unter: https://www.youtube.com/channel/UCnedGcFoZpk-AUe1uH-5NDQ

4.5 Forschung und Entwicklungspraxis: Arbeiten in zwei Welten?

Welche Herausforderungen stellen sich für eine Zusammenarbeit zwischen Wissenschaft und EZ-Praxis? Im Zusammenhang mit der Zunahme von Projekten zur Förderung der Rechtsstaatlichkeit und rechtlichen Teilhabe in der Entwicklungszusammenarbeit Anfang der 2000er Jahre geht Friederike Diaby-Pentzlin, eine ehemalige Seniorfachplanerin der GTZ und spätere Professorin für Wirtschaftsrecht, anlässlich einer Wissenschaft-Praxistagung (Benda-Beckmann et al. 2005) auf dieses schwierige Verhältnis ein. Ihre Kernthese ist, dass sich die Kooperation zwischen EZ-Praxis und rechtspluralistischer Wissenschaft deshalb so schwierig gestalte, weil letztere sich für der EZ-Praxis wichtige Fragestellungen schlicht nicht interessiere. Die Wissenschaft lasse die mit der Analyse der soziopolitischen und kulturellen Hinterbühne überforderte Praxis allein, und das obwohl die Schnittmenge potenziell beträchtlich sei. Die Projektpraxis ihrerseits kenne – im Gegensatz zur Wissenschaft – wenigstens ihre blinden Flecke und sei bereit, darauf zu reagieren.

Auch wenn ihre Analyse schon 13 Jahre zurückliegt, demonstriert sie eindrücklich die im Prinzip immer noch gültigen systemimmanenten Sachzwänge auf beiden Seiten: Die helfende Praxis steht unter einem ständigen Handlungs- und Rechtfertigungsdruck. Sie laviert in einem Geflecht von unterschiedlich mächtigen Stakeholdern und deren teils inkompatiblen Interessen und Zielen (eigene Regierung, Partnerregierung, Projektpartner, *„Zielgruppen"*), deren Zusammenführung einer Quadratur des Kreises gleichkommt. Die EZ arbeitet innerhalb enger politischer und haushaltrechtlicher Vorgaben: Ihre Ziele sind auf Einflussnahme und Veränderung ausgelegt. Wo soll da noch Raum für die Berücksichtigung gesellschaftlicher Tiefenstrukturen und kontextsensible, zielgruppennahe Projektansätze sein? Der „denkenden und schreibenden" Wissenschaftszunft attestiert sie dagegen eine außerordentliche Zielgruppennähe. Sie kenne die lokalen Rechtswirklichkeiten, wie kaum ein anderer Akteur im Feld. Aber sie verweigere sich in der Mehrzahl einer Zusammenarbeit mit der Praxis. „Steine statt Brot" sowie triste Nachrichten in Theatersprache sei alles, was die Wissenschaft der Praxis zu bieten habe, wenn sie sich nicht gleich hämisch in den Absurditäten misslungener TZ-Projektarbeit ergeht (Diaby-Pentzlin 2005).

Allerdings ist es nicht allein die akademische Ehre, wie Diaby-Pentzlin noch 2005 vermutet, die eine engere Zusammenarbeit bis heute erschwert. Vor allem im sozial- und kulturwissenschaftlichen Bereich gibt es häufig weder die Bereitschaft noch die – über praxisnahe Ausbildungsinhalte vermittelte – Fähigkeit, jenseits von erkenntnisorientierter Forschung zu verwertbaren Handlungsempfehlungen zu kommen. Auch steht bis heute eine zu große Nähe zur Entwicklungspraxis einer akademischen Karriere immer noch im Wege (für das Feld der angewandten

Ethnologie, vgl. Klocke-Daffa Hg. 2019). Die Zahl der Praxislehrstühle ist nach wie vor dünn gesät, die Zahl der intermediären Institutionen, wie das Zentrum für Entwicklungsforschung (ZEF) oder das Internationale Konversionszentrum (BICC) in Bonn oder das Seminar für Ländliche Entwicklung (SLE) in Berlin, noch zu gering, als dass ein schadloses Hin- und Herpendeln zwischen Forschung und Praxis in der eigenen Berufskarriere gewährleistet wäre.

Seit sich in den letzten Jahren in größerer Zahl praxisbezogene Masterstudiengänge etablieren, kommt allerdings Bewegung ins System; im Feld der internationalen Zusammenarbeit der Masterstudiengang (MA) für *„Nachhaltige Entwicklungszusammenarbeit"* an der Universität Kaiserslautern, der MA *„Internationale Zusammenarbeit für Nachhaltige Entwicklung"* an der HU Berlin, oder das Institut für Entwicklung und Frieden (INEF) an der Uni Duisburg, das einen deutschen und einen internationalen Master-Studiengang *Entwicklungspolitik* mit Fokus auf Afrika anbietet.

▶ **Literaturempfehlung**
- Georgalakis, James and Pauline Rose (Hg.). 2019. Exploring Research–Policy Partnerships in International Development. *IDS Bulletin* 50, 1(May). https://opendocs.ids.ac.uk/opendocs/bitstream/handle/123456789/14526/IDSB50.1_10.190881968-2019.100.pdf?sequence=1&isAllowed=y.

Transferfragen
1. Die kürzlich publizierte *Feldforschung* einer jungen Ethnologin zum Thema Ernährungssicherung in Ihrer Region bringt andere Ergebnisse, als der *Appraisal*-Prozess mithilfe partizipativer Methoden, den Sie soeben für ihr Ernährungssicherungsprojekt abgeschlossen haben. Was sind die Stärken, was die Schwächen der jeweiligen Erhebungsform und welchen Daten würden Sie eher vertrauen? Und warum? In welcher Form ließen sich widersprüchliche Ergebnisse ggf. auflösen, oder ins Gespräch bringen?
2. Wright und Nelson halten gegen die Position von Hobart und implizit auch Escobar die ausschließliche Konzentration auf lokales/situiertes bzw. kontextualisiertes Wissen für problematisch. Die Autorinnen plädieren für ein internationales, wissenschaftsfähiges *„world ordering knowledge"* und verbinden damit einen Bestand an Theorien und Information, der über den lokalen Kontext hinaus geteilt wird, vergleichend in der Perspektive, in internationale intellektuelle Traditionen integriert und in einer internationalen Wissenschaftssprache geschrieben (vgl. Wright und Nelson 1995, S. 43). Welcher dieser beiden Positionen würden Sie eher zuneigen; und vor allem: wir würde Sie Ihre Position begründen/plausibilisieren. Gäbe es auch Argumente für die Gegenposition, die Sie nachvollziehbar fänden?

Toolbox: Partizipative Forschungs- und Beratungsinstrumente 5

Wie in den letzten Kapiteln gezeigt, unterscheiden sich forschungs-, beratungs- und aktionsgetriebene partizipative Ansätze in Rahmen und Ziel erheblich. Das Methodenset, auf das die Ansätze zugreifen, ihre ‚Instrumentenkiste', ist allerdings weitgehend baugleich. Wenn im Folgenden die Methoden eingebettet in einen Entwicklungsberatungskontext vorgestellt und innerhalb eines konkreten Projektes veranschaulicht werden, so dient das in erster Linie der Kohärenz der Darstellung. Die Erkenntnisse aus dem Einsatz der Methoden selbst und deren Grenzbedingungen sind weitgehend übertragbar.

Grundsätzlich gilt: Der Einsatz partizipativer Methoden allein macht noch keine Forschung partizipativ und auch keinen Transformationsprozess partizipatorisch. Der Instrumentenkoffer ruht auf einem *veränderten Rollenverständnis,* das auf mindestens drei Ebenen wirksam wird: dem eigenen professionellen Selbstverständnis (vom Experten zur anleitenden Person/zum „*Facilitator*"), der Inwertsetzung des lokal schon vorhandenen Wissens (über dafür geeignete Methoden) und dem Teilen und Verhandelbarmachen von gewonnen Erkenntnissen (Transparenz, *Accountability*) (Abb. 5.1).

Dabei gibt es keinen ‚*abschließbaren*' Werkzeugkoffer. Je nach Forschungs-/ Beratungsgegenstand, Situation, Größe der im Fokus stehenden Gruppe sowie Aufgabe und Ziel der Untersuchung werden aus anderen Gebieten bekannte oder aus der Praxis neue entstandene Instrumente ausgewählt, um die derzeitige Lage, frühere Situationen und mögliche Zukunftsszenarien aus der Sicht der Gruppe für alle Beteiligten *sichtbar zu machen* und möglichst viele davon in die Analyse miteinzubeziehen. Auch müssen *Tools* an den jeweiligen lokalen Kontext angepasst werden.

© Springer Fachmedien Wiesbaden GmbH, ein Teil von Springer Nature 2019
M. Schönhuth und M. T. Jerrentrup, *Partizipation und nachhaltige Entwicklung,*
https://doi.org/10.1007/978-3-658-27854-0_5

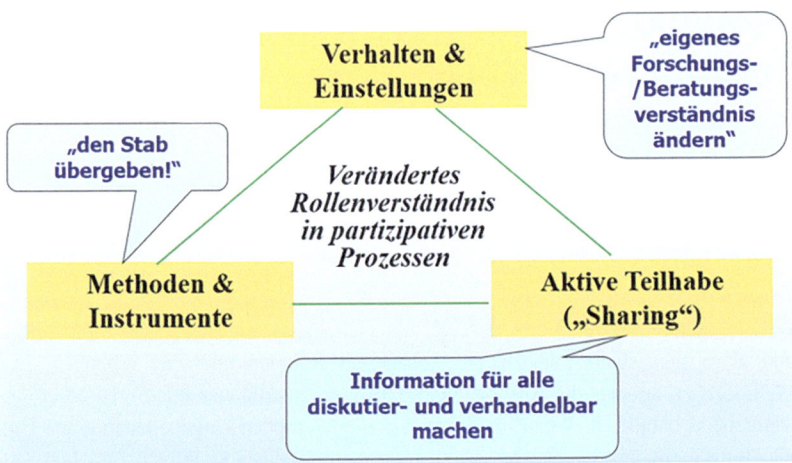

Abb. 5.1 Zum veränderten Rollenverständnis in partizipativen Prozessen. (Nach einer Idee von Robert Chambers, © Schönhuth 2019)

So nutzt man am besten Materialien, die jeweils vor Ort verfügbar bzw. leicht zu besorgen und für die Teilnehmenden vertraut sind. Nicht überall sind Filzstifte die beste Wahl (in ariden Gebieten neigen sie zur Austrocknung, für nichtschreibkundige Teilnehmer erhöhen sie die Hemmschwelle, sich darüber auszudrücken). Auch Farben (besonders schwarz und weiß, aber auch rot und grün) und Symbole (z. B. „Blitz" für Konflikt, Emojis für Emotionen) sind je nach kulturellem Kontext ganz unterschiedlich konnotiert und nicht selbsterklärend.

Arbeiten in der Horizontalen *(„on the table")* oder auf einem auf den Seiten nicht begrenzten Untergrund *(„on the ground")* hat gegenüber einer vertikalen Wandtafellösung (*Blackboard*/Metaplantafel) unschätzbare Vorteile, weil viel mehr Personen gleichzeitig aktiv in den Gestaltungsprozess eingreifen können und bei der Bodenlösung über „willkürliche" Ränder des Mediums hinaus gearbeitet werden kann (Abb. 5.2).

Der Schuss kann aber auch nach hinten losgehen und neue Hürden erzeugen, z. B., wenn Arbeiten auf dem Boden von den lokalen Gruppen als „Sandkastenspiele" bzw. „Kinderkram" abgetan werden bzw. ‚niederen' sozialen Gruppen (Kasten) vorbehaltene „Schmutzarbeit" darstellt. Das gilt auch für Prozesse im deutschen Umfeld: So konnten die Vorbehalte des Managements eines mittelständischen Betriebes im Rahmen einer organisationsethnologischen Feldforschung, an einer

5 Toolbox: Partizipative Forschungs- und Beratungsinstrumente

Abb. 5.2 Eine Dorfkarte entsteht auf dem Tisch, Sibirien, Schönhuth et al. 2000. (© Ernst Mettlach 1999)

Akteurslandkartenübung *(Venn-Diagramm)* mit Stiften und bunten Karten teilzunehmen, erst ausgeräumt werden, als sie eingeladen wurden, das Ganze als ein Strategiespiel zu betrachten, mit Ihnen als oberstem ‚Führungsstab'. Ob der Zweck jeweils die Mittel heiligt, obliegt dem Weitblick und der Sensibilität der *Facilitator*. In diesem Fall wurde das Arbeitsergebnis ein nicht ganz unwichtiger erster Baustein im Rahmen eines kleinen Organisationsentwicklungsprozesses (Schönhuth 2007).

Partizipative Instrumente können klassische Elemente, (z. B. semistrukturierte Interviews) aber auch quantitative Berechnungen enthalten (z. B. beim sog. *Matrix Ranking*). Die Besonderheit liegt im Rollenverständnis und der Orientierung der Wissensproduktion: Wer hält den Zeigestock? Wer hat Kontrolle über die produzierte Information, wer darf sie erklären, wer sie auswerten? Es gibt zahlreiche kleine, in einschlägigen Trainingshandbüchern aufzufindende Aufmerksamkeitsübungen und Rollenspiele, die für dieses veränderte Rollenverständnis sensibilisieren (vgl. Abschn. 5.3 und 5.4 für eine Auswahl). Zum Rollenspiel vgl. Abb. 5.3.

Partizipative Prozesse durchlaufen in der Regel differenzierbare Phasen. Sie führen von der Planung/Vorbereitung, über das Training bzw. die Schulung von an der Felderhebung aktiv Beteiligten über die Feldphase fast, zur gemeinsamen

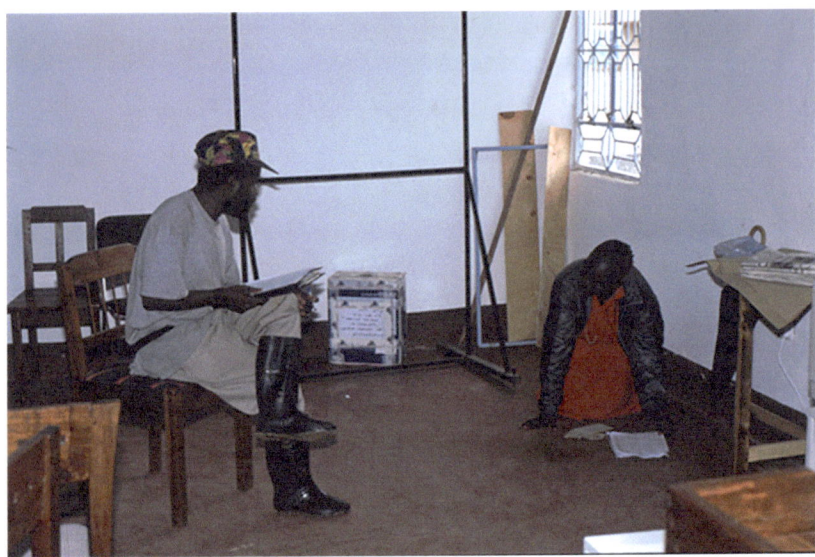

Abb. 5.3 Rollenspiel zum semi-strukturierten Interview: „Der Berater und die Lokale Bäuerin". (© Schönhuth 1997)

Analyse und Aufbereitung, sowie die Präsentation und Debatte der Ergebnisse noch im Feld. Ist der Rahmen handlungsorientiert, so werden vereinbarte Veränderungen anschließend in die Hände von dafür verantwortlich zeichnenden Personen/Gruppen gelegt, ggf. durch Ressourcen und Expertise von außen unterstützt/begleitet und nach ebenfalls vereinbarten Zeiträumen gemeinsam evaluiert (vgl. Kap. 3).

> **PRA und vergleichbare Verfahren in OECD-Ländern**
> PRA und Verfahren, die mit ähnlicher Zielrichtung und Methodenset arbeiten, haben sich zwar im globalen Süden entwickelt. Ihre besonderen Stärken (Visualisierung, möglichst viele Perspektiven einbeziehender, aber meist auf eine Projektwoche konzentrierter Gruppenprozess) wurden seit der Jahrtausendwende aber auch vermehrt im globalen Norden eingesetzt.
> Dazu einige Beispiele zum Nachlesen: zur Perspektivenentwicklung für ältere Menschen im Barkauer Land (Ketelhodt o. J. https://www.buergergesellschaft.de/?id=109295); für die Erörterung lokaler Nachhaltigkeitsfragen

in der Region Hohenlohe (Ketelhodt o. J. https://www.buergergesellschaft. de/?id=109296); für die Zukunftsplanung einer norddeutschen Gemeinde (Korf et al. 2001); zum Lebensalltag und den Perspektiven einer russlanddeutschen Gemeinde in Sibirien: (Schönhuth 2000 https://www.uni-trier.de/ fileadmin/fb4/ETH/Aufsaetze/Schoenhuth2000_Zako-Publikation-Trierer-Mat1_final.pdf). Weitere Fallbeispiele aus OECD-Ländern: PLA Notes 38: https://www.iied.org/pla-38-participatory-processes-north.

5.1 Trainingssetting

Der Einsatz von neuen Methoden ist auch mit Verunsicherungen für Teammitglieder (in klassischen PRA-Prozessen) und lokalen Gruppen (in selbstgesteuerten Prozessen) verbunden. Je nach Umfang der geplanten Erhebungs- und Darstellungsmethoden und deren Komplexität, stellt deren Einübung einen nicht zu unterschätzenden Zeitaufwand dar: So sind die *Do's* und *Dont's* bei einer Dorfkartenerstellung verhältnismäßig rasch eingeübt. Die Vor- und Nachbereitungen beim Erstellen eines partizipativen Videos – der Umgang mit der Kamera, das Erstellen eines Skriptes, Ton und Schnitt können unter Umständen Tage in Anspruch nehmen. Die Ortswahl (besser an neutralem Ort, als in der üblichen Arbeits- und Hierarchieumgebung) die Geschütztheit des Raumes (keine unliebsamen Störungen von außen) und das Trainingssetting haben Auswirkungen auf die Trainingsqualität. Bedenkenswerte Aspekte beinhalten z. B.:

- *Entfernung:* Liegt der Ort für die Betroffenen weit entfernt oder ist er schlecht erreichbar, kann das die Motivation zur Teilnahme beeinträchtigen. Eventuell muss ein Abholservice organisiert werden.
- *Platzangebot:* Das Platzangebot entscheidet darüber, ob bestimmte Methoden eingesetzt werden können. Rollenspiele beispielsweise benötigen relativ viel Platz und lassen sich in beengten Verhältnissen nicht angemessen durchführen.
- *Ablenkungen:* Darunter kann z. B. der Ausblick auf eine lebendige Stadtgegend fallen, wie auch frei verfügbares WLAN, das zur ständigen Handynutzung verleitet.
- *Visuelle Barrieren:* Besitzt jede Person eine gute Sicht auf die Abläufe? Manchmal versperren Barrieren wie Säulen o. ä. den Blick.

- *Akustik im Raum:* Kann jede Person gut hören, worüber gesprochen wird oder wird ein Mikrophon notwendig, – das jedoch eine einschüchternde Wirkung haben könnte?
- *Equipment:* Sind Steckdosen, Projektionsgeräte, freie weiße Wände etc. in genügender Menge verfügbar? Gibt es die Möglichkeit zur Anbringung von Postern und Fotografien?
- *Bedeutungsgeladene Orte:* Zu manchen Gebäuden bestehen sehr klare Assoziationen, die den Fortgang der Diskussion beeinflussen können. Ein typisches Beispiel sind kirchliche Räume, die etwa mit „Pietät" verbunden werden. Aber auch Schulen – beliebte, weil fast überall verfügbare Settings für Gruppenprozesse – können kontraproduktiv wirken, z. B. wenn sich Teilnehmende in viel zu kleine und niedrige Kinderstühle zwängen müssen und Moderatoren an der Schultafel längst abgelegt scheinende Belehrungsattitüden an den Tag legen.
- *Sitzarrangement:* Je nach Übung und Thema bzw. gewünschter Interaktivität sind unterschiedliche Anordnungen sinnvoll. Chambers berichtet, dass er in Trainings die Sitzordnung regelmäßig ändert:„For a one day workshop, I start with participants sitting in threes at tables. Then after a few buzz groups, I join tables for a chart exercises… Then for fruit salad all the tables are moved to the wall, leaving space for circles and much else with practical work, ending the day with no chairs at all" (Pretty et al. 1995, S. 17).

5.2 Team: Rollen, Verantwortlichkeiten, Arbeitstechniken

Partizipative Forschung findet fast immer in Teamarbeit statt. Dieses Team ist in der Regel divers besetzt: Es vereint Vertreter/innen unterschiedlicher Disziplinen, Hierarchieebenen, Geschlechtszuschreibungen, Altersgruppen sowie einen Mix unterschiedlicher Expertisen und Kenntnisständen (lokale/externe, Insider/Outsider). Da sich aufgrund des partizipatorischen Anspruchs eindeutige ‚Anordnungs- und Berichtswege' verbieten, sind genaue Absprachen über Rollen und Verantwortlichkeiten im Team, aber auch den Umgang mit Fehlern oder Irritationen essenziell. Narayanasany (2009, S. 305–318) unterscheiden fünf idealtypische Rollenkategorien:

- *Teamleitung:* in der Rolle der Gesamtprozessverantwortlichen;
- *Facilitator:* als Gesprächspartner/in bzw. anleitende Person einzelner Erhebungsinstrumente;

- *Protokollführende Person:* bereitet den Methodeneinsatz praktisch vor (Materialbeschaffung), hält Ergebnisse und konsensfähige Informationen, die nicht schon im Prozess visualisiert wurden, fest und sichert die Dokumentation (Zeit, Ort, Beteiligte) sowie die Weiternutzung (Transkription, audio-, foto- videografische Speicherung). Sie verantwortet auch die Rückgabe der produzierten Ergebnisse (meist die Originale, aber auch fotografisch und/oder elektronisch gesicherte) an die Teilnehmenden;
- *Prozessbeobachtende Person (als teilnehmende Beobachter/in):* macht Prozessnotizen, z. B. zu Beteiligung/Nichtbeteiligung, Dominanzprozessen, atmosphärischen Störungen; zu Inhalten, die vielleicht relevant sind, obwohl – oder gerade weil – sie auf Ergebnisebene nicht mehr auftauchen. Sie gibt während des Prozesses vereinbarte (stille) Hinweise an Teammitglieder, wenn eigenes Fehlverhalten oder Unaufmerksamkeit zu Kommunikationsproblemen führt, oder der Prozess zu kippen droht (z. B. durch *Shoulder Tapping*, s. u., Abschn. 5.3). Die protokollführende und die prozessbeobachtende Person sitzen nach dem Ende der Gruppenübungen zusammen und triangulieren die Belastbarkeit (,trustworthiness') der gewonnenen Erkenntnisse/Einsichten;
- *Gatekeeper:* als Teammitglied, das für die Voraussetzungen und die Aufrechterhaltung einer geschützten Gesprächsatmosphäre von Gruppenprozessen sorgt, die ja häufig im öffentlichen/halböffentlichen Raum stattfinden. Sie sucht geeignete Örtlichkeiten, hält Störer von außen möglichst fern bzw. löst *zu* dominante Akteure nach Möglichkeit aus dem Prozess heraus und zieht sie für andere, ‚noch wichtigere' Aufgaben ab.

Bestimmte Übungen helfen, sich für partizipative Arbeitstechniken zu sensibilisieren. Sie zielen nicht auf die Datenerhebung selbst, sondern auf die darunterliegenden Denk- und Verhaltensweisen. Eine Übersicht über unterschiedliche Trainingsformen, deren Vorbereitung, Durchführung und einsetzbarer Übungen und Methoden bieten z. B. Pretty et al. 1995 (s. u.). Hier nur einige Beispiele zur Anregung:

Playing Detective

Zu Beginn eines Seminars, bevor die Teilnehmenden den Workshop-Leiter intensiver kennengelernt haben, werden sie gebeten, alles zu nennen, was sie über den Trainer wissen und ableiten können (z. B. „der Workshop-Leiter ist dick, also isst er vermutlich gerne"; „er trägt einen Ehering, also ist er vermutlich verheiratet").

In einer anschließenden Diskussion werden die Stärken und Risiken dieser Art von Beobachtung eruiert. Deutlich wird meist auch, dass die Gruppe als Gesamtheit mehr weiß, als jede einzelne Person.

Empathic Listening

Nach der Wahl eines kontroversen Themas aus einer Zeitung o. ä. – etwa Politik, Arbeit, Management – werden die Teilnehmenden in Dreiergruppen unterteilt mit jeweils einem/r Sprecher/in, einem/r Zuhörer/in und einem *Referee*. Der *Speaker* spricht ohne Unterbrechung zu dem Thema, der *Listener* muss später ohne Notizen gemacht zu haben, wiedergeben, was der *Speaker* gesagt hat. Der *Referee* darf Notizen machen, er und *Speaker* korrigieren den *Listener*. Später erfolgt ein Rollenwechsel und es werden andere Themen ausgewählt. Der Übung folgt ein Gespräch über Gefühle und Schwierigkeiten der Personen in den verschiedenen Rollen.

Flaschenpost

Das klassische Flaschenpost-Spiel zeigt, wie sich eine Aussage durch falsches Verstehen und folgende inkorrekte Wiedergabe sinnentstellend ändern kann. Eine Variante der Flüster-Flaschenpost ist die Wiedergabe einer etwas komplexeren Geschichte von Person zu Person, ohne dass die anderen Personen zuhören können. Auch hier wird sich das Ergebnis mangels korrekter Erinnerung und aufgrund eigener Interpretationen stark von der Ausgangsgeschichte unterscheiden.

Fact, Opinion, Rumour

Diese Übung soll dazu dienen, zwischen Fakten, Meinungen und Gerüchten unterscheiden zu lernen, um die Antworten von Informanden besser einordnen zu können. Definieren Sie gemeinsam, was unter Fakten, unter Meinungen und Gerüchten zu verstehen ist. Danach wird ein vorbereiteter Text mit verschiedenen Statements vorgelesen und die Teilnehmenden geben ihre Einschätzungen wieder, worum es sich jeweils handelt.

Die Bedeutung der Zusammensetzung von Gruppen in PRA-Prozessen

Besondere Bedeutung kommt beim Einsatz partizipativer Methoden der Gruppenzusammensetzung zu. Je nach Fragestellung kann das Gruppenergebnis von unterschiedlich eingebrachten und diskutierten Erfahrungen und Sichtweisen (wie bei Fokusgruppen), oder aber auch von geschlechts-, status- oder machthomogenen Gruppen profitieren, die einen Einblick in ‚ihre' spezifische Sicht auf eine Untersuchungsfrage erlauben.

> **Verschiedene Sichtweisen**
> Studenten und Studentinnen eines PRA-Lehrseminars sollten in getrennten Gruppen ihre „Sozialkarte" von Wien zeichnen mit den für sie relevanten Orten, Ressourcen, Wegen, *Go-* und *No-Go-Areas* bei Tag und am Abend. Beide Gruppen begannen ihre Zeichnungen unabgesprochen mit den gleichen Referenzpunkten: den für Studierende beider Geschlechter offensichtlich zentralen *Beissln* und Caféhäusern. Männer und Frauen unterschieden sich dann aber schon in den *Go-* und *NoGo-Areas* (für Frauen dunkle Gassen, Parks). Für Frauen mit Kindern kamen dann noch Spielplätze und universitätsnah gelegene Kindertagesstätten hinzu, die die männlichen Teilnehmer auch auf Nachfrage beim besten Willen nicht lokalisieren konnten *(Schönhuth, mündlich)*.

> **Participatory Workshops**
> Von den Basics über das *„Messing up"* bis zu Analyse und *Awareness* bietet Robert Chambers ein unterhaltsames und praktisches Buch voller eigener Erfahrungen. Ein kleiner Appetizer:
> „If you are repeating what you did two years ago, is something wrong? When in doubt,
>
> - Do something new
> - Be of good heart
> - Fail forward
> - Bounce back
> - Celebrate learning" (Chambers 2002, S. 1)

Chambers, Robert (2002): Participatory Workshops: A Sourcebook of 21 Sets of Ideas and Activities. London & Sterling VA: Earthscan

▶ **Literaturempfehlungen**
- Pretty, John, et al. 1995. A Trainer's Guide for Participatory Learning and Action. London. Das nach wie vor umfassendste Methodenbuch mit Anleitungen zu über 100 Übungen/Instrumenten aus der „Toolbox" partizipativer Methoden. Seit 2014 frei zum PDF-Download: http://pubs.iied.org/6021IIED.html.
- Mukherjee, Neela. 2002. Participatory Learning and Action: With 100 Field Methods. New Delhi: Concept Publishing Company. *Kapitel 2 und 3 enthalten Methoden zur Team-/Trainersensibilisierung; Kap. 4 beschreibt Methoden des ‚Rapport-building' und der mündlichen Kommunikation/Konversation, die nächsten fünf Kapitel sind den visuellen ‚Tools' gewidmet: (Mapping/Sketching; Ranking/Scoring; Seasonal Methods; Joint walk/Transects).*
- Kumar, Somesh. 2002. Methods for Community Participation. A Complete Guide for Practitioners. London. Eine Alternative bzw. Ergänzung zu Mukherjee 2002.
- Narayanasamy, N. 2009. Participatory Rural Appraisal. New Delhi etc.: Sage. *(Neben der ausführlichen Vorstellung und Illustration von 18 gängigen PRA-Tools von unterschiedlichen Formen des Mappings und Rankings über Transekts, Karten und Kalendern bis zur sog. Force Field Analysis, gibt es auch ein Kapitel zu Rollen und Verantwortlichkeiten im Team (:305–318) und zur Anwendung der Methodologie (:319–340). Das Buch sticht aus dem Meer der Anwendungsbücher durch seine zahlreichen Illustrationen heraus, die aus der Forschungs- und Beratungspraxis der Kolleg/innen um Narayanasamy an der Gandhigram Rural University stammen und verschiedenste Umsetzungsformen von PRA/PLA-Instrumenten zeigen).*
- Community Toolbox Team. o. J. Section 1. A Framework for Program Evaluation: A Gateway to Tools/Tool 1: Tools Related to the Recommended Framework. University of Kansas: Center for Community Health and Development. https://ctb.ku.edu/en/table-of-contents/evaluate/evaluation/framework-for-evaluation/tools. Bietet einen umfassenden Rahmen zur Umsetzung der Partizipationsidee; von der Identifikation und Einbeziehung von Stakeholdern, über ein mögliches Programdesign und konkrete Tools bis zur Umsetzung (Capacity Building/System Change).

Die Feldvorbereitung

Jeder Feldaufenthalt erfordert eine kluge organisatorische, logistische und inhaltliche *Vorbereitung und Rollenverteilung*. Was wird mit wem, wann verabredet, welche Erlaubnisse müssen eingeholt, welche (lokalen) Entscheidungsträger auf welche Weise eingebunden werden. Wie werden Unterkunft und Verpflegung organisiert? Wie werden die am die lokalen Gruppen vorbereitet, über die Abläufe informiert, wie ihre Beteiligungsmöglichkeiten sichergestellt? Welche Fragestellungen sollen bearbeitet, welche Methoden mit welchem Ziel und mit welchen Beteiligten eingesetzt werden? Was geschieht zum Auftakt, was am ersten Tag, was an den Folgetagen? Was soll am Ende des Feldaufenthaltes stehen und wie soll es weitergehen, welche Ressourcen und Partner stehen dafür bereit? Was von den notwendigen Schritten kann im Team, was muss von der (kooperativen) Leitung übernommen werden, usw. Die Beantwortung dieser Fragen hängt aufs Engste mit den politischen und strukturellen Voraussetzungen zusammen unter denen der gesamte partizipative Prozess steht (vgl. Kap. 3). Wer hat ihn lanciert, wer die Ziele formuliert, wer finanziert ihn, wer hat in welcher Phase den „Hut" auf, wie ist das Verhältnis zwischen den beteiligten Stakeholdern, wer entscheidet/moderiert in konflikterzeugenden Situationen, in welchem soziokulturellen und-politischen Umfeld findet er statt?

Für die Darstellung eines ‚typischen' partizipativen Feldaufenthaltes beziehen wir uns auf ein zwischenstaatlich ausgehandeltes, extern finanziertes ländliches *Ernährungssicherungsprojekt* in Ostafrika mit deutscher Projektleitung. In insgesamt zehn Projektdörfern sollte dort zwischen 1995 und 1997 eine partizipative Projektkomponente eingezogen werden, um Dorfsituationen gemeinsam zu erheben, für die Dorfentwicklung sinnvolle Projekte auf den Weg zu bringen und insbesondere vulnerable Haushalte zu identifizieren und zu unterstützen. Der komplette Projektzeitraum umfasste sechs Jahre und wurde in den ersten drei Jahren von einem externen Berater begleitet. Der Partizipationstyp entsprach ungefähr der Stufe 5 („Funktionale Partizipation"; vgl. Abschn. 2.5; für Hintergrundinformationen zum Projektkontext: Schönhuth 2005a, S. 45–66) (Abb. 5.4).

Neben logistischen Fragen fürs Team und Absprachen mit Dorfoffiziellen gehörten in diesem Projekt dazu folgende Klärungsfragen:

5 Toolbox: Partizipative Forschungs- und Beratungsinstrumente

Abb. 5.4 Tagesplanung für einen geplanten Dorfaufenthalt inkl. geplanter Methoden im Office einer Regionalverwaltung in Ostafrika; erstellt vom PRA-Projekt-Team: (1 deutscher Projekteiter, 1 einheimischer Counterpart, 1 externer Berater, zwölf lokale und für den PRA-Prozess in insgesamt zehn Dörfern zeitweise freigestellte lokale Verwaltungsmitarbeitende). (© Schönhuth 1997)

- Welche Dörfer im Projektgebiet nehmen an den PRA-Aufenthalten teil? – In unserem Fall wurden etwa doppelt so viele Dörfer, wie geplant über *Extensionists* (städtische Sozialfachkräfte mit Dorfkontakt) angefragt, ob sich das Dorf an einem PRA-Prozess beteiligen will.
- Wann ist (gerade für vulnerable Gruppen) ein geeigneter Zeitraum im Jahr für mehrtägige Gruppenprozesse? – Die Dörfer konnten aus mehreren Zeiträumen im Projektjahr einen geeigneten Termin auswählen.
- Welche (vulnerablen) Gruppen benötigen eine Freistellung von der Arbeit, Kompensation oder Kinderbetreuung, um teilnehmen zu können?
- Am Ende steht, abgestimmt mit dem Projektzyklus der Geberorganisation, ein Jahresplan (Abb. 5.5 und 5.6).

5.2 Team: Rollen, Verantwortlichkeiten, Arbeitstechniken

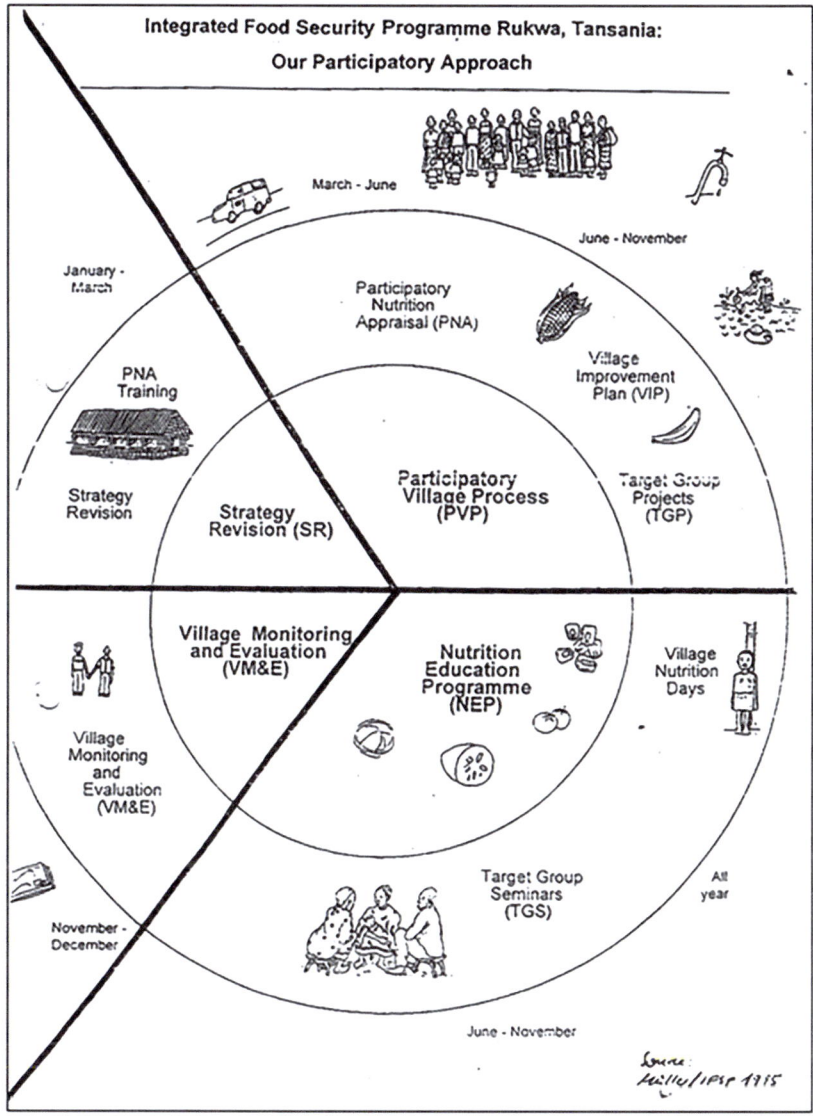

Abb. 5.5 ‚Our Participatory Approach' (PRA-Team; pictorials by Emanuel Ndaga): Jahresplanung in einem zwischenstaatlichen integrierten Ernährungssicherungsprojekt Mitte der 1990er (Schönhuth 2005a, S. 49)

Abb. 5.6 Into the Field: Fahrt mit dem PRA-Projektteam zum einwöchigen PRA-Feldaufenthalt in ein Projektdorf in Tanzania. (© Schönhuth 1997)

5.3 Der Schritt ins Feld

Im Verlauf von 20 Jahren Trainingserfahrung mit partizipativen Methoden begegneten dem Autor immer wieder Personen, die sich trotz Teilnahme an mehreren Trainings noch nicht „reif" fühlten für den Schritt ins Feld bzw. die Anwendung der Methoden in der Praxis. Für solche Fälle hielt er ein spezielles Methodenhandbuch bereit, das er sich vor Jahren von Robert Chambers, einem der „Väter" der partizipativen Forschungs- und Beratungsansätze geborgt hatte. Zwischen den beiden Buchdeckeln befanden sich über 240 leere Seiten – nur eine in der Mitte war beschrieben, und zwar mit folgendem Rat (Abb. 5.7): „Start, Stumble, Fall, Stand Up, and Use Your Own Best Judgement At All Times".

Neben diesem so einfachen wie grundsätzlichen Rat gibt es mehrere hilfreiche unterstützende Elemente, die einen Feldaufenthalt sinnvoll vorbereiten, einleiten bzw. strukturieren können:

Team-Kontrakt
Vereinbaren Sie gemeinsam mit dem Team Verhaltensregeln, z. B. wechselseitige Unterstützung, Fehlertoleranz bei sich und anderen *(„start, stumble, fall, ... ")*, konstruktive Kritik und aufmerksame Co-Steuerung von Gruppenprozessen betreffend.

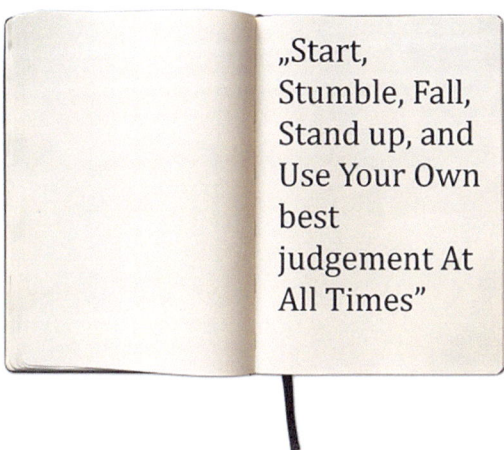

Abb. 5.7 Das ‚ultimative' PRA-Methodenhandbuch, mit nur einer einzigen Seite: „Start, Stumble, Fall, Stand up, and Use Your Own best Judgement At All Times" (Robert Chambers; Grafik: Christina Kania)

Dazu gehören kleine, aber wirksame Elemente wie das *Shoulder-Tapping,* ein leichtes Berühren der Schulter im Vorübergehen, das aktive Facilitator/innen im Feld in unaufdringlicher Weise auf ungewolltes Dominanzverhalten gegenüber lokalen Partizipanten aufmerksam machen soll; oder das Wegholen von offensichtlichen Störenfrieden in Gruppenprozessen, die man gerade „dringend" für eine wichtige Sonderaufgabe benötigt.

Der Einstieg: „Rapport-Building"

Vor dem ersten Meeting mit Offiziellen oder der *Kick-Off*-Veranstaltung, bleibt oft noch ein wenig Zeit. Schön, wenn im Team Leute sind, die solche „Leerzeiten" mit unterhaltenden „Ice-Breakern" überbrücken können (Abb. 5.8).

Übernachtung im Feld

Es klingt banal, ist es aber nicht. Fragen Sie in Trainings mit langjährigen Entwicklungsexpert/innen nach der im Raum vorhandenen gesammelten professionellen Erfahrung durch Auslandsaufenthalte, so kommen, je nach Zusammensetzung und Anzahl der Teilnehmenden, schnell 20 bis 100 Jahre zusammen. Fragen Sie nach der gesammelten Anzahl der Nächte, die die Expert/innen in Projektdörfern oder -stadtteilen verbracht haben, so kommen Sie, wenn nicht gerade Ethnolog/innen mit von der Partie sind, beim Zusammenzählen selten über ein paar Monate

Abb. 5.8 Spontanes Unterhaltungsprogramm am Tag des Ankommens im Feld für interessierte Zaungäste, Tansania. (© Schönhuth 1997)

hinaus. Übernachten bei lokalen Gruppen hat immer mit Gesten der Gastfreundschaft, dem Zulassen von Nähe jenseits der professionellen Rolle, mit nicht durch Zeitlimits beschränkten oder getakteten Abendgesprächen *(off-records)*, einer gemeinsamen Abend- oder Morgenwäsche oder dem ersten, geteilten Tee oder Kaffee am neuen Tag zu tun (Abb. 5.9).

Dieses Teilen eines privaten Raumes außerhalb des offiziellen Programms verbindet und erzeugt nicht selten ein Vertrauen, das die Qualität des Dialogs und der geteilten Erkenntnisse nachhaltig erhöht. Probieren Sie es aus, es lohnt sich.

Teilnahme an Alltagstätigkeiten (Do-It-Yourself)
Wenn es die Zeit erlaubt und sich die Gelegenheit ergibt, packen Sie mit an oder fragen Sie, ob und wo Sie in einer freien Stunde bei lokalen Alltagstätigkeiten mithelfen können – auch, um etwas über lokale Arbeiten zu lernen: Hilfe beim Melken, beim Kochen, bei einfachen Feld- oder Reparaturarbeiten im und ums Haus. Die Vorteile: Sie verringern professionelle Distanz, bekommen ganz andere

Abb. 5.9 Nachtquartier im Dorfgemeinschaftshaus, Tansania. (© Schönhuth 1998)

Einblicke als beim Einsatz systematischer „Instrumente", und es entwickeln sich nicht selten informelle, dichte Gespräche zum Subtext der Lokalkultur oder Ihres Aufenthaltes.

Professionelles Herumschlendern (professionally hanging around)
Vielleicht eine der effektivsten (wenn auch nicht effizientesten) ergänzenden Methoden im Feld: Zielloses, aber aufmerksames Herumschlendern im Stadtviertel oder Dorf mit allen Sinnen, Zaungespräche führen, am Dorfbrunnen herumsitzen, Vorbeigehende in Gespräche verwickeln. Es ist manchmal überraschend, wie viel lokalkultureller „Subtext" sich durch Herumschlendern und ungezielte Gespräche offenbart. Hier drei Eindrücke von einem solchen „professionellen Herumhängen", wie ein Teammitglied das scherzhaft nannte, in einem Projektdorf in Tansania (Abb. 5.10, 5.11 und 5.12):

Abb. 5.10 Zufällig entdeckt: Mit Steinen auf dem Schulhof ausgelegte Tansaniakarte. Erkenntnis: Partizipative Instrumente, die natürliche Materialien nutzen und auf dem Boden arbeiten, sind ein lokal adäquates Visualisierungsverfahren. (© Schönhuth 1997)

5.4 Toolbox

Vor der Entscheidung über den Einsatz bestimmter Methoden/Tools in partizipativen Prozessen gilt es, vorab ein paar grundsätzliche Fragen zu klären. Das österreichische Bundesministerium für Nachhaltigkeit und Tourismus (BMNT o. J.) hat die wichtigsten dieser Fragen zusammengestellt:

- Was ist das Ziel der Beteiligung? Sollen etwa die Meinungen von TeilnehmerInnen eingeholt werden? Oder geht es darum, dass die Beteiligten mitwirken, mitentscheiden oder sogar selbst Entscheidungen treffen? Je nach Stufe der Beteiligung ergeben sich andere Anforderungen an die Methoden.
- Welche Ergebnisse sollen erreicht werden (im Gesamtprozess, in den Teilprozessen)?
- Welche Zielgruppen sollen beteiligt werden und warum? Gibt es innerhalb dieser Zielgruppen Menschen, die besonders schwer erreichbar sind? Wie kann es gelingen, auch sie einzubeziehen?

5.4 Toolbox

Abb. 5.11 Eine gemischte Jugendgruppe im Dorf hat sich zusammengefunden, um den Hof vor dem Dorfgemeinschaftshaus von Sträuchern und Unrat zu säubern. Erkenntnis aus dem zufällig entstandenen Gespräch: Es gibt eine aktive, organisierte Jugend im Dorf, die in Dorfentwicklungsprozesse eingebunden werden kann. (© Schönhuth 1997)

- Welche Gestaltungsspielräume bestehen? Was ist der politische, strukturelle, rechtliche Rahmen für den Beteiligungsprozess?
- Welche Inhalte sollen bearbeitet werden?
- Wie konflikthaft ist das Thema oder das Feld?
- Wann soll der Beteiligungsprozess stattfinden und wie lange soll/kann/darf er dauern?
- Wo soll der Beteiligungsprozess stattfinden?
- Wie können die Teilnehmer/innen informiert bzw. kontinuierlich auf dem Laufenden gehalten werden?
- Welche finanziellen, personellen und zeitlichen Ressourcen stehen zur Verfügung? (Abb. 5.13).

Abb. 5.12 Ochsen schleppen Bauholz; – Mais und Sonnenblumen im Hintergrund. Erkenntnis aus dem Gespräch mit dem Bauern: Holz ist ein prekäres und umkämpftes Gut (der Wald befindet sich jenseits der Dorfgemarkungsgrenze). Gesprächsstoff: Wer hat Zugang zur Ressource, wer kauft, wer vertreibt sie? Mais und Sonnenblumen deuten auf ein früheres „Intercropping"-Vorhaben; das Dorf konnte offensichtlich schon „EZ"-Erfahrung sammeln: Überwiegen gute oder schlechte Erinnerungen daran? (© Schönhuth 1997)

Abb. 5.13 Instrumentenkörbe, die bei partizipativen Prozessen zum Einsatz kommen. (© Schönhuth und Kievelitz 1995)

Semistrukturierte und narrative Interviews

Strukturierte Interviews folgen in ihrem Ablauf einer vorab festgelegten Reihenfolge. Dies soll gewährleisten, dass die Ergebnisse vergleichbar sind und keine ungewollten Bahnungseffekte auftreten, indem z. B. ein zuvor angeschnittenes Fragethema die folgenden Antworten in eine bestimmte Richtung lenkt. Allerdings kann sich das Interview dann nicht wie ein Gespräch „natürlich" entwickeln, wodurch die Interviewsituation stets präsent bleibt – ebenfalls eine mögliche Quelle für Verzerrungen. Auch besitzt die interviewende Person dann wenig Flexibilität, auf unerwartete Gesprächsentwicklungen und Themen zu reagieren. Bei *standardisierten* Befragungen (den klassischen Fragebögen/*Surveys;* vgl. Schnell 2019) sind sowohl der Wortlaut der Fragen, als auch deren Reihenfolge für alle Befragten gleich. Bei *voll standardisierten* Befragungen gilt dies auch für die Antwortoptionen. Das Ziel ist größtmögliche Vergleichbarkeit bzw. eine quantitative Auswertbarkeit der Antworten.

Bei den in der qualitativen Forschung häufig eingesetzten *semistrukturierten Interviews* ist „die Reihenfolge der Fragen … zumeist nicht festgelegt, sondern wird dem Gesprächsverlauf angepasst" (Reinders 2016, S. 83). Der vorab erstellte *Gesprächsleitfaden* gewährleistet, dass trotzdem ein vergleichend analysierbarer Antwortsatz bei mehreren Interviews vorhanden ist. Allerdings gilt: „Die Offenheit gegenüber neuen Themen, die der Befragte einbringt, ist weniger groß als bei unstrukturierten Befragungen" (Reinders 2016, S. 83). *Unstrukturierte bzw. narrative Interviews* bieten also die Chance, dass die Befragten Themen und Aspekte einbringen können, die die Interviewer so nicht vorhergesehen haben. Gerade bei der Identifikation von Problemen, Ursachen und Lösungsmöglichkeiten ist dies ein komparativer Vorteil. Typischerweise gibt es im Gegensatz zu (semi-)strukturierten oder *Survey*-Interviews keine abzuarbeitende Frageliste.

Sensible Interviewführung stellt eine Schlüsseltechnik in der partizipativen Datenerhebung dar. Zu den typischerweise behandelten Interviewthemen zählen Volkswissen, Dorfgeschichte(n), sowie biografische Inhalte. Das Thema ist meist grob vorgegeben, der Schwerpunkt liegt jedoch bei einer diskussionsorientierten Gesprächsführung, die einer Alltagskonversation nahekommt (für eine besonders ausgeprägte Auslegung dieser konversationsnahen Gesprächsführung im Sinne eines *„ero-epischen Gesprächs"* vgl. Girtler 2001). Dabei können auch die Interviewten den Interviewern Fragen stellen, bzw. werden dazu ermuntert. Zu den *Do's* und *Dont's* sowie den möglichen Verzerrungen halbstrukturierter oder offener Interviews (z. B. Interviewereffekte, soziale Erwünschtheit; vgl. klassisch Reinecke 1991) gibt es aus den Sozialwissenschaften zahlreiche ausgezeichnete

Methodenbücher (Spülbeck 1998; Flick 2007; Helfferich 2011, Glinka 2016). Weil sie nicht für partizipative Methoden spezifisch sind, sondern eine eigene lange Methodentradition haben (mit weiteren Abwandlungen wie z. B. das ethnografische Interview; Spradley 1997), verzichten wir an dieser Stelle auf eine Vertiefung.

Experten- und Eliteninterviews

Unter partizipatorischen Aspekten bemerkenswert sind *Experten-* (Bogner et al. 2009) und *Eliteninterviews* (Kokot 2008; Harvey 2011). Experten oder Eliteangehörige sind für Interviewende oft nicht so leicht erreich- und adressierbar, bei Interviewabsagen zudem schwer zu ersetzen. Das bringt die interviewende Person in eine defensivere, vulnerable Position. Im Interview wird das *Agendasetting* durch die herausgehobene Position der Gesprächspartner mitbestimmt. Dominanzrollen in der Gesprächsführung kehren sich dabei mitunter um. Ein Entrée, das durch Respektsbekundung geprägt ist, der Anteil des Fachwissens, das die Fragesteller/in einbringt (nicht zu wenig, um nicht inkompetent zu wirken, aber auch nicht zu viel, um nicht Expert/innenwissen zu konterkarieren), die richtige Mischung aus Interviewkontrolle und ‚sich belehren lassen': All dies erfordert von der interviewenden Person besonderes Fingerspitzengefühl.

Delphi-Studie

Eine Sonderform des Experteninterviews ist die nach dem griechischen Orakel benannte *Delphi*-Studie (Rowe und Wright 2011; Niederbeyer/Renn 2018). In einem mehrstufigen und moderierten Verfahren werden hier Fachexpert/innen unabhängig voneinander zu ihren Einschätzungen bezüglich eines ihr Fachgebiet betreffendes Thema befragt bzw. mit Thesen dazu konfrontiert. In zwei oder mehreren Runden haben die Expert/innen dann die Möglichkeit zur Stellungnahme. Ab der zweiten Runde werden ihnen die Antworten der anderen beteiligten Fachleute in anonymisierter und aufbereiteter Form mitgeteilt, verbunden mit der Aufforderung, ihre ursprüngliche Einschätzung argumentativ zu verteidigen, zu relativieren oder auch zu revidieren. Auf diese Weise wird einer häufigen Dynamik in Expertenrunden – der Verteidigung der eigenen Thesen um jeden Preis, oder dem Durchsetzen der am eloquentesten argumentierenden Personen – entgegengewirkt. Der Prozess wird dadurch partizipativer und inklusiver. Das Endergebnis ist eine aufbereitete Gruppenmeinung, die konsensfähige Kernaussagen sowie die vorhandene Bandbreite verschiedener Einschätzungen enthält. Beim *Real-Time-Delphi* fällt die Unterteilung in mehrere Befragungswellen weg. Auf einer Onlineplattform können die beteiligten Fachleute von Beginn an die Beurteilungen der anderen lesen und innerhalb des vorgegebenen Zeitrahmens beliebig oft kommentieren. Dazu gibt es entsprechende Software (Aengenheyster et al. 2017).

Biografische Interviews, Historical Timelines

Biografische Interviews haben Erzählcharakter und folgen der Lebensgeschichte einer Person, oder ganzer Gemeinschaften. Entsprechend werden sie mit einzelnen Personen oder Gruppen durchgeführt. Das Interview kann durch für die Person bedeutsame Gegenstände unterstützt werden, die sie durchs Leben begleitet haben und die oft ihre ganz eigene „Geschichte" erzählen. Sie nehmen nicht selten einen hervorgehobenen Platz in den eigenen vier Wänden ein. Auch Körperschmuck und selbst Skarifizierungen/Tätowierungen verweisen auf einen biografischen Subtext, der sich unter Umständen zu heben lohnt. Fotos oder Fotobücher verdichten den narrativen Prozess und fügen eine quasi-objektive, zumindest aber intersubjektive Dimension zum Gespräch über vergangene Situationen oder familiäre Konstellationen hinzu (vgl. dazu auch Kap. 7, *Partizipation und Repräsentation*).

Geht es um Dorf- oder Nachbarschaftsgeschichte, ist es sinnvoll, mit einer Gruppe von ‚Dorf- bzw. Nachbarschaftsältesten' zusammenzusitzen. Für die Gesprächsteilnehmenden zentrale Ereignisse der Lokalgeschichte können dabei zunächst auf Karten unsystematisch gesammelt, oder aufgelistet und z. B. bezüglich ihrer positiven oder negativen Bedeutung für die Lokalentwicklung diskutiert und geordnet werden. Visualisiert und in eine *Zeitschiene (Timeline)* gebracht, ergeben sie nicht nur eine Chronologie der Lokalgeschichte. Sie erzählen auch viel darüber, warum Menschen auf aktuelle Ereignisse in einer spezifischen Weise reagieren, welche Vorbehalte sie gegenüber geplanten Veränderungen hegen und durch welche Erfahrungswerte sie sich dabei leiten lassen. Externe Eingriffe durch Behörden, staatliche oder nichtstaatliche Akteure in der Vergangenheit, die sich ins kollektive Gedächtnis eingegraben haben, prägen die Bereitschaft, sich auf Neues einzulassen mitunter erheblich (Abb. 5.14 und 5.15).

▶ Literaturempfehlungen
- Bogner, Alexander, Beate Littig und Wolfgang Menz (Hg.). 2009. *Experteninterviews: Theorien, Methoden, Anwendungsfelder*. (3. überarb. Aufl.). Wiesbaden: VS-Verlag. (1. Aufl.: https://www.researchgate.net/publication/284419432_Das_Experteninterview_Theorie_Methode_Anwendung/link/5a8f1ac40f7e9ba42969755f/download).

Abb. 5.14 Interview mit den Dorfältesten zur Dorfgeschichte: Wo kommen wir her? Was haben wir schon alles durchgemacht? Worauf vertrauen wir? (© Schönhuth 1998)

- Flick, Uwe. 2007. Qualitative Sozialforschung: Eine Einführung. Rowohlt: Rheinbeck bei Hamburg.
- Glinka, Hans-Jürgen. 2016. Das narrative Interview: Eine Einführung für Sozialpädagogen (Edition Soziale Arbeit). Beltz: Weinheim und Basel.
- Harvey, William 2011. Strategies for conducting elite interviews. *Qualitative Research* 11, 4: 431–441. https://doi.org/10.1177/1468794111404329
- Helfferich, Cornelia. 2011. Die Qualität qualitativer Daten: Manual für die Durchführung qualitativer Interviews. VS-Verlag: Wiesbaden.
- Kokot, Waltraud. 2008. ‚Studying up' als Methodenproblem – Überlegungen zur ethnologischen Elitenforschung. *Ethnoscripts* 10 (2): 104–113.
- Randall, Sara, Ernestina Coast, Natacha Compaore und Antoine, Philippe. 2013. The power of the interviewer. *Demographic Research* 28, 27. https://www.researchgate.net/profile/Philippe_Antoine/publication/236142997_The_power_of_the_interviewer/

5.4 Toolbox

Abb. 5.15 Visualisierte Dorfgeschichte während der Abschlusspräsentation eines PRAs in Sibirien. (© Schönhuth 1998)

links/0a85e53661ccf3585c000000/The-power-of-the-interviewer.pdf. *[Zu den besonderen Voraussetzungen der Interviewführung in nicht-westlichen Kontexten].*
- Reinecke Jost. 1991. Interviewfeffekte und soziale Erwünschtheit: Theorie, Modell und empirische Ergebnisse. *Journal für Sozialforschung* 31(3): 293–320.
- Schensul, Jean J. und Margaret D. LeCompte. 2012. Essential Ethnographic Methods: A Mixed Methods Approach (Ethnographer's Toolkit, 2nd edition). Lanham: AltaMira Press. *(Kapitel 6 und 7: Open ended exploratory methods und Semistructured Interviews).*

- Spradley, James P. [1979] 1997. The Ethnographic Interview. New York: Holt, Rinehart and Winston.
- Spülbeck, Susanne. 1998. *Biographische Forschung in der Ethnologie. Theorien – Methoden – Probleme.* Münster: LIT-Verlag.
- Sword-Daniels, Victoria, John Twigg und Susan Clare Loughlin. 2015. Time for change? Applying an inductive timeline tool for a retrospective study of disaster recovery in Montserrat, West Indies. *International Journal of Disaster Risk Reduction,* 12, 125–133. http://discovery.ucl.ac.uk/1475083/1/Sword-Daniels_The%20 use%20of%20timeline%20tools%20within%20participatory%20 research_22%2012%2014_final.pdf.

Fokusgruppen

Fokusgruppeninterviews entstanden als Kritik an der standardisierten Einzelbefragung. Sie bieten eine gute Möglichkeit, verschiedene Stakeholder-Sichtweisen herauszuarbeiten und miteinander ins Gespräch zu bringen. Dabei werden anhand bestimmter Kriterien zusammengestellte Diskussionsgruppen durch einen Informations-Input zur Diskussion über ein bestimmtes Thema angeregt und durch eine Moderatorin/einen Moderator betreut (Krueger 2002; Krueger/Casey 2015). Fokusgruppen können aus sich gegenseitig Fremden oder aus Bekannten (so genannten ‚Realgruppen') zusammengesetzt werden. Fokusgruppen „fokussieren" ihre Diskussion auf ein Thema oder ‚Produkt' und debattieren darüber. Die interviewende Person wird hier zum ‚*Facilitator*' und lernt die Bandbreite der Sichtweisen und die jeweiligen erkenntnisleitenden Begründungen zum Thema kennen.

Gemeinsam mit den Teilnehmenden legt die moderierende Person Diskussionsregeln fest; sie setzt einen Grundreiz (provokantes oder umstrittenes Statement zur Thematik, z. B.: „Es gibt Leute, die sagen…, andere wiederum…, wie würden Sie das sehen?"); sie motiviert durch ermutigende, zustimmende Bemerkungen („hm, ja", „o. k."…) bzw. Paraphrasierung („If I got you right…"), bindet ‚Schweiger' behutsam ein (durch Blickkontakt oder einladende Redewendungen: „Sie haben sich noch nicht geäußert…") und bremst Vielredner (‚*Logorrhöe*-Phänomen'; „und jetzt einmal nicht die üblichen Verdächtigen"; „hold your idea for a moment"). Sie überbrückt Diskussionshänger durch Nachfragen („wie haben sie das genau gemeint? Habe ich Sie richtig verstanden…?"). Sie fasst Zwischenergebnisse zusammen, spiegelt sie der Gruppe zurück („I've understood now…, is this agreed by all?"), und beschließt die Fokusgruppe mit einem ‚Blitzlicht'-Runde, in der sich die Teilnehmenden mit ein bis zwei Sätzen zu einer Abschlussfrage äußern (z. B. „was hat's gebracht?"). Der Mehrwert von Fokusgruppen liegt in ihrem Aushandlungscharakter. Ergebnisse aus mehreren unabhängige Fokusgruppen stellen die Grundlage für eine gewisse Verallgemeinerbarkeit der Resultate dar.

▶ **Literaturempfehlungen**
- Krueger, Richard A. 2002. *Designing and Conducting Focus Group Interviews.* https://www.eiu.edu/ihec/Krueger-FocusGroupInterviews.pdf.
- Schensul, Jean J. und Margaret D. LeCompte. 2012. *Essential Ethnographic Methods: A Mixed Methods Approach* (Ethnographer's Toolkit, 2nd edition). Lanham: AltaMira Press. *(Kapitel 8: Focus Group Interviews).*

Kartierungen/Mapping (topographische und Sozialkarten)

Die *Kartierung* macht sich die Vorteile der *Visualisierung* zunutze. Hierbei geht es um die Erstellung *„sprechender Landkarten"*. Bewohner eines Dorfs oder Viertels zeichnen gemeinsam eine lokale Karte aus ihrer Sicht. Schon der Entwurf der Karte kann aufschlussreich sein: Wo ziehen die Betreffenden die Grenzen ihres Ortes? Welche Punkte sind so wichtig, dass sie extra markiert oder besonders groß eingezeichnet werden? Sind die physischen Komponenten eingetragen, geht es an die Einzeichnung gemeinsamer Ressourcen und Aspekte der Sozialorganisation. Welche Läden gibt es, wo sind sie, wo die Verwaltung, der Gesundheitsposten, die Brunnen, ggf. öffentliche Sanitäreinrichtungen. Jede Information zählt und bereichert die Karte. Strittige Fragen werden in Diskussionen geklärt, die selten eskalieren, da ortsbezogene Aussagen leicht überprüfbar sind.

Die Frage des verwendeten Materials oder Untergrunds spielt eine wichtige Rolle. Ist die Unterlage groß genug, damit alle darauf zugreifen und alle Informationen untergebracht werden können? Sind die Stifte dick genug, damit Einzelheiten für alle sichtbar bleiben? Auf einem (Sand)-Boden mit offenen Rändern erstellte Karten erlauben eine beliebige Erweiterung derselben. So trat in einem Dorfprozess in Tansania das Problem strittiger Allmendegrenzen jenseits der Dorfgemarkung erst zutage, als die eigentliche Karte schon abgeschlossen war. Die Ränder der Karte wurden dazu einfach erweitert (vgl. Abb. 5.16). In einem anderen Fall sahen es die Teilnehmenden allerdings als unschicklich an, auf dem „schmutzigen" Boden „herum zu malen". Hier ist Sensibilität in der Umsetzung gefragt.

Abb. 5.16 Eine Dorfkarte aus Männersicht entsteht (Tansania, Rukwa Region). (© Schönhuth 1998)

Das gemeinsame Kartieren hat den Vorteil, dass aus der Vielzahl der eingebrachten Einzelinformationen ein immer kompletteres und informationsreicheres Bild des Ortes entsteht, das für alle als Referenz adressier- und nachvollziehbar bleibt. Auch später Hinzukommende, oder Dabeistehende, die sich anfangs nicht beteiligten, können sich einklinken, die Karte ergänzen, Darstellungen von Straßen- oder Grenzverläufen diskutieren und korrigieren, oder fehlende Informationen hinzufügen. Auch spielt die Zusammensetzung der Gruppe keine so entscheidende Rolle, vorausgesetzt es sind genügend unterschiedliche Perspektiven vertreten. Karten mit homogenen Gruppen können in einer zweiten Phase Sinn machen, wenn es um Ortskenntnisse geht, die spezifischen Gruppen vorbehalten sind, etwa das Wissen um Kitas und deren Lokalisierung bei studierenden Eltern in Wien (Abschn. 5.2), oder das Wissen um Trampelpfade in einer bäuerlichen Gemeinde, die in der Regel nur von Frauen und dem von ihnen gemolkenen Vieh begangen werden.

Partizipativ erstellte Karten sind ein wirkungsvolles Instrument, um das Feld zu eröffnen. Sie sind wenig konfrontativ, rekurrieren auf das Orientierungswissen der lokalen Bevölkerung und bieten zudem eine ideale Erstorientierung im Raum für Externe. Sie dienen als Orientierungskarte für gemeinsame Ortsbegehungen und begleiten als „Georeferenz" den gesamten Erhebungsprozess. Selbst in Implementierungsszenarien, etwa wenn es um neue Gebäude, Brücken, Straßen, oder andere Infrastrukturmaßnahmen geht, kann auf sie zurückgegriffen werden. Die so entstandenen Karten können mit den Namen der Beteiligten versehen werden und bleiben im Original in der Gemeinde. Gegebenenfalls können darüber hinaus Umzeichnungen oder Fotografien zur Dokumentation angefertigt werden.

Eine Innovation zum traditionellen Mapping stellt das *Digital Mapping* dar. Durch die Verbreitung von GPS-fähigen Smartphones und der Verbindung mit *Open-Source* Karten wie *OpenStreetMap*, können Gruppen unabhängig von Google & Co. in Zusammenarbeit mit lokalen Verwaltungen und Institutionen Karten ihrer unmittelbaren Umgebung erstellen, die die Ressourcen- und Kontextinformationen enthalten, die für sie relevant sind (für ein Beispiel mit Jugendlichen aus Kamerun vgl. Raftree und Nkie 2011).

▶ **Literaturempfehlungen**
- Guldi, Jo. 2017. A History of the Participatory Map. *Public Culture* 29 (1), 79–112.
- Pathways through Participation. 2010. Using participatory mapping to explore participation in three communities. *[Anwendungsbeispiele aus England]. Downloadbares Dokument.*
- PLA Notes. 2006. Mapping for change: practice, technologies and communication. *Participatory Learning and Action* 54, April 2006. https://www.iied.org/pla-54-mapping-for-change-practice-technologies-communication. *[ganze Ausgabe zum Thema].*
- Raftree, Linda und Judith Nkie. 2011. Digital mapping: a silver bullet for enhancing youth participation in governance? *PLA Notes* 64, 43–54. https://pubs.iied.org/14607IIED/.
- Reyes-Garcia, Victoria et al. 2010. Does participatory mapping increase conflict? A randomized experimental evaluation in the Bolivian Amazon. *Tsimane' Amazonian Panel Study Working Paper,* 59. https://heller.brandeis.edu/sustainable…/wp/TAPS-WP-59.pdf. *[kritischer Beitrag zur Fähigkeit von Part. Mapping, Landrechtskonflikte beizulegen].*
- Robinson, Catherine J. et al. 2016. Participatory mapping to negotiate indigenous knowledge used to assess environmental risk. *Sustainability Science* 11 (1), 115–126. https://link.springer.com/content/pdf/10.1007%2Fs11625-015-0349-x.pdf.

▶ **Medialink**
- *UP-PFMPAP (India): PRA Tools – Community Mapping* https://www.youtube.com/watch?v=zOM5rLV_E8Q.

Participatory (3D) Modelling/PGIS

Modelle fügen Karten eine dritte Dimension hinzu. Sie sind in der Regel aufwendiger in der Erstellung, sind aber manchmal essenziell für wechselseitiges Verstehen und gemeinsames Handeln: So konnten nach einem verheerenden Erdbeben 1993, das weite Landstriche in Maharashtra/Indien verwüstet und ganze Dörfer dem Erdboden gleichgemacht hatte, Dorfbewohner in einem Wiederaufbauprogramm der Weltbank unter drei angebotenen Aufbauvarianten wählen. Diese wurden ihnen als großformatige Architektenskizzen vorgelegt. Das Weltbankteam, bestehend aus lokalen und externen Beratern sowie den beteiligten Architekten, war verblüfft, wie rasch und diskussionslos sich Dorfvertreter meist für die erste angebotene Variante entschlossen, oder sich bei Nachfrage auf ein Modelldorf bezogen, das schon mit Weltbankgeldern errichtet worden war. Erst eine Unterbrechung der Mission, intensive Rücksprachen mit den lokalen Experten und der begleitenden Ethnologin sowie ‚Feldversuche' brachten ans Licht, dass die Bewohner zweidimensionale Karten „nicht lesen" bzw. entziffern konnten. Aus Angst, vom Wiederaufbauprogramm ausgeschlossen zu werden, entschieden sie sich für das erste ihnen vorgelegte Angebot bzw. für die Variante, die schon existierte. Der Umstieg auf dreidimensionale Kartenmodelle, die das Architektenteam rasch anfertigte, führte dann zu den eigentlich erhofften ‚informierten' Debatten und Entscheidungen unter den Dorfbewohnern (M.K. Shah, mündliche Kommunikation).

Eine Sonderform der partizipativen Modelle ist das ‚*Participatory GIS'* *(PGIS) oder auch 3D-Modelling (P3DM),* das mittels PRA-Methoden wie *Transekte* oder mentale Karten gewonnenes lokales Wissen zu räumlichen Strukturen und Landnutzung mit georeferenzierten Daten (GIS) mischt und daraus dreidimensionale Modelle erstellt. Mit Markiernadeln *(Pins),* Garnfäden *(Yarns)* und unterschiedlichen Einfärbungen der daraus entstehenden Polygone, bilden die Teilnehmenden ihre Ressourcen und Landnutzungszonen in einem zunächst farblosen, aber konturierten dreidimensionalen Modell ab. Dieses kann dann mittels eines georeferenzierten Rasters aufgenommen, digitalisiert und in gängigen Datenbanken weitergenutzt werden (Abb. 5.17).

Die Methode erfreut sich bei Entwicklungsplanern weltweit enormer Beliebtheit. Sie gewann 2007 sogar den *World Summit-Award,* als herausragendes Beispiel für die Bewahrung des immateriellen Kulturerbes und Beitrag zur Überwindung des digitalen Grabens.[1] Rambaldi und Kollegen wiesen

---

[1] Vgl. World Summit Award Winners.2007. Intangible Cultural Heritage in Fiji: https://web.archive.org/web/20081118164116/http://www.wsis-award.org/winners/winners.wbp?year=2007.

5.4 Toolbox

Abb. 5.17 Ogiek Peoples visualising their traditional spatial knowledge on a 1:10,000 scale participatory 3D model, Nessuit, Mau Forest Complex, Kenya, https://en.wikipedia.org/wiki/Participatory_3D_modelling#/media/File:Pic_367_nessuit.JPG. (© Rambaldi; Abdruck mit frdl. Genehmigung des Autors)

allerdings in einem eindringlichen Beitrag zu den ethischen Herausforderungen des PGIS und ähnlicher Modelle auf deren Gefahren hin: dass sich unter dem Eindruck digitaler Techniken lokale Wahrnehmungsstrukturen verändern,[2] Technikregime neue Abhängigkeiten und Ausschlussformen schaffen können und dass sich die grundlegenden Fragen an partizipative Prozesse: („wer beteiligt wen, wann, woran in welcher Form….") gerade hier in besonderer

---

[2]So resümierten Fox et al. am Ende einer zweijährigen Studie über *Mapping*-Projekte in Asien, dass diese den Diskurs über Land und Ressourcen sowie die Bedeutung geografischen Wissens nachhaltig veränderten, und dass (noch) nicht kartierte Gemeinschaften ins Hintertreffen gerieten, weil Rechte und Machtoptionen nur noch in räumlichen Begriffen abbildbar seien (Fox et al. 2005, S. 7).

Weise stellen (Rambaldi et al. 2006). Auch zementiert ein solcher Prozess bisher bewusst fluid gehaltene bzw. von Fall zu Fall verhandelte lokale Eigentums- und Ressourcenverhältnisse, macht sie quasi „amtlich" und entmachtet damit Gemeinschaften erneut.

Auf der anderen Seite konnte Rambaldi zeigen, wie ein sorgfältig (über ein Jahr!) vorbereitetes dreidimensionales Modelling Projekt (P3DM) in Kenia über einen vielfältigen Reflexions- und Diskussionsprozess den dort lebenden Clans einer ehemaligen Wildbeutergruppe zu neuem kollektiven Wissen über ihre Vergangenheit und einem Bewusstsein als Gesamtgruppe verhalf (Rambaldi et al. 2007). Die Tradition der partizipativen Karten und Modelle wird in heutigen *„Community Resilience Mappings* und *Environmental Modellings*, insbesondere in der Katastrophenvor- und -nachsorge auch im globalen Norden in großem Maßstab weitergeführt" (Gray et al. 2017).

Participatory GIS in Deutschland: PUBinPLAN und PPGIS

PUBinPLAN *(Public in Spatial Planning supported by information and communication technology)* ist ein Forschungs- und Entwicklungsvorhaben der TH Deggendorf. Es beschäftigt sich mit der Nutzung digitaler Medien für Partizipationsprozesse in der Dorf-, Stadt- und Regionalentwicklung, greift dabei die Idee des *Participatory GIS* auf und überträgt sie auf eine Beteiligungs-Applikation. Raum- sowie zeitbezogene regionale Daten und Informationen werden durch ortsansässige Bürger mittels *Crowd Sourcing* gesammelt. Diese erhalten die Möglichkeit, Geodaten vom Server abzurufen und gleichzeitig individuelle Informationen ortsgebunden zu speichern und selbst zu veröffentlichen. Diese Informationen geben im Fortgang Fachplaner/innen (Landschaftsarchitekten oder Raumplanern) eine umfassende Orientierung über lokale Befindlichkeiten, Ideen und Wünsche. Bisher mit PUBinPLAN bearbeitete Themen betreffen regionale Energienutzungskonzepte, Leerstandskartierungen, Dorfplatzgestaltungen und Schülerprojekte zur Stadtentwicklung. Seit Oktober 2017 ist die Anwendung *open source*.

Weitere Informationen unter: https://pubinplan.th-deg.de/pages/about. Für ein Beispielprojekt zum *digitalen Brainstorming zur Aufwertung der Wolfratshauser Altstadt*, vgl. https://pubinplan.th-deg.de/projects/project-soverview?c=0. Für den *Aufbau einer partizipativen Standortplanung von Fahrradstationen mit PPGIS*: Weißmann et al. 2016. https://gispoint.de/fileadmin/user_upload/paper_gis_open/AGIT_2016/537622042.pdf.

▶ **Literaturempfehlungen**
  - Rambaldi, Giacomo et al. 2007. Through the Eyes of Hunter-Gatherers: participatory 3D modelling among Ogiek indigenous peoples in Kenya. *Information Development* 23, 2–3, 113–128. https://journals.sagepub.com/doi/pdf/10.1177/0266666907078592.
  - Rambaldi, Giacomo. 2010. *Participatory Three-Dimensional Modelling: Guiding Principles and Applications.* Wageningen, Netherlands: ACP-EU Technical Centre for Agricultural and Rural Cooperation (CTA). https://www.researchgate.net/profile/Giacomo_Rambaldi/publication/272791499/inline/jsViewer/58bc3298a6fdcc2d14e58e33.
  - Gray, Steven, Michael Paolisso, Rebecca Jordan, and Stefan Gray (Hg.). 2017. Environmental modeling with stakeholders: theory, methods, and applications. Cham, Switzerland: Springer. https://link.springer.com/content/pdf/bfm%3A978-3-319-25053-3/1.pdf. *[Vorwort]*.
  - Zink, Roland et al. 2016. Interaktives GIS-Framework für partizipative Raumplanungsverfahren. *AGIT – Journal für Angewandte Geoinformatik,* 2, 488–497. https://gispoint.de/fileadmin/user_upload/paper_gis_open/AGIT_2016/537622065.pdf.

▶ **Medialink**
  - Es gibt einen aktuellen PGIS-Blog, auf dem neben vielen Fallbeispielen auch ein sehr informatives 25-minütiges Lehrvideo zur Praxis und Ethik partizipativ erstellter Karten und Modelle abrufbar ist. http://participatorygis.blogspot.com/p/videos.html

Transekt/Ortsbegehung

Unter dem Begriff *„Transekt"* versteht man eine *systematische Ortsbegehung,* die meist einen thematischen Aufhänger hat. Dabei kann es um die allgemeine Lage im Dorf oder Viertel, Vorzeigeplätze und Problemzonen, die Landnutzung oder um verschiedene Siedlungsformen gehen. Die Transektroute lässt sich gut über eine zuvor erstellte Ortskarte bestimmen (s. o.). Die Besichtigung der Dorfgemarkung erfolgt zusammen mit den Bewohnern, die selbst die Führung übernehmen und erläutern, welche Orte für sie Relevanz besitzen und warum.

Sinnvoll ist es in jedem Fall, möglichst verschiedene physische oder soziale Zonen in das Transekt einzubeziehen: Vom höchsten zum tiefsten Punkt, von einer Außengrenze zur anderen, durch Wohlstands- und Armutsviertel, *„Go-"* und *„No-Go-Areas"* (soweit opportun). Transekte sind zeitraubend und mitunter kräftezehrend. Sie können sich je nach Gemarkung auch über Stunden hinziehen und wollen deshalb gut geplant sein. Auf dem Weg wird immer wieder angehalten, Auffälliges diskutiert, es werden Problembereiche und Bereiche mit „Potential" erfragt, ggf. ökologische Mikrozonen differenziert, Hintergründe eruiert, Zusammenhänge hergestellt. Bewohner auf dem Weg werden ggf. in kurze informative Gespräche verwickelt, Anschlussbesuche verabredet und es wird beobachtet: unterschiedliche Wohnviertel, Straßen- und Häuserzustand, belebte und unbelebte Ecken, Infrastruktur, Gemeinschaftsressourcen, privat betriebene oder bewirtschaftete Räume; auf der sozialen Ebene: an welchen Orten bilden sich Gruppen, wer ist im öffentlichen Raum sichtbar, wer bleibt unsichtbar usw. Über alles Erfahrene werden kurze Notizen oder auch räumliche Skizzen angefertigt. Am Ende wird ein regelrechtes *Transektprofil* erstellt (Abb. 5.18, 5.19 und 5.20).

Transekts/Ortsbegehungen lassen sich, wenn es um einen ersten Eindruck der Örtlichkeiten geht, in Großgruppen, aber auch themen- bzw. eigenschaftsbezogen in kleineren Gruppen durchführen (Gendersichtweisen, Jugendliche, Berufsgruppen,

Abb. 5.18 Dorftransekt mit allen Teammitgliedern und etwa 20 Bewohnern. Das Transekt folgt Routen und Punkten, die zuvor gemeinsam auf der Dorfkarte festgelegt wurden und die in jedem Fall den höchsten und tiefsten bzw. die äußersten Punkte des Dorfeinzugsgebiets umfassen, weshalb es bis zu einem halben Tag dauern kann. (© Schönhuth 1998)

5.4 Toolbox

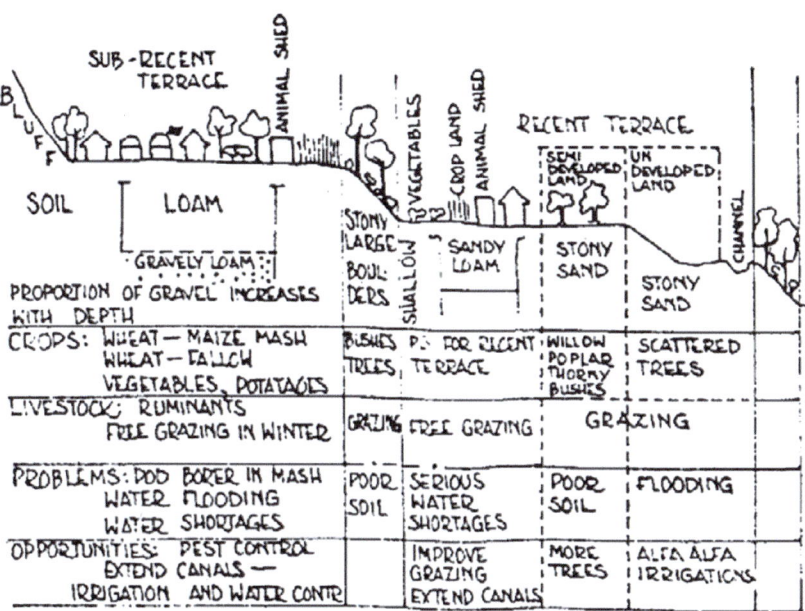

Abb. 5.19 Transektprofil eines Dorfes in Nordpakistan (Mascarenhas 1992, abgedruckt in Schönhuth und Kievelitz 1995, S. 48). Die Umzeichnung folgt dem gemeinsam abgegangenen Profil und hält Beobachtungen und Gesprächsergebnisse auf dem Weg für Mikrozonen (vertikale Abschnitte) zu Besitz, Landnutzung, Bodentyp, Bewuchs, (öffentlichen) Einrichtungen, angesprochenen Problemen und Entwicklungsmöglichkeiten fest

ethnische Gruppen etc.). Sie fördern dann jeweils ergänzende Sichtweisen und gruppenspezifische ‚Hot Spots' auf dem erlaufenen Gelände zutage (Abb. 5.21).

Wenn Organisationen eine gewisse räumliche Ausdehnung haben, lohnt sich ein *Organisationstransekt:* zum Beispiel vom Parkplatz (wer parkt wo) oder der Bushaltestelle (gibt es ein Leitsystem, das Besucher führt), über die Pforte (wie wird man als Besucher empfangen) und diverse Gebäude (Lage, Zustand), bis zum Hinterausgang (wer geht dort hinaus); von der Chefetage über die Mitarbeitendenbüros (Unterschiede in der Raumgröße/Ausstattung; offene/geschlossene Türen), Gemeinschaftszonen (Besprechungsräume, Kaffeeecken, tote Ecken), bis zu den (in der Regel unten angesiedelten) Werkstätten oder Hausmeisterbereichen (vgl. Schönhuth 2007; Zaunreiter 1993). Das Transekt weist strukturell starke Ähnlichkeiten

Abb. 5.20 Frauen bei der Umzeichnung ihres Transekts. (Tansania, Chipu © Schönhuth 1998)

mit der aus der Sozialraumforschung bekannten *Stadtteilbegehung* oder *Stadtteilerkundung mit Schlüsselpersonen* auf (vgl. Deinet und Krisch 2002, S. 90 ff. für Kinder/Jugendliche; Wittekopf und Noack 2015 für Erkundungen im Rollstuhl).[3]

---

[3] „Während bei Gesprächen mit Kindern oder Jugendlichen über das tägliche Leben im Stadtteil […] nur bestimmte Orte und Ausschnitte benannt werden, vermittelt eine gemeinsame Begehung vielschichtige, direkte und – vor allem – unmittelbare Interpretationen. Man/frau wird durch den Stadtteil geleitet, erfährt bestimmte Abkürzungen oder bedeutsame Ereignisse, die an bestimmten Stellen stattgefunden haben und wird auf sozialräumliche Qualitäten aufmerksam gemacht, die sich aus dem ‚erwachsenen' Blickwinkel nicht erschlossen hätten" (Deinet und Krisch 2002, S. 91).

5.4 Toolbox

Abb. 5.21 Transekt mit einer russlanddeutschen Familie in Sibirien. (© Schönhuth 2002)

Historisches Transekt

Historische Transekts „wandern" zu vergangenen Umweltereignissen oder Zeitabschnitten (z. B. vor 100, 50, 10 Jahren/heute) und setzen diese mit Auswirkungen auf die Verfügbarkeit lokaler Ressourcen (z. B. Waldbestand, Wasser-, Ernte-, Viehmenge) in Verbindung. Gibt es historische und aktuelle Luftbilder aus der Region, so können diese mit den (meist kleinräumigeren) Erfahrungen lokaler Gesprächspartner diskutiert und abgeglichen werden. In dem Beispiel eines historischen Transekts von Bewohnern eines indischen Dorfes zeigt sich: Die Verfügbarkeit des Wassers ist über die Zeit in etwa gleichgeblieben. Das verfügbare Ackerland hat leicht, Waldland, Viehbestand und Ertrag haben zwischen 1940 und 1989 im kollektiven Gedächtnis hingegen stark abgenommen (Abb. 5.22).

▶ Literaturempfehlungen
- Deinet, Ulrich und Richard Krisch. 2002. Der sozialräumliche Blick der Jugendarbeit. Methoden und Bausteine zur Konzeptentwicklung und Qualifizierung. Opladen 2002; Verlag Leske und Budrich S. 90 ff. http://www.spinnenwerk.de/glienicke-sro/krisch_deinet_methoden.pdf.
- Kinderhilfswerk, Infostelle. o. J. Strukturierte Sozialraumbegehung. Methodendatenbank.

- https://www.kinderpolitik.de/component/methoden/?ID=475.
- Mahiri, Ismail. 1998. Comparing transect walks with experts and local people. *PLA Notes 31:* 4–8. https://pubs.iied.org/pdfs/G01744.pdf. *[spannender Vergleich zwischen einem Expertentransekt und einem am gleichen Ort getrennt durchgeführten Transekt mit ‚Locals']*
- Mascarenhas, John. 1992. Participatory Rural Appraisal and Participatory Learning Methods: Recent Experiences from MYRADA and South India. *Forests, Trees and People Newsletter* 15/16: 10–17.
- Rambaldi, Giacomo. 1997. Transect Mapping Guidelines: http://pgis-tk.cta.int/m08/docs/M08U01_handout_transect_mapping.pdf.
- Zaunreiter, Adson (i. e. Michael Schönhuth). 1993. Notizen aus dem Felde. In: Ethnologie der Arbeitswelt. Beispiele aus europäischen und außereuropäischen Feldern, hg. von Sabine Helmers. Bonn: Holos, S. 133–144. http://www.uni-trier.de/fileadmin/fb4/ETH/Aufsaetze/Zaunreiter1993_NotizenAusDemFelde.pdf.

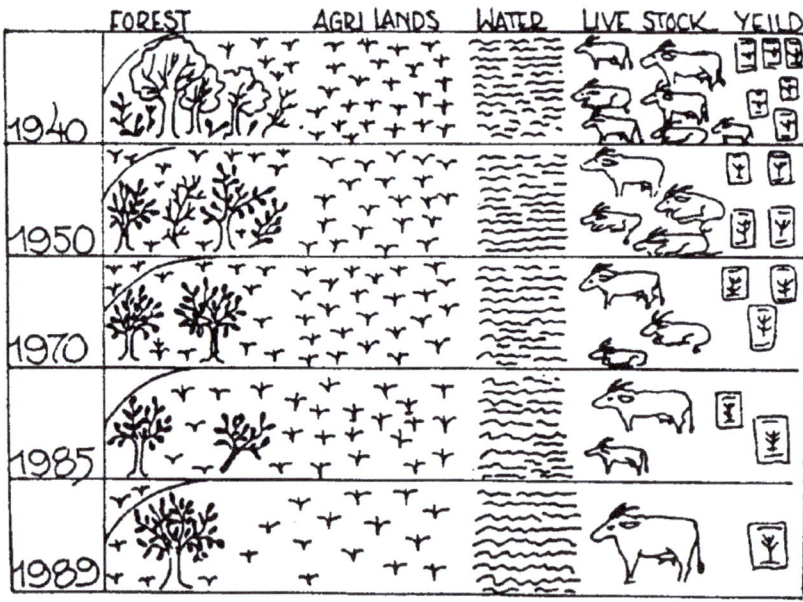

Abb. 5.22 Historisches Transekt, gezeichnet von Bewohnern des Dorfes Ardanarypure in Indien (abgedruckt in Schönhuth und Kievelitz 1995, S. 48; orig: Mascarenhas 1992, S. 13)

Rollenspiel

Rollenspiele finden in unterschiedlichen Disziplinen Verwendung. Dabei geht es oft um eine *Perspektivübernahme* zum besseren Verständnis eines Gegenübers. Die Anwendung von Rollenspielen als Methode geht auf das vom Psychiater und Soziologen Jacob Levy Moreno (1889–1974) entwickelte Psychodrama zurück: „Das Verfahren Psychodrama in all seinen Anwendungsfeldern ist die handelnde oder szenische Darstellung des inneren Erlebens einer oder mehrerer Personen sowie deren äußerer Situationen" (Stadler und Kern 2010, S. 13). Entstanden aus dem Stegreiftheater konzipiert es das Schauspiel als analytische und therapeutische Methode (vgl. Leeb 1995, S. 843). Besonders wichtig sind die Atmosphäre und die „fehlerfreundliche und experimentierfreudige Haltung" (Stadler und Kern 2010, S. 15).

Ähnlich funktioniert das Rollenspiel im Kontext partizipativer Methoden: Es geht darum, anderen die eigene Perspektive zu vergegenwärtigen und selbst neue Perspektiven quasi „am eigenen Leib" in der übernommenen Rolle kennenzulernen: „Role plays give … the opportunity to understand or even feel empathy for other people's viewpoints or roles" (Pretty et al. 1995, S. 23). Außerdem bietet das Rollenspiel die Chance, unterschiedliche *Zukunftsszenarien* durchzuspielen und auf diese Weise die Zukunft als sehr greif- und gestaltbar zu erleben. Das ist besonders relevant, wenn der Fokus auf Nachhaltigkeit liegt (Abb. 5.23 und 5.24).

Ranking und Scoring

Beim Ranking geht es darum, mit einer Gruppe eine Rangfolge z. B. bevorzugter Anbauprodukte oder geeigneter Bodenqualitäten zu erstellen. Beim Scoring werden Alternativen nach zuvor gemeinsam bestimmten Kriterien bewertet. Sie eignen sich insbesondere bei der Abwägung von Kriterien für verschiedene Entscheidungsoptionen (Projektalternativen, mögliche Zukunftsperspektiven von Gruppen und Einzelpersonen).

Beim *Ranking* werden Plätze oder Ränge verteilt, beim *Scoring* Alternativen mit einer geschlossenen oder nach oben offenen Anzahl bepunktet. Bei Letzterem ist es hilfreich, mit beweglichen Einheiten, wie Steinchen, Bohnen o. ä. zu arbeiten, da die auf eine Option gesetzte Anzahl bis zum Ende des Gruppendiskussionsprozesses vergrößert oder verringert werden kann bzw. Gewichtungen

Abb. 5.23 Probenszene in der Dorfschule für eine von Dorfmitgliedern geplante Spielaufführung am Ende des Dorfaufenthaltes entlang einer lokalen Lehrgeschichte. (© Schönhuth 1999)

Abb. 5.24 Die Aufführung im Rahmen der Präsentation der PRA-Ergebnisse am Ende des Dorfaufenthaltes ist ein voller Erfolg; nicht zuletzt, weil alle die während des Rollenspiels aufgeführte, in ein Lied gepackte Geschichte (der kleine Vogel nnasoka, der sich an Früchten bedient, sich aber um die Pflege des Baumes nicht kümmert) und ihre Moral (Verantwortung für Gemeinschaftsgüter übernehmen) kennen und mitsingen. (© Schönhuth 1999)

5.4 Toolbox

Abb. 5.25 „Handing over the Stick": Beim Pairwise-Ranking zu möglichen Dorfprojekten mit Frauen hält zunächst der Facilitator den Zeigestock, alle stehen steif und schauen zu. Im zweiten Bild sitzen die Teilnehmerinnen, der Facilitator kniet (auf Augenhöhe). Auf dem dritten Bild hält eine der beteiligten Dorffrauen den Zeigestock und leitet das Ranking an. Dieser Prozess zog sich über 45 min. hin. (© Schönhuth 1998)

anders verteilt werden können. Einmal niedergeschriebene Zahlen müssen nicht nur von allen gelesen werden können, sie müssen auch ausradiert bzw. durchgestrichen und durch eine andere Zahl ersetzt werden, wofür es bei Teilnehmenden in der Regel eine viel größere Hemmschwelle gibt.

Beim *Pairwise-Ranking* (Abb. 5.25) werden immer zwei Einheiten gegeneinander verglichen und, nachdem alle Paarungen verglichen sind, zusammengezählt, welche Einheit im direkten Vergleich am häufigsten bevorzugt wurde bzw. welche am häufigsten den „Kürzeren" zog. Das *Pairwise Ranking* ist weniger voraussetzungsvoll und eignet sich insbesondere in Situationen, wo komplexe Vergleiche unangemessen sind. Eine weitere Variante ist, für jede zu vergleichende Einheit nach ihren Alleinstellungsmerkmalen/Vorzügen sowie nach ihren Nachteilen zu fragen und dabei Vergleichskriterien für alle zu bewertenden Einheiten herauszuarbeiten. Ranking- und Scoring-Techniken haben insbesondere dort, wo es um die Generierung lokalen Wissens geht, komparative Vorteile. Sie produzieren dann für Externe oft unerwartete oder verblüffende Ergebnisse. So wurde bei einem *Ranking* unterschiedlicher Haustiere in einem Projekt zur Förderung der Kleinviehhaltung in einem nordafrikanischen Dorf bei einem Tier unter anderem das Kriterium: „erzeugt Nachbarschaftskonflikte" genannt. Verursacher war die Ziege, die sich kaum einzäunen und in Nachbarsgarten kein noch so sorgsam gehütetes Pflänzchen stehen lässt – ein Grund, nicht unbedingt Ziegenaufzucht zu fördern.

Die Techniken eignen sich auch, sehr gut um Zielalternativen (z. B. für mögliche Projekte für Nutzergruppen) gegeneinander abzuwägen, wie im folgenden Beispiel, in dem auch Phasen eines recht erfolgreichen *„Handing-over-the-Stick"* sichtbar werden:

▶ **Literaturempfehlung**
- Keegan, Gay, Eric Stubbs und Sebastian Galindo-Gonzalez.2016. Matrix Ranking: A Tool for Decision Making and Prioritization. *AEC 577*. Department of Agricultural Education and Communication, UF/IFAS Extension. https://edis.ifas.ufl.edu/pdffiles/WC/WC23900.pdf. [Datum des Zugriffs 28.06. 2019]
- Gohl, Eberhard et al. 2011. NGO-IDEAs Impact Toolbox: Participatory Monitoring of Outcome and Impact. Bonn: VENRO. http://www.ngo-ideas.net/mediaCache/impact_toolbox/NGO_Ideas_Toolbox_v05.pdf. *(Wellbeing-Ranking; Kapitel 1)*

- Wealth, Doty A.J. 2014. Participatory Wealth Rankings as A Tool for Targeting and Evaluation: Do participatory methods successfully identify the poor and measure change in their lives? https://villageenterprise.org/wp-content/uploads/2015/12/Participatory-Wealth-Ranking-and-PPIs_November_2015_AJ-white-paper.pdf. *[empirische Studie zur Verlässlichkeit von mit Wealth Ranking im Vergleich mit ‚objektiv' erhobenen Daten des „Progress out of Poverty Index" in Uganda].*
- World Bank o.J. Tool: Wealth/Well Being Ranking: https://siteresources.worldbank.org/EXTTOPPSISOU/Resources/1424002-1185304794278/4026035-1185375653056/4028835-1185375678936/5_Wealth_ranking.pdf. *(Methode und ihr Ablauf).*

Saisonale Kalender

Saisonale Kalender verknüpfen jahreszeitliche mit sozialen Ereignissen. Hierbei wird in einen nach lokalen Kriterien festgelegten jahreszeitlichen Kalender eingetragen, welche Tätigkeiten zu welcher Jahreszeit von Bedeutung sind. Saisonale Kalender legen oft für alle Beteiligten überraschende Zusammenhänge und Wechselwirkungen offen. So brachte ein partizipativ erstellter Saisonaler Kalender im ländlichen Simbabwe in den 1990er Jahren zum Vorschein, dass das staatliche Schulgeld in jedem Jahr kurz vor der Ernte eingezogen wurde, zu einer Zeit, in der ressourcenarme bäuerliche Haushalte über keine Barmittel mehr verfügten, sodass sie sich regelmäßig privat verschulden mussten, um das geliehene Geld mit hohen Zinsen nach der Ernte zurückzuzahlen. Die darüber informierte staatliche Schulbehörde reagierte prompt und verlegte den Einzug des Schulgeldes im darauffolgenden Jahr auf die Zeit nach der Ernte.

▶ **Medialink**
  - UP-PFMPAP (India): PRA Tools – Seasonal Calendar: https://www.youtube.com/watch?v=BLe5mdwCNGc.

Partizipative Diagramme

Unter Diagramme fallen so unterschiedliche Methoden wie System- und Flussdiagramme, Impactdiagramme, Kreisdiagramme, Ressourcenkreisläufe, Kraftfeldanalysen *(Force Field Analysis)* oder Radar- und Spinnendiagramme. Sie alle eint, dass sie lokale Zusammenhänge noch während der Erhebung grafisch aufbereiten und somit für alle Beteiligten diskutier- und kommunikativ validierbar[4] machen. So machen z. B. *Impactdiagramme,* Problembereiche und deren Wechselwirkungen sichtbar. Dabei wird zuerst ein Ausgangspunkt festgelegt, etwa ein Haushalt, ein Feld oder ein Problem. Schrittweise wird das Diagramm durch gezielte Fragen um weitere Komponenten, Beziehungen etc. ergänzt, sodass Verursachungsketten und Wechselwirkungen sichtbar werden. Durch die Visualisierung werden teils komplexe Zusammenhänge aufgedeckt, die externen Beratern, aber auch einheimischen Interviewten vorher so nicht klar waren.

Aufgrund der Vielzahl der partizipativen Diagramme stellen wir hier nur zwei wichtige (Ressourcenkreislauf- und *Venn-Diagram*) exemplarisch vor. Die übrigen lassen sich in den in der Toolbox-Synopsis am Ende des Kapitels angeführten Methodenhandbüchern leicht auffinden.

Ressourcenkreislauf-Diagramm

Um die Komplexität von Systemen besser zu verstehen kann man sich der Methode der Fluss- oder Systemdiagramme bedienen. Auch hierbei unterstützen die *Facilitator* nur dabei, die gesammelten Systeminformationen der „Insider" zu visualisieren. Folgende Schritte sind hilfreich:

- Sammlung der typischen Einzelkomponenten des landwirtschaftlichen Betriebssystems oder Haushaltes, beginnend mit dem Haus oder Gehöft
- Verbindung der Binnenkomponenten durch Pfeile für Ressourcen-Flüsse oder Kreisläufe

---

[4]Kommunikative Validierung (›member check‹): erhobene Daten werden von den an der Erhebung Beteiligten auf ihre Gültigkeit hin bewertet (Steinke 2000, S. 19). Im Rahmen partizipativer Ansätze geht es um einen Verständigungs- bzw. Übereinstimmungsprozess zwischen den Forschungspartnern über die Interpretation der gewonnenen Erkenntnisse, deren Aussagekraft dadurch erhöht wird.

5.4 Toolbox

- Verbindung der beeinflussenden Komponenten außerhalb des eigentlichen Binnen-Systems, wie Märkte oder fremde Versorgungseinrichtungen
- anschließende Erörterung und Diskussion über zeitliche Veränderungen oder Flussunterbrechungen und deren Folgen (Pretty et al. 1995, S. 244 ff.) (Abb. 5.26).

Im Zentrum des Ressourcendiagramms steht das Haus. Wichtige Einzelkomponenten im Binnensystem sind der „Garten", die Viehhaltung und die Haustiere, während Kolchos, Händler, Wald oder „Suzun" (=städtischer Markt) Außenressourcen darstellen. Auffällig ist, wie gering die Bedeutung der Außenressourcen und der monetären Flüsse zu sein scheint. Wir haben es hier mit einem klassischen Subsistenzhaushalt zu tun.

Interessant ist der Vergleich mit einem nur wenige Wochen später entstandenen Ressourcen-Diagramm eines bäuerlichen Haushaltes, 2000 km weiter östlich am Baikalsee. Auffällig sind hier die durch den Marktbezug sowie regelmäßig eingehende Staatsrenten ausgeprägteren monetären Flüsse *("Rubel")*. Diese drückten sich in einem auch für die *Facilitator* sichtbar größeren materiellen Wohlstand des Haushalts aus. Die Aufteilung des Knollen- und Gemüsefelds ist hingegen

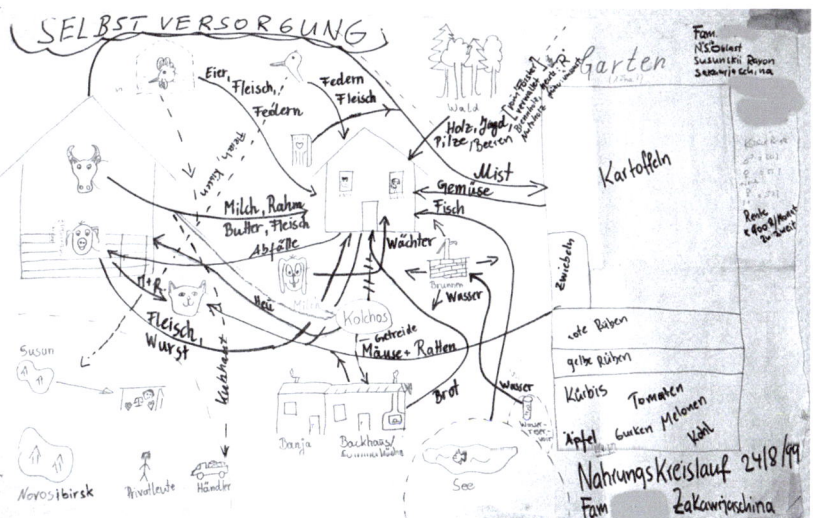

Abb. 5.26 „Ressourcenkreislaufdiagramm eines 2-Personen-Haushaltes in einem russlanddeutschen Dorf in Sibirien" (Schönhuth 1999), Erstellungszeit ca. 70 min.

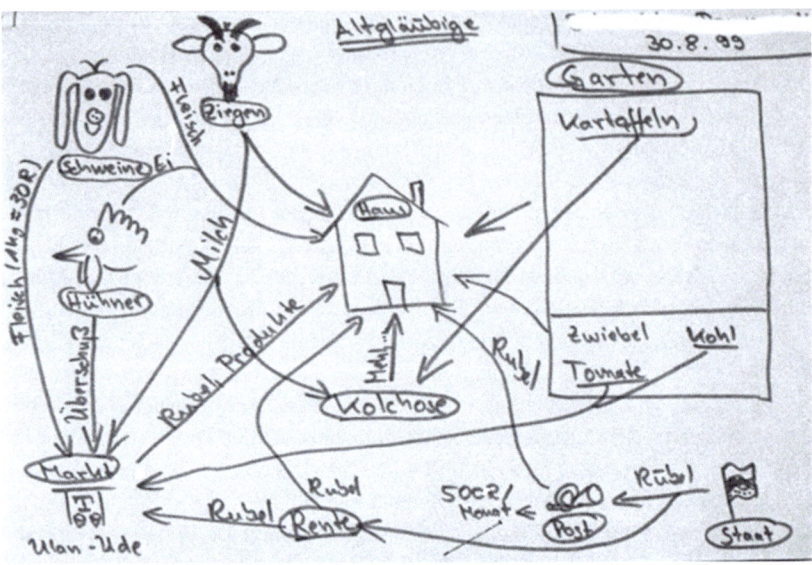

Abb. 5.27 Ressourcenflussdiagramm eines Altgläubigen-Haushaltes in der Nähe von Ulan Ude/Baikalsee (Schönhuth 1999). Erstellungszeit ca. 50 min.; sprachliche Verständigung fast ausschließlich über Sprachlexikon

anteilig fast gleich. Die geringere Komplexität der Darstellung war der schwierigen sprachlichen Verständigung geschuldet. Es ist bemerkenswert, wie viele Zusammenhänge dennoch über die ‚Sprache' der Visualisierung erhoben werden konnten (Abb. 5.27).

Akteurs-/Netzwerkdiagramme (Venn Diagram[5])

Das Konzept des sozialen Netzwerks hat in den letzten Jahrzehnten Eingang in die verschiedensten Disziplinen und Forschungsfelder gefunden. Die soziale Netzwerkanalyse erhebt und beschreibt Beziehungs- und Unterstützungsmuster

---

[5]Der Logiker und Philosoph John Venn (1834–1923) gilt als ein Mitbegründer der Mengenlehre. (Encyclopedia Britannica: https://www.britannica.com/biography/John-Venn). Er ist Namensgeber für das „Venn"-Diagramm.

zwischen Personen auf der Basis graphentheoretischer Konzepte. Die Kontaktpartner werden in der Regel mit Hilfe von Netzwerkfragebögen in Form eines persönlichen (Ego)-Netzwerks oder eines institutionellen Gesamtnetzwerks erhoben und dann mithilfe quantitativer Analysesoftware ausgewertet. Die Erhebung und Analyse dieser Daten (Anzahl und Verteilung der Netzwerkkontakte, Zentralität und Erreichbarkeit von Akteuren, Beziehungsrichtung, Netzwerkdichte) erfolgte bisher vor allem mit standardisierten Verfahren und erforderte einen erheblichen Aufwand und qualifiziertes Forschungspersonal. In handlungsnahen, anwendungsorientierten Bereichen sind sie kaum einsetzbar. Auch bleiben sie durch ihren rein quantitativen Charakter letztlich einer außensichtorientierten Perspektive verhaftet. Seit den 1980er Jahren gibt es daneben Bestrebungen, Verfahren zu entwickeln, die erfahrungsnäher, „(…) dicht an den Akteuren, ihren Wahrnehmungen, Deutungen und Relevanzstrukturen ansetzen" (vgl. Hollstein und Straus 2006; für neueste Entwicklungen: Gamper und Schönhuth 2019). Auch in der Organisationsforschung und -beratung werden ganz ähnliche Visualisierungsverfahren genutzt, um hinter die Kulissen der Organisation zu schauen und informelle Strukturen für die Beteiligten sicht- und behandelbar zu machen (Zimmermann 2011).

Unabhängig davon wurde im Rahmen partizipativer Ansätze im globalen Süden das weniger komplex aufgebaute *Venn-* oder *Chapati-Diagramm* entwickelt, das die Beziehung von Akteuren mit Hilfe von Kreisen unterschiedlicher Größe (in Indien „Chapati-Fladen") und deren Überlappung bzw. Distanz zueinander darstellt. Das Venn-Diagramm lässt sich mit gemischten Dorf- oder Nutzergruppen, mit statusgleichen Gruppen (dann geht es um außerhalb der Gruppe wahrgenommene Systemakteure), oder aber auch mit Einzelpersonen und deren Netzwerk durchführen. In der Mitte steht die Einheit, aus deren Perspektive die Netzwerkbeziehungen visualisiert werden sollen.

Die Erstellung von Venn-Diagrammen (Institutionen-/Akteursdiagramm)
1. Festlegung von Gegenstand und Setting der Betrachtung: Projekt, Programm, Abteilung, Dorf, Stadtteil…
2. Festlegung des Themas: Zusammenarbeit von Akteuren, Zugänglichkeit von Institutionen/Ressourcen…
3. Liste relevanter Akteure
4. Relative Wichtigkeit der Akteure: Kategorien bilden, Übertragen der Akteure auf unterschiedlich große Papierkreise
5. Art der Beziehung: Entfernung zum Bezugspunkt, der in der Mitte eines großen (Pack-)Papiers liegt

6. gewünschte Veränderungen visualisieren (durch Pfeile, angedeutete Größenveränderung)
7. deren Realisierbarkeit abschätzen (Aufwand/Ertrag)
8. erste realistische Vorschläge/Schritte zur Veränderung formulieren/vereinbaren (vgl. Schönhuth et al. o.J.)

Fertige Venn-Diagramme sind ein idealer Hebel, um mit ‚wichtigen' Stakeholdern eines Systems in ein Gespräch über ihre Relevanz im untersuchten Setting und mögliche Kommunikationsbarrieren gegenüber der Gemeinschaft zu gehen. Im Rahmen eines Beratungseinsatzes in Tansania wurden Venn-Diagramme mit unterschiedlichen Mitarbeiterteams auf Regional- und Distriktverwaltungsebene erstellt und daraus Verbesserungsvorschläge für die Zusammenarbeit mit anderen Projekt-Stakeholdern abgeleitet (Abb. 5.28 und 5.29).

Abb. 5.28 Projektmitarbeiter/innen arbeiten an einem Venn-Diagramm. Nach Fertigstellung des Istzustandes stellt sich die Frage: „Was müsste sich ändern?". Die Pfeile stehen für die gewünschte Veränderung (zur Projektmitte hin = mehr, nach außen = weniger Einfluss) aus Sicht des Teams. (© Schönhuth 1997)

5.4 Toolbox

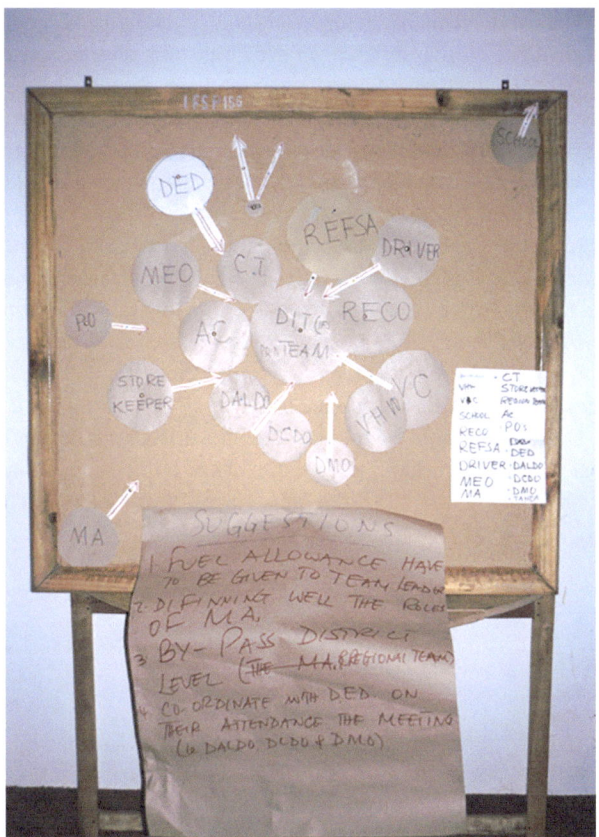

Abb. 5.29 „Suggestions": Konkrete Vorschläge des Distriktteams für eine verbesserte Performance von Stakeholdern (Venn-Diagramm). (© Schönhuth 1997)

Eine Regel ist, dass *Stakeholder*, die im Venn-Diagramm dargestellt werden, im Prozess nicht anwesend sind, da ansonsten Verzerrungen in deren Darstellung unvermeidlich wären. Wichtig ist auch, mit den Beteiligten nach Beendigung des Diagrammes zu diskutieren, ob sie das Ergebnis „öffentlich" machen wollen, oder nicht. Dargestellte Machtakteure (Dorfchefs, Vorgesetzte) könnten sich durch ihre Bewertung im Diagramm herausgefordert oder brüskiert fühlen und später dieses „Vorgeführt werden" sanktionieren. Es gibt aber auch die andere Option: Eine Sekretärin, die in einer *In-House*-Veranstaltung zu partizipativen Methoden in einer machthomogenen Gruppe ihr berufliches Netzwerk visualisiert hatte, bestand darauf, das Ergebnis im Plenum vor ihrem Chef zu präsentieren. In der Folge war dies der erste Schritt zu einem Berufsförderungsgespräch und einer anderen Arbeitsplatzbeschreibung mit besserer Vergütung. Ein externer Workshop-Teilnehmer nahm sein Packpapier-Venn-Diagramm zu einem anstehenden Bewerbungsgespräch mit und konnte dort mit seinen zahlreichen berufsbezogenen Außenkontakten „visuell" überzeugen. Er bekam die Stelle.

Netzwerke können auch mit Hilfe von Papier, Stiften und Bausteinen konstruiert werden. Die Sozialwissenschaftlerin Eva Schiffer entwickelte 2007 eine solche Methode der Netzwerkvisualisierung für das *International Food Policy Research Institute* (IFPRI) (vgl. Schiffer 2007a, b). Anders als beim *Paper-and-Pencil*-Verfahren werden hier Spielsteine für die Darstellung der Akteure benutzt. Durch das Erhöhen der Stapel (Akteure) kann jetzt auch eine dritte Dimension einbezogen werden, die mit zusätzlichen Informationen belegbar ist. Bei Schiffer bildet diese dritte Dimension den Aspekt des Einflusses *(influence)* von Akteuren auf einen bestimmten Sachverhalt ab (Abb. 5.30).

Abb. 5.30 Netzwerkkarte, die mit der Papier-Stifte-und-Bausteine-Methode erstellt wurde. („NetMap"; © Schiffer 2007b; Abdruck mit frdl. Genehmigung der Autorin)

5.4 Toolbox

Neben den händischen Erhebungsmethoden existieren auch digitale Verfahren. Diese digitalen Netzwerkzeichnungen oder -karten sind computer- oder auch *tablet*-basiert und oft auch für andere digitale Endgeräte geeignet. Softwareprogramme wie *VennMaker* (www.vennmaker.com; inzwischen kostenlos downloadbar) oder *MyNetworkMap* https://mynetworkmap.com/ (tablet- und smartphonefähig), erlauben unterschiedliche Möglichkeiten der Darstellung und Speicherung solcher Netzwerkkarten. Auch wird der gesamte Prozess der Erstellung und Kommentierung digital erstellter Karten aufzeichenbar, was insbesondere in forschungsorientierten Prozessen von unschätzbarem Wert ist. Dass vorab die informierte Zustimmung der Beteiligten eingeholt werden muss und die Daten anonymisiert und codiert gespeichert werden müssen, ist dabei selbstverständlich. Die Programme bieten dafür eingebaute Optionen an. Noch einen partizipatorischen Schritt weiter geht, wer den Code zur Wiederherstellung der Klardaten in die Hände der Befragten gibt. Dies bietet sich z. B. in klientenzentrierten Prozessen an (Abb. 5.31 und 5.32).

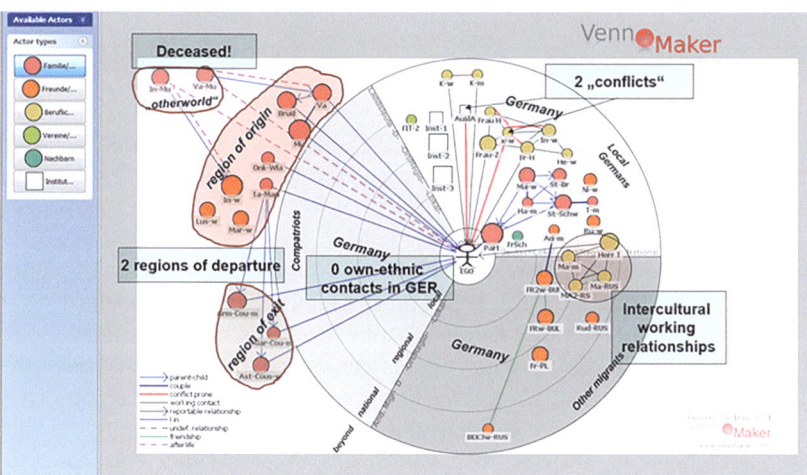

Abb. 5.31 Beziehungsnetzwerk einer Migrantin aus dem Kaukasus; seit zehn Jahren in Deutschland; aufgezeichnet und „kommunikativ validiert" mit VennMaker (alle Schritte und Ergebnisse unter Schönhuth 2009: http://www.vennmaker.com/files/Schoenhuth-1stTestTut-Migrants-Engl-23Mrz2009-All.pdf)

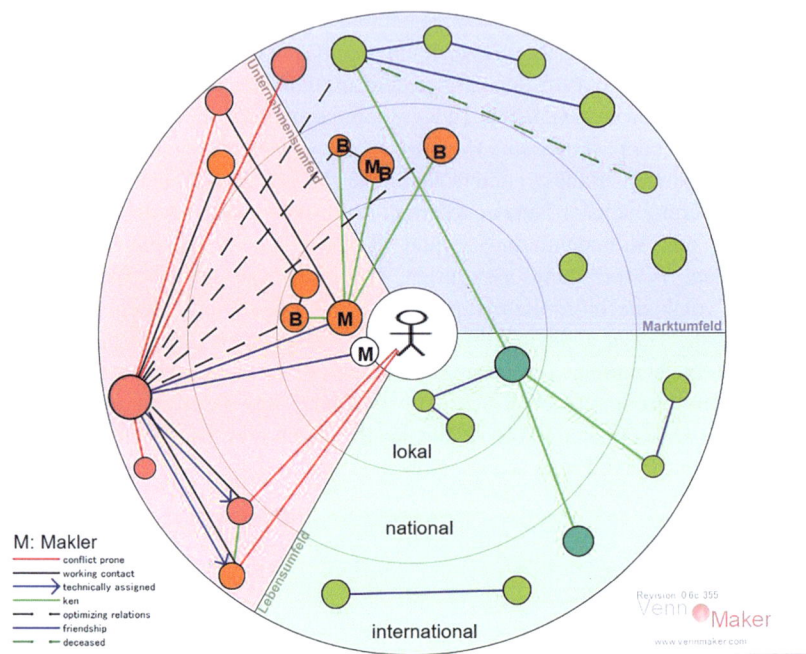

Abb. 5.32 Venn-Diagramm eines Expatriates mit beruflich und persönlich relevanten Netzwerkkontakten lokal, national und international (Plattner/Schönhuth 2009/VennMaker)

▶ **Literaturempfehlungen**
- Olivier, Claudia. 2013. Papier trotz Laptop? Zur wechselseitigen Ergänzung von digitalen und haptischen Tools bei der qualitativen Netzwerkanalyse. In: Visuelle Netzwerkforschung (Hg.) Michael Schönhuth et al., 99–120. *(haptische und digitale Venn-/Akteursdiagramme in einem afrikanischen Forschungskontext im Vergleich.)*
- Schönhuth, Michael. 2009. Participatory Appraisal of a Personal Network with VennMaker https://www.vennmaker.com/files/Schoenhuth-1stTestTut-Migrants-Engl-23Mrz2009-All.pdf.
- Schönhuth, Michael, Markus Gamper, Michael Kronenwett und Martin Stark. 2013. *Visuelle Netzwerkforschung.* Bielefeld: transcript. *[Einführung in die visuelle Netzwerkforschung mit zahlreichen Anwendungsbeispielen aus aller Welt].*

- Zimmermann, Arthur. 2006. Instrumente zur AkteursAnalyse. 10 Bausteine für die partizipative Gestaltung von Kooperationssystemen. Sektorvorhaben Mainstreaming Participation Hg. GTZ. http://star-www.giz.de/dokumente/bib/06-0488.pdf [relativ ausgeklügelte Form der Akteurslandkartenerstellung im Rahmen partizipativer Akteursanalyse; vgl. auch Zimmermann 2011: 79–89].

▶ **Medialinks**
- www.vennmaker.com: *Die Software lässt sich dort samt Handbuch und Anwendungsbeispielen seit 2019 kostenlos herunterladen.*
- https://mynetworkmap.com/: *MyNetworkMap (tablet- und smartphonefähig).*

Digital Storytelling

Bei diesen Methoden nutzen Teilnehmende digitale Medien, um ihre aktuelle oder vergangene Lebenssituationen in Fotogeschichten oder bewegten Bildern einzufangen und mit anderen zu teilen. Dazu zählen Fotos oder Audioaufnahmen, Animationen und Videos. *Digital Storytelling* fördert und fordert in besonderem Maße die *Kreativität* der Beteiligten. Für das Gelingen ist darüber hinaus Medienkompetenz in mehrfacher Hinsicht erforderlich: Sie sollte sowohl ein grundlegendes *Know-How* (Kenntnisse über die technische Funktionsweise der Geräte), als auch notwendiges *Know-Where* umfassen, also das Wissen, wo man beispielsweise Apps, Programme etc. findet. Zumindest aber ist eine Affinität für digitale Medien wichtig. Die ist bei Jüngeren meist mehr vorhanden als bei Älteren. Fotostories sind leichter zu erstellen als komplexe Filmgeschichten, weil heute die Mehrzahl gerade der jungen Menschen weltweit Umgang mit Smartphones pflegt und ständig Situationen fotografisch festhält und teilt. Damit das Ergebnis eines *Digital Storytelling* nicht zu weit von im alltäglichen Medienkonsum gewohnten (professionellen) Sehstandards entfernt ist, ist eine Einführung in die Grundlagen ästhetischer Bildkomposition, Kameraeinstellungen, Bild- oder Filmsequenzfolgen, ein *Storyboard* und ggf. auch Ton- und Schnitttechniken sinnvoll. Auch über die Wirkung von Bildern und das Recht am eigenen Bild und dessen Verwertungsgrenzen muss in begleitenden Workshops aufgeklärt werden (vgl. Sawhney 2008; Chen 2015; Digital Empowerment 2012).

Reflexive Photography/Photovoice

Reflexive Photography kann auf unterschiedliche Weise verstanden werden – als Arbeit mit eigenen Fotografien oder mit vorhandenem Bildmaterial. Im ersten Fall ist es das Ziel der *Reflexive Photography*, „einen zuvor bestimmten Themenkomplex fotografisch festzuhalten" (Rudersdorf 2016, S. 112). Die entstehenden Fotos werden gemeinsam besprochen und bieten Einblicke in die *emische Perspektive*, da die Stakeholder jeweils das festhalten, was sie selbst für bedeutsam erachten. Keller zufolge geht die reflexive Fotografie über die reine Dokumentation hinaus. Der Ansatz nutzt Bilder für die Gestaltung des Gesprächs zwischen Forschendem und Forschungspartner, wobei das fotografische Material von beiden Seiten bereitgestellt werden kann (Keller 2010, S. 36). Reflexive Fotografie soll beim Aufzeigen von Problemfeldern helfen, auch bei solchen die bisher nicht verbalisiert abgerufen werden können. Sinnvoll ist der Einsatz von Fotografien auch bei der Präsentation von Zielen, die dadurch greifbarer werden und motivierender wirken können. Geht es um Ausstellungskontexte wird empfohlen, mit professionellen Fotografen zusammenzuarbeiten (vgl. Böhm et al. 2008).

Ein *Photovoice*-Prozess besteht üblicherweise aus sieben Phasen: Vorbereitung Planung; Schulung in technischen und ethischen Aspekten; Feldphase und Foto-Sessions; Gruppendiskussion, evtl. darauffolgend wieder eine Feldphase; gemeinsame Analyse; Präsentation sowie partizipative Evaluation. „Die Methode ist gut geeignet, weil sie kontextsensitiv und relativ sprachungebunden ist. Gleichzeitig wird den Jugendlichen durch *Photovoice* eine Stimme gegeben, sie werden gesellschaftlich sichtbarer gemacht und können die Ergebnisse dieser Studie bei der Entwicklung ihrer Zukunftsperspektiven einbringen" (Pictures of Identity 2016, unsere Übersetzung). Photovoice eignet sich gerade bei jugendlichen Forschungspartnern, da das Medium (meist das eigene Smartphone) besonders vertraut und selbstverständlich ist. Über einfach zu bedienende und oft kostenlose Softwareprogramme lassen sich auch ganze Fotogeschichten erzählen und mit Musik und Kommentaren versehen (vgl. dazu z. B. Medienpädagogik Open Praxis Blog: https://www.medienpaedagogik-praxis.de/2012/11/25/fotostories-erstellen/). Die Website „Pictures of Identity" zeigt, wie ,*Photovoice'* bei einer Studie über unbegleitete minderjährige Flüchtlinge zum Einsatz kam (Abb. 5.33).

▶ **Literaturempfehlungen**
- Charman, Andrew. 2018. Photovoice Street Life in Ivory Park. A Participate Project. Sustainable Livelihood Foundation. http://livelihoods.org.za/wp-content/uploads/2018/05/SLF-Photovoice-Street-Life-Publication-.pdf.

5.4 Toolbox

Abb. 5.33 „Handing over the tool" – indische Wäscher fotografieren nach einer kurzen Einführung in die Technik ihre Lebensrealität. (© Jerrentrup 2012)

- Crabtree, Christopher and Kathryn Braun. 2015. Photo Voice: A Community-Based Participatory Approach in Developing Disaster Reduction Strategies. *Progress in Community Health Partnerships: Research, Education, and Action.* 9, 1, 31–40.
- Fairey, Tiffany. 2018. Whose photo? Whose voice? Who listens? ‚Giving,' silencing and listening to voice in participatory visual projects. *Visual Studies,* 33:2, 111–126, https://doi.org/10.1080/1472 586x.2017.1389301. *[Setzt sich mit ethischen Fragen des Photovoice auseinander]*
- Kuratani, Darrah L Goo and Elaine Lai. 2011. TEAM Lab – Photovoice Literature Review. Electronic Document: https://cpb-us-e1. wpmucdn.com/sites.usc.edu/dist/0/198/files/2018/08/Photovoice-Literature-Review-FINAL-22ltfmn.pdf.
- Palibroda, Beverly, Brigette Krieg, Lisa Murdock and Joanne Havelock 2009. A practical guide to Photovoice: Sharing pictures, telling Stories and changing communities. Winnipeg, Manitoba: The Prairie

Women's Health Centre of Excellence. http://www.pwhce.ca/photovoice/pdf/Photovoice_Manual.pdf.
- Mediennutzung auf der Flucht: https://mediendienst-integration. de/artikel/expertise-studie-mediennutzung-von-fluechtlingen. html. *Wie informieren sich Flüchtlinge vor, während und nach ihrer Flucht? Eine Studie der FU Berlin analysiert die Mediennutzung und enttarnt Gerüchte und Halbwahrheiten, die sich über die Medien verbreitet haben.*

▶ **Medialink**
- www.picturesofidentity.com: Über Bedarfe und Resilienzfaktoren von unbegleiteten minderjährigen Flüchtlingen mittels der Methode *Photovoice*.

Participatory Video

Die Organisation *Insightsahre* veranstaltet regelmäßig Videoworkshops zum *Participatory Video*. Teilnehmende erhalten dabei zunächst eine Einführung in die Basis des Filmemachens und erlernen Grundlagen von Kamera-, Audiotechnik und Schnitt. Im Anschluss werden das Thema und dazu passende Erzählstränge unter den Beteiligten ausgehandelt und danach in Filmsequenzen umgesetzt. Auf diese Weise lernen die Teilnehmenden, sich ihren Problemen proaktiv zu nähern und sie der eigenen Gruppe, Entscheidungsträgern oder einem größeren Publikum gegenüber verständlich zu kommunizieren. Die Methode erlaubt es, eigene Themen oder Anliegen filmisch zu rahmen und ihnen eine über den lokalen Zusammenhang hinaus wirksame Stimme zu geben; wenn sie auf das Videoportal *Youtube* hochgeladen werden, ggf. auch weltweit. Ziel ist letztlich die Erhöhung der Selbstwirksamkeit und Selbstrepräsentation der Produzent/innen: „controlling how they, and their views, are represented. They decide what to show, why, where, when and to whom. Production roles are constantly rotated – from camera operation to director and interviewer – to ensure everyone has equal opportunity to experience all aspects of the process and take key decisions" (Insightshare. o. J.: https://insightshare.org/methods/).

Participatory Video wurde im Lauf der letzten 15 Jahre in fast allen nur denkbaren Feldern in Forschungs-, wie Entwicklungskontexten eingesetzt – zur Selbstreflexion (z. B. Brickell 2015 zu sich verändernde Familienrollen im heutigen Vietnam), zur Ermächtigung von Gruppen (Mahadev 2015 zum Ansprechen und Verändern sexueller Gewaltkulturen in Südafrika), bis hin zur Konflikttransformation. Zur letzteren hält Valentina Báu fest: „Videoproduktionen, die mittels partizipatorischer Methoden gestaltet werden, können ein wirksames Mittel für den Umgang mit der Feindseligkeit und Trauer darstellen, die nach einem Bürgerkrieg fortbestehen" (Bau 2014: http://www.cco.regener-online.de/2014_1/pdf/ba%C3%BA.pdf; unsere Übersetzung).

Seit einiger Zeit gibt es aber auch kritische Stimmen, die den transformatorischen Gehalt von Ansätzen, die sich ausschließlich auf *Participatory Video* stützen, in Zweifel ziehen (Milne et al. 2012; Milne 2016).

▶ **Literaturempfehlungen**
- Báu, Valentina. 2014. Telling stories of war through the screen. Participatory video approaches and practice for peace in conflict-affected contexts. *Conflict & communication online,* 13, 1 (http://www.cco.regener-online.de/2014_1/pdf/ba%C3%BA.pdf).
- Benest, Gareth. 2010. A Rights-Based Approach to Participatory Video: toolkit. Insightshare, UK. https://goo.gl/forms/fkIMLdY4Qgq313Jp1 or: https://insightshare.org/resources/rights-based-approach-to-participatory-video/.
- Kamara, Sallieu und Abdul Swarray. 2011. Kenema youth change lives and perceptions with participatory video in Sierra Leone. *PLA Notes* 64, 55–64. https://pubs.iied.org/14607IIED/.
- Lunch, Chris. 2006. Participatory video for monitoring and evaluation. http://insightshare.org/wp-content/uploads/2017/05/PV-for-ME-Experiences-with-the-MSC-approach-English.pdf. *[Insightshare bietet eine Kollektion von Videos, die Methoden und Schlüsselprojekte vorstellt, auf der Website, der zugehörige YouTubeChannel zeigt hunderte von themenbezogenen Videos.]*
- Mahadev, Rekha. 2015. Making silent voices heard: Using participatory video to address sexual violence. *Agenda.* 29 (3): 13–21.
- Miamen, Anderson und Annette Jaitner. 2011. Our time to be heard: youth, poverty forums and participatory video. *PLA Notes* 64, 65–76. https://pubs.iied.org/14607IIED/.
- Milne, E-J., Mitchell, C. und de Lange, N. (Hg.). 2012. The Handbook of Participatory Video. Lan-ham: AltaMira Press.
- Milne, E.-J. 2016. Critiquing participatory video: experiences from around the world. *Area* 48, 4 Special Section: Critiquing participatory video. Guest edited by E-J Milne. https://rgs-ibg.onlinelibrary.wiley.com/doi/epdf/10.1111/area.12271

▶ **Medialinks**
- Insightshare: https://insightshare.org/videos/ (Videoauswahl mit zahlreichen Beispielen zu Participatory Video)
- DED 2010: We want (u) to know: https://www.youtube.com/watch?v=vp8GArETtE0 *(Footagematerial zu einer beeindruckenden Umsetzung der Idee des Participatory Video: Dorfbewohner aus Kambodscha dokumentieren mit der Kamera ihre traumatischen Erfahrungen während und nach der Herrschaft der Roten Khmer. Enkel befragen Großmütter mit der Kamera, Betroffene stellen Verhaftungsszenen nach, ein Lehrer hält Szenen bildlich auf großen Leinwandtüchern fest. Es kommt so im direkten, wie übertragenen Sinne zur „Rahmung" des eigentlich „Unsag- und Unfassbaren").*

Die Toolbox auf einen Blick

Siehe (Abb. 5.34)

Feedbackrunden

Am Tagesende gibt es innerhalb des Teams Feedbackrunden, in denen die Tagesergebnisse diskutiert und die weitere Planung ggf. neuen Erkenntnissen und Zusammenhängen angepasst wird. Schon während der Gruppenprozesse werden die Beteiligten gefragt, welche ihrer Ergebnisse am Ende des Aufenthaltes öffentlich präsentiert und diskutiert werden sollen. Wesentliche, zu beachtende Punkte sind:

- *Wer präsentiert:* in der Regel präsentiert ein Mitglied der Gruppe, die die Visualisierung produziert hat. Nicht immer ist dies opportun. Manche fühlen sich in homogenen Gruppen wohl und sprechen dort frei. In der großen Runde, vor allem mit lokalen Machtvertreter/innen sieht das u. U. ganz anders aus. Hier gilt es sorgsam abzuwägen.
- *Was wird präsentiert:* Geteilte Information in geschützten, homogenen Gruppen kann explosiv werden, wenn sie in größeren gemischten Gruppen präsentiert wird, umso mehr, wenn sie implizite Kritik an Anwesenden enthält. Die möglichen Szenarien und Folgen müssen von der homogenen Gruppe vorab besprochen werden (Motto: potenziellen Schaden abwenden).

5.4 Toolbox

Die Toolbox auf einen Blick

Methode	Themenbereich	Beschreibung/Prinzipien
Rapport Building	Wichtig zu Beginn, aber auch über den gesamten Kooperationsprozess. Ziel: mit Hilfe gemeinsamer Aktivitäten und Erlebnisse Kongruenzen mit dem Gegenüber aufbauen (vgl. Buist 2013: 3)	durch *Ice-Breaker*, Mithilfe (Küche, Feld, Wald) oder Teilnahme an Gruppentätigkeiten/Freizeitaktivitäten (Singen, Trinken, Tanzen, Fußball etc.)
Direkte oder Teilnehmende Beobachtungen (Kluckhohn 1940; Hauser-Schäublin 2008; Pfeiffer 2019; Schensul/Le Compte 2012; Kap. 4)	Teil des Lernprozesses des externen Facilitators im Bemühen um Verständnis der lokalen Situation. Klass. weise Teil einer Feldforschung	Herumschlendern, fokussiertes Beobachten, Hinsetzen, Zuhören, Zuschauen, Nachfragen, Mitmachen wo möglich und erlaubt (vgl. auch *Rapport Building* und *Professionelles Herumschlendern* (Kap. 5.4)
Offene (narrative/ biographische)/ semistrukturierte Interviews mit Einzelpersonen (SSI)	Alle Themenbereiche, insbes. Volkswissen und Autobiographien zur eigenen Geschichte	Ohne oder mit Hilfe eines Leitfadens werden einzelne Bewohner/ Schlüsselpersonen über ihre (Alltags-)Erfahrungen und Einstellungen, ihre persönliche oder die Dorf-/Stadt-/Institutionengeschichte befragt
Gruppendiskussionen - Fokusgruppen - Household Groups - Community Groups	Alle Themenbereiche, aber besonders Problemdefinition, Sozialorganisation, gemeinsame Planung	gleichzeitige Visualisierung eines Erfahrungsaustausches mit einer homogenen Gruppe oder einer Gruppe mit gemeinsamem Problemfokus. Wichtig: abschließende Zusammenfassung und Auswertung (Fokusgruppe: vgl. Krueger 2002)
[sprechende] Karten /Participatory Mapping - *Physische Karten* - *Sozialkarten* - *Ressourcenkarten* - *Historische Karten* - *Mobility Map* - *Body Map*	Karten zu physischen Ressourcen, zur Landnutzung *(resource mapping)*, zu natürlichen Kreisläufen, zu Wirtschaftskreisläufen, zur Sozialorganisation *(social mapping)*, Körperwahrnehmung *(body map)* Interessen, Akteure, Konflikte und Probleme, Auswertung historischer Karten *(historical maps)*	Bewohner zeichnen ihr Dorf /Stadtviertel, dessden Akteure, Ressourcen, ggf. konfliktive Zonen etc. und diskutieren darüber; Karte kann – wenn groß genug dimensioniert – stetig weitere Informationen aufnehmen. Sie verbleibt als Dokument in der Gemeinde (abzeichnen, abfotografieren). Historische Karten gemeinsam auf Veränderungen hin interpretieren.
Digital Mapping	Erstellen aussagekräftiger digitaler Karten und Kontextinformationen durch lokale Gruppen (z.B. Raftree/Nkee 2011)	mit Hilfe von *OpenStreetMap* und GPS-fähigen Smartphones sowie zusätzlichen Ressourceninformationen durch Interviews mit Offiziellen und Schlüsselpersonen. Öffentliches Zugänglichmachen durch Hochladen in *OpenStreetMap*.

Abb. 5.34 Die Toolbox partizipativer Methoden auf einen Blick (eigene Darstellung)

Participatory Modelling - **Physische Modelle** - **3 D Modelling** - **Human Sculptures** (Loewenson 2014: 48)	Einfache (maßstäbliche) Modelle oder komplexe Methode, die lokales räumliches und Landnutzungswissen und georeferenzierte -Informations-System-Daten (GIS) mischt und daraus dreidimensionale Modelle erstellt - Problemkonstellationen werden mit Hilfe menschliche Skulpturen ‚nachgebaut' und diskutiert	Mittels Markiernadeln (Pins), Garnfäden (Yarns) und unterschiedlichen Einfärbungen bilden die Teilnehmenden ihre Landnutzungsformen in Polygonform in einem dreidimensionalen Modell ab. Dieses kann dann über ein skaliertes und georeferenziertes Raster digitalisiert und in Datenbanken weitergenutzt werden. Das Modell bleibt in der Gemeinde.
Participatory Theatre - **Drama Group** - **Theatre for Development**	Interaktive Aufführung lokaler Problemstellungen oder Lehrgeschichten unter aktiver Einbeziehung der Zuschauer/innen, aufgebaut entlang lokaler Aufführungs-/Theatertraditionen.	Professionelle, in der Methode ausgebildete Artisten. Für ein Fallbeispiel aus dem Kongo: SFCG: https://www.youtube.com/watch?v=ph7_nJP5MQs; vgl. auch das Theatre for Development Centre in Nigeria: http://participatesdgs.org/research-activities/the-theatre-for-development-centre/
Querschnittswanderung/-zeichnung *(Transekt/joint walk)* **Stadtteilerkundung** - **Historical Transect** (vgl. auch 'historical timelines')	Allgemeine Dorf-/Stadtteilsituation, Landnutzung, Siedlungsform, Probleme und Handlungsmöglichkeiten vor Ort anschauen Vergangene Naturereignisse/Klimawandel und deren Auswirkungen auf lokale Ressourcen	Durch Ortsansässige gelenkte Besichtigung der Dorf-Stadtteilgemarkung in Kleingruppen. Raum-/Landschaftsabschnitte erkennen, zentrale/kritische Punkte diskutieren, anschließend Karte/Modell erstellen Meist in Tabellenform visualisierte Veränderungen von Ressourcen (Wald, Wasser, Erntemenge, Viehmenge) in Zeitschnitten (vor 100, 50, 10 Jahren/heute…)
Diagramme - **System-** - **Flussdiagramme** - **Problembäume** - **Ressourcen-Kreisdiagramme** - **Kraftfeldanalyse** *(Force Field Analysis)*	Strukturierter Weg, Problemebenen zu visualisieren. Systemveränderungen, Ressourcenkreisläufe-, Ursache-/Wirkungszusammenhänge, Problemfelder und deren Vernetzung; Gewichtungen von Komponenten bzw. Kreisläufe eines Systems Auf Kurt Lewin zurückgehende Form der Darstellung von Änderungs- und Beharrungskräften innerhalb von Veränderungsprozessen.	Ausgangspunkt des Systems (z.B. Haushalt, Feld, Problem) festlegen. Schrittweise durch Fragen Komponenten, Beziehungen des Systems klären. Zukunftsszenarien entwerfen, neue Systemkomponenten hinzufügen und diskutieren. https://www.mindtools.com/pages/article/newTED_06.htm. In partizip. Prozessen: Kumar 1999. „Balloons & Stones": Action Aid. o.J. http://www.networkedtoolbox.com/workareas/tools/24/?from=ov

Abb. 5.34 (Fortsetzung)

5.4 Toolbox

- Radardiagramm/ Smart Spider-Gram	Zur Visualisierung der Ausprägung mehrerer gleichwertiger Kategorien (insbes. in Evaluationen genutztes Tool)	Drei bis zehn Rubrikachsen, die mit einer Skala (z.B. von 1-6) versehen sind, auf die Performance oder Zielerreichung je Rubrik abgetragen wird (auch mit Excel realisierbar)
Venn Diagramme - Akteursdiagramm - Institut.-diagramm	Institutionen und Personen und ihre Beziehungen zueinander. Schwerpunkt: Art der Beziehungen (eng, schwach, institutionell geregelt, dominant, konfliktiv, ungeklärt)	Je nach Wichtigkeit und sozialer Nähe werden die Kategorien als verschieden große Kreise mit variierenden Abständen dargestellt.
- NetMap - Akteurslandkarte		NetMap: „Einfluss" als zusätzliche Kategorie (Schiffer 2007); Akteurslandkarte: „Konflikte" als zusätzliche Kategorie (Zimmermann 2011).
Historical Timelines *(historical transects)*	Schlüsselereignisse in der Vergangenheit und deren Folgen. Bewertung aktueller Ereignisse vor diesen Erfahrungen	Anhand von Diskussionen, autobiographischen Interviews bzw. „historischen *Transects*" wird eine Chronologie der Geschichte des Dorfes oder Viertels sichtbar gemacht
Saisonale Kalender - Jahreszeitliche - Tageszeitliche	Wechselverhältnis zwischen jährlich /täglich wiederkehrenden, natürlichen und sozialen bzw. Arbeitsabläufen 24-Stunden-Uhr auf der wiederkehrende Arbeiten nach Zeitpunkt und -dauer eingezeichnet werden (für Männer, Frauen, Berufsgruppen...)	Matrizen/Tabellen mit Monaten / (lokalen) Saisons auf der x-Achse und unterschiedlichen soz./wirtsch. Tätigkeiten /Aktivitäten von Männern und Frauen bzw. äußeren Einflussfaktoren (Staat, Markt etc.)
Rollenspiele und Simulationen	Verhaltensweisen von Menschen, Veränderungen und deren Wirkung, bei Konflikten: Verständnis für die Positionen anderer wecken	Verhaltensweisen, Problemsituationen oder Ergebnisse werden nachgespielt; danach Diskussion und Feedback
Matrix Ranking/Scoring - Pair-Wise- - Preference- - Well-Being- - Needs Ranking - Matrix Scoring - Access and Control Matrix	Kennenlernen und Offenlegen von Bewertungskriterien. Präferenzen zwischen Sachen und Themen; Generierung von Gruppenprioritäten. Werkzeug zur Entscheidungsfindung. Die Methoden legen auch offen, wer die Befugnis hat, auf verschiedene Ressourcen zuzugreifen und diese zu kontrollieren bzw. wem dies verweigert wird.	Wählen von zu vergleichenden Alternativen. Diskussion der Vor- und Nachteile: daraus Bewertungskriterien ableiten. Matrix bilden und Punkte (Scoring/Rating) oder Ränge (Ranking) vergeben. Access and Control Matrix: Action Aid: http://www.networkedtoolbox.com/workareas/tools/24/?from=ov

Abb. 5.34 (Fortsetzung)

Sortierende/ stapelnde (Pilesorting) Techniken	Durch Zuordnen/Sortieren von Einheiten (Tieren, Haustypen, Farben, Krankheiten...) lokale Ordnungsschemata ausloten: was gehört aufgrund welcher lokaler Kriterien in welche Kategorie?	Karten auf denen die jeweilig zu unterscheidenden Einheiten abgebildet sind, entweder frei (was gehört zusammen), oder nach Kategorien bzw. Ähnlichkeiten ordnen lassen.
- *Cultural Domain Analysen* (vgl. Borgatti 1998)		In komplexeren Anordnungen entstehen daraus „kulturelle Domänen" mit kulturell gleich bewerteten Kategorien von Dingen/Elementen
Picture Codes /Grafiken/ **Karikaturen** (vgl. Loewenson 2014:47)	Bildhafte Darstellung von für die Gemeinschaft relevanten Situationen/Konstellationen zur Anregung von Diskussionen	Erfordert künstlerisch begabte lokale Zeichner/innen (schönes Beispiel in dem Dok.film „*We Want (u) to know*", DED 2011)
Digitales Erzählen (*Digital Storytelling*)	Menschen erzählen ihre Geschichte(n) über selbst bediente digitale Medien	Moderne digitale Technik und die Verbreitung von Smartphones begünstigen digitales Geschichte(n)erzählen von Menschen(gruppen). Gute Einführung, insbes. in die Techniken des Aufnehmens beim Film, eines Storyboards und der Aufbereitung mit leicht zugänglichen Schnitt- und Tonprogrammen bei allen Formaten erforderlich
- *Photovoice* - *Participatory Video*		
Sekundärquellenanalyse	Vorhandene Informationen zum Untersuchungsgegenstand (in der Frühphase)	Auswerten und Zusammenfassen; graphisches Material für Feedback (Luftbilder, alte Fotos)
Dorf-/Viertelworkshop, Feedbackrunden	Diskussion der Situation des Dorfes/des Stadtviertels, Feedback-Sessions und Planung von Aktivitäten	Ein- oder mehrtägige Veranstaltungen mit Gemeindemitgliedern, in denen partizipative Methoden eingesetzt werden
... und weitere	- ActionAid's Networked Toolbox; - Anyaegbunam et al. 2004; - Chevalier/Buckles 2019a; - Kumar 2002; - Loewenson et al. 2014; - Mukherjee 2002; - Narayanasamy 2009; -Pretty et al. 1995;	Participatory Methods.org. Suchmaske: https://www.participatorymethods.org/resources.

Abb. 5.34 (Fortsetzung)

5.4 Toolbox

Abb. 5.35 Abendliche Feedbackrunde im Feld. (© Schönhuth 1998)

- *Wo, wie und bei wem werden die Visualisierungsergebnisse gesichert?* Das Projektteam macht in der Regel Fotos, oder verwendet andere Dokumentationsformen. Die Originale bleiben bei den Produzent/innen. Schon vor dem Verlassen des Feldes wird vereinbart, wie die Ergebnisse des Aufenthaltes dokumentiert werden und wer, wann in welcher Form diese Ergebnisse bekommt (bei Alphabetisierten in der Regel eine Kopie des Feldberichts für jede/n der/die das wünscht, bei Nichtalphabetisierten: Feedbackveranstaltung nach ein bis zwei Monaten im Dorf) (Abb. 5.35, 5.36, 5.37 und 5.38).

Ethnologische Perspektiven im partizipativen Feldprozess

Die klassische *ethnologische Feldforschung,* die für gewöhnlich einen bis zu einjährigen Aufenthalt im Feld vorsieht, ist in handlungsorientierten Kontexten entweder zu langwierig oder zu kostenintensiv. Allerdings hat eine Studie der *Asian Development Bank (ADB)* gezeigt, dass ein vertieftes Verständnis für

Abb. 5.36 Die Umzeichnung des Transekts mit den Männern des Dorfes wird präsentiert und diskutiert. (© Schönhuth 1998)

lokale Realitäten oft wichtiger ist, als die Anwendung eines Standardpakets partizipativer Methoden:"Where projects have been successful, it has not been the application of a standard package of participatory approaches that have made project interventions more relevant or sustainable. Rather, *a thorough understanding of local realities* in the design of project interventions *was the driver of success.* Rather than adopting a uniform application of participation during project implementation, ADB should require *thorough fieldwork at the project design stage…* and encourage the design of local solutions for local problems based on local realities" (Asian Development Bank 2005, S. 33, unsere Hervorhebung).

Ein Kompromiss stellt in dieser Hinsicht der *Reality Check Approach* dar (RCA; vgl. Abschn. 4.4), bei dem es um Konversationen, Beobachtungen und teilnehmende Beobachtungen im Rahmen kürzerer Praxisforschungen geht. „It is primarily immersive research based on the principles of ethnography but its narrower focus (on relevance, usability, for example) and the short time for immersions distinguish it from ethnography…. RCA humanises numbers and ‚hard data' by adding rich detail on ‚why' and ‚how'" (RCA 2018). Ferner empfiehlt Chambers,

5.4 Toolbox

Abb. 5.37 „Stumble and Fall": Das Transekt der Dorffrauen, das eigentlich von einer jungen Frau präsentiert werden sollte, wird, weil sie angesichts massiver männlicher Präsenz am Abschlussfeedback ins Stottern gerät, von einem Dorfoffiziellen „gekapert" und von ihm erklärt, obwohl er an dem Transekt gar nicht beteiligt war. (© Schönhuth 1998)

dass Ethnolog/innen in der Mitte ihrer Feldforschung die besten Informant/innen seien: „They know an enormous amount and often they don't even recognize some of the things they know until you ask them" (Chambers und Loubere 2017, S. 34).

Wie eine ethnologische Perspektive im Rahmen partizipativer Forschungsansätze zum Tragen kommen kann, wurde in Kap. 4 (Partizipative Forschung) erläutert. Wer den ethnologischen Blick auf Entwicklungsprojekte und ihre Protagonisten kennenlernen möchte, dem sei das Buch *„Der Stamm der Experten"* von Thomas Hüsken

152 5 Toolbox: Partizipative Forschungs- und Beratungsinstrumente

Abb. 5.38 „Mein Haus fehlt": Die während des PRA-Aufenthaltes partizipativ erstellte Dorfkarte wird auch am Abschlusstag noch heiß diskutiert und um fehlende Informationen ergänzt. Eine Frauengruppe hatte schon während der Woche ein ganz eigenes Netz von Pfaden in die im Versammlungsraum aufgehängte Karte eingezeichnet, die nur von ihnen und dem von ihnen betreuten Vieh begangen wird. (© Schönhuth 1996)

(2006) empfohlen. Es zeichnet an einem Projekt in Nordafrika nach, in welch kunstvoller Weise deutsche Entwicklungsexperten die Defizite der eigenen Agentur und die Komplexität der Verhältnisse im Einsatzland mangels rechtssicherer Verfahren durch eine Fülle informeller Praktiken, durch interpersonelle Netzwerke und klientilistisch organisierte „Klane" kompensieren. Einen kritischen Blick auf den Einsatz partizipativer Methoden werfen die Ethnolog/innen Hess, Schönhuth, Sodeik und de Vries auf Grundlage ihrer Erfahrungen mit der Ankunft von PRA-Teams während eigener Feldforschungsaufenthalte (Hess et al. 1999).

▶ **Literaturempfehlungen**
- Bohannan, Paul und Dirk van der Elst. 2002. *Fast nichts Menschliches ist mir fremd. Wie wir von anderen Kulturen lernen können.* Wuppertal: Peter Hammer.

- Breidenstein, Georg, Stefan Hirschauer, Herbert Kalthoff und Boris Nieswand. 2013. *Ethnografie. Die Praxis der Feldforschung*. Konstanz/München: UVK Verlagsgesellschaft.
- Hess, C., M. Schönhuth, E. Sodeik, S. de Vries. 1999. Partizipation unter der Lupe: Ethnologische Begegnungen mit partizipativen Methoden im Forschungs- und Aktionszusammenhang. *Zeitschrift für Entwicklungsethnologie 7* (2): 11–48
- Hüsken, Thomas. 2006. *Der Stamm der Experten: Rhetorik und Praxis des Interkulturellen Managements in der deutschen staatlichen Entwicklungszusammenarbeit*. Bielefeld: transcript. https://www.transcript-verlag.de/media/pdf/b9/ff/d8/oa9783839404447.pdf.
- Schönhuth, Michael. 2019c. Ethnologische Ethnographie. In: *Handbuch Soziologische Ethnographie*. Hg. von Angelika Poferl und Norbert Schröer. Wiesbaden: Springer VS.

5.5 Gütekriterien partizipativ erhobener Daten

Standardisierte und auf Repräsentativität angelegte Fragebogenerhebungen sowie Kurzzeitbesuche von Experten im Feld gehören seit langem zum Standardrepertoire in Planung, Begleitforschung oder Beratung von EZ-Projekten. Deren Schwächen (z. B. Festlegung der Fragen durch die Forschenden im Vorhinein, oft ohne eigene Kontexterfahrung im Untersuchungssetting, ermüdend lange Fragebogenkolonnen, die Interviewte nicht selten komplett überfordern, schlecht ausgebildete und kaum kontrollierte Befragende im Feld, unpassende Befragungsorte oder -zeiten, Befrager/innen-Bias im Sinne möglichst vieler rasch ausgefüllter Fragebögen etc.) wurden vielfach kritisiert (vgl. z. B. Gill 1993).

Nicht zuletzt die Unzufriedenheit mit den konventionellen Forschungs- und Beratungsdesigns führte in den 1990ern zum partizipativen Paradigma (vgl. Abschn. 1.3). Allerdings werden partizipativ Forschende von Entscheidungsträgern oder innerhalb wissenschaftlicher Foren häufig mit der (berechtigten) Frage konfrontiert, wie belastbar oder verlässlich diese Erkenntnisse denn sein können. Subjektive Beobachtungsbefunde, kombiniert mit nicht-repräsentativen Befragungen in „nicht-kontrollierten" Feldsituationen mit teilweise inhomogenen Gruppen, die in hohem Maße den Untersuchungsablauf mitbestimmen, generieren zwangsläufig Fragen nach Gütekriterien partizipativ erhobener Felddaten. Pretty und Vouduhé fassen diese Bedenken zusammen:

„How can we be confident about the 'truth' of the findings *(internal validity)?* Can we apply these findings to other contexts or with other groups of people *(external validity)?* Would the findings be repeated if the inquiry were replicated with the same or similar subjects in the same or similar context *(reliability)?* How can we be certain that the findings have been determined by the subjects and context of the inquiry, rather than by the biases, motivations, and perspectives of the investigators *(objectivity)?*" (Pretty und Vouduhé 1998).

Auch wenn partizipative Methoden näher an den Relevanzstrukturen von Betroffenen orientiert sind und damit kein „Objektivitätsparadigma" verfolgen, hat die partizipative Forschung Kriterien entwickelt, die auf diese Fragen Antworten geben, die Aussagekraft und Zuverlässigkeit bzw. Belastbarkeit ihrer Daten zu erhöhen. Sie werden unter dem Begriff der *„Trustworthiness"* (Vertrauenswürdigkeit/Verlässlichkeit) zusammengefasst (vgl. Pretty und Vodouhê 1998; Morrow 2005):

- *Interne Validität* durch „Eintauchen": längeres Engagement *(reality checks)* im Feld mit den Forschungspartnern; Gegenchecks von Befunden durch Teammitglieder und Forschungspartner/innen, Kontextualisierung von Ergebnissen durch „dichte Beschreibungen" (möglichst starke Einbettung der Ergebnisse in lokale Zusammenhänge)
- *externe Validität* durch Reflexivität: möglichst transparente Offenlegung der Schritte zu den Forschungsfragen, des Forschungskontextes, der eigenen Rolle als Forschende oder Beratende im Feld, der Beziehungen zwischen Forschenden und Forschungspartner/innen, um dem Leser/der Leserin Kriterien zur Übertragbarkeit an die Hand zu geben
- *Saubere und nachvollziehbare Dokumentation* der partizipativen Erhebungsprozesse (nicht nur deren Ergebnisse)
- *Triangulation:* mehrere Methoden zur Beantwortung „einer" Forschungsfrage. Sequenzierung von Methoden, die sich sinnvoll ergänzen. Einfangen mehrerer unabhängiger Stakeholder-Perspektiven zu einer Forschungsfrage, nach dem aus der Lehre robuster Modelle entlehnten Lehrsatz von Richard Levins: „Unsere Wahrheit befindet sich am Schnittpunkt unabhängiger Lügen" (Levins 1966) (Abb. 5.39). Diskussion der verschiedenen Perspektiven von Stakeholdern z. B. durch Fokusgruppen im Feld, aber auch zur Diskussion von Ergebnissen am Ende oder nach der Erhebungsphase, wo immer angemessen; in systematischer Form durch Bildung von Evaluierungsallianzen unterschiedlicher Stakeholder.

5.5 Gütekriterien partizipativ erhobener Daten

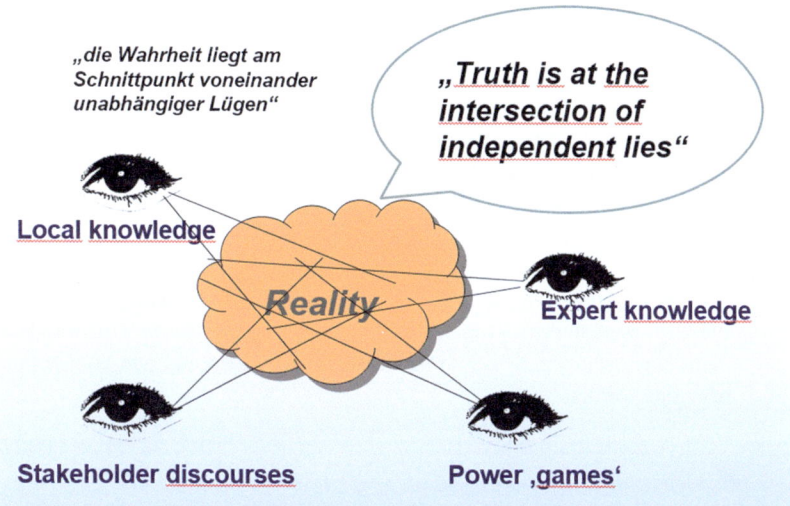

Abb. 5.39 Zum sozialkonstruktivistischen Paradigma partizipativer Ansätze: „Unsere Wahrheit befindet sich am Schnittpunkt unabhängiger Lügen" (Levins 1966). (© Schönhuth 2018)

- *Theorien mittlerer Reichweite:* Begrenzung der Reichweite eigener Schlussfolgerungen bezogen auf den lokalen/regionalen Kontext, die Erhebungssituation, die Teilnehmenden bzw. ausbalancierte Repräsentation der Schlussfolgerungen anderer Stakeholder in Abschlussberichten.

Transferfragen

1. Am Ende eines aufwendigen einwöchigen Participatory Appraisal-Prozesses, der differenzierte Ergebnisse und neue Einsichten in die Komplexität von Dorfrealitäten gebracht hat, kommt es in der Dorfversammlung bei der Entscheidung für mögliche Projekte wieder nur zu der üblichen *Shopping-List* ressourcenintensiver und kurzfristig angelegter Projekte, die aus Ihrer Sicht weder inklusions-/partizipationsfördernd, noch nachhaltig sind. Wo könnten die Gründe für dieses an kurzfristigen Lösungen orientierte Entscheidungsverhalten liegen und wie könnten Sie dem Dilemma gegensätzlicher Zielalternativen begegnen, ohne wieder patronisierend aufzutreten?

2. Einheimische Projektmitarbeitende rebellieren am Ende eines von deutschen Beratern ausgerichteten viertägigen PRA-Trainings, das als Kick-off-Veranstaltung für die Etablierung eines partizipativen Regionalentwicklungsprojektes gedacht war: Sie wollen nicht von ihren Arbeitsplätzen in der Regionalverwaltung wegbeordert und Partizipationsteams zugeteilt werden, die unter Umständen ein Viertel des Jahres in PRA-Feldprozessen eingebunden in Dörfern der näheren und weiteren Umgebung zubringen müssen. Selbst versprochene Zulagen und Tagegelder fruchten nichts. Auch sind sie mit der neuen Philosophie, dass ihr Expertenwissen in den Dorfprozessen nichts mehr zählen soll (learn to unlearn) und anderen PRA-Prinzipien der optimalen Ignoranz und angepassten Ungenauigkeit nicht einverstanden. Was könnten Gründe dafür sein und wie könnte ihnen begegnet werden?

Exemplarische Anwendungsfelder 6

Das Feld partizipativer Ansätze ist in den letzten 20 Jahren immens angewachsen. Es wäre ein aussichtsloses Unterfangen, wollte die vorliegende Einführung auch nur annähernd dessen Grenzen abschreiten und inhaltlich füllen. Wir beschränken uns in diesem Kapitel deshalb auf exemplarische Anwendungsfelder und Querschnittsthemen. Weitere zentrale Felder wie,

- *Gesundheit* (z. B. Dilger und Hadolt Hg. 2009; Cook 2012; Loewenson et al. 2011; Loewenson et al. 2014; Nelson et al. 2019; Rosenbruck und Hartung 2012; Tapia et al. 2007; von Unger 2012); vgl. Abb. 6.1
- *Klima und Umwelt* (z. B. Kapoor 2001; Mohamed-Katerere 2001; Walk 2008; Corfee-Morlot et al. 2009; CANARI 2011; Rotter et al. 2013; The Nature Conservancy 2014; Mbuvi et al. 2015; Engberg 2018; Hughes 2018; Holstenkamp 2018);

Oder spezielle Anwendungsfelder, wie:

- *Post-Disaster-Risk Management* (z. B. BMZ 2015; Crabtree und Braun 2015; Tanner 2012 ,Disability-inclusive Disaster Risk Reduction Network': http://www.didrrn.net/);
- *Intellektuelle Eigentumsrechte* (z. B. Frieden 2000; Antons 2012; Brewer 2014);
- *HIV/Aids* (z. B. International HIV/AIDS Alliance 2006; Population Council 2002; Townsend und Garrow 2003; vgl. dazu auch unser Anwendungsbeispiel in der Einleitung; Byansi 2013);
- *Behinderung* (Schönhuth 2007);

Abb. 6.1 Im Compound des Dorfheilers, finden Gespräche über lokale Ernährungssicherung statt, © Schönhuth 1998

bleiben dabei aus Platzgründen systematisch unberücksichtigt – auch wenn die Themen unter anderen Rubriken teilweise mitbehandelt werden. Interessierte seien für einen Einstieg auf die aufgeführten Schlüsselwerke bzw. einschlägige Suchportale verwiesen.[1] Das Ziel: „Teilhabe" und die theoretischen, methodisch-praktischen und ethischen Hürden dorthin stellen sich in allen Feldern auf vergleichbare Weise. Zeit, Ergebnisoffenheit, Dialogbereitschaft, Zuhörfähigkeit, das Zurückstellen eigener Gewissheiten, Reflexivität, methodische Flexibilität und Mut, auch unkonventionelle Ideen zu verfolgen, sind auf diesem Weg hilfreich. Die eingestreuten Praxisbeispiele, die aus dem ‚globalen Süden', wie dem ‚globalen Norden' stammen, sollen dafür über die vorgestellten Anwendungsfelder hinaus Anregungen liefern.

---

[1]Über die Box „Die wichtigsten Internetsuchportale für partizipative Ansätze und Methoden" am Ende dieses Buches lassen sich auf alle nur denkbaren Themen bezogene Literaturrecherchen rasch bewerkstelligen.

6.1 The Myth of Community

„Zielgruppen" oder „Endbegünstigte" von Entwicklungsmaßnahmen, aber auch Forschungspartner in partizipativen *Community-Development*-Ansätzen werden häufig fälschlicherweise als homogene Gebilde wahrgenommen. Lange Zeit wurde auch in PRA-Papieren nur von der ‚Community' als monolithischem Block gesprochen. Das Dorf, das Stadtviertel waren die Ansprechpartner für die gemeinsamen Partizipationsanstrengungen. Auch politisierte Label, wie ‚das Volk,' ‚die Unterdrückten', ‚die Campesinos' verdeckten die Komplexität von Exklusion und Inklusion zwischen Gruppen sowie die tatsächliche ‚Intersektionalität', also die Überschneidung verschiedener Diskriminierungsformen in einer Person (dazu z. B. Becker-Schmidt 2007; Winker und Degele 2010). Die Wortwahl war geprägt von *theirs* und *ours*. Weitere Differenzierungen wurden kaum vorgenommen. In der Literatur wurde dieses Phänomen mit dem *„Mythos der Gemeinschaft"* (Guijt und Shah 1998; DeFilippis und Saegert 2008) umschrieben.

De facto sind selbst Gruppen, die sich nach außen hin homogen zeigen (ethnische Minderheiten, Straßenkinder…) komplexe Netzwerke, in denen unterschiedliche Interessen vorhanden sind und Macht ungleich verteilt ist. Eine Aktivität kann also einem Teil der als „Gemeinschaft" wahrgenommenen Gruppe zum Vorteil gereichen, anderen ggf. sogar schaden. Der Mythos oder „Bias" der „Community" schlägt insbesondere bei armutsorientierten Programmen zu, wo noch viel zu selten zwischen unterschiedlich ressourcenarmen Gruppen unterschieden wird (Abschn. 6.2), aber auch in Programmen, die einen Genderschwerpunkt haben (Abschn. 6.3).

Das Problem, dass machtvolle lokale Akteure das Projekt geschickt kapern (Nadiruzzaman und Wrathall 2014) bzw. Forschende von Gatekeepern gezielt gelenkt werden und so nur einen beschränkten Ausschnitt der lokalen Wirklichkeit zu „sehen" bekommen, wurde weiter oben (Kap. 1) schon angesprochen. Eine solche Erfahrung machte auch unser Team im Rahmen einer Lehrforschung, die das Alltagsleben von Russlanddeutschen in Sibirien mithilfe partizipativer Methoden untersuchen sollte. Die Studierenden wurden während der Zeit ihres Feldaufenthaltes mit logistischer Unterstützung eines lokalen Gatekeepers ganz bewusst auf unterschiedliche Haushalte über das ganze Dorf aufgeteilt. Erst gegen Ende des Aufenthaltes, als unter anderem Verwandtschaftsdiagramme der einzelnen Haushalte in einer Teamauswertungssitzung zusammengeführt und verglichen wurden, stellten wir fest, dass letztlich fast alle innerhalb eines Großfamiliennetzwerkes untergekommen waren (Schönhuth et al. 2000) (Siehe Abb. 6.2).

Abb. 6.2 Einzelperspektiven werden in Teamauswertungen zu einem Gesamtbild zusammengetragen – mit oft überraschenden neuen Einsichten (Schönhuth et al. 2000. © Andrea Haller)

Ganz generell ist festzustellen, dass in Entwicklungsprogrammen – zum Zwecke der Komplexitätsreduktion bei der Definition von Nutzergruppen – Menschen häufig „auf eine bestimmte Kategorie reduziert werden. Kategorien wie Handwerker des informellen Sektors, ländliche Arme, Aids-Kranke, Kleinbauern oder Schwangere reduzieren die betroffenen Personen auf einen bestimmten Aspekt ihrer Existenz" (Kühl 1998, S. 55). Menschen, die von Projekten profitieren möchten, müssen, dieser Logik folgend, bestimmte Aspekte ihrer Identität in den Vordergrund rücken. Für eine gelungene Partizipation hingegen wäre es wichtig, zu verstehen, wie und anhand welcher Faktoren sich die Betroffenen selbst definieren. Mit Bezug auf die in den letzten Jahren geführte Debatte um ‚*Doing identity*' (vgl. Schaupp 2012, S. 76) betont Elliot in diesem Zusammenhang: "What is increasingly significant, in fact, is how individuals recreate identities, the cultural

6.1 The Myth of Community

forms through which people symbolize individual expression and desire and, perhaps above all, the speed with which identities can be reinvented and instantly transformed" (2016, S. 73).

Ganz andere Probleme entstehen dort, wo nicht nur abgrenzbare Gemeinschaften, sondern ganze Regionen oder Gebiete in Entwicklungsmaßnahmen einbezogen sind, wie dies z. B. bei Umsiedlungsprogrammen oder großen Stadt- bzw. Regionalentwicklungsprozessen der Fall ist. Hier kann die Einbindung von Betroffenen nur über legitime Repräsentanten geschehen. Diese sind, wie Heinz und Bliss feststellen, „…in weitgehend traditionell strukturierten Gesellschaften mit ihren Klanchefs, Erdherren, Dorf- oder Distriktvorstehern usw. sicher andere Personen als in sich wandelndem, gemischt besiedeltem urbanem Milieu. In letzterem gibt es in der Regel recht heterogene familiäre Strukturen, und die Menschen verbindet mehr das Leben in der gemeinsamen Gasse oder im Stadtviertel *(colonia, barrio, quartier)*, als die Verwandtschaft" (Heinz und Bliss 2010, S. 62). Gilden-/Berufsgruppenvorsteher/innen, Stadtteilvorsteher, Vorsitzende von Jugend – und Frauengruppen, religiöse Funktionäre (*Marabout, Scherifen,* Erdpriester, traditionelle Heiler) aber auch Ladeninhaber, Sozialarbeiter/innen, Vertreter von Basisgruppen können hier zu legitimen Ansprechpartner/innen in partizipativen Prozessen werden (vgl. Heinz und Bliss 2010, S. 6). Bedenken sind dagegen angebracht gegenüber dem Mandat von Vertretern/innen sogenannter Assoziationen, Nutzergruppen oder Vereinigungen, die oft von Entwicklungsvorhaben, oder sogar von Regierungen erst gegründet wurden (die sogenannten *government-organized non-governmental organization*s GONGOs) und selten wirklich demokratisch legitimiert sind (vgl. Heinz und Bliss 2010, S. 63).

▶ **Literaturempfehlungen**
- Guijt Irene and Shah, Meera Kaul. Hg. 1998. The Myth of Community: Gender issues in participatory development, London: Intermediate Technology publications. *(Der Klassiker zum Thema).*
- Heinz, Marco und Bliss, Frank. 2010. Wer vertritt die Armen im Entwicklungsprozess? Thesen-papier und Hintergrundanalyse zur Frage der Vertretung armer Bevölkerungsgruppen. In: Entwicklungsethnologie 18, (1–2), 13–77. http://entwicklungsethnologie.org/wp-content/uploads/2010/12/ZFEE-2010-Wer-vertritt-die-Armen.pdf.

- Mahjabeen, Zeenat, Krishna K. Shrestha, John A. Dee. 2009. Rethinking Community Participation in Urban Planning: The Role Of Disadvantaged Groups in Sydney Metropolitan Strategy. *Australasian Journal of Regional Studies*, 15, 1, 45–64. http://anzrsai.org/assets/Uploads/PublicationChapter/289-Mahjabeen.pdf *(zu den ernüchternden Erfahrungen der Beteiligungsmöglichkeiten von Armen und ethnischen Minderheiten bei der Stadtplanung in Sydney).*
- Sultana, Farhana. 2015. Rethinking Community and Participation in Water Governance. In: Coles, Anne, Momsen, Janet und Grey, Leslie (eds.): The Routledge Handbook of Gender and Development, Publisher: Routledge, 261–272 *(zu gegenderten Fragen des Zugangs und der Kontrolle von Wasser in Bangladesh).*

Praktische Folgen des Mythos von der „Dorfgemeinschaft"
Ein von Deutschland im Rahmen partizipativer Dorfentwicklung finanziertes Ernährungssicherungsprojekt in Ostafrika hatte zwei „*community*-orientierte" Feldbausteine im Programm, die sich in lateinamerikanischen Projekten schon erfolgreich bewährt hatten: Zum einen regelmäßige dorfweite Aufklärungskampagnen *(Awareness Raising)* zu den Themen Unterernährung bzw. Ernährungshygiene, zum anderen der Bau von Gemeinschaftsküchen, in denen Frauengruppen im Wechsel für alle angeschlossenen Haushalte im Dorf kochen und sich so wechselseitig bei der Feldarbeit entlasten sollten. Erst im dritten Jahr der Begleitung des Projektes, nachdem die Gemeinschaftsküchen nur zögerlich angenommen und die Dorfaufklärungen aufgrund unerklärlicher Irritationen und mangels Beteiligung eingestellt worden waren, erfuhr der externe Berater in einem vertraulichen Gespräch mit einem inzwischen befreundeten einheimischen Mitarbeiter den Grund für die fehlende Akzeptanz: es gibt keine Dorfverantwortung in Ernährungsfragen! Die Verantwortung für Ernährungssicherung endet zumindest in dieser Region an der Haushaltsgrenze, das heißt bei der jeweiligen Mutter von Kindern. Gemeinschaftsküchen waren da ebenso kontraproduktiv, wie öffentliches Wiegen und Oberarmmessungen von Kleinkindern auf dem Dorfplatz, weil damit nur die Mutter bezüglich ihres „Versagens" in Ernährungsfragen vor der ganzen Dorfgemeinschaft von Externen vorgeführt wurde (Schönhuth, mündlich) (Siehe Abb. 6.3).

Abb. 6.3 Vom Projekt gebaute Dorfgemeinschaftsküche. Wegen ihrer nur „marginalen" Nutzung durch die Dorfbewohner waren die stets sauberen Projektküchen (auch wegen der naheliegenden modernen und ebenfalls mit Projektmitteln erstellten sanitären Anlagen) beliebte Feldunterkünfte für die lokalen PRA-Teams, © Schönhuth 1998

6.2 Arme

Wie bereits in Abschn. 1.4. angesprochen, ist die Beseitigung von Armut ein übergeordnetes Ziel der internationalen Politik wie der deutschen Entwicklungszusammenarbeit. „Alle Maßnahmen, die das BMZ fördert, tragen – direkt oder indirekt – dazu bei, die weltweite Armut zu vermindern" (BMZ 2017). Armutsbekämpfung und Partizipation wurden in der EZ konzeptionell erstmals in den achtziger Jahren zusammengebracht. Ausgangspunkt war die zunehmende Kritik an der zu geringen Wirkung staatlicher EZ auf die Reduzierung weltweiter Armut, die vor allem mit der mangelhaften „Zielgruppenerreichung" begründet wurde. Van de Sand betont in diesem Zusammenhang, dass vielfach nicht der Mangel an Ressourcen selbst die Armut fördert, sondern *der fehlende Zugang* der Armen zu Ressourcen. „Dieser Zugang wird bestimmt durch *Institutionen,* die die geltenden Entscheidungsmechanismen festlegen, und durch Organisationen, in denen diese

Regeln verkörpert werden. Die Entwicklungszusammenarbeit muss mithelfen, die Institutionen so zu gestalten, dass sie den ärmsten Bevölkerungsgliedern eine gerechte Teilhabe ermöglichen". (Van de Sand 2009, S. 10, unsere Hervorh.).

Wie aber nehmen Arme selbst ihre Armut wahr? Dazu gab die Weltbank Ende der 1990er eine in Umfang und Tiefe bis heute einmalige Studie in Auftrag, die weltweit 40.000 arme Menschen in fünfzig Ländern zu ihren Wünschen und Entwicklungsvorstellungen befragte. In einer zweiten Phase wurde unter anderem mithilfe partizipativer Methoden erhoben, wie arme Menschen selbst ihre Situation erleben und beurteilen. Die Forscher resümieren:

> „Our analysis of common patterns leads to five main conclusions about the experience of poverty from the perspectives of the poor. First, poverty is multidimensional. Second, households are crumbling under the stresses of poverty. Third, the state has been largely ineffective in reaching the poor. Fourth, the role of NGOs in the lives of the poor is limited, and thus the poor depend primarily on their own informal networks. Finally, the social fabric, poor people's only ‚insurance', is unraveling" (Narayan und Chambers et al. 2000, S. 7).

Können partizipative Methoden helfen, die Stimmen der Armen nicht nur zu Gehör zu bringen, sondern ihre Teilhabechancen an politischen Entscheidungsprozessen substanziell zu verbessern? Für partizipative Prozesse auf lokaler Ebene, das haben die vielen erfolgreichen Beispiele der letzten 30 Jahre gezeigt, kann dieser positive Zusammenhang grundsätzlich bestätigt werden. Mit der Verschiebung der Grenzen von Entwicklungsmaßnahmen auf nationale oder gar globale Ebene in den letzten 20 Jahren „[…] stellt sich auch die Frage nach der legitimen Vertretung derjenigen, die die eigentlich Begünstigten sein sollen: die Armen bzw. die Ärmsten der Armen, die durch das Auslaufen des klassischen EZ-Projekts vor Ort immer weiter von den Entscheidungsträgern entfernt sind." (Heinz und Bliss 2010, S. 61).

Heinz und Bliss geben in einem Thesenpapier zur Frage der Vertretung armer Bevölkerungsgruppen in nationalen und internationalen Entwicklungsplanungsprozessen eine bemerkenswerte Situationsbeschreibung, die bis heute nichts von ihrer Aktualität eingebüßt hat (Heinz und Bliss 2010, S. 16–20; vgl. auch Bliss und Hennecke 2018:

- „Arme Menschen und ihre legitimen Vertreter/innen spielen in entwicklungspolitischen Diskursen und bei Entscheidungsprozessen auf allen Ebenen (Staat-Region-Kommune-Landgemeinde) keine oder allenfalls eine marginale Rolle". Dies gilt fast in gleichem Umfang für die staatliche Zusammenarbeit wie die EZ mit und durch Nichtregierungsorganisationen.

- Die nahezu fehlende Repräsentanz armer Bevölkerungsgruppen oder ihrer legitimen Vertreter/innen im entwicklungspolitischen Diskurs ist mit großer Wahrscheinlichkeit Ursache und Folge zugleich von extremer Armut: Arme sind arm, weil sie kein Gehör finden und übersehen werden.
- Arme haben häufig die Erfahrung gemacht, dass Proteste oder andere Formen der Interessenvertretung Nachteile für sie mit sich bringen und ihre Lage noch weniger erträglich machen. Das führt immer wieder zu einer breiten „Kultur des Schweigens" selbst in den wenigen Fällen, wo Arme zumindest die Chance erhalten, ihre Meinung zu vertreten;
- Viele Arme leben trotz schwerer und nahezu pausenloser Arbeit am Rande des Existenzminimums, sodass sie für gesellschaftliche Aktivitäten wie ihre Selbstorganisation, ihre Interessenvertretung oder gar die Beteiligung an allgemeinen politischen Diskursen schlichtweg keine Zeit übrighaben. Jede andere Aktivität als Erwerbsarbeit steht für sie in direkter Konkurrenz zur Ernährungssicherung für ihre Familie;
- Wo eine weitergehende Partizipation im nationalen Diskurs über Entwicklungsfragen stattfindet, erfolgt sie besonders häufig nach dem Zufalls- oder „Windhund"-prinzip, d. h. wer zuerst auf eine Einladung zur Mitwirkung in einem Diskussionsforum reagiert, hat die Chance, Einfluss auszuüben. Besonders häufig wirken dabei Geber-gegründete Entwicklungs-(I)NRO mit. Dabei fehlt insbesondere solchen NRO zumeist jegliche Legitimität und Repräsentativität einer Vertretungsvollmacht.

Die Autoren schließen mit der Forderung, dass Instrumente und Methoden identifiziert und weiterentwickelt werden müssen, die dazu beitragen, Arme und ihre legitimen Vertreter/innen schnellstmöglich und in großem Umfang an Entscheidungen, die sie betreffen, zu beteiligen. „Auf nationaler Ebene gilt es für einen beschränkten Zeitraum zivilgesellschaftliche Institutionen, die in der Praxis ihre Empathie für die Armen nachgewiesen haben und bei Armen erhöhte Legitimität genießen, zu fördern […] Mittel- und langfristig sollten Institutionen und Organisationen, *die für Arme sprechen,* wo es geht durch solche ersetzt werden, in denen sich Arme selbst organisiert haben und *für sich selbst sprechen"*. (Heinz und Bliss 2010, S. 19–20).

Ein weiteres Beispiel für ein konkretes Programm zur Identifikation der Ärmsten und dem Aufzeigen von Wegen aus extremer Armut, Vulnerabilität und Ernährungsunsicherheit bietet der in Kambodscha implementierte sog. „ID-Poor"-Ansatz. Unter Einbeziehung der Bevölkerung werden hier die ärmsten Haushalte identifiziert, um diesen kostenlosen Zugang zum Gesundheitssystem und Nahrungshilfen in besonderen Problemlagen zu ermöglichen. In einem anderen Projekt werden Landrechte an Indigene vergeben. Ein Evaluierungsteam unter ethnologischer Leitung sammelt in diesem wie in anderen Projekten weltweit kleine und große Geschichten, um die Wirkungsketten zur Beseitigung von extremer Armut, Vulnerabilität und Ernährungsunsicherheit partizipativ nachzuzeichnen (vgl. Bliss und Hennecke 2018).

Inklusions- und Exklusionsfehler
Inklusionsfehler meint, dass Personen fälschlicherweise als Teil der „Zielgruppe" von Entwicklungsmaßnahmen identifiziert werden, obwohl sie innerhalb eines *Pro-Poor*-Ansatzes eigentlich nicht arm (genug) sind, Exklusionsfehler bezeichnen das Gegenteil: eine Person oder ein Haushalt wird als zu wohlhabend eingestuft, obwohl der Anschein trügt. In der Praxis gestaltet es sich als sehr schwierig, solche Fehler zu vermeiden. Ein Beispiel: „Ein Haushalt wird wegen erheblicher Ausgaben in einem medizinischen Notfall als arm eingestuft, obwohl die Nachbarn auf das ‚schöne Haus' verweisen könnten. Wäre dies ein Inklusionsfehler – oder erlauben die besonderen Umstände nicht auch hier die Einstufung als arm?" (Bliss und Hennecke 2018, S. 29).

▶ **Literaturempfehlungen**
- Aryeetey, Genevieve et al. 2013. Community concepts of poverty: an application to premium exemptions in Ghana's National Health Insurance Scheme. *Globalization and Health*, 9:12. https://globalizationandhealth.biomedcentral.com/track/pdf/10.1186/1744-8603-9-12. *(Einsatz des Wealth Rankings zur Bestimmung lokaler Armutskategorien in Ghana).*
- Bliss, Frank und Karin Geasing (Hg.). 2019. Wege aus extremer Armut, Vulnerabilität und Ernährungssicherheit. *Entwicklungsethnologie* 23. und 24. Jg. Bonn: PAS.
- Heinz, Marco und Frank Bliss (Hg.). 2018. Kulturen der Armut. Entwicklungsethnologie 21. und 22. Jg. 2016–2017. Bonn: PAS.
- Heinz, Marco und Bliss, Frank. 2010. Wer vertritt die Armen im Entwicklungsprozess? Thesenpapier und Hintergrundanalyse zur Frage der Vertretung armer Bevölkerungsgruppen. In: Entwicklungsethnologie 18, (1–2), 13–77. http://entwicklungsethnologie.org/wp-content/uploads/2010/12/ZFEE-2010-Wer-vertritt-die-Armen.pdf.

- Rowden, R. and J. Irama. 2004. Rethinking Participation: Questions for Civil Society about the Limits of Participation in PRSPs', Washington, DC: ActionAid International.
- Van de Sand, Klemens. 2009. Was ist aus Armutsbekämpfung und Partizipation in der deutschen Entwicklungszusammenarbeit geworden. In: KAS Auslandsinformationen 11, 7–19. https://www.kas.de/c/document_library/get_file?uuid=261cc469-ad0f-1dfd-03dd-6b0ac072a6d2&groupId=252038.

6.3 Gender

Seit den siebziger Jahren ist *Gender* als ein Thema in der EZ zunehmend sichtbar geworden. Als Reaktion auf die weitgehende Exklusion von Frauen in Entwicklungsmaßnahmen wurde eine „*Women in Development*"-Agenda (WID) vorgeschlagen, die darauf abzielte, die Beteiligung lokaler Frauen an Projektaktivitäten zu erhöhen und sie in die Marktökonomie einzubinden. Allerdings zeigten sich bald Probleme mit diesem Ansatz. Frauen arbeiteten bereits hart, insbesondere arme Frauen, und die Arbeit der Frauen war bereits Teil der Wirtschaft, wenn auch nicht unbedingt als solche anerkannt oder bezahlt. Maßnahmen zu ihrer „Einbindung" führten deshalb nicht selten zu weiteren Belastungen, nicht zuletzt auch deshalb, weil die teils existenzielle Verknüpfung männlicher und weiblicher Überlebensstrategien in ressourcenarmen Haushalten übergangen wurde (Cornwall 2000). In den 1990er Jahren wurde deshalb „*Gender and Development*" (GAD) als neuer Ansatz propagiert, der die Defizite von WID überwinden sollte. GAD zielt darauf ab, die sozialen Beziehungen und Interaktionen zwischen Frauen und Männern sowie die Kontexte und Konstruktionen von Maskulinitäten und Weiblichkeiten bei Entwicklungsbemühungen zu berücksichtigen.

Andrea Cornwall hat im Jahr 2000 den GAD-Ansatz im Rahmen von partizipativer Entwicklung untersucht und „*intersektionale*", d. h. quer zu klassischen Einteilungen liegende Gründe gefunden, die das Ziel einer stärkeren Teilhabe beeinträchtigen:

- Entwicklungsstrategien neigen dazu, Männer und Frauen so zu behandeln, als ob sie identitätsstiftende Gruppen allein aufgrund ihres Geschlechts bilden und als ob Frauen unterschiedliche Interessen und konkurrierende Ansprüche mit Männern hätten. Dies isoliert Frauen und Männer aus dem Netz der sozialen Beziehungen, die für ihr Wohlbefinden wichtig sind.

- Ein Fokus auf Frauen kann andere Formen der Ausgrenzung und Unterschiede innerhalb der Kategorie „Frau" verdecken. Frauen sind ebenfalls in Dominanz- und Benachteiligungsbeziehungen aktiv und nicht unbedingt offener für die Teilung von Macht und Kontrolle als Männer.
- Geschlechterbeziehungen beziehen sich im Allgemeinen auf tatsächliche oder potenzielle heterosexuelle Beziehungen. Andere Arten von Mann-Frau-Beziehungen und auch Geschlechterdimensionen gleichgeschlechtlicher Beziehungen werden ignoriert (Cornwall 2000).

> **Genderrollen und Kultur**
> Was als weiblich oder männlich gilt, unterscheidet sich von Gesellschaft zu Gesellschaft und manchmal sogar von einer kulturell definierten Gemeinschaft zur anderen. Die Striktheit geschlechtsspezifischer Rollen und Arbeitsteilung regelt auch das Niveau, die Bereiche und die Mittel der wirtschaftlichen Beteiligung von Frauen. In den meisten Gesellschaften sind kulturelle Normen und Werte, insbesondere solche, die sich auf Geschlechterrollen und Identitäten beziehen, ein sensibles Thema, da sie mit nationalen Identität eines Landes verflochten sind. Länder mit muslimischer Rechtsordnung *(adat)* rechtfertigen beispielsweise auf islamischen Vorschriften beruhende Geschlechterungleichheiten, um sich vom Westen abzugrenzen und westliche Einmischung zurückzuweisen. Auf solche Empfindlichkeiten zu reagieren und dadurch ein stärkeres Aufgreifen oder sogar Akzeptanz zu gewährleisten, bedeutet, […] Instrumente in einer Weise einzuführen und zu erläutern, die dem jeweiligen kulturellen Kontext angemessen ist. [weitgehend nach GIZ 2016a: 7, unsere Übersetzung].

So wie Genderarbeit Partizipation ignoriert hat, fehlte auch in partizipativen Forschungs- und Beratungsprozessen lange das Bewusstsein für Gender- und Geschlechterfragen. PRA-Methoden, die auf Transformationsprozesse in Gemeinschaften zielten, tendierten bis in die 2000er Jahre dazu, machtblind geschlechtsneutral zu agieren. Dies liegt zum Teil auch an der häufig falschen Annahme, dass innerhalb einer Gemeinschaft in jedem Fall ein gewisses Maß an gemeinsamen Interessen vorzufinden sei, wie Guijt und Shah 1998 in einem frühen Beitrag zur Debatte feststellen. Die Verhandlung des Strukturwandels mit Männern und Frauen erfordert Zeit und Mut, was ihn für Geber und viele *NGOs* zu einer eher unattraktiven Aufgabe macht. Die Assoziation mit einer westlich verordneten feministischen Agenda hat diese Unpopularität noch verstärkt (Guijt und Shah 1998). Umso wichtiger war es, Methoden zu finden, die weibliche und männliche Perspektiven, aber auch quer zu diesen klassischen Einteilungen liegende Kategorien berücksichtigen. Eine einfache, in der Praxis bewährte Form ist, partizipative Methoden parallel in strukturell weitgehend machthomogenen Gruppen einzusetzen und danach die unterschiedlichen Perspektiven miteinander ins Gespräch zu bringen (Siehe Abb. 6.4).

Eine Erweiterung dieser Perspektive ist es, eine homogene Gruppe sich von vornherein Gedanken über die Perspektive einer anderen machen zu lassen und die so gewonnenen Fremdstereotype auszutauschen. Eine besondere Wendung nahm diese Vorgehensweise in einem PRA-Prozess in Lateinamerika. Dort wurde mit Männern eine Fokusgruppendiskussion über Arbeitsbelastung von Männern und Frauen im Alltag geführt. Es bestand weitgehend Konsens, dass Männer die wichtigeren Arbeiten übernähmen und sie im Allgemeinen härter und länger arbeiten als die Frauen. Als sie eingeladen wurden, die ihnen vertrauten Tätigkeiten von Frauen aufzulisten und sie danach mit dem jeweils geschätzten Zeitbudget auf einen konzentrischen Kreis mit einer 24-Stundeneinteilung zu bringen, wunderten sie sich, wie Frauen ihren Arbeitsalltag in 24 h bewältigen konnten (Schönhuth, mündliche Information aus einem PRA-Training).

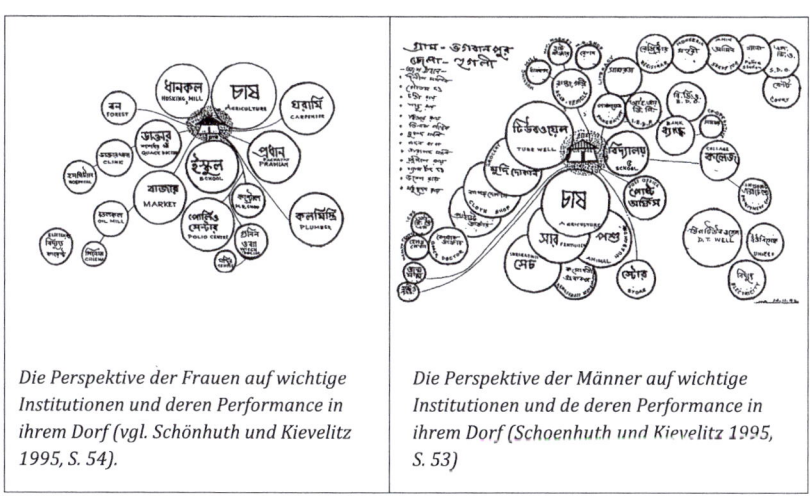

| Die Perspektive der Frauen auf wichtige Institutionen und deren Performance in ihrem Dorf (vgl. Schönhuth und Kievelitz 1995, S. 54). | Die Perspektive der Männer auf wichtige Institutionen und de deren Performance in ihrem Dorf (Schoenhuth und Kievelitz 1995, S. 53) |

Abb. 6.4 Weibliche und männliche Perspektiven auf denselben Sachverhalt (Schönhuth und Kievelitz 1995, S. 53 f.)

In den letzten 20 Jahren sind die Gleichstellung der Geschlechter und die Stärkung der Frauen als Schlüsselelemente einer nachhaltigen Wirtschaftsentwicklung zunehmend zu zentralen Themen auf internationalen Foren (z. B. auf dem Weltwirtschaftsforum) und in Entwicklungsdebatten (wie dem Weltentwicklungsbericht der Weltbank 2012) geworden. Dabei ist das Hauptargument, dass es sich in einer globalisierten und wettbewerbsorientierten Welt kein Land leisten kann, auf die Talente und die Kreativität der Hälfte seiner Bevölkerung zu verzichten (GIZ 2016a). Das BMZ verfolgt inzwischen einen dreigleisigen intersektionalen Ansatz, der auch Mehrfachdiskriminierungen überwinden möchte. Zu den bisherigen Ansätzen des *Gender-Mainstreaming* (als Integration einer Geschlechterperspektive in alle entwicklungspolitische Strategien und Vorhaben) und *Empowerment* (als rechtsbasierte Beseitigung geschlechtsspezifischer Diskriminierungen) tritt als drittes Element „die Stärkung von Frauenrechten und Gleichberechtigung der Geschlechter im hochrangigen bi- und multilateralen entwicklungspolitischen Dialog" (BMZ 2014, S. 3).

Die GIZ stellte 2016 in einer Handreichung einen mit Fallbeispielen versehenen Werkzeugkasten mit 25 Instrumenten und Ansätzen vor, die bei der Erreichung dieses Ziels auf einer solch integrierten Partizipationsebene unterstützen sollen. Sie reichen vom Durchbrechen von Genderstereotypen über nationale Medienkampagnen, über Mentoring-Programme von Frauen für Frauen, Gender-Audits bis zu speziellen Finanzsysteminstrumenten wie Mikroversicherungen oder einer gendersensiblen Budgetplanung für die öffentliche Hand (GIZ 2016a). 2017 legte sie mit Leitlinien und Methoden zum *Gender-Budgeting* nach.

> **Gender Budgeting**
> Finanzpolitik ist oft nicht gender-sensibel. Basierend auf der Erkenntnis, dass Ausgaben Menschen oft nicht geschlechtsunabhängig zugutekommen, sollen beim *Gender Budgeting* die unterschiedlichen Folgen der öffentlichen Ausgaben für Männer und Frauen betrachtet und Institutionen und öffentliche Finanzsysteme dabei unterstützt werden, bessere Resultate, in den Handlungsfeldern Geschlechtergerechtigkeit und Frauenrechte zu erreichen. Am effektivsten und nachhaltigsten ist *Gender-Budgeting,* so das Ergebnis einer vergleichenden Studie, wenn es Teil eines umfassenden Finanzmanagementreformprozesses wird, der bei den Finanzministerien beginnt, Gender-Ministerien miteinbezieht, dauerhaft Ressourcen für den Prozess bereitstellt und in dem das Personal in *Capacity Building*-Programmen für das Thema geschult wird (GIZ 2017, S. 6).

6.3 Gender

Wie durchschlagend oder tragfähig solche integrierten Maßnahmenkataloge auf der Graswurzelebene sind, in welcher Weise sie mit gewachsenen sozialen Strukturen, kulturell und religiös geprägten Vorstellungen über Geschlechtsrollen interagieren und wie sie mit intersektionalen Ansätzen verbindbar sind, müssen die nächsten Jahre zeigen.

▶ **Literaturempfehlungen**
- Bliss, Frank et al. 1995. Approaches to Women in Development/ Gender – An International Comparison. With Recommendations for German Development Cooperation. Research Reports of the Federal Ministry for Economic Cooperation and Development Vol. 118. Köln. *(Standardreferenz zum GiD -Ansatz in der deutschen staatlichen EZ in den 1990ern)*
- BMZ 2014. Gleichberechtigung der Geschlechter in der deutschen Entwicklungspolitik. BMZ-Strategiepapier, 341, 2. Bonn. http:// www.bmz.de/de/mediathek/publikationen/reihen/strategiepapiere/Strategiepapier341_02_2014.pdf. *(Das aktuelle Übersektorale Konzept des Ministeriums zum Thema)*
- Cabannes, Yves. 2004. Participatory budgeting: a significant contribution to participatory democracy In: Environment & Urbanization16, 1, http://pubs.iied.org/pdfs/G00471.pdf – *(Überblicksartikel zum Thema Haushalts-/Budgetplanung).*
- Coles, Anne, Momsen, Janet und Grey, Leslie (eds.) 2015. The Routledge Handbook of Gender and Development. Routledge: London, New York. *(enthält über 50 Beiträge von führenden Forscherpersönlichkeiten in diesem Themenfeld).*
- Cornwall, Andrea. 2000. 'Making a difference? Gender and participatory development', IDS Discussion Paper 378, Brighton: Institute of Development Studies. https://www.participatorymethods.org/sites/participatorymethods.org/files/Dp378.pdf, *(Ein Schlüsseldokument einer der führenden kritischen Begleiterinnen der Debatte um Gender und Partizipation)*
- Cornwall, Andrea, Jerker Edstrom und Alan Greig. 2011. Men in Development: Politicising Masculinities. London: Zed Books. *(eines der wenigen Bücher, das sich mit der 'anderen' Genderhälfte befasst).*

- Derichs, Claudia. 2018. SDGs und Gender: Tragen die Ziele wirklich zur Chancengleichheit bei? In: Debiel, Thomas (Hg.), Entwicklungspolitik in Zeiten der SDGs, S. 22–25. https://inef.uni-due.de/index.php?rex_media_type=ImgTypeName&rex_media_file=entwicklungspolitik_in_zeiten_der_sdgs_web.pdf. *(verknüpft den Genderansatz mit den SDG-Zielen)*
- GIZ. 2017. Guidelines for Gender Budgeting in Development Cooperation. A selection of Tools and Approaches. Eschborn https://www.genderingermandevelopment.net/custom/images/contentBilderGalerie/bilderGalerie1000501/giz-bmz-guidelines-gender-budgeting-2017-EN.pdf. *(aktuelle Handreichung für die staatlichen Akteure zum Thema).*
- GIZ. 2016a. Promoting equal participation in sustainable economic development. Toolbox. Bonn, Eschborn: GIZ. https://www.enterprise-development.org/wp-content/uploads/Toolbox_Promoting_equal_participation_GIZ_2015.pdf. *(Instrumente und Fallbeispiele zur gleichberechtigten Teilhabe im Rahmen der Politikberatung, im Finanzmanagement und im privaten Sektor).*
- Guijt, Irene and Shah, Meera Kaul. (Hg.). 1998. The Myth of Community: Gender issues in participatory development, London: Intermediate Technology publications. *(Ein Klassiker zum Thema).*
- Máñez, R. T., & Artza, L. L. 2012. Fighting inequality from the basics – The social protection floor and gender equality. ILO, United Nations Entity for Gender Equality and the Empowerment of Women, and UNDP: http://www.undp.org/content/dam/undp/library/gender/Gender%20and%20Poverty%20Reduction/Social%20Protection%20Floor%20and%20GE.pdf. *(Der Ansatz zur Geschlechtergleichstellung in sozialen Sicherungssystemen von ILO und UNDP anhand zentralamerikanischer Beispiele).*
- OECD. 2013. Gender equality and women's rights in the post-2015 agenda: A foundation for sustainable development. OECD and post-2015 reflections Element 3, PAPER 1. http://www.oecd.org/dac/POST-2015%20Gender.pdf *(Ein Policy-Papier der OECD zum Thema mit Blick auf die SDGs).*

6.4 Kinder/Jugendliche

Kinder gehören zu den besonders verletzlichen Gruppen. Ihre Bedürfnisse können sie oft nicht angemessen äußern. Artikel 12 der UN-Kinderrechtscharta *(Committee on the Rights of the Child)* spricht davon, dass Kinder das Recht haben, insbesondere in rechtlichen und administrativen Vorgängen, die sie selbst betreffen, gehört zu werden, und dass ihre Sichtweise berücksichtigt werden muss. Dies kann in der Praxis von der aktiven Beteiligung von Kindergartenkindern am festzulegenden Tagesprogramm oder der Regelgestaltung, bis hin zu deren Einbeziehung in die Planung eines Kindergartenneubaus reichen. Stefan Danner hat 2012 bundesweit Kindergarten-Bildungspläne verglichen und kommt in der Praxis zu Varianten, wie sie auch in der Partizipationsleiter von Arnstein (vgl. Abschn. 4.2.) zu finden sind:

> „In *Variante A* wird der Kindergarten verstanden als ‚Kinderstube der Demokratie'. Entsprechend umfangreich und detailliert sind die einschlägigen Ausführungen; es wird unterstrichen, dass die Partizipationsrechte der Kinder institutionell verankert sein müssen. In *Variante B* wird das Prinzip der demokratischen Teilhabe nachdrücklich unterstützt. Offen bleibt, wann genau und in welcher Form Teilhabe ermöglicht werden soll und inwiefern eine institutionelle Verankerung der Mitbestimmungsrechte erforderlich ist. In *Variante C* wird das Prinzip der Beteiligung benannt und bejaht. Unbestimmt ist, in welchem Umfang, wann genau und in welcher Form die Kinder bei Entscheidungen mitbestimmen können und wie verbindlich die Idee der Partizipation im Alltag verankert wird. In *Variante D* wird den Kindern zugestanden, dass sie ihre Meinung äußern können. Welchen Stellenwert diese Meinungsäußerungen im Kindergartenalltag haben, ist offen. In *Variante E* wird Partizipation nicht explizit thematisiert." (Danner 2012, S. 40 f.; unsere Hervorh.).

Aber was bedeutet ‚Kindheit' überhaupt? In einem kulturvergleichenden Überblick zu Armut und Kindheit halten Feeny und Boyden 2003 fest: „Childhood is not a uniform life phase and depending on individual and group differences and on environmental influences the circumstances, expectations, achievements and vulnerabilities of children are highly variable. […] How boys and girls behave, what is considered good for them and what bad, their skills and their aspirations are all heavily influenced by the social and cultural worlds they inhabit" (2003, S. 8). Kinder leben ihr Leben auch außerhalb von Familie und Schule, in einer eigenen Welt, mit Regeln, die Erwachsenen nur bedingt zugänglich sind. Besonders gilt dies für Kinder, die ohne ‚Erziehungsberechtigte' auskommen. So konnten wir in einem Straßenkinderprojekt in Mumbai (Südindien) während eines PRA-Aufenthaltes 2004 feststellen, dass etliche der dort aufgenommenen und beschulten Kinder die ‚Freiheit der Straße' und deren aus unserer Sicht teils erbarmungslosen ‚Regeln', der Perspektive einer beschützten und materiell einigermaßen abgesicherten Kindheit im Projekt vorzogen und das Heim früher oder später wieder verließen.[2]

Auch innerhalb von Familien gelten kontextbezogen – zumal in ressourcenarmen Haushalten –Regeln, die Kinder schon früh in die Verantwortung fürs tägliche (Über)leben mit einbinden und die unseren Vorstellungen einer ‚unbeschwerten' Kindheit zunächst zuwiderlaufen.

> „In some contexts, social and economic responsibilities are normal features of childhood with many positive outcomes for children and their families. Rather than attempting to remove responsibilities from children, [we] may need to work with families and communities to ensure that the burdens are equally shared, not harmful and compatible with schooling. School education can in itself be a burden, especially for working children. Education should take full account of the contributions children make to their families and communities and be sufficiently flexible to allow for the continuation of these" (Feeny und Boyden 2003, S. 10).

African Movement of Working Children and Youth ist ein regionaler Zusammenschluss von 200 afrikanischen Kinderrechtsorganisationen. Die Bewegung kämpft seit 1994 für die Anerkennung von Rechten *arbeitender* Kinder und Jugendlicher. Dazu gehören das Recht, ein Handwerk zu erlernen, im Dorf bleiben zu dürfen, Arbeit in Sicherheit auszuüben, Freistellung bei Krankheit; aber auch das Recht lesen und schreiben zu lernen, sich vergnügen und spielen, sich äußern und organisieren zu dürfen (MAEJT 2012; AMWCY https://www.facebook.com/pg/African-Movement-of-Working-Children-and-Youth-AMWCY-489715444720861/posts/). Kinder und Jugendliche wollen aus einer Vielzahl von Gründen partizipieren, etwa, um gleichberechtigt zu sein und ernst genommen zu werden, oder auch ihre Gegenwart und Zukunft in die eigene Hand nehmen zu können. Viele Kinder und Jugendliche sehen sich selbst als Experten mit frischen Ideen (Stamm und Bettzieche 2015).

---

[2]Vgl. dazu auch den realitätsnahen und zugleich einfühlsamen, preisgekrönten Film *„Salaam Bombay"* der indischen Regisseurin Mira Nair von 1988, zum Leben als Straßenkind in Mumbai. Eine der größten indischen Kinderschutz-NGOs versucht inzwischen, unter demselben Namenslabel, Kinder in ganz Indien in dieser Jugendphase in der Schule zu halten: (Salaam Bombay Foundation: https://www.salaambombay.org/about.html.

6.4 Kinder/Jugendliche

> **Digital Mapping mit Jugendlichen in Kamerun**
> Seit Jahrhunderten werden Karten von Afrika von Außenstehenden erstellt, um Ansprüche zu dokumentieren und Territorien zu erfassen. Handgezeichnete Gemeindekarten haben dagegen eine lange Geschichte im Bereich partizipativer Methoden. In Kamerun wurden 2010 mit Hilfe von GPS-Empfängern und *OpenStreetMap* von Jugendlichen Karten ihrer Gegend erstellt, die nicht nur wesentlich genauer waren, als kommerzielle Alternativen wie *Google Maps*. Sie nutzten auch die Möglichkeit, neben einer möglichst exakten Repräsentation georeferenzierter Daten, ihre Gemeinschaften und deren Infrastruktur und Ressourcen auf eine Weise abzubilden, die für sie am sinnvollsten schien. Funktioniert hat das Projekt nur, weil Dorfgemeinschaften und Behörden in die Diskussionen über Sinn, Zweck und Gefahren des Kartenprojekts sowie der darzustellenden Inhalte und Ressourcen frühzeitig einbezogen, rechtliche Fragen vorab geklärt wurden und die Jugendlichen ein offizielles Mandat zur Informationssammlung erhalten hatten. Trotzdem blieben Fragen: Wer hat Zugang zu den neuen Karten, wer nicht? Wer hält mit welchen Ressourcen die Karten *up-to-date*? Nutzen die Karteninformationen auch kommerziellen Interessen? (weitere Informationen bei Raftree und Nkie 2011).

Schätzungsweise 77 Mio. Kinder unter 15 Jahren waren allein zwischen 1991 und 2000 von einer Naturkatastrophe oder einem bewaffneten Konflikt betroffen. Millionen von Kindern wurden obdachlos, verloren Angehörige, wurden verletzt, oder erlebten Gewalt (Jabry 2005, vi). In der begleitenden Katastrophenliteratur werden Kinder typischerweise auf drei Bereiche reduziert: sie werden zusammen mit Frauen als besonders vulnerable Gruppe abgehandelt, in „medizinierten" Berichten auf Traumata reduziert, und sie werden in der medialen Darstellung zu ‚Symbolen' von Leid und Katastrophe – passive ‚Opfer', die von Außenstehenden gerettet werden müssen (Jabry 2005, S. 3). UNDP stellte 2006 fest, dass die Partizipation von Jugendlichen in der Zeit nach Konflikten besonders stark war und Friedensprozesse Möglichkeiten für ein höheres Maß an Partizipation von Jugendlichen bieten. In der Katastrophenhilfe werden Kinder jedoch häufig übersehen (McIver und Myllenen 2005; Harper und Jones 2009). Zahlreiche Studien nach dem Tsunami von 2004 konnten zeigen, wie sinnvoll es ist, Jugendliche schon in der Risikoeinschätzung, im Rahmen von Katastrophenplänen, in der Katastrophennachsorge und dem Wiederaufbau proaktiv einzubinden (Akeyo 2010; DFID 2010; Asker und Gero 2012; UNISDR 2012; Tanner und Seballos 2012).

Aber es geht auch um rechtsbasierte Ansätze (Bruno-van Vijfeijken 2009; Bundeszentrale für politische Bildung 2009; Harper und Jones 2009; EU-UNICEF 2014) und politische Beteiligung (Jorio 2010; Greenhalf und McGee 2011). Ob Kinderschattenparlament in Lesotho (Musi und Ntalma 2013) oder „young female parliament" (Akapire et al. 2013) in Nordghana, überall wird mit Formaten experimentiert, die Kindern und Jugendlichen eine Stimme im politischen Prozess geben sollen. Die von Greta Thunberg angestoßene Schülerbewegung „Fridays for Future", die inzwischen weltweit Entscheidungsträger erfolgreich unter Druck setzt, wirksame Maßnahmen gegen den Klimawandel auf den Weg zu bringen, ist der wohl selbstbewussteste Ausdruck dieses Anspruchs auf politische Mitgestaltung.

DFID (2010) warnt davor, dass es zu einer Vertiefung von Ungleichheiten zwischen Jugendlichen mit und ohne ‚Stimme' *(voice)* führen kann, wenn man vor allem Vertreter von Jugendorganisationen als Ansprechpartner in den politischen Entscheidungsprozess einbindet. Um nachhaltige Entwicklungsergebnisse zu erzielen, betonen Percy-Smith und Malone schon 2001 die Bedeutung des Aufbaus von Partnerschaften zwischen Erwachsenen und Jugendlichen, um Parallelstrukturen zu vermeiden, die Jugendbeteiligung letztlich doch wieder einhegt und machtlos macht. Wie weit die politische Beteiligung von Jugendlichen in der Praxis gehen kann, zeigt das Beispiel der Stadt Boston an der US-amerikanischen Ostküste:

Bürgerbudget für Jugendliche
„Wenn Ruth Georges Klassenzimmer und Jugendzentren in Boston besucht, fühlt sie sich wie das Christkind. ‚Ich habe eine Million Dollar zu vergeben', sagt sie dann. ‚Wer will sie haben?' Daraufhin strecken sich immer mindestens ein Dutzend Hände nach oben, und die Ideen sprudeln: Ein neuer Skateboard-Park wäre schön. Oder bessere Computer in der Schule. Oder Solarpanele auf dem Dach." [...] Jedes Jahr dürfen Kinder und Jugendliche im Alter zwischen 12 und 25 Jahren über eine Million Dollar für Infrastruktur- und Technologieprojekte entscheiden. [...].

„Boston ist die einzige Stadt auf der Welt, die vor fünf Jahren ein solches Programm aufgestellt hat und diese seitdem über den Haushalt mitentscheiden lässt. Nur hin und wieder schlägt mal ein Jugendlicher vor, für das ganze Geld Pizza liefern zu lassen. Stattdessen haben sich die jungen Menschen bislang unter anderem für behindertengerechte Spielplätze eingesetzt, für eine Graffitiwand, kostenloses Wifi, neue Gehwege im Park, Jobberatung für Jugendliche, mehr Recycling-Container in der ganzen Stadt und vor allem für Maßnahmen gegen den Klimawandel. Noch wichtiger aber sei, dass die Schülerinnen und Schüler merkten, dass sie in der Demokratie eine Stimme hätten – und wie sie sich einbringen könnten. Außer der Million kostet das Projekt die Stadt drei Teilzeitstellen." (Michaela Haas 2019. https://sz-magazin.sueddeutsche.de/die-loesung-fuer-alles/die-demokratie-der-zukunft-86827; 17. Februar).

Im Jahr 2019 beteiligten sich fast 9000 Jugendliche an der Abstimmung für die vorgeschlagenen Projekte, von denen die drei am häufigsten votierten umgesetzt werden. https://www.boston.gov/departments/youth-engagement-and-employment/youth-lead-change.

▶ **Literaturempfehlungen**
- Akapire, Edward A.J. et al. 2013. Catch them young: the young female parliament in northern Ghana. PLA Notes, 64, 113–122. https://pubs.iied.org/pdfs/G03199.pdf.
- Akeyo, Stephen Ogola. 2010. Youth Involvement in Disaster Management. Available at SSRN: https://ssrn.com/abstract=1728425 or http://dx.doi.org/10.2139/ssrn.1728425
- Asker S. und A. Gero. 2012. The Role of Child and Youth Participation in Development Effectiveness. A Literature Review. https://www.unicef.org/adolescence/cypguide/files/Role_of_Child_and_Youth_Participation_in_Development_Effectiveness.pdf.
- Bruno-van Vijfeijken, T., Gneiting, U. and Schmitz, H.P. 2009. Rights based approach to development: Learning from Plan Guatemala. https://www.academia.edu/2734354/Rights-based_approach_to_development. *(Stellt den rechtsbasierten Ansatz (RBA) von PLAN vor (Motto: RBA muss in der Organisation selbst anfangen) und veranschaulicht ihn am Beispiel seiner Länderarbeit in Guatemala [„legal framework; mulitilevel approach"]).*
- Bundeszentrale für politische Bildung (Hg.). 2009. Compasito – Handbuch zur Menschenrechtsbildung mit Kindern. Bonn. http://www.compasito-zmrb.ch/startseite/.
- Danner, Stefan. 2012. „Partizipation von Kindern in Kindergärten: Hintergründe, Möglichkeiten und Wirkungen"„. Aus Politik und

Zeitgeschichte (22–24), 40–45. https://www.bpb.de/shop/zeitschriften/apuz/136759/fruehkindliche-bildung. (Zugriff am 12.04.2019).
- Dentith, Audrey M.; Measor, Lynda & O'Malley, Michael P. 2012. The research imagination amid dilemmas of engaging young people in critical participatory work. *Forum Qualitative Sozialforschung/ Forum: Qualitative Social Research, 13*(1), Art. 17, http://nbnresolving.de/urn:nbn:de:0114-fqs1201176.
- DFID. 2010. Youth Participation in Development. A Guide for Development Agencies and Policy Makers, DFID–CSO Youth Working Group. http://www.youthpolicy.org/wp-content/uploads/library/2010_Youth_Participation_in_Development_Guide_Eng.pdf. *("This guide has been developed to assist donor agencies (multilateral and bilateral) and policy advisors in a range of organisations working with and for youth. It will also be useful for government, NGO and civil society partners").*
- EU-UNICEF. 2014. Child Rights Toolkit – Integrating Child Rights in Development Cooperation. United Nations Children's Fund (UNICEF). Programme Division. https://www.unicef.org/eu/crtoolkit/downloads/Child-Rights-Toolkit-Web-Links.pdf. *[Das Toolkit richtet sich explizit an Verantwortliche für sektorweite Programme im Rahmen der internationalen Zusammenarbeit. Es enthält Module zu Kinderrechten im Rahmen von Good Governance, Child Impact Assessment, Child Responsive Budgeting, Kinderrechte in Krisen- und Risikosituationen sowie Bürgergesellschaft und Kinderrechte].*
- Feeny, Thomas und Jo Boyden. 2003. Children and poverty: Shaping a response to poverty: A conceptual overview and implications for responding to children living in poverty, Children and Poverty Series. Part III. Virginia: Christian Children's Fund. https://www.childfund.org/uploadedFiles/NewCF/Impact/Knowledge_Center/ChildrenAndPoverty_Study_Part3.pdf. *(Entwickelt eine auf Kinder fokussierte Perspektive auf Armut, zeigt wie Kinder auf Armutskonstellationen reagieren und wie sie in ihren Resilienz- und Coping-Strategien unterstützt werden können).*
- Geisen, Thomas und Christine Riegel (Hg.). 2009. Jugend, Partizipation und Migration. Orientierungen im Kontext von Integration und Ausgrenzung. 2., durchges. Aufl. Wiesbaden: VS Verl. für Sozialwissenschaften. https://doi.org/10.1007/978-3-531-91663-7.

6.4 Kinder/Jugendliche

- Greenhalf, Jessica und Rosemary McGee. (Hg.). 2011. Young citizens: youth and participatory governance in Africa. *PLA Notes 64.* https://pubs.iied.org/pdfs/14607IIED.pdf. *(13 Beispiele erfolgreicher Politikbeteiligung von Jugendlichen aus Afrika).*
- Harper, Caroline und Nicola Jones. 2009. Child rights and aid: mutually exclusive? Background Note November 2009. Overseas Development Institute (ODI), pp1–8. https://www.odi.org/resources/docs/5307.pdf.
- Jabry, Amer (Hg.). 2005. After the Cameras Have Gone: Children in Disasters, 2nd edition. Jobham House: PLAN. http://www.eird.org/herramientas/eng/documents/emergency/education/After%20thecameras.pdf.
- Jorio, Nicola et al. 2010. Handbuch Jugendparlament: Von der Gründung bis zur Umsetzung: Wissen, Anleitungen und Praxis-Beispiele. Luzern: Rex.
- Kreuziger, Andreas. 2002–2011. Kinder beteiligen! Eine kleine Webseite zur Partizipation von (nicht nur) Kindern und Jugendlichen https://www.kinder-beteiligen.de/index.htm.
- Lipotso Musi und Maseisa Ntalma. 2013. Lesotho's shadow children's parliament: voices that bridged the policy gap. PLA Notes 64, 105–112. https://pubs.iied.org/pdfs/14607IIED.pdf.
- McIver, Chris und Karen Myllenen. 2005. Children's Feedback Committees in Zimbabwe: An Experiment in Humanitarian Accountability. Save the Children (UK), Harare. https://www.alnap.org/system/files/content/resource/files/main/p1270-children-feedback-zimbabwe-jan2005.pdf
- Percy-Smith, Barry und Karen Malone. 2001. Making children's participation in neighbourhood settings relevant to the everyday lives of young people. PLA Notes 42. 18–22. IIED, London. https://pure.hud.ac.uk/en/publications/making-childrens-participation-in-neighbourhood-settings-relevant.
- PLA Notes 2001. Children's Participation – Evaluating Effectiveness. No. 42. http://pubs.iied.org/pdfs/9113IIED.pdf. *(ganze Ausgabe der PLA Notes zum Thema)*
- Polack, E. 2010. Child Rights and Climate Change Adaptation: Voices from Kenya and Cambodia. Children in a changing climate, IDS and Plan. http://www.childreninachangingclimate.org/uploads/6/3/1/1/63116409/polack_voicesfromkenyaandcambodia_2010.pdf

- Tanner, Thomas und Frances Seballos. 2012. Action Research with Children: Lessons from Tackling Disasters and Climate Change. IDS Bulletin 43(3): 59–70 https://opendocs.ids.ac.uk/opendocs/handle/123456789/7490. *(hebt insbesondere eine Verschiebung von der Verletzlichkeit und des Schutzbedarfs von Kindern hin zu ihrem Potenzial als Akteure des Wandels in Post-Disaster-Situationen hervor).*
- UNICEF. 2011. Children's Vulnerability to Climate Change and Disaster Impacts in East Asia and the Pacific. UNICEF East Asia and Pacific Regional Office. https://www.unicef.org/media/files/Climate_Change_Regional_Report_14_Nov_final.pdf
- UNISDR (United Nations Office for Disaster and Risk reduction). 2012. Children's Action for Disaster Risk Reduction. https://www.unisdr.org/files/29304_bookunisdrfinishweb.pdf.
- Wöhrer, Veronika, Doris Arztmann, Teresa Wintersteller et al. 2017. Was ist Partizipative Aktionsforschung? Warum mit Kindern und Jugendlichen? In: dies.: Partizipative Aktionsforschung mit Kindern und Jugendlichen. Wiesbaden: Springer, 28–47.

6.5 Menschenrechte/Minderheitenrechte

„Alle Menschen sind frei und gleich an Würde und Rechten geboren." Mit diesem Artikel beginnt die am 10. Dezember 1948 von der Generalversammlung der Vereinten Nationen als Resolution verabschiedete Allgemeine Erklärung der Menschenrechte. Sie enthält grundlegende Aussagen über die allen Menschen zustehenden Teilhaberechte und kann damit auch als das umfassendste Partizipationsdokument verstanden werden, über das die Welt bis heute verfügt. Zwar ist sie rechtlich nicht bindend. Dennoch war sie ganz entscheidend für das Zustandekommen regionaler Menschenrechtsregime, wie die (rechtlich ebenfalls nicht bindende) afrikanische *Charta der Menschenrechte,* sowie die Amerikanische und die Europäische Menschenrechtskonvention, über deren Gerichtshöfe Bürger eines Mitgliedstaates Beschwerden gegen die Verletzung ihrer Rechte führen können.

Menschenrechtsfragen wurde in der Entwicklungspolitik nicht immer ein zentraler Stellenwert beigemessen. Das hat sich inzwischen geändert. Mit dem Diktum: „Deutsche Entwicklungspolitik ist Menschenrechtspolitik" erhebt das BMZ das Menschenrechtsthema seit 2011 sogar zum Leitprinzip seiner Arbeit und begründet:

6.5 Menschenrechte/Minderheitenrechte

„Das Alltagsleben der Menschen weltweit wird dadurch geprägt, wie ihre Menschenrechte geachtet, geschützt und gewährleistet werden – zum Beispiel das Recht auf Nahrung, das Recht auf ein höchstmögliches Maß an Gesundheit, das Recht auf Zugang zu Bildung oder auch das Recht auf Vereinigungsfreiheit sowie auf freie Meinungsäußerung und freien Zugang zu Information. Die Verwirklichung dieser Menschenrechte ist der Schlüssel zu nachhaltiger Armutsbekämpfung und inklusiver Entwicklung […]. Menschenrechtsorientierte Entwicklungszusammenarbeit fördert Nichtdiskriminierung und Chancengleichheit, Partizipation und Empowerment sowie Transparenz und Rechenschaftslegung." (BMZ: Menschenrechte; BMZ 2011).

Der Konnex zur Partizipation ist sinnfällig. Allerdings beziehen sich die klassischen Menschenrechtsübereinkommen ausschließlich auf individuelle Schutz- und Zugangsrechte, d. h. sie regeln das Verhältnis zwischen Bürgern und dem jeweiligen Staat. Die Rechte nationaler Minderheiten oder indigener Gruppen innerhalb von Nationalstaaten sind dort nicht geregelt. Der Artikel 22 des Rahmenübereinkommens des Europarats zum Schutz nationaler Minderheiten soll deshalb sicherstellen, „… dass Angehörige nationaler Minderheiten die jeweils für sie günstigsten innerstaatlichen oder internationalen Menschenrechtsvorschriften in Anspruch nehmen können" (Europarat o. J.). Alle anderen Minoritäten sind bezüglich der Durchsetzung ihrer Rechte entweder von nationalstaatlichen Regelungen abhängig, oder müssen im Zuge von Individualbeschwerden mit Berufung auf die internationale Menschrechtskonvention vor regionalen Menschenrechtsgerichtshöfen klagen.

So bleibt das Übereinkommen 169 über *„eingeborene und in Stämmen lebende Völker in unabhängigen Ländern"* (ILO 1989) aus dem Jahre 1989 das bisher einzige internationale Vertragswerk, das einen umfassenden Schutz der Rechte indigener Völker zum Gegenstand hat. Es wurde bislang allerdings nur von 23 Staaten, vor allem in Lateinamerika sowie fünf europäischen Staaten (als letztes 2018 von Luxemburg) ratifiziert. Als weiterer Referenzrahmen kann die Erklärung der Vereinten Nationen über die Rechte der indigenen Völker von 2007 gelten. Die zuständige UN-Arbeitsgruppe versteht darunter marginalisierte Bevölkerungsgruppen, die sich durch zeitliche Priorität in Bezug auf die Nutzung oder Besiedlung eines bestimmten Territoriums sowie die freiwillige Bewahrung kultureller Besonderheit auszeichnen und die sich selbst als eine distinkte Gemeinschaft definieren sowie von anderen indigenen Gruppen so wahrgenommen werden (UN o. J. http://www.humanitaeres-voelkerrecht.de/ERiV.pdf).

Sind universal gültige individuelle Menschenrechte und kollektive Gruppenrechte miteinander vereinbar? Janne Mende ging 2018 anhand einer Analyse der Forderungen von indigenen Gruppen in der UN der Frage nach, ob es ein kollektives Menschenrecht auf Kultur und Identität gibt, und sie resümiert:

> „Der Universalismus der Menschenrechte wird seinem eigenen Anspruch nur dann gerecht, wenn er in der Lage ist, Partikularitäten und Unterschiede zu berücksichtigen und damit auch auf seine eigene Partikularität zu reflektieren. Denn auch die dem Universalismus der Menschenrechte zugrunde liegenden Ideen stammen aus spezifischen Kontexten. Sie beruhen auf bestimmten Vorstellungen von Mensch, Familie, Gemeinwesen und Staat. Die zentrale Herausforderung besteht darin, eine Balance zu finden zwischen der universellen Idee der Menschenrechte einerseits und der Berücksichtigung von Kontext, Partikularität und historischen Veränderungen andererseits." (Mende 2018).

Wenn kollektiv begründete Praktiken universellen Menschenrechtsvorstellungen zuwiderlaufen ist diese Balance allerdings in der Praxis kaum in einer Schwebe zu halten. So wird bei einigen Gruppen der Lobi in Burkina Faso bis heute noch an der Mädchenbeschneidung festgehalten, weil sie für sie eine – wenn auch umstrittene – historische und religiöse Bedeutung hat.

> **Der Luftstreich: Eine Alternative zur Mädchenbeschneidung**
> Unbeschnittene Frauen werden bei den Lobi in Burkina Faso nicht zum ‚*dyoro*' zugelassen, das aus ‚Mädchen' ‚Frauen' macht. Andererseits sehen die Beschneiderinnen bei einer Abschaffung der Praktik ihren Berufsstand als angesehene Mitglieder der Gemeinschaft gefährdet. Kann es in solchen ethischen Konfliktsituationen partizipativ aushandelbare Kompromissformeln geben? Im angesprochenen Fall gelang dies: Ein von der Vorsitzenden einer lokalen Frauenorganisation und einem deutschen Ethnomediziner initiierter und moderierter Diskussionsprozess half, lokale Vorurteile abzubauen. Dazu gehörte auch eine *Exposure*-Fahrt über die Grenze zu einer benachbarten Lobi-Gruppe im Norden Ghanas, wo die Beschneidung seit über 20 Jahren nicht mehr praktiziert wird. Diese Gespräche auf Augenhöhe mit Vertreter/innen der eigenen ethnischen Gruppe halfen dabei, kulturell verankerte (Vor)urteile über die ‚Notwendigkeit' der Beschneidung aus gesundheitlichen Gründen zu überwinden. Letztendlich führte der Prozess zu einem Kompromiss:

6.5 Menschenrechte/Minderheitenrechte

> Die Beschneidungszeremonie wurde fortgesetzt, allerdings die Geste des Schneidens selbst nur noch symbolisch, als „Luftstreich", d. h. ohne dass Blut fließt, ausgeführt (Krämer 1999). Das Ritual und die Funktion der Beschneiderin blieben erhalten, die körperliche (und seelische) Versehrung der Mädchen war dagegen überflüssig geworden.

Nicht immer sind die Umstände so günstig. In einem wenige Jahre zurückliegenden Fall müssen Frauen eines südindischen Adivasidorfes, nach der Geburt ihres Kindes ausgeschlossen vom Dorfleben und nur indirekt mit Nahrung versorgt, über drei Monate in einer winzigen Hütte isoliert mit dem Kind verbleiben (als „verschmutzte", weil blutende Frau in der Nähe der Dorfmüllhalde). Schon im ethnisch anders zusammengesetzten Nachbardorf wird es zwar anders gehandhabt. Die Dorfbewohner wollen die Tradition allerdings mit Bezug auf ihre kulturelle Identität nicht verändern. Hier sieht eine indische Ethnologin, in deren Feldforschungsregion das Dorf liegt, keine andere Lösung, als sich an die Öffentlichkeit zu wenden und diese Praktik, an der etliche Dörfer in dem Gebiet noch festhalten, in den Medien bzw. gegenüber der Lokalpolitik und ausländischen Fachkolleg/innen anzuprangern (Siehe Abb. 6.5).

Aus einer partizipativen Forschungsperspektive könnten folgende systematische Fragen im Falle ethisch/menschenrechtlich bedenklicher traditioneller Praktiken in Projektregionen gestellt und z. B. im Rahmen einer Begleitforschung beantwortet werden:

1. *was geht tatsächlich vor?* (Wer diskriminiert wen in welcher Form und in welchem Ausmaß? Untersuchung der materiellen bzw. physisch-/psychischen Konsequenzen für die Betroffenen.
2. *wer profitiert davon?* Wer unterstützt die Aufrechterhaltung der Praktiken, mit welchen Vorteilen für wen? Wie zentral (durch die gesellschaftlichen Gruppen hindurch) sind sie; in wessen Diensten stehen sie?
3. *was sind die kulturellen Standards* hinter dem gezeigten Verhalten: Wie wird das Verhalten begründet/gerechtfertigt, mit welchen Normen wird es legitimiert? Welche „Werte" drücken sich darin aus? In welches System von „Recht" und „Gerechtigkeit" ist es eingebettet?

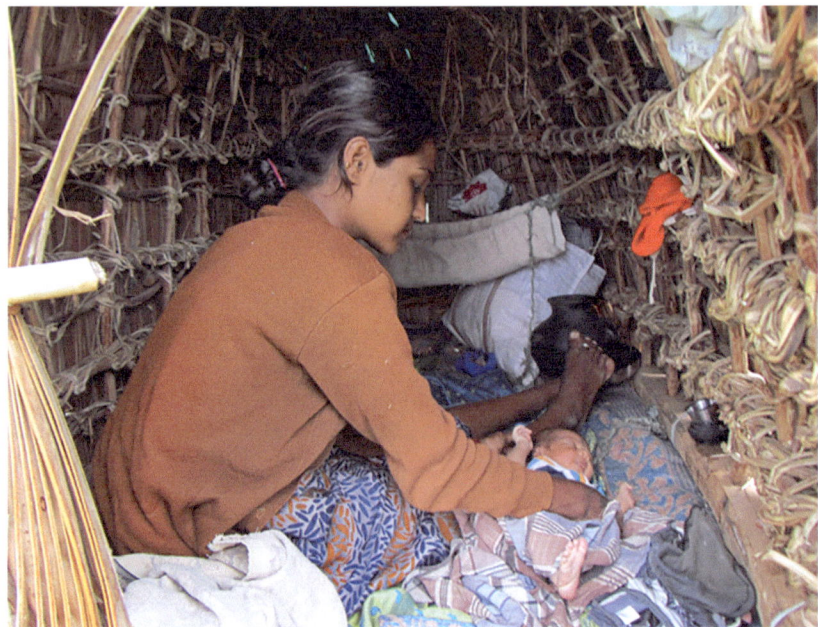

Abb. 6.5 Junge Mutter mit Neugeborenem, in der Nähe von Mysore (Indien) in der nachgeburtlichen Seklusionshütte am Dorfrand, in der sie drei Monate zubringen muss, © Schönhuth 2009

4. *wie lange gibt es diese Praktik schon?* Wie sehen deren historische Entstehungsbedingungen aus? Besitzt sie historische Tiefe innerhalb der lokalen Kultur, oder handelt es sich um relativ rezente (z. B. durch dominante Gruppen eingeführte) Verhaltensnormen?
5. *in welchem Maß empfinden die Betroffenen das „Unrecht"?* Inwieweit tragen sie die kulturelle Begründung mit? Wie stark ist die Bereitschaft bzw. die Fähigkeit sich gegen die Praktik zu mobilisieren. Gibt es legitime Ansprechpartner/innen?
6. *welche Folgen hätte die Abschaffung?* Welche Akteure und Mittel stehen für eine Veränderung zur Verfügung? Welche Folgen zöge die Eliminierung der Praktik nach sich? Übernahm sie auf den ersten Blick nicht sichtbare, wichtige Funktionen im kulturellen, sozioökonomischen oder soziopolitischen Kontext? Welche Alternativen könnten – gemeinsam mit den Betroffenen – gefunden werden? (vgl. dazu auch Schönhuth 1998).

▶ **Literaturempfehlungen**
- ActionAid International. 2009. Participatory Vulnerability Analysis and Action. The Hague. *Eine Anleitung zur rechtsbasierten Vulnerabilitätsanalyse für Gruppen: „Communities – engage in analysis, decision making and policy formulation (participatory); on issues that affect their power to prevent, mitigate and cope with disasters (vulnerability);.gain insights which help them plan and take (Action!)".* http://netbox-production.s3.eu-central-1.amazonaws.com/resources/dacf046dedbf421f8e16a06cedb728ea.pdf.
- Bliss, Frank/Heinz, Marco (Hg.). 2010. Wer vertritt die Armen im Entwicklungsprozess. Entwicklungsethnologie 18. Jg. Heft 1 + 2. Saarbrücken.
- Hughes, A. 2005. ‚PRSPs, Minorities and Indigenous Peoples: An issues paper', Minority Rights Group International, London. http://minorityrights.org/wp-content/uploads/old-site-downloads/download-75-PRSPs-Minorities-and-Indigenous-Peoples-An-Issues-Paper.pdf.
- Krämer, Paul. 1999. Beschnittene Rechte. Die weibliche Beschneidung wird zu einem unblutigen Symbol. Franziskaner Mission, 2, 15 ff.
- Krause, Ulrike. 2015. Flüchtlinge als „Gegenstand" in der Feldforschung? Forschungsethische Reflektionen zu Möglichkeiten, Risiken und Limitierungen. https://www.sicherheitspolitik-blog.de/2015/10/12/fluechtlinge-als-gegenstand-in-der-feldforschung/.
- Schönhuth, Michael 1998. „Was ist des Menschen Recht". https://www.uni-trier.de/fileadmin/fb4/ETH/Aufsaetze/Was_ist_des_Menschen_Recht.pdf.
- Turac, Marissa und Lotfi, Ahmed. 2017. Partizipative Flüchtlingsarbeit – Chancen und Herausforderungen im Rahmen einer Bildung für nachhaltige Entwicklung. http://umweltbildung-mit-fluechtlingen.de/fileadmin/umf/Veranstaltungsdokus/Turac_Partizipative__Fl%C3%BCchtlingsarbeit1_Nov._2017.pdf. (PPT-Präsentation).

6.6 Landrechte

Landrechtfragen sind brisant, da sich hier oftmals verschiedene Gruppen gleichzeitig als legitimiert verstehen. Gerade Land, das ursprünglich indigenen Gruppen gehörte, kann schon seit Generationen von anderen Gruppen genutzt oder „besessen" worden sein. Es ist unwahrscheinlich, dass Personen, die das Land nach ihrer Diktion rechtmäßig erworben haben, oder über Generationen vererbt bekommen haben, es nun wieder abtreten wollen. Auch nationale Interessen der Landnutzung können denen der Betroffenen gegenüberstehen. Besonders Bodenschätze stellen hier ein Problem dar: Wem sollen sie gehören, wer entscheidet über ihren Abbau, wer bekommt die Profite? Der Fall *Mabo vs. Queensland* in den 1980er Jahren in Australien steht hier stellvertretend für Landrechtskonflikte indigener Gruppen mit dem Nationalstaat. Nach einem sich über zehn Jahre hinziehenden Prozess bekamen die Kläger einer Aborigine-Aktivisten-Gruppe um Eddie Mabo 1992 die Besitz- und Nutzungsrechte an einer Inselgruppe zugesprochen, für die sie traditionelle Gebietsansprüche geltend machen konnten. Dieser als *Native Title* bekannt gewordene Rechtstitel garantiert den Aborigines seither Kollektiv- bzw. Individualrechte für Land, das nicht zuvor anderweitig an den Staat abgetreten worden war (vgl. Rowse 1995). Auch die Querung von Pipelines durch heilige Stätten der Ureinwohner führt immer wieder zu Konflikten, ein Thema, das in den letzten Jahren *First Nations-Vertreter/innen* gegen die kanadische Regierung aufbrachte.

International bemüht sich die *International Land Coalition,* ein globaler Zusammenschluss von fast 300 Interessengruppen aus Indigenenvertretern, Bauern und Bäuerinnen, NGOs, Forschungseinrichtungen, Gewerkschaften und multilateralen Organisationen, um die Unterstützung und Verteidigung indigener Land- und Ressourcenrechte auf unterschiedlichsten Ebenen. Ihr Engagement führte 2013 zur sogenannten Antigua Deklaration:

> "We voice our concern at the extreme vulnerability of many Indigenous Peoples to land grabbing and criminalisation of customary forms of land and natural resource use, particularly in contexts of extractive industries, conservation areas and commercial agriculture. Recognising that respect for indigenous cultures contributes to sustainable and equitable development and management of the environment, we commit ourselves to work together to more effectively support Indigenous Peoples in their struggle for territorial rights and the protection of their environments." (ILC Global Land Forum 2013; Kap. 4).

Wenn im Tiefland Lateinamerikas Indianergebiete von Goldsuchern heimgesucht werden, müssen die Indigenen eine Möglichkeit haben, ihre Gebiete mit Rechtstiteln belegen zu können. Hier kann z. B. *Participatory Mapping,* eine Methode aus der *Toolbox* partizipativer Erhebungstechniken ein wirkmächtiges Instrument werden. Indigene zeichnen ihr Habitat und die Landnutzung und machen ihre Landansprüche dadurch für Verwaltungen und politische Entscheidungsträger im wahrsten Sinne des Wortes „sichtbar". Die so erstellten

6.6 Landrechte

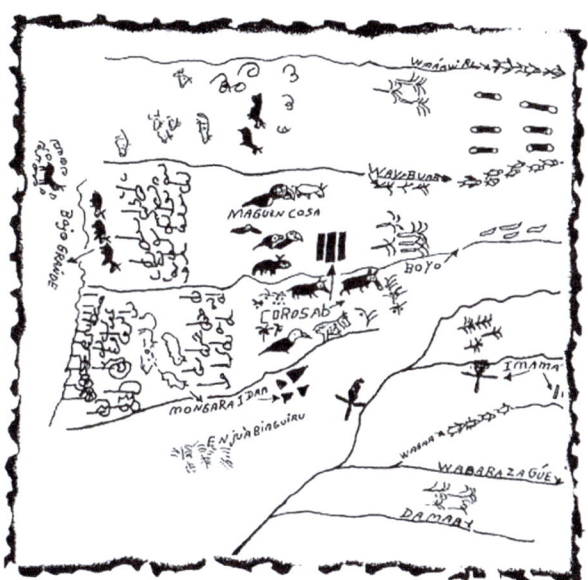

Abb. 6.6 Ausschnitt einer von einem indigenen Landvermesser gemeinsam mit Dorfbewohnern der Marwa Subregion in Panama handgezeichneten Landnutzungskarte (Denniston 1995, S. 2)

Karten helfen, Landtitel bei illegitimem Landraub vor Gericht einforderbar zu machen. So berichtet Denniston 1995 von MOPAWI, einer privaten honduranischen NGO, die seit 1987 eng mit indigenen Gruppen an Landlegalisierungsprojekten zusammengearbeitet hatte: „Mostly as a result of MOPAWI's work, indigenous land rights are now taken seriously for the first time in Honduras by national politicians" (Denniston 1995, S. 2) (Siehe Abb. 6.6).

Seit 1993, als die ersten größeren Landnutzungspläne mit *Indigenas* durchgeführt wurden, hat sich diese partizipative Form der „Katastererstellung" als *Participatory Land Use Planning (PLUP)* trotz teilweise massiver Widerstände durch nicht-indigene Stakeholder und nationale Politikinteressen als Erfolgsmodell etabliert. Inzwischen wird das Modell sogar in Städten des globalen Südens zur Legalisierung von Landansprüchen illegaler Siedler/innen in informellen Stadtrandsiedlungen eingesetzt (vgl. z. B. für Tansania: Gwaleba und Masum 2018). Die Ethnologin Reyes-Garcia hält das Vertrauen in die Tragfähigkeit von *Participatory Mapping* in Landrechtskonflikten aufgrund einer systematischen Untersuchung mit einer Zufallsstichprobe in indigenen Gemeinschaften Amazoniens allerdings für übertrieben (Reyes-Garcia et al. 2010).

In der Demokratischen Volksrepublik Laos wird 2009 ein Handbuch für die Implementierung eines partizipativen Landnutzungsplans (PLUP) erstellt. Die damit gemachten Erfahrungen führen 2012 zu einigen Neuerungen: So werden z. B. nun Daten aus modernen Geoinformationssystemen (QGIS) und aus den Ortsbegehungen zusammengeführt. Mit vom Dorf ausgewählten Vertreter/innen werden diese innerhalb eines Tages in ein dreidimensionales Landschaftsmodell übertragen, das für alle Dorfbewohner viel zugänglicher und einfacher zu ‚lesen' ist, als eine zweidimensionale Karte. Zur Verifizierung der im Modell eingetragenen Gemarkungsgrenzen werden Vertreter/innen aus benachbarten Dörfern eingeladen, um unklare oder strittige Grenzziehungen ggf. vor Ort klären zu können. Ein ähnlicher Zusammenführungsprozess wurde notwendig, um Angaben zur gegenwärtigen Landnutzung von Individualhaushalten und die von den Dorfbewohnern gemeinsam kartierten Gebiete in Einklang zu bringen. Nach der Aushandlung eines finalen Landnutzungsplans wird dieser in QGIS hochgeladen und am Bildschirm digitalisiert. Diese Karte dient dann als Legende für das 3D-Modell und wird zusätzlich auch auf eine große Wandtafel übertragen, die am Dorfeingang permanent aufgestellt wird. Auf diese Weise können alle Dorfbewohner und Außenstehende jederzeit auf die Informationen des Dorfflächennutzungsplans zugreifen (vgl. CIFOR 2012).

Schlichtung von Landstreitigkeiten auf den Salomonen
Auf den Salomoneninseln, wo die Regierung mit lokalen Gruppen über die kommerzielle Nutzung von in Stammesbesitz befindlichem Brachland ins Gespräch kommen wollte, wurde dem eigentlichen Aushandlungsprozess ein einjähriger Landaufzeichnungsprozess vorgeschaltet. Er sollte den Gruppen Zeit geben, Gebietsansprüche zu klären, rechtmäßige Eigentümer zu identifizieren und mit Hilfe von Rechtsberatung sich über Gefahren und Nutzen einer kommerziellen Nutzung von Brachland aufklären zu lassen. Konkrete Landstreitigkeiten wurden in einem dreistufigen Prozess geklärt: 1) beide Parteien gehen gemeinsam die Grenze ab und versuchen, ihre Meinungsverschiedenheiten bilateral zu klären. 2) Können Sie sich nicht einigen, werden sie eingeladen, einen Kompromiss zu vereinbaren: das umstrittene Grenzgebiet wird halbiert und die Mittellinie markiert. 3) Werden sich die Parteien weiterhin nicht handelseinig, wenden sie sich an das

6.6 Landrechte

House of Chiefs zur Schlichtung. Das strittige Gebiet wird in diesem Fall aus dem kommerziellen Flächennutzungsplan herausgenommen (Cook und Kofana 2008). Während der Aufnahmephase im Pilotprojekt wurden fast 90 % aller Meinungsverschiedenheiten im ersten Schritt geklärt. Der dritte Schlichtungsschritt beim *House of Chiefs* war in keinem Fall notwendig. Genügend Zeit, anwaltliche bzw. administrative Unterstützung und das dreistufige Klärungsverfahren trugen in diesem Beispiel maßgeblich zur lokalen Akzeptanz dieser Art von Landbesitzfeststellung bei.

▶ **Literaturempfehlungen**
- CIFOR (Center for International Forestry Research). 2012. Participatory Land Use Planning Handbook and Toolbox. NAFRI, IRD, CIFOR, Vientiane, Lao PDR. Electronic Document Accessed 29. pr. 2019: http://www.cifor.org/publications/pdf_files/HCIFOR1201.pdf.
- Cook, John and Genesis Eddie Kofana. 2008. Recording land rights and boundaries in Auluta Basin, Solomon Islands. Commonwealth of Australia (ed.): Making Land Work, Vol. 2. Case studies on customary land and development in the Pacific, 47–64. Accessed April 29 2019. Electronic Document: https://dfat.gov.au/about-us/publications/Documents/MLW_VolumeTwo_Bookmarked.pdf.
- Feiring, Brigitte. 2014. Indigenous peoples' rights to lands, territories, and Resources. International Land Coalition: Rome. http://www.landcoalition.org/sites/default/files/documents/resources/IndigenousPeoplesRightsLandTerritoriesResources.pdf – *Gesamtüberblick; global.*
- Gwaleba, J. und Masum, Fahria. 2018. Participation of Informal Settlers in Participatory Land Use Planning Project in Pursuit of Tenure Security. In: *Urban Forum,* 2, S. 169–184.
- Reyes-Garcia, Victoria et al. 2010. Does participatory mapping increase conflict? A randomized experimental evaluation in the Bolivian Amazon. *Tsimane' Amazonian Panel Study Working Paper, 59.* https://heller.brandeis.edu/sustainable…/wp/TAPS-WP-59.pdf.
- SIDA (2015): Women and Landrights. Policy Brief. https://www.sida.se/contentassets/1cc2e9756fd04d80bba64d0d635fe158/women-and-land-rights.pdf. *(Kurzübersicht zur Thematik).*

6.7 Elektronische und digitale Partizipation

Die Erfindung des ersten massentauglichen elektronischen Mediums ‚Radio', mit dessen Hilfe Informationen ohne Zeitverlust von einem Ort aus an eine Großzahl von Empfängern drahtlos weitervermittelt werden konnten, ist gerade einmal 100 Jahre alt. Produktion und Verbreitung lagen lange Zeit in der Hand Weniger. Infrastruktur und Sendelizenzen werden zudem seit jeher zentral vergeben und kontrolliert. Eine staatsferne, öffentlich kontrollierte Rundfunkordnung gab es in Deutschland erst nach dem 2. Weltkrieg (Gorse und Schneider 2018). 1981 machte dann ein Bundesverfassungsgerichtsurteil den Weg für den privaten Rundfunk frei. Neben kommerziellen Radiosendern bot dies auch Raum für bürgernahe und alternative Stadtradios. Die kolumbianische Medienwissenschaftlerin Clemencia Rodriguez beschreibt deren Potential 2001 als „… highly participatory by providing access and space for people to participate in all phases of media production" (Rodriguez 2001; cit. in: Tufte und Mefalopulos 2009, S. 12). Die Option, das Radio von einem bloßen Verteilungs- hin zum Kommunikationsmedium zu entwickeln, hatte schon den Dramatiker Berthold Brecht Anfang der 1930er Jahre beschäftigt:

> „Man hatte plötzlich die Möglichkeit, allen alles zu sagen, aber man hatte, wenn man es sich überlegte, nichts zu sagen. […] Ein Mann, der was zu sagen hat und keine Zuhörer findet, ist schlimm daran. Noch schlimmer sind Zuhörer daran, die keinen finden, der ihnen etwas zu sagen hat […]. Um das Positive am Rundfunk aufzustöbern; ein Vorschlag zur Umfunktionierung des Rundfunks: Der Rundfunk ist aus einem Distributionsapparat in einen Kommunikationsapparat zu verwandeln. Der Rundfunk wäre der denkbar großartigste Kommunikationsapparat des öffentlichen Lebens, ein ungeheures Kanalsystem, das heißt, er wäre es, wenn er es verstünde, nicht nur auszusenden, sondern auch zu empfangen, also den Zuhörer nicht nur hören, sondern auch sprechen zu machen und ihn nicht zu isolieren, sondern ihn auch in Beziehung zu setzen." (Brecht 1932, S. 127)

Im 3. Reich und der Zeit des 2. Weltkriegs wurde der Rundfunk in Deutschland allerdings gleichgeschaltet und zu einem reinen Propagandainstrument in der Hand der herrschenden Nazis. Mit dem im Auftrag von Reichspropagandaminister Joseph Goebbels entwickelten ‚Volksempfänger' sollten alle ‚Volksgenossen' auf den ‚Führer' eingeschworen werden (Reinle 2005). Auch der 2. Weltkrieg beginnt mit einer Propagandalüge im Rundfunk.[3] Nach dem Krieg

---

[3] „Zunächst inszeniert die SS einen angeblichen polnischen Überfall auf den Sender Gleiwitz. Dann bringen alle Reichssender am 1. September 1939 um sechs Uhr als Sondermeldung einen Aufruf Hitlers an die Wehrmacht: Es „bleibt mir kein anderes Mittel, als von jetzt ab Gewalt gegen Gewalt zu setzen" (Reinle 2005).

6.7 Elektronische und digitale Partizipation

und bis zur Einführung des digitalen Radios wurden Hörer/innen zunehmend in das Programm der neuen öffentlich-rechtlichen Sendeanstalten eingebunden. Sie durften in dafür etablierten Sendeformaten anrufen, mitreden, Stellung nehmen. In den 1980ern etablierten sich – zunächst noch als Piratensender – dann zunehmend auch von den großen Sendeanstalten unabhängige „freie" Radios.

Mit der Entwicklung des digitalen Internet Ende der 1980er Jahre ergaben sich ganz neue Beteiligungsoptionen. Dabei liegen die Vorteile der Digitalisierung auf der Hand: Sie bietet rasche und umfängliche Information, die wiederum Basis für eine fundierte Partizipation an Entscheidungsprozessen sowie eine größere Transparenz und eine umfänglichere Rechenschaftslegung gegenüber Bürgern darstellen kann. Die Einführung des interaktiven Web 2.0 Anfang der 2000er Jahre bedeutete dann die endgültige Auflösung des klassischen Sender–Empfänger-Modells. *Medientyp* (Gemeinschafts- oder Massenmedium), *Medienlevel* (gemeindebasiert/[trans-]national), die *institutionelle Aufhängung* (öffentlich/privat; unabhängig/staatlich kontrolliert) sowie deren *wirtschaftliche Logik* (kommerziell/gemeinnützig/gemischte Modelle) bestimmen seither wesentlich den *Partizipationsgrad* elektronischer Medien (vgl. Tufte und Mefalopulos 2009, S. 14). Cruz und Atanassova packen die Eigenschaften und Optionen der diversen *Online-*Kanäle für Wikimedia-Nutzer/innen 2017 in eine Synopsis und unterscheiden dabei zwischen synchronen und asynchronen Kommunikationskanälen, der Form des Kommunizierens (Text/Bild/Ton), Grad der Öffentlichkeit, der Dokumentationsoption sowie sinnvollen Einsatzfeldern des jeweiligen Mediums:

Mit dem Aufkommen des Web 2.0 verzeichnete auch Deutschland einen Trend zu mehr Bürgerbeteiligung über das Internet. Der Politikwissenschaftler Daniel Roleff konstatiert in einem Überblicksartikel zu digitaler Politik und Partizipation 2012:

> „Bund und die Länder greifen in ihren Gestaltungs- und Entscheidungsprozessen vermehrt auf digitale Kanäle zurück, sei es zu Kommunikations-, Verwaltungs- oder Konsultationszwecken. Umgekehrt finden auch immer mehr politisch interessierte und engagierte Bürger, Vereine und Initiativen den Weg ins Netz, um ihre Meinung zu äußern, für politische Anliegen zu streiten oder Entscheidungen zu beeinflussen. Es etabliert sich eine digitale Bürger-Staat-Beziehung: die ,*E(lektronische)-Demokratie*'" (Roleff 2012, unsere Hervorh.).

Dabei zeigen sich Partizipationsformen von unten vor allem in Kampagnenplattformen, Online-Petitionen und Internet-Ratgebern. Partizipationsformen von oben werden in erster Linie in der Digitalisierung der Verwaltung sichtbar. Aber auch die Anwendungsforschung macht von der Möglichkeit zur digitalen Nutzereinbindung Gebrauch (Siehe Abb. 6.7).

Tool	Sync/ Async	Document history	Medium	Public/Non-public	Good for
Talk Pages	Async	Yes	Text/Images	Public	Open, inclusive, public discussions, idea generation and approbation, collecting feedback
Google Documents	Async	Yes	Text/Images	Both/ Link needed	Drafts of specific documents, media strategies, exchange of lists with personal contacts, other documents containing private/sensitive information
Online conference tools (Hangouts, Skype, Blue Jeans)	Sync	No /Limited (allow recording)	Audio/ Video/ Text	Both/ Link needed	Real time, fast, operative discussions / planning within a relatively small group of people. Brainstorming.
Etherpad	Sync	Yes	Text	Public/ Link Needed	Brainstorming, taking notes of real time meetings, collaborative editing of shared content in real time
Social Networks	Async	Limited	Audio/ Video/ Text	Public/ Non-Public	Fast, operative discussions and coordination (i.e. real-time events), outreach to and engagement with external audiences
Survey tools GoogleForms Qualtrics, Survey Monkey)	Async	Limited	Text/ Graphics	Non-Public	Collecting detailed feedback by predefined questions and choice of answers; may collect personified or anonymous answers, private/sensitive information

Abb. 6.7 Kanäle für digitale partizipative Kommunikation (Cruz und Atanassova 2017)

Digitale Partizipation im globalen Norden

„Das Reallabor ‚GO Karlsruhe!' stellt den Fußgänger innerhalb einer inter- und multimodalen Mobilität in den Fokus und hat zum Ziel, das Wissen um die Anforderungen des Fußgängerverkehrs, die Bewertung von Infrastruktur und die Entwicklung von Verbesserungsmöglichkeiten deutlich zu erweitern. Bislang existieren zum Fußgänger nur wenige spezifische Forschungsergebnisse, zumal mit relevanter Beteiligung im realen Umfeld. Dabei werden neue Partizipationsinstrumente entwickelt und eingesetzt, welche über die Einsatzbereiche klassischer Bürgerbeteiligung weit hinausgehen und eine Entwicklung von bürger- zur nutzerzentrierten Verfahren der realen Nutzung vorantreiben. Digitale Partizipationsinstrumente erlauben die Einbeziehung der Fußgänger direkt vor Ort und ermöglichen die kontinuierliche Einbeziehung der Nutzerinnen und Nutzer in die Analyse, Konzeption und in Umsetzung des Reallabors." (Reallabor Go Karlsruhe 2019: https://www.hs-karlsruhe.de/projekte/angewandte-informatik-und-geoinformatik/reallabor-go-karlsruhe/).

6.7 Elektronische und digitale Partizipation

> Mit einer speziellen App können Fußgänger Berichte zur Fußgängerinfrastruktur an die Forschenden versenden. Über die Rubrik ‚Neuigkeiten' werden sie über das Projekt, über Ergebnisse und geplante oder umgesetzte Maßnahmen auf dem Laufenden gehalten.

Eine besondere Rolle innerhalb der *E-Bureaucracy* spielen ‚*konsultative und kollaborative Formate*' (Roleff 2012), in denen Bürger politische und administrative Prozesse mitgestalten. Die greifbarste Form stellen wohl die sog. ‚*Bürgerhaushalte*' dar, wo Bürger in ganz unterschiedlicher Form und Ausprägung in die Haushaltsplanung von Kommunen eingebunden sind. Ursprünglich entwickelt in Brasilien (Porto Alegre) und Neuseeland, hat sich das Instrument inzwischen auch im globalen Norden durchgesetzt. In Deutschland haben – Stand 2018 – bereits 269 Kommunen Erfahrungen mit Bürgerhaushalten gesammelt, ca. 100 davon sind derzeit aktiv (BpB 2018; https://www.buergerhaushalt.org/sites/default/files/9._Statusbericht_Buergerhaushalt.pdf). Die Mehrzahl setzt dabei auf die Sammlung von Bürgervorschlägen für Spar- oder Ausgabefelder. Es gibt aber auch eine geringe Anzahl feedback- und entscheidungsorientierter Bürgerhaushalte mit wesentlich umfassenderem Partizipationsgrad.[4] Der derzeitige Trend geht in Richtung *Bürgerbudget,* bei dem die Kommune den beteiligten Bürgerinnen und Bürgern einen festen Betrag zur Verteilung auf Projekte und Vorhaben zur Verfügung stellt (BpB 2019: http://www.buergerhaushalt.org/de/article/9-statusbericht. Für das Beispiel „Jugendlichenbudget vgl. Abschn. 6.4).

Und im globalen Süden? Elena Murelli prophezeite bereits Anfang des Jahrtausends in einem Schlüsselwerk zu den Potentialen der Digitalisierung für ‚Entwicklungsländer':"The massive presence of the Internet in the Developing

---

[4]„Vorschlagsbasierte Haushalte beruhen ausschließlich auf Vorschlägen aus der Bürgerschaft und sind zudem für Kommentare und/oder Bewertungen geöffnet. Die eigentliche Entscheidung über einen Vorschlag wird vom Stadtrat getroffen. Bei feedbackorientierten Verfahren diskutieren und bewerten Bürgerinnen und Bürger Vorschläge der Stadtverwaltung, eigene Vorschläge können sie dagegen nicht einbringen. […] In entscheidungsorientierten Haushalten haben Bürgerinnen und Bürger tatsächliche Entscheidungsbefugnisse über den kommunalen Haushalt oder einzelne Bereiche. Der Stadtrat fungiert in diesem Fall als formaler Entscheidungsträger über die von der Bürgerschaft gefällten Entscheidungen und hat sich verpflichtet, die Verwaltung mit der Umsetzung zu beauftragen." (BpB 2015, S. 13).

Countries has potentials for improving the human condition in these countries as, for example, it would make it easy to have access to basic information and it would also make the co-ordination of humanitarian assistance in the wake of natural disasters more efficient" (2002, S. 7). Inzwischen gibt es zahlreiche Erfolgsgeschichten für gelungene digitale Partizipation im globalen Süden. Zwei Beispiele mögen hierfür Beleg abgeben:

Digitale Partizipation im globalen Süden
Zahid Hasnain berichtet 2017 von einer digitalen Plattform in Kenia, die landesweit über einfache Handymitteilungen Kundenbeschwerden im Bereich der Wasser- und Abwasserversorgung aufnimmt, über Kundenmanager, die die Lösung des Problems verfolgen dann einen geeigneten Handwerker beauftragt und den Kunden nach erfolgter Behebung des Problems per SMS informiert. Er resümiert: "As a result, complaint resolution rates have doubled, and the time taken to resolve complaints has dropped by 90 percent." (Hasnain 2017; vgl. auch die Homepage der zuständigen Behörde des Projekts MajiVoice: www.majivoice.com).

Im ländlichen Karnataka in Indien gibt es digitale Service-Zentren, die es Bürgern ermöglichen, an kritische Dokumente, wie Geburts- oder Todesurkunden relativ barrierefrei zu gelangen. In der Folge haben sich vergebliche Behördenbesuche und Wartezeiten dramatisch verringert, ebenso die Chance, von Behördenmitarbeitern nach einem Bestechungsgeld gefragt zu werden (Hasnain 2017).

Schon recht gut erforscht ist der *Digital Divide* (Norris 2001; Zillien und Haufs-Brusberg 2014), der davon ausgeht, dass die Digitalisierung die Menschen immer mehr in Wissende und Unwissende, Chancenreiche und Chancenlose spaltet, je nach Position im System. Wer sich in einer privilegierten Ausgangssituation befindet, wer bereits viel weiß, kann auch eher beurteilen, wo er/sie neue brauchbare Informationen findet und wie welche Informationen zu bewerten ist. Außerdem fällt es dann leichter, selbst Inhalte zu verbreiten und deren Folgen zu antizipieren. Diese digitale Kluft existiert zwischen Nord und Süd ebenso wie zwischen Jung und Alt, Bildungsprivilegierten und –benachteiligten bzw. mit schnellem Internet ausgestatteten und digital weniger gut ausgebauten Regionen.

Ein weiterer Aspekt wird mit ‚*Filterblasen*' umschrieben, ein Begriff, den Eli Pariser 2011 bei einem TED Talk geprägt hat: Er befürchtet „eine Zukunft, in der jeder Mensch in seiner eigenen digitalen Filterblase lebt und nur Inhalte konsumiert, die durch Algorithmen der Plattformen gefiltert werden" (Humborg und Nguyen 2018, S. 30), ganz ähnlich einer *Echokammer,* bei der „Menschen unter Gleichgesinnten bleiben und nur ihre eigene Weltsicht als Echo reflektiert bekommen" (Humborg und Nguyen 2018, S. 30). Basis dieser Gedanken ist die „*Selective-Exposure*"-Hypothese des Sozialpsychologen Leon Festinger (Festinger 1957; Stroud 2018), die davon ausgeht, dass Menschen zur Vermeidung kognitiver Dissonanzen primär Informationen (bzw. Medieninhalte) auswählen, die den eigenen Interessen entsprechen und die mit eigenen Meinungen korrelieren. Bei den digitalen Medien treten nun noch Algorithmen hinzu, die von Suchmaschinenanbietern oder Onlinehändlern gezielt eingesetzt werden, personalisierte Ergebnisse liefern und so das Problem der Verengung und Segmentierung noch verstärken. Letztlich können die digitalen Medien also auch dazu führen, dass keine Horizonterweiterung, sondern eine Horizontverengung stattfindet. Speziell in Partizipationskontexten verdienen auch die durch die Nutzung digitaler Medien angestoßenen gesellschaftlichen Prozesse und die damit verbundenen Konflikte besondere Beachtung: Oftmals schaffen es gerade ältere Menschen, darunter auch Lehrer oder Amtsträger nicht, sich selbst die digitalen Medien rasch zu erschließen und werden von den Jüngeren abgehängt (vgl. dazu auch das Fallbeispiel „*One Laptop per Child*" im Kasten weiter unten).

Gerade im Kontext von EZ spielt auch der finanzielle Aspekt eine wichtige Rolle: Die Basis für die Digitalisierung ist das Vorhandensein von Hardware, verbunden mit der Möglichkeit, diese kostengünstig zu erwerben und reparieren zu lassen. Darunter fällt auch die Infrastruktur – ohne entsprechende Verkabelungen, Server etc. kein Internet. Der ländliche Bereich (viel Fläche, wenig Nutzer/innen) stellt hier eine besondere Herausforderung dar. Wenn die Digitalisierung auch ein Angebot darstellen soll, global besser Schritt halten zu können, ist ferner eine stetige Aktualisierung notwendig. Wie beim Technologietransfer ist es also mit einer einmaligen Investition nicht getan. Um Partizipationschancen zu bieten, erfordert die Digitalisierung eine stete Begleitung in technischer und inhaltlicher, aber auch in politischer Hinsicht und in Bezug auf das *Commitment* der Beteiligten. In diesem Sinne hält Hasnai für die von ihm dokumentierten Erfolgsgeschichten einer modernen *E-Bureaucracy* im Entwicklungskontext fest:

"However, in all of these examples, digital technologies require at least a modicum of the analog complements—committed managers, political support—to have impact. […] Without strong political ownership, automation projects can fail as bureaucrats and vested interests resist the reforms. User feedback works only if citizens have an incentive to use the channel, and only if the feedback provided is actionable for the service provider. For example, citizens are more likely to be concerned with a private good such as the household water supply than public goods like roads and municipal services." (Hasnain 2017).

„One Laptop Per Child!"

Etwa eine Milliarde Kinder in der Welt, so die Expertenschätzung, haben keinen ausreichenden Zugang zu Informationen und verfügen über unzureichende Bildungsmöglichkeiten. Um die digitale Kluft zu überwinden, die sich vor allem zwischen armen und reichen Ländern auftut, rief im Jahr 2005 eine Gruppe um den MIT-Media Lab Mitbegründer Nicholas Negroponte das Bildungsprojekt „One Laptop per Child" (kurz OLPC) – ein Laptop pro Kind – ins Leben (Siehe Abb. 6.8).

Abb. 6.8 OLPC Class – Mongolia Ulaanbaatar. (Photo by Carla Gomez Monroy) http://wiki.laptop.org/go/File:P1020061-1.JPG. (Wikimedia Commons)

6.7 Elektronische und digitale Partizipation

Mithilfe dieser virtuellen Plattform sollten bildungsferne Kinder in den ärmeren Ländern die (technischen) Mittel in die Hand bekommen, sich selbst und andere zu unterrichten. Negropontes erklärtes Ziel war es, mit dieser globalen Bildungsoffensive die Armut in der Welt zu eliminieren. Das Motto war: baue einen Laptop für unter 100 US$ und verteile ihn an alle Schulkinder eines Landes. Ermögliche mit Unterstützung der jeweiligen Regierungen und Bildungsministerien den Ärmsten in den Entwicklungs- und Schwellenländern den denkbar besten Zugang zu globalem Wissen und bringe sie damit informationstechnologisch auf Augenhöhe mit dem Rest der Welt. Die Idee, mit dem „Billiglaptop für die Armen" einen Quantensprung im Bildungssektor in Entwicklungsländern zu schaffen, ohne mühsame Investition in Bildungsmaßnahmen, Bibliotheken, Infrastruktur und kompetentes Lehrpersonal, klingt verlockend und hat erfolgreiche Vorbilder, wie der im Telekommunikationsbereich erfolgte Sprung vom Festnetzanschluss für wenige zum Mobiltelefon für die Mehrheit im globalen Süden.

Neun Jahre später ist das Projekt Geschichte. Auf der Habenseite stehen Laptops für mehr als zwei Millionen Kinder in den wenigen Ländern, die sich neben den USA und Australien auf einen Deal mit den Billiglaptops eingelassen haben (Uruguay, Peru, Ruanda, Haiti, die Mongolei). Negroponte hat das ‚Schiff' längst verlassen, Updates und Ersatzteile gibt es keine mehr und 2014 schloss auch die Unterstützerseite des Projektes, *die „OLPC-News"* (http://www.olpcnews.com/about_olpc_news/shutting_down_olpc_news.html).

Wo liegen die Gründe für das Scheitern? Wie bei so vielen *Transfer of Technology (ToT)*-Projekten ging es um nachgelagerte Projektfragen, wie den Aufbau von Infrastruktur für den Vertrieb und die Instandhaltung. Es ging um Lehrerfortbildung, um begleitendes Lehrmaterial, technischen Support, Ersatzteile, Softwarelizenzen und Upgrades (Kraemer et al. 2009). Es ging um Marktanteile, Machtansprüche, politischen Einfluss, private Interessen, Vorteilsnahme und um die ganzen in diesem Buch schon angesprochenen Fragen von Patronage und Dominanz. Aber es ging auch um das Verständnis des lokalkulturellen Kontextes, um die Frage, wer legitimer Ansprechpartner vor Ort für die Umsetzung des Projektes sein sollte, wie weit und mit welchem Eigeninteresse es jenseits von Regierungsabkommen von den lokal Verantwortlichen hätte mitgetragen werden können.

Es ging um die Frage, auf welche Bildungssituation, auf welche Lernkultur vor Ort diese Innovation traf (z. B. Lehrer, die um ihre Autorität und ihren Wissensvorsprung fürchteten). Es ging darum, was der Einbruch der virtuellen Wissenswelt in Familien auslöste, welche neuen Ungleichheiten im Informationszugang, welche neuen Abhängigkeiten und Begehrlichkeiten geschaffen wurden, wie die Laptops vor Diebstahl und wie die Kinder vor expliziten Inhalten von Gewalt und Sexualität geschützt werden sollten, aber auch was die Bevölkerung überhaupt im weltweiten Netz aufsuchen können sollte. Es ging um die Macht von Bildern, Symbolen und Software, den Kampf um die Programmoberflächen (Windows oder Linux), mit denen die Kinder an die globalisierte Wissenskultur herangeführt und damit für die Zukunft als Kunden gebunden werden sollten.

Letztlich geht es um die Frage, wer diese Entscheidungen für wen trifft und wer davon betroffen ist sowie darum, wie aus Information Wissen und wie aus Computertechnologie Bildung werden soll. So sagte Lee Felsenstein, Computeringenieur und Erfinder des ersten tragbaren Laptops in den 1980ern schon im Jahr 2007, zu einem Zeitpunkt, als das OLPC-Projekt noch ‚gehypt' wurde:

> "If OLPC were indeed an education project then it would proceed from the basis of an analysis as to what is wrong with education in the developing world and how it could be fixed. There would be copious and detailed references to research results, there would be pilot studies under way and a coherent argument would be advanced as to how the laptop or some other system – not just a device – would function to attain the desired results. There would even be discussion and argument as to what the desired results are and how they would be measured" (Felsenstein 2007).

6.8 Kultur

Wie funktioniert Partizipation, wenn die Kultur im Wege steht, wenn es z. B. als richtig gilt, Autoritäten nicht öffentlich zu widersprechen? Was, wenn „Partizipation" lokal ganz anders konnotiert wird, als in unserer westlichen Tradition? „Nicht immer ist z. B. die Änderung von *Patron-Klient*-Beziehungen von den Betroffenen erwünscht oder für sie von unmittelbarem Vorteil" (Nguyen 2016, S. 83 f.). So beschreibt Lurli Teves im Jahr 2000 für die Philippinen das Phänomen der „geschuldeten Dankbarkeit" *(„utang na loob"),* das in ein hierarchisches System wechselseitiger und oft lebenslänglicher, nicht kontraktuell abgesicherter Beziehungen von Gunst und Verpflichtungen eingebunden ist. Die Klienten nutzen dieses System als Netz zur Unterstützung und Hilfe in Notzeiten. Neben den lokalen politischen Führern stellen auch andere einflussreiche Gemeinschaftsmitglieder Ressourcen wie Darlehen und Kredite bereit, oder sie verschaffen Zugang zu Patronen, die für die Bereitstellung bestimmter strategischer Ressourcen wichtig sind.

In kommunalen Entwicklungsprozessen wird üblicherweise den lokalen politischen Führern die Projektverantwortung zugewiesen. Diese tendieren dazu, die

6.8 Kultur

Begünstigten von Projekten aus ihrer eigenen Klientel, nach *utang-na-loob*-Prinzipien auszusuchen. Auch die Motivation von lokalen Partnern, in Programmen zu partizipieren, hängt stärker an strategischen Entscheidungen innerhalb des *utang-na-loob*-Systems, als externen Geldgebern und Experten bewusst ist. Ohne es zu wollen, werden diese als moderne ‚*patrons*' in das kulturelle System von Abhängigkeit, geschuldeter Dankbarkeit und lebenslänglicher Verpflichtungen eingebunden – mit all den daraus entstehenden Missverständnissen und Enttäuschungen auf beiden Seiten, wenn sich Entwicklungsinstitutionen nach erfolgreicher „Übergabe" am Ende der Laufzeit von Projekten und Programmen aus der Zusammenarbeit zurückziehen (vgl. Teves 2000).

Es ist ratsam, lokal etablierte Diskursstrukturen zu berücksichtigen, insbesondere, wenn etwa das „öffentliche(n) Aushandeln von Entscheidungsprozessen in Gesellschaften ohne westlich-demokratische Tradition" (Hess et al. 1999, S. 13) nicht zu den eigenen Vorstellungen effektiver Diskursführung passt. Unter Umständen ist hier „abzuwägen, ob es eine grundsätzliche Übereinstimmung zwischen den Werten des partizipativen Ansatzes und der lokalen Entscheidungskultur gibt" (Hess et al. 1999, S. 38). Im Artikel „*Vietnamizing PRA*" beispielsweise stellen sich die Autoren die Frage: „*Just how Vietnamised can PRA become, before it comes into conflict with international, liberal PRA values?*" (Danish Red Cross 1996, S. 2). „Widersprechen die aus der Partizipation zu erwartenden Ergebnisse grundlegenden ethischen Normen der Gesellschaft, dann ist Partizipation nicht angemessen" (Koller 2007, S. 244). Dieser Gedanke kann die Idee allgemein umsetzbarer Partizipation ad absurdum führen: Möglicherweise sind partizipative Methoden also manchenorts geeigneter „,...für den öffentlichen, oft aggressiven Diskurs in der nordamerikanischen Kultur als (beispielsweise) für den relativ verschlossenen und ritualisierten' in der andinen Gesellschaft" so Edita Vokral (1994, S. 42) im Rahmen eines partizipativen Vorhabens in Ecuador.

> **„This is not the Wafipa Way"**
> Der externe Berater eines lokalen PRA-Prozesses in einer ländlichen Region Osttansanias berichtet: „Am Ende des partizipativen Planungsprozesses wurde über mögliche Projekte abgestimmt. Um Macht- und Gender-Ungleichgewichte zu minimieren, sorgten wir für einen differenzierten Abstimmungsprozess. Frauen stimmten mit Bohnen, Männer mit Maiskörnern ab; verwundbare Haushalte konnten über ihre Projekte allein entscheiden; die Körner wurden in Kalebassen geworfen, sodass jede/r

sich geheim an der Abstimmung beteiligen konnte. Beim Auszählen der Ergebnisse nahm der in den PRA-Prozess eingebundene lokale Gesundheitsmitarbeiter den deutschen Teamleiter zur Seite und wies ihn mit dem Satz: ‚This is not the Wafipa way' darauf hin, dass in dieser Gegend Dorfentscheidungen in einem mehrtägigen Prozess in den dafür vorgesehenen Gremien der Männer und Frauen gefällt würden. Nach einer kontroversen Diskussion, in der auch die Frage über ‚vorgeschobene' oder ‚echte kulturelle Argumente' eine Rolle spielte, verständigte sich das PRA-Team darauf, den demokratischen, gender- und gruppensensitiven Entscheidungsprozess abzubrechen. Das Team setzte sich mit den Dorfoffiziellen zusammen, um einen Kompromiss zu finden: Dorfbezogene Projekte sollten demnach den lokalen Entscheidungsfindungsstrukturen überlassen bleiben. Das Projekt behielt hingegen die Möglichkeit, bestimmte Gruppen (Frauen, verwundbare Haushalte, für die spezielle Programme im Projekthaushalt vorgesehen waren) in eigener Regie zu unterstützen." (AGEE 2013, S. 14).

Warum kommt Afrika nicht vom Fleck? Weshalb versickern seit Jahrzehnten die gewaltigsten Entwicklungssummen? Gibt es einen Zusammenhang zwischen kulturellen Vorstellungen, Armut und Unterentwicklung? Afrikawissenschaftler stellen immer wieder einen direkten Zusammenhang zwischen ‚tief verwurzelten' Hexereivorstellungen in Afrika, Armut und Unterentwicklung her. So resümierte Dirk Kohnert, langjähriger Vizedirektor am GIGA Institut für Afrika-Studien in Hamburg in der Zeitschrift World Development 1996:

> "The belief in occult forces is still deeply rooted in many African societies, regardless of education, religion, and social class of the people concerned. [It] has serious implications for development cooperation. Development projects, which constitute arenas of strategic groups in their struggle for power and control over project resources, are likely to add further social stress to an already endangered precarious balance of power, causing witchcraft accusations to flourish" (Kohnert 1996, S. 1347).

Der Rückgriff auf ‚tief verwurzelte' Glaubensvorstellungen allein greift jedoch zu kurz, um das Phänomen angemessen zu erklären. Die gegenwärtigen Lebensumstände sind an vielen Orten der Welt von Vertrauensverlust in die Fähigkeit traditioneller Institutionen geprägt, notwendige Ressourcen für die persönliche Entwicklung bereitzustellen. Damit einher geht ein wachsendes

Interpretationsbedürfnis für persönliches Unglück oder fehlende Zukunftsperspektiven. Das Problem für die Zukurzgekommenen und Verarmten ist nicht die Ankunft der Moderne an sich, an der die meisten von ihnen nur zu gerne partizipieren wollen. Die Frage, die sie umtreibt, ist, wie eine gerechte Umverteilung aussehen müsste. Im Hexereiparadigma und anderen okkulten Praktiken drücken sich die Bemühungen von Menschen aus, sich selbst Macht zuzuschreiben. Damit versuchen sie ein gewisses Maß an Kontrolle über eine Welt zurückzugewinnen, die sich zunehmend ihrem Einfluss entzieht (Comaroff und Comaroff 1993, S. XIV). Letztlich geht es auch hier nicht (nur) um Kultur, sondern um blockierte oder verweigerte gesellschaftliche Teilhabechancen, denen mit Deutungs- und Handlungsmustern aus dem eigenen kulturellen Repertoire begegnet wird (für den weiteren Zusammenhang Schönhuth 2019a).

▶ **Literaturempfehlungen**
- Cooke, Bill und Kothari, Uma (Hg.). 2001. Participation: The New Tyranny? New York: Zed Books. *(Sammelband, der sich kritisch mit dem ganzen Partizipationsansatz der 1990er Jahre auseinandersetzt – darin auch: Mosse 2001)*
- Community Toolbox Team. o. J. Section 4. Adapting Community Interventions for Different Cultures and Communities https://ctb.ku.edu/en/table-of-contents/analyze/choose-and-adapt-community-interventions/cultural-adaptation/main. *(Bietet eine ausgezeichnete Schritt-für-Schritt-Anleitung, für die Klärung der Fragen, wie man Kultur fassen kann, wann sich eine ‚kulturelle' Anpassung des Programmdesigns für beide Seiten lohnt, wie diese Anpassung stattfinden sollte und was bei auftretenden Konflikten getan warden könnte).*
- Cornwall, Andrea und Fleming, Sue. 1995. Context and Complexity: Anthropological Reflections on PRA. PLA Notes, 24, 8–12.
- Cornwall, Andrea und Pratt Garett. 2011. The Use and Abuse of Participatory Rural Appraisal. Reflections From the Practice. Agriculture and Human Values 28, 2, 263–272.
- Hickey, Samuel und Mohan, Giles (eds.). 2004. Participation: From Tyranny to Transformation? New York: Zed Books. *(Quasi die"konstruktive Antwort auf Cooke/Kothari 2001. Besprechung beider Sammelbände in FQS, 7, 2, 2008:* http://www.qualitative-research.net/index.php/fqs/article/view/91/189).

- Mansuri, Ghazala; Rao, Vijayendra. 2013. Localizing Development: Does Participation Work? Policy Research Report. Washington, DC: World Bank. https://openknowledge.worldbank.org/handle/10986/11859.
- Scoones, Ian. 1995. PRA and anthropology. Challenges and Dilemmas. PLA Notes, 24, 17–20.
- Spies, Eva. 2006. Das Dogma der Partizipation. Interkulturelle Kontakte im Kontext der Entwicklungszusammenarbeit in Niger. Köln: Rüdiger Köppe. (Diss.)
- Spies, Eva. 2010. Partizipative Entwicklung – eine global anwendbare Vorstellung von Zusammenarbeit?; *Journal für Entwicklungspolitik*, 4, 50–72.

Transferfrage

In Gambia soll im Rahmen einer Tourismusinitiative mit ausländischer Entwicklungshilfe das „lästige" Phänomen der ‚*almudos*', bettelnder Straßenkinder eingedämmt werden. Trotz ihres oft verwahrlosten Äußeren handelt es sich bei ihnen nicht um ‚reine' Straßenkinder. Durch das Bitten um Almosen (‚*zakat*') appellieren die *almudos* an ein wichtiges Merkmal moslemischer Religionspraxis: Den Bedürftigen zu geben, ist im Islam ein Akt von Gottesdienst, ein Weg, Gott für das eigene Wohlergehen zu danken. Auch übernehmen Koranschulen Bildungsfunktion. Die Abschaffung dieser Form der Straßenbettelei berührt also kulturell-religiöse Normen, ökonomische Haushaltsstrategien und den Bildungsbereich gleichermaßen. Hätten Sie Ideen zu einem „integrierten" Vorgehen? Welche Schritte fallen Ihnen als erstes ein? (zum kulturellen Hintergrund vgl. Hunt 1993).

Partizipation und Repräsentation 7

Der Begriff „Repräsentation" beinhaltet oft ein Passiv: Man wird repräsentiert und ist damit auf eine angemessene Sichtweise eines anderen, des Repräsentierenden, angewiesen. Repräsentation kann dabei jegliche Form medialer Inhalte umfassen – von Erzählungen über Fotografien bis hin zu Fernsehbeiträgen. Diesem großen Feld können wir hier nicht gerecht werden und konzentrieren uns daher auf die Repräsentation der Betroffenen in typischen Massenmedien.

Wichtig ist, im Hinterkopf zu behalten, dass die (massen-)mediale Repräsentation zwangsläufig unvollständig sein muss und dass ihr stets bewusste oder unbewusste Entscheidungen zugrunde liegen, zwar auch Entscheidungen derjenigen, die sich präsentieren, oftmals aber in erster Linie Entscheidungen der Repräsentierenden, also der Medienproduzenten. Schon die Selektion – welcher Ausschnitt der Realität wird ausgewählt – stellt eine dieser Entscheidungen dar.

Zugleich ist mediale Repräsentation nachhaltig in dem Sinne, dass sich bestimmte Bilder festsetzen und, vor allem bei häufiger Wiederholung, unbewusst einbrennen. Man besitzt dann ein bestimmtes Bild von den anderen, das sich schwer ändern lässt und das unter Umständen weitreichende Konsequenzen für die Dargestellten hat (Abb. 7.1).

> **Die Entzerrung der Welt**
> Weltkarten sind keine objektiven Illustrationen, sondern beinhalten zahlreiche Implikationen und Wertungen. Die typische Kartendarstellung hat die Mercator-Projektion als Basis, auf der sich gerade Linien zeichnen lassen. Dies war besonders in Zeiten der ersten großen Seefahrten sehr vorteilhaft, um Reiserouten einfach darzustellen. Daraus resultiert jedoch, dass die Bereiche nahe der Pole stark vergrößert dargestellt werden. Daher

Abb. 7.1 Dieses Foto funktioniert nicht ohne Hintergrundinformationen: Das Kind lebt in bitterer Armut, besitzt aber eine Familie, die sich um es kümmert. Das Comic-Stofftier kann einerseits als ironisches Element gedeutet werden, andererseits aber auch als Zeichen dafür, dass die Familie es dem Kind so nett wie möglich gestalten möchte. (© Jerrentrup 2016)

wirkt beispielsweise der Kontinent Afrika weitaus kleiner, als er es tatsächlich ist. Oder hätten Sie gewusst, dass die USA, Europa, Indien, Japan und China flächenmäßig alle in Afrika unterzubringen sind?

Außerdem zeigt die uns geläufige Kartendarstellung Europa oben mittig, Ostasien und Australien am rechten Rand. Die Orte „Mitte", sowie „oben" und „unten" implizieren bereits Wertungen bzw. legen bestimmte Gewichtungen nahe – wer sich im Zentrum oder in der Peripherie befindet, wer dominant ist und wer subordiniert. Besonders problematisch dabei ist, dass solche Darstellungen, die uns von Kindesbeinen an vertraut sind, unbewusst wirken und nur selten reflektiert werden (Abb. 7.2).

7 Partizipation und Repräsentation

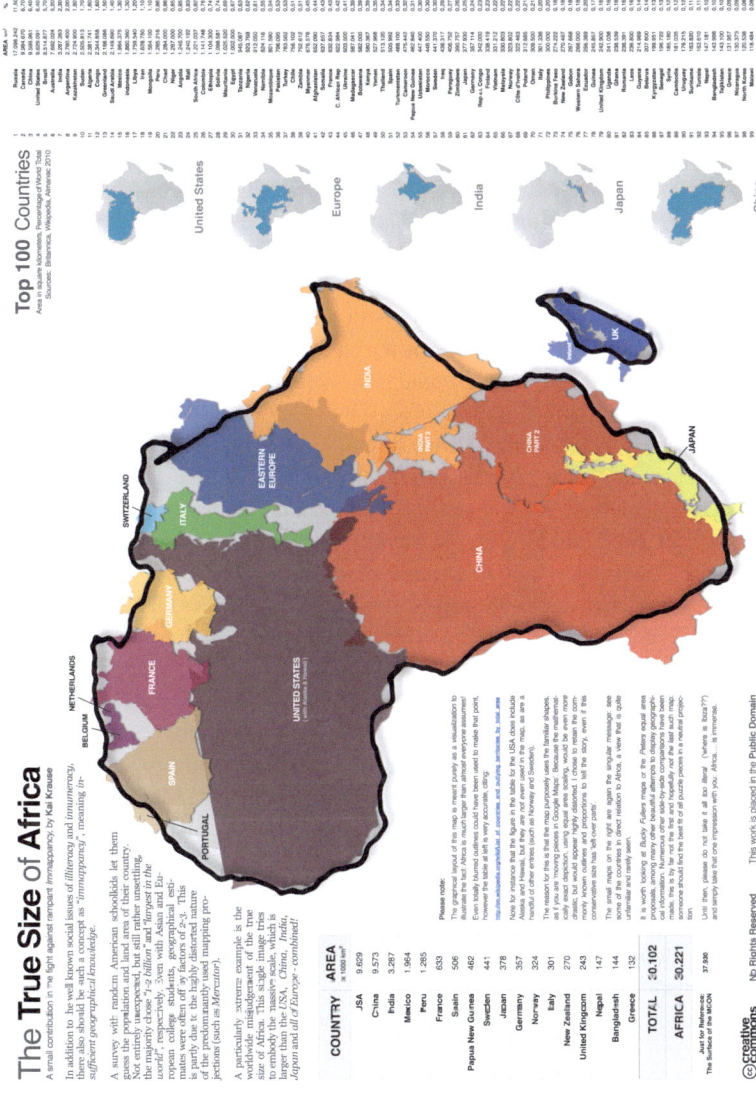

Abb. 7.2 © Kai K¯ause, Wikimedia Commons

▶ **Medialink**
- Für unterschiedliche Weltkarten-Projektionsmodelle sowie deren Vor- und Nachteile vgl. https://de.wikipedia.org/wiki/Peters-Projektion.

7.1 Repräsentation in unterschiedlichen Mediengefügen

Wie werden Menschen aus sogenannten Dritte-Welt-Ländern repräsentiert, wenn es darum geht, in der „westlichen" Bevölkerung Sensibilität zu kreieren und verantwortungsvolles Handeln zu fördern sowie ggf. zugleich Spendengelder zu generieren? Bereits diese beiden Punkte, die Schaffung für ein Problembewusstsein, entsprechendes Handeln und das Generieren von monetären Zuwendungen, können ganz konträre Repräsentationen nahelegen. Vor der Analyse der Repräsentation steht die Betrachtung der wichtigsten Formate:

- *Nachrichten:* Nachrichten, gerade öffentlich-rechtlicher Sender, sollen dem Publikum möglichst neutrale Informationen liefern. Allerdings unterliegen Nachrichten diversen Zwängen, die diese Neutralität unterwandern. So kann Zeitdruck dazu führen, Material zu verwenden, das nicht aus einer neutralen Quelle stammt oder nur einen unrepräsentativen Eindruck gibt. Bisweilen ist es angesichts von Zeitdruck, Kosten oder persönlicher Gefahr auch nicht möglich, dargebotene Inhalte ausführlich auf ihre Quellen zu prüfen.
- *Reportagen:* Reportagen zeichnen sich durch mehr Ausführlichkeit aus, als Nachrichten. Der Journalist berichtet meist aus eigener Anschauung. Häufig wird ein Sachverhalt anhand eines Beispiels illustriert – auch hier stellt sich die Frage nach der Repräsentativität, ebenso wie nach den Interessen des betreffenden Journalisten bzw. des ihn entsendenden Mediums.
- *Politisch-gesellschaftlich motivierte Inhalte:* In vielen Fällen ist es schwierig, eine derartige, über die Information hinausgehende Motivation zu identifizieren. Verschiedene Techniken, etwa Experten-Statements oder das Berufen auf Statistiken lassen interessengeleitete Informationen neutral erscheinen. Doch schon das reine Agenda-Setting kann politisch motiviert sein.
- *Fiktionale Inhalte:* Meistens steht hier die Unterhaltung und mit ihr die zu erzielende Quote im Vordergrund, allerdings wird sich auch hier an aktuellen Geschehnissen, Missständen etc. orientiert. Oftmals fällt es leichter, mit Klischees zu arbeiten, etwa um die Aufmerksamkeit des Betrachters nicht auf etwas Unwichtiges zu lenken. Erscheinen beispielsweise in einem herkömmlichen Krimi ein weißer Butler und ein schwarzer Hausherr,

könnte dies vom Zuschauer, der diese Konstellation nicht gewohnt ist, als Zeichen für ein gesellschaftliches Thema oder eine besondere Situation verstanden werden, selbst wenn es an sich keine Relevanz für den Fortgang der Story beinhaltet. Aus diesem Grund bleiben viele Medienmacher, selbst wenn sie sich der Problematik bewusst sind, oft beim Althergebrachten.
- *Werbung für wohltätige Zwecke:* In diesem Format sollen Bilder und/oder Texte dazu dienen, bestimmte Einstellungen und/oder Verhaltensweisen zu ändern und/oder Spendengelder für die eigene Organisation zu erlangen – dies durchaus auch in Konkurrenz zu anderen Organisationen.

Kann Technik rassistisch sein?
Weißsein *(Whiteness)* wurde seit jeher als Norm betrachtet, wenn es um die Filmchemie, wie auch um die digitale Filmtechnik ging. „Seit Mitte der fünfziger Jahre benutzte Kodak ‚Shirley cards' zur Kalibrierung der Farbtöne und verteilte zigtausende in Fotolabore weltweit als Hilfe für die Filmentwicklung. Die Karten zeigten das Model Shirley Page, deren elfenbeinfarbener Teint als Standard für die Abmischung gelten sollte. Dabei sei eine Ausrichtung auch auf das Kontinuum anderer Töne technisch möglich gewesen" (Kühne 2017). So weigerte sich schon 1978 der französisch-schweizerische Regisseur Jean-Luc Godard 1978 bei Dreharbeiten mit Kodakfilmen zu arbeiten – sie seien rassistisch. „Kodak habe sich erst bemüht, Brauntöne chemisch besser einzubinden, als die Kritik an der Bildqualität von zwei für das Unternehmen wichtigen Playern kam: von der Möbelindustrie und von der Schokoladenindustrie" (Kühne 2017).

Die Unterscheidung zwischen diesen unterschiedlichen Zielen und entsprechenden Formaten fällt oft nicht leicht. Selbst, wenn ein Medienmacher nach „neutraler Wahrheit" strebt, ist sie oft nicht vollends zugänglich. Auch ökonomische, ökologische, politische, kulturelle Aspekte, die den Rezipienten zum Verständnis einer im Bild dargestellten Situation bekannt sein müssen, sind meist nicht einfach und kurz erklärbar.

In ganz unterschiedlichen Formaten und mit unterschiedlicher Motivation werden Menschen repräsentiert. Diese Repräsentationen erzeugen bei den „westlichen" Rezipienten ein bestimmtes Bild und damit verbunden Meinungen und Überzeugungen. Dieser einfache und doch wichtige Zusammenhang, der für die demokratische Entwicklungspolitik von fundamentaler Bedeutung ist, wird vergleichsweise wenig reflektiert. Partizipation spielt hier in zweierlei Hinsicht eine

Rolle: Die „westlichen" Wähler haben teil an der Politik, indem sie ihre Stimme für bestimmte Politiker abgeben, und haben teil an der öffentlichen Debatte, am Vorherrschen von Überzeugungen und Meinungen in ihrem kulturellen Kontext. Außerdem treffen sie individuelle Entscheidungen, die mehr oder minder starken Einfluss auf die Betroffenen in den Entwicklungsländern haben – etwa, welche Produkte bestimmter Konzerne sie kaufen oder boykottieren, oder ob und für wen sie Geld spenden.

Auf der anderen Seite stehen die Repräsentierten und die Frage, inwieweit diese einen Anteil daran haben, wie sie dargestellt werden und welche Meinung über sie folglich nahegelegt wird.

Partizipation der Spender/innen
Gerade für NGOs sind Spendengelder oft unerlässlich. Wie aber kann man Spender auch an den jeweiligen Projekten beteiligen und wäre das überhaupt sinnvoll?

Im Sinne größtmöglicher Nachhaltigkeit ist die Partizipation der Spender aus mehreren Gründen interessant: Sie können sich auf diese Weise mehr eingebunden fühlen und entsprechend mehr Verpflichtung empfinden, kontinuierlich zu spenden. Außerdem stellt dies eine Möglichkeit dar, in die „westliche" Zivilgesellschaft hinein zu wirken, entwicklungspolitische Zusammenhänge zu erklären und die Betroffenen lernen zu lassen. Auch umgekehrt, Lernen von den Spendern ist denkbar, wenn sie etwa durch eine neue Sichtweise auf Probleme innovative Impulse einbringen.

Zwischen- und Ergebnisberichte stellen die typische Art dar, auf welche Spender zumindest informiert werden. Inwieweit diese jedoch auch selbstkritisch evaluierend sein können, sei in Anbetracht der Hoffnung auf weitere Gelder dahingestellt. Gemeinsame Workshops im In- oder Ausland könnten weitaus mehr Informationen liefern und die Chance zu echter Partizipation der Spender bieten, erfordern aber hohen finanziellen und zeitlichen Aufwand.

7.2 Interessenkonflikte

Wie schon angeklungen, bestehen, wenn es um Repräsentationen geht, häufig Interessenskonflikte. Am Beispiel von Werbung für wohltätige Zwecke lässt sich dies besonders gut darstellen, weshalb an dieser Stelle auf sie beispielhaft eingegangen werden soll: Ist das Ziel vornehmlich eine möglichst effektive Einwerbung monetärer Mittel, liegt es oft nahe, eine möglichst einfach und günstig umsetzbare und wirksame Werbestrategie zu wählen. So zeigen viele Werbungen für wohltätige Zwecke Kinder: Die Rezipienten sind biologisch darauf programmiert, auf dieses Schema zu reagieren. Kinder jeglicher Herkunft sprechen das Kindchenschema an, man empfindet sie als niedlich und fühlt sich ggf. motiviert, zu helfen.

Eine andere Begründung für die Nutzung von Kinderfotografien liegt im Gerechte-Welt-Motiv. Die zugrunde liegende Theorie geht davon aus, dass Menschen bestrebt sind, in einer gerechten Welt zu leben, in der der Outcome bestimmter Bemühungen einigermaßen kalkulierbar ist: „Vielen Menschen scheint die Erhaltung des Glaubens … ein Anliegen zu sein, die Erhaltung des Glaubens, daß jeder bekommt, was er verdient, und vice versa, daß jeder verdient, was er bekommt" (Dalbert et al. 1987, S. 598). So steht das Gerechte-Welt-Motiv im Zusammenhang mit dem Wunsch nach Kontrolle. Ist nun die Welt offensichtlich nicht gerecht, gibt es für den Einzelnen unterschiedliche Strategien, sein Bedürfnis nach einer gerechten Welt dennoch zu befriedigen. Er kann zunächst aktiv dafür sorgen, dass eine Situation verbessert wird. Dies gelingt, wenn eine ausreichende Selbstwirksamkeit angenommen wird. *Einem* Kind kann der Rezipient helfen, steigt die Zahl aber auf mehrere, auf Hunderte, Tausende oder gar Millionen an, bleibt ihm nichts Anderes übrig, als zu resignieren und ggf. auf eine andere Strategie zurückzugreifen. Dieser Zusammenhang macht es für die Spendenwerbung so attraktiv, Einzelschicksale zu präsentieren (vgl. Jerrentrup 2005a, S. 63).

Eine andere Strategie, die Welt „gerecht zu machen", sind mentale Uminterpretationen. Eine der extremsten Uminterpretationen ist der Selbstverschuldungsvorwurf: „Die Benachteiligten haben es auch nicht anders verdient". Dieser Vorwurf greift bei einem Kind nicht, es kann noch nicht für sein Schicksal verantwortlich gemacht werden. Aus diesen Gründen lässt sich die Präsentation von Kindern im Sinne eines größeren Spendenaufkommens gut nachvollziehen. Andererseits wird auf diese Weise die bedürftige Bevölkerung mit Kindern gleichgesetzt. Eine solche Darstellung fördert die paternalistische Sicht auf die Menschen aus entsprechenden Regionen – als müsste der „Westen" eine Beschützer- und Lehrerrolle gegenüber Unmündigen übernehmen.

Warum sollte eine solche Sichtweise in der breiten Bevölkerung negativ sein, wenn sie doch Spendengelder generiert? Sie suggeriert eine falsche Sicht auf weltpolitische Zusammenhänge und öffnet heimischem Rassismus Tür und Tor. Dies wiegt umso schwerer, als weite Teile der heimischen Bevölkerung während der Schulzeit sehr wenig über Länder des globalen Südens erfahren haben und die Botschaft der Bilder somit nicht auf ein differenziertes Wissen trifft. Entsprechend wenig adäquat kann sie eingeordnet werden (vgl. Jerrentrup 2005a, S. 129 f.).

In weniger krasser Form betrifft dieses Problem auch andere Motive, die sich nicht des Kindchenschemas bedienen. Es liegt in der Natur der Werbung, komprimierte Botschaften zu vermitteln, sodass kein Raum für komplexe Botschaften bleibt, deren Erfassung mehr Zeit benötigen würde. Auf besonders ‚plakative' Weise vermittelt dieses Dilemma eine Plakatkampagne, die die Christoffel-Blindemission (CBM) zwischen 2004 und 2006 in deutschen Medien geschaltet hatte (Abb. 7.3).

Stellt das Plakat eine kreative Umsetzung der Thematik dar, das auf große Kinderaugen und Armutsmetaphern verzichtet und dafür mit besonders ästhetischen Stilmitteln arbeitet? Oder handelt es sich um ein rassistisches Motiv, das den Afrikaner als „Spendenbox" darstellt, entmenschlicht, passiv und düster? Für die Kampagne hatte die verantwortlich zeichnende Agentur BBDO einen

Abb. 7.3 „Spenden Sie Augenlicht". © Christoffel-Blindenmission (CBM). Zur Interpretation dieses Motivs vgl. Jerrentrup 2005a, S. 68 f. (CBM arbeitet in seiner Spendenakquise inzwischen überaus differenziert mit Spendenoptionen, die von der Einmalspende (30 EUR für eine Graue-Staroperation bei einem Erwachsenen) bis zu regelmäßigen Zahlungen für integrierte Projekte wie Schulaufklärung, Nachsorge, oder Klinikbau reichen (vgl.: https://www.cbm.de/). Das Motto „Wir öffnen Augen" soll diesen Anspruch unterstreichen. Ein Zielwiderspruch (erfolgreiche Spendenakquise durch Komplexitätsreduktion versus an Nachhaltigkeit und Partizipation orientierter Praxis) bleibt)

Preis des Gesamtverbands Kommunikationsagenturen gewonnen. Nach Protesten wegen „herabsetzender Darstellung blinder Menschen" wurde sie 2006 von CBM eingestellt.

Metaphorische Bilder und Motive, die die Person des Helfenden in den Vordergrund stellen, umgehen in der Regel eine rassistische Rollenzuweisung, zeigen aber möglicherweise weniger Wirkung und sind ebenfalls stark verkürzend. *Commitment* für eine nachhaltige Politik des sozialen Ausgleichs lässt sich nur erzielen, wenn auf der Seite der Geber *(Donor)* lokale Realitäten und Zusammenhänge globaler Abhängigkeit gleichermaßen an potenzielle Spender/innen vermittelt werden. Punktuelle, differenzierte Darstellungen alleine schaffen es nicht, die Menge simplifizierender oder inkorrekter Darstellungen zu relativieren. Auch ein Verständnis für andere kulturelle Kontexte ist notwendig, um Fehlschlüssen und Abwertungen vorzubeugen.

7.3 Partizipation an der Darstellung

Neben einem vor allem in der Werbung beobachtbaren Trend zur metaphorischen Darstellung, die dazu führt, dass sich der Rezipient mit dem Motiv auseinandersetzen muss (vgl. Jerrentrup 2005b, S. 109 f.), kann zur Lösung des Problems auch die Partizipation der Betroffenen an ihrer Darstellung beitragen. Während dies bei Nachrichtenformaten aufgrund der Zeitgebundenheit des Formats nur sehr bedingt möglich ist, stellt dies bei weniger zeitgebundenen Medienformaten wie Reportagen oder Werbung für wohltätige Zwecke eine Option dar. Wie auch bei anderen partizipativen Kontexten ist die Beteiligung auf unterschiedliche Weise denkbar – als Begutachtung eines Motivvorschlags, als gemeinsame Produktion oder als Produktion ausschließlich von den Betroffenen. Mehrere Aspekte erschweren neben eventuellen monetären Einbußen aufgrund weniger anziehender Werbung diese an sich folgerichtige Vorgehensweise: Zunächst müssten die Betreffenden eine Einweisung in Medienwirkungstheorien erhalten, es wäre also notwendig, Unterricht zu organisieren und zu erteilen. Auch müssten die Betreffenden etwas über das Land, in dem die Darstellung gezeigt werden soll, lernen, welche visuellen Konventionen es gibt, auf welche archetypischen Muster oft zurückgegriffen wird u. v. a. Zudem sind die Gruppen, mit denen zusammengearbeitet wird, selten homogen und es mag unterschiedliche Interessen geben, die die Betreffenden in unterschiedlicher Präsentation realisiert sehen. Dem Wunsch nach angemessener Repräsentation zu begegnen, gestaltet sich folglich als schwer umsetzbar. Eine Alternative könnte darin bestehen, mit Menschen, die aus entsprechenden Gegenden stammen und schon längere Zeit in einem „westlichen" Land leben und damit beide kulturelle Kontexte kennen, zu kooperieren, wenngleich auch von ihrer Seite bestimmte Interessenskonflikte denkbar sind.

Andererseits ist aber auch die Medienerziehung der Rezipienten im „Westen" zentral. Sie kann dabei helfen, Botschaften angemessener zu interpretieren.

Das partizipative Museum
Auch in der Museumsarbeit können partizipative Techniken angewandt werden, „um die Institutionen zu relevanten, mehrstimmigen, dynamischen und für alle zugänglichen öffentlichen Räumen zu machen" (Simon 2012, S. 98). Besonders im Bereich von Völkerkundemuseen, wo es wiederum um Repräsentation und das dadurch gezeichnete, öffentliche Bild geht, scheint dies ein sehr wichtiger Einsatz zu sein. Die derzeitige Restitutionsdebatte im Rahmen des Berliner Humboldtforums (Rückführung von in der Kolonialzeit geraubten Kulturgütern in die Herkunftsstaaten zeigt dies eindrücklich (z. B.: https://www.zeit.de/2018/21/hartmut-dorgerloh-intendant-humboldt-forum-interview/komplettansicht)

Es bestehen Parallelen zur *„Citizens' Exhibition"*, die jedoch handlungsorientierter und oftmals direkt vor Ort stattfindet.

▶ **Literaturempfehlung**
- Piontek, Anja (2017): Museum und Partizipation. Theorie und Praxis kooperativer Ausstellungsprojekte und Beteiligungsangebote. Bielefeld: transcript
- Kraus, Michael und Noack, Karoline (2015): Quo vadis, Völkerkundemuseum?: Aktuelle Debatten zu ethnologischen Sammlungen in Museen und Universitäten. Bielefeld: transcript

Transferfrage
Wie würden Sie sich persönlich zum Werbeplakat „Spenden Sie Augenlicht" (Abb. 7.3) positionieren? Was spricht sie an, was stößt Sie ggf. ab? Stellen Sie sich statt des schwarzen ein „weißes" Gesicht vor. Würde die Botschaft auch bei einem Aufruf zur finanziellen Unterstützung notleidender weißer Amerikaner funktionieren, die aus ihrer Krankenversicherung gefallen sind? Welche impliziten Annahmen bzw. Erwartungsstrukturen funktionieren bei diesem Gedankenexperiment nicht mehr?

Partizipation und Ethik 8

In der Entwicklungszusammenarbeit wurden Ethikfragen seit den 1970er Jahren diskutiert, als der australische Philosoph Peter Singer die Bürgerinnen und Bürger der OECD-Staaten aufforderte, „[…] Entwicklungsorganisationen großzügig mit Spenden zu unterstützen, damit diese effizient Nothilfe leisten und Menschenleben retten können". Und er begründete dies im Sinne eines moralischen „Sollens" bzw. einer moralischen Pflicht (vgl. Kesselring 2014). Letztendlich dreht sich die gesamte Diskussion bis heute um die Frage des Ausgleichs ungleicher Wohlstands- und Machtverhältnisse als moralische Verpflichtung der „Besitzenden".

Ethische Fragen spielen aber auch bei Praxisforschungsprojekten in allen Projektphasen eine zentrale Rolle, von der Projektplanung über die Antragstellung bis hin zur Projektabwicklung und zum Projektabschluss (vgl. BMBF o. J.: https://www.horizont2020.de/einstieg-ethik.htm). Immer mehr Förderinstitutionen fordern von Projektnehmer/innen inzwischen eigene Stellungnahmen *(ethics self-assessments)* zu ethischen Fragen. EU-geförderte Forschungsprojekte durchlaufen seit einigen Jahren einen definierten Ethikbegutachtungsprozess, der auch die Begleitung durch unabhängige „*Ethics Advisors*" vorsieht (European Commission o. J. http://ec.europa.eu/research/participants/docs/h2020-funding-guide/cross-cutting-issues/ethics_en.htm).

Wird bei Gruppen aus dem globalen Süden, Minderheiten oder vulnerablen Gruppen/Personen geforscht, gelten dafür besondere ethische Anforderungen. Im Mittelpunkt stehen dabei Fragen der Schadensvermeidung –oder -minimierung für Betroffene („*Do-No-Harm*-Prinzip"), die in der Regel vor einer Aktivität einzuholende, „frühzeitige und informierte Zustimmung" *(free, prior and informed consent)* sowie Formen der Teilhabe *(Benefit Sharing;* Lairumbi et al. 2012) von in die Forschungs-/Entwicklungsaktivität involvierten Individuen oder Gruppen. Vor einer besonderen Herausforderung steht die informierte Zustimmung, wenn sie, wie bei nicht-literaten Gruppen oder Individuen mündlich eingeholt werden muss (*oral consent;* Alaei 2013). Auch Vulnerabilität von Menschen, z. B. im Gesundheits- oder Flüchtlingsbereich bzw. aufgrund struktureller Benachteiligung, fordert ein besonders sensibles Vorgehen (Bracken-Roche et al. 2017; für die Arbeit mit Vertriebenen vgl. das bereits erwähnte EU-Forschungsprojekt TRAFIG. https://trafig.eu/project).

Um die Frage des ethisch korrekten Umgangs mit erhobenen *Forschungsdaten* ist gerade in der qualitativen Forschung in den letzten Jahren eine heftige Debatte entbrannt, was deren Schutz im Feld (sichere Datenspeicher), ihre sichere Übermittlung (geschützte Clouds; gestaffelte Zugangsrechte für Forschungsteilnehmende) sowie ihre Weitergabe an, oder die Verwertung durch Dritte (innerhalb wie außerhalb der Wissenschaft) anbetrifft. Auf der einen Seite steht hier das Recht der Forschungsgeber sowie der (wissenschaftlichen) Öffentlichkeit auf Transparenz und Rechenschaftslegung durch die mit öffentlichen Mitteln Forschenden, insbesondere was den Zugriff auf ‚Rohdaten' nach Abschluss der Forschung betrifft. Auf der anderen Seite steht die Frage, welches ‚Recht' Forschende haben, oft in informellen Kontexten und aus Vertrauensbeziehungen im Feld heraus entstandenes, qualitatives und ethnografisches Forschungsmaterial an Dritte weiterzugeben. Es geht dabei um Fragen der Forscherintegrität, von *‚Ownership'* und einer Überführung von (Feld-)Forschungsmaterial in Daten mit Warencharakter (a „reduction of research materials to commodified ‚data'"; Pels et al. 2018; vgl. auch von Unger et al. 2016).

Forschungsethik in einem von der EU geförderten Klimaschutzprojekt
Menschengruppen, die eine lange Interaktionsgeschichte mit ihrer natürlichen Umwelt verbindet, haben in der Regel komplexe Wissenssysteme entwickelt, mit deren Hilfe sie Auswirkungen von Klimaeinflüssen erkennen und auf diese auf lokaler Ebene reagieren. Diese Erkenntnisse fehlen in der internationalen Klimaforschung und in politischen Foren weitgehend. Das von der EU geförderte LICCI- *(Local Indicators of Climate Change Impacts)-Projekt* versucht deshalb, lokale Wissenssysteme zu Klima gemeinsam mit lokalen/indigenen Wissensträger/innen zu erforschen. Weil die Wissensträger/innen teilweise schreib- und leseunkundig sind, aber auch weil es bei dem Forschungsgegenstand um wertvolles ökologisches Wissen bzw. geistiges Eigentum geht, das unter Umständen auch kommerziell verwertbar wäre, steht das Projekt vor besonderen ethischen Herausforderungen, was die *informierte Zustimmung* der Beteiligten sowie die *Speicherung und Weitergabe von Daten* anbetrifft.

Das Projekt wurde deshalb vor der Bewilligung vom Förderungsgeber einem umfangreichen ethischen *Clearing*-Prozess unterzogen, wird während der gesamten Projektdauer von einem unabhängigen *Ethical Advisor* begleitet und muss über die Erfüllung forschungsethischer Auflagen regelmäßig Rechenschaft ablegen. Neben teils partizipativen Forschungsmethoden profitiert das Projekt ‚ethisch' vor allem durch die Tatsache, dass lokales/indigenes Wissen nicht nur erhoben und zu Gehör gebracht, sondern auch proaktiv in die globale wissenschaftliche und politische Debatte eingespeist werden soll. Näheres zum Projekt, das bis 2025 läuft, unter: https://licci.eu/.

In der *partizipatorischen* bzw. *kollaborativen Forschung und Beratung* gelten für Ethikfragen spezielle Rahmenbedingungen. Durch den Anspruch der Übertragung von Verantwortung *(Ownership),* Entscheidungsmacht *(Empowerment)* bis hin zur Selbstbestimmung *(autonomy, self-mobilization)* auf bisher benachteiligte Gruppen scheint der eingangs erwähnte ethische Anspruch des Ausgleichs ungleicher Verhältnisse zunächst a priori eingelöst. Gleichberechtigte Teilhabe *(equal share/participation)* gilt es aber gerade bei gemeinschaftsbasierten Forschungs- und Beratungsprojekten in allen Phasen immer wieder abzusichern bzw. in einer Art Selbst-Monitoring der Begleitenden und im Dialog mit den Forschungspartner/innen auf ihr Funktionieren hin zu befragen *(process of constant reflexivity).*

Eine große ethische Herausforderung besteht darin, die Ideen, die Gemeinschaftsmitglieder in partizipative Planungsprozesse eingebracht haben, auch tatsächlich umzusetzen. Nichts ist frustrierender für in einen ‚partizipativen' Planungsprozess involvierte Personen, als am Ende zu erfahren, dass die begleitende Institution entweder nicht die (Wo)Man-Power, die nötigen Mittel oder aber die Zeit hat, Planungsideen weiterzuverfolgen, oder ggf. politisch durchsetzen zu helfen. Eine weitergehende Kollaborationsstufe besteht in der Übernahme einer Advokatenrolle *(Advocacy),* die Benachteiligte bei der Durchsetzung ihrer berechtigten Interessen ‚anwaltlich' unterstützt, wie das z. B. die NRO *Cultural Survival* tut.

Cultural Survival: *Advocacy* für indigene Graswurzelbewegungen
"Our work on the front lines of advocacy with international Indigenous communities is predicated on the United Nations Declaration on the Rights of Indigenous Peoples and our programming works to inform Indigenous

> people of their rights, issues and threats affecting their communities. Cultural Survival believes that vibrant and durable communities rest on the principles of self-determination, human rights, informed citizenry and access to information, the freedom of expression, and the right to organize and shape the future in a way consistent with one's tradition, language, culture and community – and we believe Indigenous Peoples have the power and solutions to solve many of today's problems when respected and empowered to do so." (Cultural Survival o. J.: https://www.culturalsurvival.org/our-approach).

Was aber sind ‚berechtigte' Forderungen? Diese Frage verweist auf ein nicht zu unterschätzendes ethisches Dilemma in partizipatorischen Konstellationen, in denen die begleitenden Berater/innen aufgrund eigener ethischer Normen lokal gewünschte Lösungen nicht mittragen können bzw. globale und lokale Ethiken miteinander kollidieren. Dies wird am Beispiel eines von der deutschen Bundesregierung unterstützten Projekts in Nordafrika deutlich: Der fast einstimmig geäußerte Wunsch der lokalen Gemeinschaft nach Abholzung eines Wäldchens zur Holzgewinnung auf ihrer Gemarkung ließ sich weder mit Fragen nachhaltiger Waldbewirtschaftung, noch mit den berechtigten Interessen anderer Anrainer-Gruppen durch drohende Bodenerosion vereinbaren. Im geschilderten Fall wurde der kollaborative Anspruch an dieser Stelle aufgegeben und finanzielle und logistische Unterstützung nur für – aus Sicht der Berater – weniger ‚problematische' Projektvorschläge gewährt. In anderen Fällen – wie dem in Abschn. 6.5 erwähnten ‚Luftstreich', der den realen Schnitt bei der Mädchenbeschneidung vermeidet, das Initiationsritual und die mit ihm verbundenen Rollen hingegen erhält, können Ethikdilemmata kulturadäquat aufgelöst werden. Das Beispiel der Wafipa in Abschn. 6.8 zeigt, wie ein Kompromiss zwischen ethisch inkompatiblen Entscheidungswegen gefunden werden kann.

Eine weitere Klippe betrifft die Umsetzung partizipativ erarbeiteter Ideen in lokales oder nationales Verwaltungshandeln. Verwaltungsvorschriften, logistische oder technische Vorgaben können der Umsetzung im Wege stehen. Hier hilft die frühzeitige Einbindung der Verwaltungsebene, damit von Beginn an kreative Ideen und verwaltungsrechtliche Rahmenbedingungen miteinander abgestimmt werden können.

8 Partizipation und Ethik

▶ **Literaturempfehlungen**
- AGEE. 2013. Ethische Leitlinien der Arbeitsgemeinschaft Entwicklungsethnologie (Trierer Materialien zur Ethnologie Heft 6. Trier). *(Leitlinien, die sich Ethnolog/innen, die im Entwicklungskontext beraten und forschen, gegeben haben und die sie den Vertragsrichtlinien („Terms-of-Reference") beilegen, um in ethischen Zweifelsfällen gegenüber Auftraggebern eine Rechenschaftsbasis zu haben).*
- Banks, Sarah, Armstrong, Andrea, Carter, Kathleen, et al. 2013. Everyday ethics in community-based participatory research. Contemporary Social Science. 8 (3), 263–277. http://dro.dur.ac.uk/13859/1/13859.pdf?DDD34+mrnv91. *(Viel referenzierter Klassiker).*
- Bliss, Frank und Heinz, Marco (Hg.) 2013. Ethik in der Praxis der Entwicklungszusammenarbeit. (Zeitschrift der Arbeitsgemeinschaft Entwicklungsethnologie e. V., Heft 1+2. Bonn: PAS. *[Aktueller und umfassender Diskussionsstand zum Thema]).*
- Kesselring, Thomas. 2014. Entwicklungshilfe und Entwicklungspolitik aus ethischer Perspektive. (*Zeitschrift der Arbeitsgemeinschaft Entwicklungsethnologie e. V.*, Heft 1+2, 2014, 11–48. http://www.thomaskesselring.com/uploads/4/6/1/4/46146447/entwicklungszusammenarbeit_aus_ethischer_perspektive.pdf).
- Lairumbi, Geoffrey M., Michael Parker, Raymond Fitzpatrick et al. 2012. Forms of benefit sharing in global health research undertaken in resource poor settings: a qualitative study of stakeholders' views in Kenya. Philos Ethics Humanit Med. 7, 7. Jan 17. https://doi.org/10.1186/1747-5341-7-7. https://www.ncbi.nlm.nih.gov/pmc/articles/PMC3274462/pdf/1747-5341-7-7.pdf.
- Pels, Peter, Igor Boog, J. Henrike Florusbosch et al. 2018. Data management in anthropology: the next phase in ethics governance? *Social Anthropology,* 26 (3), August, 391–413. https://doi.org/10.1111/1469-8676.12526. https://onlinelibrary.wiley.com/doi/epdf/10.1111/1469-8676.12526.
- Schönhuth, Michael. 2019a. Hexerei, Verwandtschaft, Unterentwicklung und die Kultur der Armut: Einsichten vom afrikanischen Kontinent. *Entwicklungsethnologie* 23.+24.Jg. (2016 und 2017): 59–70.

- Von Unger, Hella und Narimani, Petra. 2012. Ethische Reflexivität im Forschungsprozess: Herausforderungen in der Partizipativen Forschung. WZB Discussion Paper SP 2012-304. https://bibliothek.wzb.eu/pdf/2012/i12-304.pdf. *(Soziologinnen, die auch in der aktuellen Debatte in Deutschland involviert sind).*
- Von Unger, Helga, Dilger, Hansjörg, Schönhuth, Michael. 2016. Ethikbegutachtung in der sozial- und kulturwissenschaftlichen Forschung? Ein Debattenbeitrag aus soziologischer und ethnologischer Sicht. *Forum Qualitative Sozialforschung* 17 (3), Art. 20. http://www.qualitative-research.net/index.php/fqs/article/view/2719/4033
- Weidemann, Doris. 2001. Learning About "Face"—"Subjective Theories" as a Construct in Analysing Intercultural Learning Processes of Germans in Taiwan. In: *Forum Qualitative Sozialforschung*, 2(3), Art. 20 September. http://www.qualitative-research.net/index.php/fqs/article/viewArticle/915/1998#g64.
- Wilson, E., Kenny, A., & Dickson-Swift, V. 2018. Ethical challenges of community based participatory research: exploring researchers' experience. In: International Journal of Social Research Methodology, 21:1, 7–24 *(aktuelle Publikation einer im Feld renommierten Forscherin).*

Transferfrage

Stellen Sie sich vor, Sie würden über die Schule gefragt, ob Ihr Kind – gegen angemessene Vergütung – bei einem verhaltenspsychologischen Experiment zum Stressverhalten von Kindern teilnehmen darf. Das Experiment arbeitet mit erprobten wissenschaftlichen Verfahren und wird von erfahrenen Universitätspsychologen geleitet. Unter welchen Voraussetzungen würden Sie dem Experiment mit ihrem Kind zustimmen? Welche Fragen müssten für Sie vorab geklärt sein? Würden Sie auch erlauben, dass Videoaufnahmen vom Experiment gemacht werden, wenn gesichert wäre, dass diese nur für wissenschaftliche Zwecke oder auf wissenschaftlichen Veranstaltungen genutzt würden?

Zwanzig Tipps für die partizipative Praxis 9

Aus der Erfahrung mit der Begleitung und Begutachtung partizipativer Projekte/Programme folgen hier zwanzig Praxistipps für „ethisch informierte" und „kultursensible" partizipative Forschung und Beratung.

1. Die eigenen zeitlichen, personellen, logistischen, finanziellen Möglichkeiten und Grenzen sowie den eigenen „ethischen Rahmen" kennen und von Beginn an in geeigneter Weise offenlegen (sich *„accountable"* machen; vgl. Abschn. 3.2, *Implementierung*); auch zu den eigenen Grenzen stehen; dasselbe für die lokalen Partner/innen erfragen (Anschlussfähigkeit herstellen: *contracting;* vgl. Abschn. 1.2, *Part. Ansätze*)
2. Sich über die lokal gültige Etikette kundig machen – was gehört sich, was nicht, Männer-/Frauenrollen, insbes. auch „Gesichtswahrungsregeln" (*face keeping;* vgl. Weidemann 2001), Umgang mit Autorität, Amt, Position, Zeit (wer darf wen, wie lange warten lassen…), Distanzzonen, Öffentlicher/Privater Raum (wo sind die jeweiligen Grenzen; was gehört/welche Handlungen gehören wohin) usw.
3. Über den intendierten Partizipationstyp (vgl. Abschn. 2.5, *Formen der P.*) Rechenschaft ablegen; die partizipativen Prüffragen („wer beteiligt, wen, wann…") in den jeweiligen Systemzusammenhängen beantworten (vgl. Abschn. 3.1–3.3, *Planung – M&E*) und in geeigneter Form kommunizieren. Rollenklärung und Verbindlichkeiten festlegen (*„shared responsibilities"*; *„commitment building"* vgl. Abschn. 1.2, *Part. Ansätze*).
4. Machtvolle Stakeholder, die den Prozess torpedieren könnten bzw. durch den Prozess etwas zu verlieren hätten, frühzeitig identifizieren und entweder einbinden, oder mit diesen „machthaltigen" Grenzen planen und handeln lernen

(zu Stakeholdern und Machtpositionen Abschn. 4.3, *Forsch. konstellation* und 4.5, *Forschung & Entwicklungspraxis;* vgl. auch die Einträge zu Macht im Glossar).

5. „*Awareness-Raising*" bei politischen Entscheidungsträgern/Schlüssel-Stakeholdern betreiben, z. B. durch „*Exposure*-Dialogue-Programme", Projektbesuchen mit Gesprächen zwischen Entscheidungsträger/in und lokalen Bevölkerungsvertreter/innen (muss gut vorbereitet sein!). Gewinnen Sie in solchen Begegnungen das „Herz" eines Schlüssel-Stakeholders, haben Sie ihn/sie für den Rest der Laufzeit als Transmissionsriemen bei Widerständen in der Politik-/Verwaltungsebene (vgl. Abschn. 2.3, *PLA;* 2.4, *Mainstreaming Participation*).
6. „Technische" bzw. Verwaltungsfachleute von Beginn an in Planungsprozesse einbeziehen, damit nichtrealisierbare Ideen/Forderungen schon früh besprochen unddurchführbare Alternativen gemeinsam gefunden werden können (Abschn. 3.1, *Planungsphase*).
7. Für explizite und implizite Erwartungen auf Gemeinschaftsseite (auch kultureller Art; vgl. Abschn. 6.8, *Utang-na-loob*) sensibel sein und ggf. durch Mittelsleute (z. B. feldforschende Ethnolog/innen; EZ-jargon-erfahrene lokale Fachkräfte), die in beiden „Kulturen" zuhause sind, die impliziten Erwartungen ansprechbar machen (vgl. Abschn. 6.1, ‚*The myth of community*').
8. Das dafür notwendige Vertrauen aufbauen (vgl. Abschn. 4.2, *Forschungsstrategien*).
9. Zeit und Raum für Reflexionsschleifen lassen; als Consultant/Kurzzeitexpert/ in immer Extratage ins Budget einplanen und mit dem Auftraggeber vorab herausverhandeln, für unvorhergesehene Ereignisse, Gespräche, Konstellationen.
10. Besonders auf die Gefahr eines Bias der Vereinnahmung durch bestimmte (dominante) Akteure bzw. die Ausblendung wenig sichtbarer oder vulnerabler Akteure oder Subgruppen achten („z. B. *Shoulder-Tapping* Abschn. 5.3").
11. Für vulnerable Personen/Gruppen geschützte Räume schaffen.
12. Methodisch: wer wird durch bestimmte (auch partizipative!) Methoden inkludiert, wer exkludiert? Welche Alternativen gäbe es? Wessen Position wird durch eine öffentliche Präsentation gestärkt/wessen geschwächt? (Abschn. 5.4, *Feedbackrunden*).
13. Widerstreitende Interessen und daraus entstehende Konflikte als Teil des Prozesses begreifen, aber auch – wo möglich – kultursensible Aushandlungsmöglichkeiten suchen (bzw. kulturkompetente Mitglieder danach fragen).
14. Gegenüber Auftraggebern mit eigenen ethischen Leitlinien arbeiten (vgl. z. B. AGEE 2002, 2013), die schon vor Vertragsabschluss kommuniziert und

9 Zwanzig Tipps für die partizipative Praxis

mit den (heute meist vorhandenen) ethischen Grundsätzen der Institution für die GIZ z. B. Grundsätze integren Verhaltens: https://www.giz.de/en/downloads/giz2017-de-GIV.pdf. abgeglichen werden.

15. Gute(!) Spielfilme aus der Region ansehen (wo vorhanden) oder gute, von Einheimischen verfasste Bücher (Romane) lesen. Sie erzählen oft mehr und „Tieferes" über Lokal-/Regionalkultur, als interkulturell angehauchte, eher (National-)Stereotypen bedienende „Kulturknigges".
16. Sich dort, wo es stimmt, „kulturell inkompetent" erklären (vgl. Schönhuth 2019b) und damit die Voraussetzung schaffen, belehrt zu werden und Neues zu lernen. Das schafft Nähe und kehrt (zumindest für Momente) strukturell bedingte Dominanz um.
17. Fehler zulassen; sich korrigieren lassen, dabei aber möglichst keinen kulturellen Erwartungsmustern geschuldeten Fehler, über den man/frau bereits aufgeklärt wurde, „zweimal" machen (vgl. Tipp 2).
18. Partizipation in Entwicklungsprozesse inkludieren, bedeutet auch, zumindest zeitenweise mehr Komplexität zuzulassen, als Programmplaner/innen lieb ist; dafür argumentativ („Nachhaltigkeit!") gewappnet sein.
19. Nie Ethnolog/innen als Consultants anheuern. Sie reduzieren selten Komplexität (die Königsaufgabe von Consultants), sondern erhöhen sie und bringen durch ihren Blick hinter die Kulissen oft die gesamte Erwartungs- und Zielstruktur durcheinander (vgl. Abschn. 4.4; *Kollaborative Ethnographie*). Benötigen (oder möchten) Sie als Programmverantwortliche genau dies: anheuern!
20. *„Start, Stumble, Fall, Stand Up, and Use Your Own Best Judgment At All Times"*....

Anstatt eines Schlusswortes 10

Zum Abschluss möchten wir drei Denkanstöße geben. Der erste betrifft ein Thema, das hier schon mehrfach angesprochen wurde: die Teilhabe der Zivilgesellschaft an einer nachhaltigen globalen Entwicklung. Die verstärkte Fluchtmigration in Richtung Europa ab 2015 zeigt die Relevanz informierter zivilgesellschaftlicher Einmischung in eine Debatte jenseits des Rufs nach einer Eindämmung des *„Flüchtlingsstroms"*. Es geht dabei um Argumente für die Zusammenhänge, die solche „Ströme" auslösen und an denen wir nicht unbeteiligt sind: zum Beispiel europäische Geflügelreste, die einheimische Märkte in Westafrika fluten und damit den Kleinstproduzenten dort die Existenzgrundlage rauben, oder Rohstoffpreise, die von einflussreichen Akteuren unter den Auspizien der Welthandelsorganisation so niedrig gehalten werden, dass ganze Wirtschaftssektoren in den von diesen Rohstoffen abhängigen Ländern zusammenbrechen und dadurch Arbeitsplätze im großen Stil vernichten.

Wo Menschen Zukunftsperspektiven fehlen, machen sie sich auf den Weg und zwar dorthin, wo sie sich eine Perspektive versprechen. Das war schon immer so. Im 18. und 19. Jahrhundert emigrierten fast zwei Millionen Menschen aus deutschen Gebieten als Kolonisten nach Russland, zwischen 1820 und 1930 über fünf Millionen Deutsche allein in die USA (Conzen 1980, S. 407) – überwiegend armutsbedingt, also aus „wirtschaftlichen" Gründen. Gibt es außer einer rigiden Grenzsicherungspolitik (Frontex) in Europa intelligentere Instrumente für eine nachhaltige, gerechte und partnerschaftliche Entwicklung? Gäbe es gar aus unserer eigenen Geschichte etwas zu lernen?

Der von den USA lancierte Marshall-Plan, so die im kollektiven Gedächtnis eingebrannte Erinnerung, hat Deutschland nach dem 2. Weltkrieg wieder auf die Beine geholfen und dafür gesorgt, dass das Land heute zu den einflussreichsten Industrienationen der Welt zählt, mit hohem Bildungs- und Lebensstandard und einer beachtlichen Innovationsrate. „Wir ... müssen begreifen, dass Afrika nicht der Kontinent billiger Ressourcen ist, sondern die Menschen dort Infrastruktur und Zukunft benötigen". So fasste Bundesentwicklungsminister Gerd Müller 2017 die Idee seines Hauses zusammen, einen „Marshall-Plan *mit* Afrika" aufzulegen. „Die jahrzehntelange Geber-Nehmer-Mentalität gilt es abzulösen – durch eine partnerschaftliche und wirtschaftliche Kooperation, die auf Eigeninitiative und Eigenverantwortung setzt. Afrika ist dabei Europas Partner" (BMZ 2017, S. 5). Die Präposition „mit" signalisiert den programmatischen Anspruch. Es geht um Partnerschaft auf Augenhöhe. Allerdings ist diese ein noch zahnloser Tiger: Über 13 Mrd. US$ (das entspricht heute ca. 130 Mrd. $) hatten die USA in das *European Recovery Program* – so der offizielle Titel des Marshallplans – zwischen 1948 und 1952 gesteckt (Knapp 1990). Der „Marshallplan für Afrika" ist eine Absichtserklärung und bisher mit keinem konkreten Budget hinterlegt. Auch kann der Marshallplan des BMZ nicht losgekoppelt vom Rest der europäischen Welthandelspolitik verstanden werden. So warnt der Entwicklungsökonom Rangarirai Machemedze angesichts der unter Federführung Deutschlands in den letzten Jahren ausgehandelten EU-Freihandelsabkommen *(‚Economic Partnership Agreements')* mit afrikanischen Ländern am Beispiel Kenias:

> „Kenia (...) muss in Zukunft bis zu achtzig Prozent seines Marktes für Waren aus Europa öffnen, während nur rund zehn Prozent der Waren aus den afrikanischen Ländern international wettbewerbsfähig sind. Infolge dieser asymmetrischen Vereinbarungen sind massive Einnahmeverluste für Kenia und viele weitere afrikanische Länder zu befürchten, [...] Arbeitsplätze werden wegfallen, Preisschwankungen können zum lebensbedrohlichen Risiko werden, etwa wenn die Brotpreise steigen, und die Abhängigkeit von Entwicklungshilfe nimmt zu" (vgl. Medico International 2018: https://www.medico.de/guter-plan-oder-schlechter-witz-17078/).

Druck müsste hier vonseiten der Zivilgesellschaft gegenüber ihren Regierungen aufgebaut werden, wie dies z. B. jüngst im Rahmen der UN-Initiative zur Umsetzung eines rechtlich bindenden Menschenrechtsabkommens geschah, das die Haftung von transnationalen Unternehmen wegen Menschenrechtsverstößen entlang der kompletten Zulieferkette vorsieht und an der sich inzwischen über 1000 zivilgesellschaftliche Gruppierungen weltweit beteiligen (Treaty Alliance Deutschland 2017). Zivilgesellschaftliche Teilhabe also, durch Information, Einmischung, transnationale Vernetzung und Druck auf die eigenen Regierungen, als Teil einer nachhaltigen globalen Entwicklungspolitik.

Unser zweiter Denkanstoß betrifft die Grenzen der politischen Partizipation in der Wahldemokratie. Neuere Studien, wie die des französischen Ökonomen Thomas Piketty zur ungleichen Vermögens- und Einkommensverteilung seit dem 18. Jahrhundert (2014), oder die des Politikwissenschaftlers Pierre Rosanvallon zur wachsenden gesellschaftlichen Ungleichheit in westlichen Demokratien (2013), sehen eine unselige Wechselwirkung zwischen Bildung, Kapital und bürgerschaftliche Partizipation. In Zeiten einer „Postdemokratie" (Crouch 2008), in der immer mehr Entscheidungsmacht an Wirtschaftslobbyisten übergeht, reicht es anscheinend nicht mehr aus, politisch die gleiche Bereitstellung von Bürgerrechten in Bezug auf Möglichkeiten herzustellen. wie Rolf Dahrendorf das noch 1992 forderte. Es wird darüber hinaus wichtig, „…auch für eine gegenseitige Wahrnehmung der Bürger als gleichberechtigte Angehörige des politischen Gemeinwesens [zu] sorgen", wie Markus Linden (2016, S. 180) in einem Beitrag zur ‚Beziehungsgleichheit als Anspruch und Problem politischer Partizipation' schreibt. Und Linden fährt fort: Mit der empirisch seit den 1980ern feststellbaren gesunkenen Wahlbeteiligung gerade bei prekarisierten Wählergruppen „[…] sinkt für die etablierten Parteien der Anreiz sich mit vermeintlichen ‚Verliererthemen' zu identifizieren" (2016, S. 183). Formen der direkten Demokratie, wie die in mehreren Bundesländern etablierten Volksabstimmungen bevorteilen straff organisierte zivilgesellschaftliche Gruppen, die ihre politischen Interessen in *On- und Offline-Kampagnen* professionell verbreiten (Merkel und Ritzi 2017). Komplexe Wahlsysteme, die den Bürgern mehr Wahlfreiheit geben, indem sie KandidatInnen ihrer Wahl mehr als nur eine Stimme geben (das sog. *kumulieren*) oder Einzelkandidaten ihrer Wahl einer parteifremden Liste hinzufügen können (*panaschieren*), erhöhen erfahrungsgemäß die Zahl der ungültigen Stimmen, die wiederum vor allem auf sozial benachteiligte Stadtteile entfallen.

In den letzten Jahren werden alternative Vorschläge diskutiert, wie die Einführung einer allgemeinen Wahlpflicht (Schäfer 2015), oder ein (aufschiebendes) Vetorecht für sozial Benachteiligte in sie betreffenden Gesetzesvorhaben, über ein im Losverfahren bestimmtes Bürgergremium, das gesellschaftliche Eliten ausschließt (Jörke/Selk 2015). Linden schlägt auf Bundesebene ein sog. ‚*fakultatives, aufschiebendes Negativreferendum*' vor: „Sind die Bürgerinnen und Bürger mehrheitlich gegen ein Gesetz, muss dieses Veto vom Parlament überstimmt werden. Im Konsens getroffene Entscheidungen würden dadurch wieder zurückgeführt an die parlamentarische Debatte. Repräsentanten wären gezwungen, ihre Positionen ausgiebiger zu begründen. Alternativensetzung und Multiperspektivität wurden gestärkt" (Linden 2016, S. 192). Auf kommunaler Ebene wäre ein per Losverfahren besetzter Bürgerausschuss vorstellbar, der mit dem Recht ausgestattet wird, Themen auf die Agenda von Ratssitzungen zu bringen. Letztlich geht es in diesen Vorschlägen um eine Verbindung von direkter und repräsentativer politischer Partizipation. In Irland wurde dieses Verfahren schon praktiziert: Dort hat eine vom Parlament eingesetzte, im Losverfahren (nach Alter, Geschlecht und

Herkunft repräsentativ) ausgewählte Versammlung aus 66 Bürgern und 33 Politikern über ein Jahr zusammen mit Experten und Sachverständigen unter anderem über die Zulassung der gleichgeschlechtlichen Ehe beraten, danach kam es über das Parlament zu einem Volksentscheid. Mit gut 62 % stimmte die irische Bevölkerung einer Verfassungsänderung zu, die die gleichgeschlechtliche Ehe ermöglichte. „Es war das weltweit erste Mal in der Neuzeit, dass eine Beratung von ausgelosten Bürgern zu einer Verfassungsänderung führte", so van Reybrouck (2016, S. 134).

Unser letzter – etwas provokativer – Denkanstoß betrifft die Teilhabe im digitalen Zeitalter: Noch vor 20 Jahren, so der Journalist und Politologe Roland Müller, wirkte das Versprechen globaler, barrierefreier Kommunikation auch für die Politik noch elektrisierend: Informationsfreiheit, Transparenz und Teilhabe für alle, ein neues Medium direkter Demokratie. Und er fährt fort: „Der kurze Höhenflug und gnadenlose Absturz der ‚Piraten' wurde …zum Fanal dafür, welche Zerstörungskraft politischer Streit unter Netzbedingungen entfalten kann: Die Partei zerfiel in einem Inferno aus Mobbing, Hetze und Selbstzerfleischung." Im Netz herrsche inzwischen ein ‚digitaler Tribalismus': „Man hegt und pflegt gemeinsam ein Narrativ, das zusammenschweißt gegen den Feind und mit ‚Gegenbeweisen' gar nicht mehr zu erschüttern ist" (Müller 2018). Neue digitale Stammesgesellschaften also, anstatt Teilhabe am Weltwissen für jedermann? Der flämische Historiker David Van Reybrouck proklamiert in seinem Buch „Gegen Wahlen" (2018) polemisch den Untergang der repräsentativen Demokratie in ihrer bisherigen Form und schlägt stattdessen ein Verfahren vor, wie es in der athenischen Demokratie vor 2500 Jahren üblich war: politische Ämter per Losverfahren zu vergeben.

Wir müssen van Reybrouck in seiner Diagnose nicht folgen. Die Frage einer „richtigen" und nachhaltigen Partizipation, so scheint es aber, müssen wir heute wieder in ganz neuer Form stellen und verhandeln, online und offline, als Individuen und in Gruppen, hier im globalen Norden, im globalen Süden und in der digitalen Welt.

Anhang

Die wichtigsten Internetsuchportale für partizipative Ansätze und Methoden
(* besonders geeignet für Initialrecherchen zu Methoden)
*Action Aid International: ActionAid's NetworkedToolbox enthält über 80 partizipative Tools. http://www.networkedtoolbox.com/; unterteilt nach: Work Areas *(Our best practice about participatory action);* Stories *(Stories on how methods and tools are used in action).* Tools *(Tools for participation, ready to take in the field;* inkl. Kurzanleitung sowie Personen, die es genutzt haben).
*BMNT/OEGUT 2019: Bundesministerium für Nachhaltigkeit und Tourismus (Österreich): Partizipation & nachhaltige Entwicklung in Europa. Informationswebsite, 37 Methoden, gegliedert nach der Eignung für kleinere, mittlere oder große Gruppen; kurz, und bündig erläutert: https://www.partizipation.at/methoden.html.
Chevalier/Buckles 2019a: Eigentlich ein Handbuch zur partizipativen Aktionsforschung, aber elektronisch verfügbar und mit über 60, teils ungewöhnlichen und gut aufbereiteten Methoden/Tools für unterschiedliche Projektphasen und Einsatzbereiche. Aktuell und sehr empfehlenswert!
ELDIS &Participation: am IDS (s. u.) gehostete Partizipationsseite des wohl bekanntesten „development" orientierten Internet-Portals: http://www.eldis.org/ („Browse more than 26,000 summarised documents from over 7,500 development organisations [...] shared by over 80,000 development practitioners") http://www.eldis.org/go/topics.
GIZ Publikationsdatenbank: 38.000 recherchierbare Titel aus dem Hause der dt. EZ (http://star-www.giz.de/starweb/giz/pub/servlet.starweb?path=giz/pub/pub.web). Suchen Sie: *(„mainstreaming participation, participatory method(s), learning ...").*

IDS Institute of Development Studies; weltweit führende Forschungsinstitution zu partizipativer Entwicklung und nachhaltigem Wandel. *"We explain what participatory methods are, where and how they are used, their problems and potentials. We focus on participatory approaches to programme design, M&E; to learning, research and communication in organisations, networks and communities; and citizen engagement."* https://www.ids.ac.uk/.

IIED International Institute For Environment And Development: *„one of the world's most influential international development and environment policy research organisations"*. Publikationen von 1988–2018. Suchmaske: http://pubs.iied.org/.

Participate. *(Knoweldge from the Margins for Post 2015)*: weltweiter Zusammenschluss von derzeit 18 partizipativen Forschungseinrichtungen, die mit armen und marginalisierten Gruppen im Kontext der SDGs zusammenarbeiten. Publkationsseite: http://participatesdgs.org/publications/.

*Participatory Methods.Org.: Die „Methoden"/Toolbox-Site des IDS (s. o.). https://www.participatorymethods.org/; hat ausgezeichnete Filterfunktionen (z. B. nur downloadbare Dokumente; Handbuch/Anleitung, Dokumententyp, Sprache(n), Region, Thema, Forschungs-/Anwendungsorientierung etc. Suchmaske: https://www.participatorymethods.org/resources).

*PLA-Notes: *„a leading informal journal on participatory methods and approaches that strengthen rights, voice and governance and promote social justice"*, mit 66 Ausgaben in 25 Jahren; alle Artikel kostenlos downloadbar unter: https://www.iied.org/explore-pla-archive.

Stiftung Mitarbeit (https://www.buergergesellschaft.de/mitentscheiden/methoden-verfahren/): Methodenseite, die von *„Appreciative Inquiry"* über *Bürgerausstellung, Bürgerpanel, Demokratiewerkstatt, Verfahren der eDemocracy* und *Konfliktlösung* bis zu, *PRA (Uni Hohenheim, Barkauer Land), Stadtteilforen* und *Zukunftswerkstatt* reicht. *Praxisbeispiele zu jeder Methode.*

World Bank. o. J: Participation & Civic Engagement Group: Das Partizipationsportal der Weltbank. Themen: Social Accountability; Civic Engagement Participatory M&E. Participation at the Project, Program & Policy http://go.worldbank.org/SOCP6G0IH0.

Glossar

Ein Glossar zu entwicklungspolitischen Begriffen findet sich auf der Seite des BMZ: **http://www.bmz.de/de/service/glossar/index.html**. *Ein bilinguales deutsch-englisches Glossar zu entwicklungspolitischen Schlüsselbegriffen aus den Bereichen ‚Evaluierung und ergebnisorientiertes Management' hat die OECD 2009 aufgelegt:* **https://www.oecd.org/dac/evaluation/dcdndep/43184177.pdf**. *Für ein umfassendes Glossar von Begriffen zwischen Entwicklungszusammenarbeit, Partizipation und Kultur sei auf das „Kulturglossar" verwiesen:* **www.kulturglossar.de**

Accountability Accountability (wörtlich: Rechenschaft, Verantwortlichkeit, Zurechenbarkeit bzw. Strafmündigkeit) bezeichnet eine Beziehung zwischen machtvollen Akteuren und denjenigen, die von ihren Aktionen berührt werden. Sie besteht nach Schedler (1999) aus zwei Schlüsselelementen: ‚answerability' (making power-holders explain their actions) und ‚enforceability' (punishing poor or criminal performance). Das System der „Accountability" operiert in gängigen Konzepten auf zwei Macht-Achsen: die vertikale Achse beschreibt die eher formalen (Wahl)-Beziehungen zwischen Bürgern und Staat bzw. die informellen über Lobbying und öffentliche Anwaltschaft. Die horizontale Achse beschreibt formalisierte Kontrollbeziehungen zwischen öffentlichen Akteuren, z. B. zwischen Legislative, Exekutive und Judikative bzw. spezielle Einrichtungen wie Ombudsmann oder Antikorruptionsagenturen. Accountability kann unterschieden werden nach dem Einsatzgebiet (z. B. „fiscal accountability"), nach den zur Rechenschaft zu ziehenden Akteuren (z. B. „administrative accountability") oder nach dem vereinbarten Standard (z. B. „constitutional accountability") (vgl. Schönhuth 2005b:

Kulturglossar). Digitale Technologien haben ein enormes Potenzial, die Accountability von Verantwortlichen zu erhöhen. Allerdings benötigen sie, um nachhaltig zu sein, ein Mindestmaß an analogen Gegenstücken: zumindest verantwortungsvolle Politiker und der Idee der Accountability verpflichtete Verwaltungsmanager (Hasnain 2017).

Capacity Building/Capacity Development Der Begriff ‚Capacity Building' (auch: Capacity Enhancement) steht für Bemühungen der Entwicklungszusammenarbeit (EZ), die Problemlösungskapazität von Organisationen, Institutionen und Menschen in Entwicklungs- und Transformationsländern zu stärken. Geberorganisationen werden hier nicht in erster Linie problemlösend, sondern ausbildend, unterstützend und beratend tätig. Capacity Development beschreibt nach einer Definition der GIZ den „selbstverantworteten Prozess, durch den Menschen, Organisationen und Gesellschaften ihre Fähigkeiten mobilisieren, anpassen und ausbauen, um ihre eigene Entwicklung nachhaltig zu gestalten und an sich verändernde Rahmenbedingungen anzupassen" (GIZ: Capacity Development). Capacity Development enthält also ein weitaus partizipatorischeres Moment als Capacity Building. Die GIZ selbst hat seit 2011 in ihrem Haus ein Managementmodell für nachhaltige Entwicklung etabliert, das auf der Capacity Development-Idee basiert und auf alle ihre Kooperationen angewandt wird (GIZ 2015).

Community Für diesen englischen Begriff gibt es zahlreiche Übersetzungen, darunter Gemeinde, Gemeinschaft, Kommune, Nachbarschaft, Interessenskreis, Kaste u.v.a. „In den 1970er Jahren bezeichnete der Begriff eine **bestimmte** soziale oder demografische Einheit; diese Definition wurde seitdem jedoch erweitert bzw. abgelöst" (von Unger und Narimani 2012). Heute bestimmt man Communities oft an > emischen Grenzziehungen, die symbolischer Natur sind. Allerdings geriet der Begriff schon seit den 1990er Jahren in die Kritik, da er Homogenität unterstellt und romantisieren kann (bzgl. Gender z. B. Guijt und Shah 1998).

Digital Divide Die Idee des Digital Divides bietet einen Startpunkt, um herauszufinden, welche Dynamik Ungleichheit in der globalen Informationswelt besitzt (vgl. Wessels 2013, S. 19) und zugleich ein Messinstrument für den Grad der Ungleichheit. Der Digital Divide kann wahrgenommen werden als *„gap between those people who have access to the new information and communications technologies and those who cannot."* (Murelli 2002, S. xxiv). Die Überwindung der digitalen Kluft ist ein Schwerpunktthema heutiger EZ.

„Dritte Welt" vs. „Eine Welt" „Der Begriff Dritte Welt entstammt der Zeit des Kalten Krieges" (Ihne und Wilhelm 2013, S. 8). Er wurde ursprünglich von Frantz Fanon verwendet in Analogie zum Dritten Stand im Frankreich der französischen Revolution. Wie fast jeder Kategoriebegriff ist er in vieler Hinsicht übersimplifizierend und problematisch. So lässt das Bild, das der Begriff „Dritte Welt" erschafft, den immensen Reichtum bestimmter Schichten in den jeweiligen Ländern außer Acht. Ein Drogenboss aus einem Dritte-Welt-Land mag so gesehen in der ersten Welt leben, ein Obdachloser aus einem Erste-Welt-Land in der Dritten Welt. Die räumliche Grenzziehung ist hier also irreführend. Auch erklärt der Begriff nichts über die Zusammenhänge und Ursachen von relativer Benachteiligung: liegt es an historischen Ereignissen wie der Kolonialisierung, an ungünstigen klimatischen Bedingungen, einem Mangel an Bodenschätzen und Ressourcen, an schlechter beziehungsweise einseitiger oder korrupter Politik? Kritisiert wird am Begriff der Dritten Welt auch die Abgrenzung der „Welten", als lebe man auf unterschiedlichen Planeten. Neuere Entwicklungsmodelle wie die Weltsystemtheorie von Immanuel Wallerstein, die Zentren und Peripherien verschränkt, haben auf diesen Umstand reagiert (Wallerstein 2004).

„Statt des kritischen Nord-Süd-Begriffs wird im Gefolge der Globalisierung seit einigen Jahren der Begriff ‚Eine Welt' verwendet. Er ist ein normativer Begriff, der Begriffsmerkmale wie Freiheit, Friedfertigkeit, Gerechtigkeit, Nachhaltigkeit beinhaltet und im positiven Sinne ein gemeinsames Ziel von Entwicklung verfolgt" (Ihne und Wilhelm 2013, S. 8). Dieser Begriff, der auf Aristoteles zurückgeht, beinhaltet die Idee einer geglückten Lebensführung. Auch im christlichen Gedankengut findet er Verwendung. Außerdem betont der Begriff, dass Herausforderungen wie der Klimawandel und Verteilungsprobleme die gesamte Welt betreffen und auch nur auf globaler Ebene angegangen werden können. Eine Gefahr des Eine-Welt-Begriffs liegt in der Verschleierung des Gefälles: wir mögen in einer einzigen Welt leben, aber leben doch auf sehr unterschiedliche Art und Weise, manche in Sicherheit und Luxus, andere am Existenzminimum. Windfried Böll mahnte schon 1998: „Obwohl die… Vernetzung und Verdichtung der wachsenden Menschheit fortschreitet, wird der plakative pathetische ‚Eine-Welt'-Begriff als Illusion eines brauchbaren politischen Handlungsrahmens kritisch hinterfragt. Unter der Überschrift ‚Keine Eine Welt' wird ihm politische Realität als Grundlage etwa für ‚global governance' abgesprochen, da die vorhandenen Machtstrukturen ihm heute noch dauerhaft entgegenstehen" (Böll 1998, S. 11).

E-Partizipation (E-Governance) Der Begriff kennzeichnet internetgestützte Verfahren, die Partizipation im Sinne von Bürgerbeteiligung gewährleisten sollen und unterscheidet sich von E-Government, das primär Verwaltungsprozesse innerhalb und zwischen behördlichen Institutionen sowie zwischen diesen Institutionen und Bürgern als „Kunden" betrifft. Bei der E-Partizipation geht es vor allem darum, die Rolle des Bürgers als „mündigen Partner bei der politischen Entscheidungsfindung" zu stärken (z. B. indem über Blogs etc., Einschätzungen/Meinungen der Bürger zu Entscheidungssachverhalten erfragt werden).

Emisch Eine emische Forschungshaltung versucht das kulturell Andere aus dessen eigenen Kategorien und Bedeutungszuschreibungen verstehen und beschreiben zu lernen. Dazu müssen von außen herangetragene Erklärungskategorien eine Zeitlang dispensiert werden. „Dieser Standpunkt ist weder neutral noch objektiv und allgemeinverbindlich, eröffnet aber meist erst einen wirklichen Einblick in das eigentliche Wesen der betreffenden Kultur oder Gemeinschaft" (Anthrowiki). Der Gegenbegriff zu emisch ist „etisch" und bezieht sich auf die Bildung universell gültiger Kategorien. Geprägt wurden die Begriffe vom Sprachwissenschaftler Kenneth Pike (abgeleitet von „phon*etics*", das sich auf die naturwissenschaftlich erfassbaren Aspekte der Lautproduktion bezieht, und „Phon*emen*", den kleinsten bedeutungsunterscheidenden Einheiten einer gesprochenen Sprache).

Empowerment Wörtlich übersetzt bedeutet *Empowerment* „Bevollmächtigung" oder „Ermächtigung". Im Rahmen der EZ wird darunter ein fortdauernder Prozess verstanden, der bei benachteiligten Bevölkerungsgruppen das Selbstvertrauen stärkt, sie zur Artikulation ihrer Interessen und zur Beteiligung in der Gemeinschaft befähigt und ihnen den Zugang zu und die Kontrolle von Ressourcen verschafft. Ziel ist, dass sie ihr Leben selbstbestimmt und eigenverantwortlich gestalten und sich am politischen Prozess beteiligen können, wobei darunter sowohl Prozesse der Selbstermächtigung wie auch der professionelle Unterstützung von ausgegrenzten und benachteiligten Bevölkerungsgruppen verstanden werden (von Freyhold 2002, S. 273). Dabei geht Empowerment mit Verantwortung und > Vertrauen einher.

Entwicklungshilfe Der Begriff „Entwicklungshilfe" findet heute im EZ-Kontext kaum mehr Verwendung, ist medial und umgangssprachlich aber nach wie vor sehr präsent. „Hilfe" suggeriert eine paternalistische Grundhaltung und ein Gefälle zwischen einem gebenden und einem empfangenden Part, ein Dualismus, der sich auch in anderen gebräuchlichen Formulierungen wie „Arbeitnehmer" und „Arbeitgeber" manifestiert. Auch der Begriff „Entwicklung" selbst wird von manchen Theoretikern wie Aram Ziai nur in Anführungszeichen verwendet, „denn hier werden Prozesse, die in Europa, den europäischen Siedlungskolonien in Nordamerika (und später auch in einigen Ländern Asiens) stattfanden, zur historischen Norm erklärt; ihr Ausbleiben bzw. ihre Unvollständigkeit wurden als erklärungsbedürftig definiert und zur Grundlage einer wissenschaftlichen Disziplin. Partikulare historische Prozesse erscheinen so … als ideale Norm, während andere Gesellschaften als defizitäre Versionen derselben kategorisieren werden (‚unterentwickelt')" (Ziai 2010, S. 400). Was sich primär auf die öffentliche Wahrnehmung bezieht, kann natürlich auch unterschwellig auf das eigene Denken wirken.

Entwicklungsland Jedes Land ist ein sich entwickelndes Land – in welche Richtung auch immer, statisch bleibt kein Land. So betrachtet gibt es auch keine „(fertig) entwickelten" Länder und die Unterteilung in „entwickelte" und „Entwicklungsländer" erscheint sinnlos. Wegen seines eindeutigen evolutionistischen Erbes ist der Begriff in Fachkreisen heute umstritten und hat eine Vielzahl von (ebenfalls nicht unumstrittenen) Synonymen, wie „Dritte Welt" oder „Vierte Welt", „Globaler Süden" oder „Trikont" generiert. Das BMZ verwendet ihn allerdings noch synonym zum englischsprachigen Begriff „LDC" (less/least developed countries) für Länder, bei denen traditionelle Produktionsweisen einem modernen dynamischen Sektor gegenüberstehen und die insgesamt unter Kapitalmangel und außenwirtschaftlichen Schwierigkeiten leiden. Die regelmäßig aktualisierte Unterteilung von „Entwicklungsländern" nach „Pro-Kopf-Einkommen" der Organisation für wirtschaftliche Zusammenarbeit und Entwicklung (OECD) bestimmt auch, welche Leistungen von Geberländern an Partnerländer als öffentliche Entwicklungshilfe (ODA) angerechnet werden dürfen. Bezogen auf den Aspekt der „Zusammenarbeit" findet der wertneutralere Begriff „Partnerland" Verwendung. In gleicher Richtung wird von „Nord-Süd-Beziehungen" als Ersatz für den Begriff „Entwicklungspolitik" gesprochen.

Entwicklungszusammenarbeit (EZ) wird in diesem Buch im Sinne der aktuellen BMZ- bzw. GIZ-Definitionen verstanden: „(EZ) will Menschen die Freiheit geben, ohne materielle Not selbstbestimmt und eigenverantwortlich ihr Leben zu gestalten und ihren Kindern eine gute Zukunft zu ermöglichen. Sie leistet Beiträge zur nachhaltigen Verbesserung der weltweiten wirtschaftlichen, sozialen, ökologischen und politischen Verhältnisse. Sie bekämpft die Armut und fördert Menschenrechte, Rechtsstaatlichkeit und Demokratie. Entwicklungszusammenarbeit trägt zur Prävention von Krisen und gewalttätigen Konflikten bei. Sie fördert eine sozial gerechte, ökologisch tragfähige und damit nachhaltige Gestaltung der Globalisierung." (BMZ Glossar o. J.). EZ gliedert sich in zwischenstaatliche Zusammenarbeit und die Arbeit von Nicht-Regierungs-Organisationen (Non-Governmental Organization, NGOs), Verbände oder Gruppen, die gemeinsame Interessen vertreten, nicht gewinnorientiert und nicht von Regierungen oder staatlichen Stellen abhängig sind. Staatliche EZ wird in multi- und bilaterale Arbeit unterteilt. In der multilateralen EZ übernehmen überstaatliche Zusammenschlüsse wie die Vereinten Nationen oder die Weltgesundheitsorganisation (WHO) die Abwicklung und leiten das Geld an unterschiedliche Programme in den jeweiligen Ländern weiter. Die Grundlage der bilateralen EZ sind offizielle Vereinbarungen zwischen der Bundesrepublik Deutschland und ihren Kooperationsländern, die regelmäßig getroffen werden. Die bilaterale EZ gilt als das „Gesicht" der deutschen Entwicklungspolitik, da sie in der Öffentlichkeit stärker wahrgenommen wird, als das Engagement innerhalb der EU oder supranationale Institutionen (vgl. BMZ). Dabei wird auch mit NGOs in den Kooperationsländern zusammengearbeitet.

Ethik bezeichnet die Lehre vom nach moralischen Maßstäben richtigen Handeln. Der Begriff stammt vom griechischen Wort „ethos"=Aufenthaltsort, Wohnsitz, Heimat, sittliches Bewusstsein ab. Die westliche Tradition kennt unterschiedliche Ethiken. Bekannt ist z. B. der Utilitarismus, der davon ausgeht, dass eine Handlung dann richtig ist, wenn sie den aggregierten Gesamtnutzen im Sinne des Wohlergehens der handelnden Personen maximiert. Die deontologische Ethik hingegen geht vom Konzept der Pflicht aus. Handlungen werden nach ihrer Übereinstimmung mit situationsunabhängig für richtig befundenen Prinzipien bewertet. Eine für den Kontext von EZ besonders relevante Frage ist die, ob eine Ethik interkulturell gültig sein kann, ob also ein Universalanspruch möglich ist (vgl. Koller 2007, S. 17; Bliss et al. 2002; Bliss und Heinz 2013).

Evaluation Bei der Evaluation geht es um eine fachgerechte Bewertung von Vorhaben während und nach ihrer Durchführung (vgl. Pfeiffer 2007, S. 15) um daraus handlungs- und/oder theorierelevante Schlüsse zu ziehen.

Zunehmend sind nicht mehr nur Projekt-Outputs von Bedeutung, sondern auch, „Fragen zu Programmeffekten *(impacts)*, Zielgruppenerreichung und Stakeholder-Sichtweisen … Weniger Objektivität der Ergebnisse, als vielmehr Glaubwürdigkeit *(trustworthiness)*, kulturelle Anschlussfähigkeit und Handlungsrelevanz stehen nun im Vordergrund. Methodologische Probleme bei Evaluierungen liegen unter anderem in der Frage, welche Verfahren für welche Gegenstände angemessen sind und welche Leistung wie gewichtet werden soll" (Schönhuth 2005b). Die deutsche EZ besitzt seit 2012 ihr eigenes Evaluierungs-Institut *DEval*. Evaluierungen sollen nach ihrer Philosophie für Entwicklungsorganisationen Informationen generieren, die dabei helfen, künftig bessere Entscheidungen zu treffen, Rechenschaft abzulegen und sich lernend weiterzuentwickeln.

Globaler Süden (Global South) Mit Globaler Süden wird, in Anlehnung an die unter anderem von Wolfgang Sachs (1992, 2002) geprägte Begrifflichkeit des ‚Nordens' und des ‚Südens', die Ländergruppe der sog. Entwicklungs- und Schwellenländer bezeichnet. Der Begriff wurde Ende der 1980er Jahre vermutlich zuerst von der Weltbank in die entwicklungspolitische Debatte eingeführt wurde (Wikipedia: Globaler Süden. https://de.wikipedia.org/wiki/Globaler_S%C3%BCden). Wir verstehen die Begriffe ‚globaler Süden' und ‚Norden' weniger im Sinne nationaler ökonomischer Entwicklungsunterschiede, als vielmehr im Sinne des ungleichen Zugangs zu natürlichen und Wissensressourcen, politischen Entscheidungen, Wertschöpfung, Bildung, Digitalisierung und anderer Faktoren, die Macht- und Privilegienunterschiede in unserer „Einen Welt" ausmachen und unterstreichen. Wir verstehen sie gleichermaßen auch im Sinne professioneller Diskursgemeinschaften, die sich über eigene Theorietraditionen, gemeinsame koloniale und postkoloniale Erfahrungen sowie spezifische Methoden, Phänomenen des gesellschaftlichen und kulturellen Wandels annehmen und sich darüber untereinander verständigen.

Kaste Das Konzept ist spezifisch für den hinduistisch geprägten Raum. Eine Kaste ist ein soziales Gebilde, in das man hineingeboren wird und in dem man für gewöhnlich sein ganzes Leben verbleibt, unabhängig von eventuellen wirtschaftlichen Erfolgen oder Misserfolgen, unabhängig von der Bildung oder von bestimmten Ämtern, die man bekleidet. Geheiratet wird innerhalb der Kaste, die soziale Mobilität ist gering. Im Hinduismus unterscheidet man zunächst vier „Varnas" (der portugiesische Begriff für Farbe). Umgangssprachlich werden die Varnas oft als „Oberkasten" bezeichnet. Es handelt sich um Sudras oder Diener, Vaishyas oder Händler, Ksytria oder

Krieger und Brahmanen oder Lehrer/Priester. Jede Varna gliedert sich in unzählige Jatis, die mit bestimmten Berufsgruppen und/oder bestimmten Stämmen oder Glaubensausprägungen assoziiert sind. Auch wenn Außenstehende es nicht unbedingt registrieren, spielen Kasten im ländlichen und städtischen Alltag, meist bezeichnet als „Communities" nach wie vor eine große Rolle.

Klasse Eine Gruppe von Menschen, die vor allem ökonomische Merkmale teilt. Oftmals spielt auch ein Zusammengehörigkeitsgefühl bzw. ein Bewusstsein der eigenen Klassenlage eine Rolle. Klassenbewusstsein geht nicht unbedingt mit der Zugehörigkeit zu einer Klasse einher, bietet aber im marxistischen Verständnis eines Unterdrückungs- und Ausbeutungsverhältnisses eine Voraussetzung, um empfundene Ungerechtigkeiten (im Klassenkampf) zu beseitigen. Im Gegensatz zu Kasten sind Klassen durchlässiger und eine Heirat innerhalb der Klasse zwar oft erwünscht, aber nicht verpflichtend. Soziologisch konkurriert der Klassenbegriff mit den eher beschreibenden Begriffen der (gesellschaftlichen) „Schicht" (kein „Wir"-Gefühl, sozialer Auf- oder Abstieg möglich) bzw. des (soziokulturellen) →Milieus.

Kommunikative Validierung Kommunikative Validierung (‚member check'): Die ‚Beforschten' sollen die erhobenen Daten auf ihre Gültigkeit hin bewerten (Steinke 2000, S. 19). Im Rahmen partizipativer Ansätze geht es um einen Verständigungs- bzw. Übereinstimmungsprozess zwischen den Forschungspartnern über die Interpretation der gewonnenen Erkenntnisse, deren Aussagekraft dadurch erhöht wird.

Kulturrelativismus Kulturrelativismus bezeichnet die Doktrin, nach der kulturelle Phänomene nur in ihrem eigenen Kontext verstanden, beurteilt und bewertet werden können (‚emisches Verstehen'). Kulturrelativismus als Methode ist mit einer möglichst wertfreien, aus dem kulturellen Kontext Hypothesen generierenden induktiven Herangehensweise an fremde Kulturen verknüpft. In seiner Extremform verzichtet der Kulturrelativismus auf jede Bewertung fremdkultureller Phänomene und damit in der Praxis auf jede Rechtfertigung für handelndes Eingreifen in fremde Kulturen (vgl. Stagl 1999, S. 226; Schönhuth 2005b).

Legitimität Auf der Ebene von gesellschaftlichen Systemen erfasst Legitimität „unterschiedliche staatliche und nichtstaatliche Institutionen des Landes und die jeweiligen Macht- und Entscheidungsstrukturen. Damit wird auch nach dem „gesellschaftlichen Wollen" bzw. dem „Wollen der Zielgruppe" gefragt" (Jentsch 2002, S. 3). Auf der lokalen Ebene beantwortet „Legitimität" die Frage, inwieweit die Betroffenen die mit geplanten Projekten und Programmen zusammenhängenden Personen, Gruppen, Institutionen oder Ideen akzeptieren (vgl. Lachmann 2010, S. 124), wobei das Spektrum von völliger Akzeptanz bis zum Boykott von Maßnahmen reichen kann.

Lokales Wissen „Lokales Wissen in einem weiteren Sinne ist *‚situated knowledge'*, wo (verschiedene) Menschengruppen, die zusammen ein Habitat bewohnen, auf lokal verfügbare (Wissens)Ressourcen zurückgreifen" (Schönhuth 2005b).

Macht Macht bedeutet jede Chance, innerhalb einer sozialen Beziehung seinen eigenen Willen auch gegen Widerstreben durchzusetzen, gleichviel, worauf diese Chance beruht, so die berühmte soziologische Definition von Max Weber (1922). Oels (2007) unterscheidet darauf aufbauend ein-, zwei- und dreidimensionale Macht: Eindimensional ist repressive Macht, wenn A, B dazu bewegt, etwas zu tun, was B sonst nicht tun würde, also eine andere Entscheidung zu treffen. Zweidimensional ist repressive Macht, wenn A gesellschaftliche Werte und institutionelle Praktiken stärkt, die Bs Themen von der Agenda ausschließen. Dreidimensionale repressive Macht besteht, wenn A B auf eine Weise beeinflusst, die Bs objektiven Interessen widerspricht, also ein falsches Bewusstsein entsteht. Alle drei Arten repressiver Machtausübung können in EZ-Kontexten eine Rolle spielen. So bestehen beispielsweise viele Risiken, durch ein Projekt Machtstrukturen ungünstig zu beeinflussen. Allerdings kann Macht im Zusammenhang mit „Ownership" auch produktiv genutzt werden. Wenn Projekte von den Betroffenen als Eigentum betrachtet werden und damit Macht in ihre Hände übergeht, besteht eine höhere Chance auf einen verantwortungsvollen und effizienten Umgang und auf mehr Engagement (vgl. Lachmann 2010, S. 109). Geht es auch ohne Macht? In der Soziologie und Politologie wird meist davon ausgegangen, dass eine Form der Machtausübung stets durch eine andere abgelöst wird, nicht durch Freiheit von Macht. Je nach politischer Überzeugung geht man von revolutionären Umstürzen oder schleichendem Wandel aus.

Macht und Missbrauch „Das Einräumen von Partizipationschancen, so die Erfahrung in einigen Projekten, kann die herkömmlichen Machtstrukturen verfestigen" (Kühl 1998, S. 61) und damit jene, die ohnehin besonders benachteiligt sind, weiterhin von der Macht ausschließen. So werden in der EZ „… zunehmend Verbindungen zu religiösem Autoritäten gesucht, um z. B. Gesundheit- oder Bildungsprogramme näher an die

Bevölkerung heranzubringen. Mönche wie auch andere religiöse Würdenträger in Teilen Südostasiens bereichern sich jedoch nicht selten auf Kosten der Bevölkerung, die im Gegenzug dafür auf ein besseres Karma hoffen darf. Trotz der für beide Seiten fraglos vorhandenen Legitimität der Transaktion wird hierdurch insbesondere den Armen für die Grundbedürfnisbefriedigung dringend benötigtes Geld entzogen. Das Gleiche gilt für manche (nicht alle) lukrative Reinigungsheilpraktiken im Kontext westafrikanischer Hexerei, die die Not gerade der Ärmsten ausbeutet. Zudem: Besonders diejenigen, die viel geben, wie z. B. korrupte Staatsbeamte, tun dies mitunter auch mit Geldern, die eigentlich den Armen zugutekommen sollen" (AGEE 2013, S. 10).

▶ **Medialink:** http://entwicklungsethnologie.org

Macht der Worte Worte sind keine leeren Formen, die bestimmte Inhalte zugewiesen bekommen. Worte implizieren bestimmte Assoziationen und Emotionen und wirken oft auch unterschwellig. Gemeinsames Vokabular ist die Basis für eine gelungene Verständigung. Fachtermini mögen in Hinblick auf Exaktheit optimal sein, aber für Menschen vor Ort eine Barriere darstellen. Gemeinsame Begrifflichkeiten hingegen verbinden, lassen andere weniger fremd erscheinen. So mag es sinnvoll sein, gemeinsame, auf den lokalen Kontext angepasste Begriffe zu finden. Das „Venn-Diagramm", eine Form der partizipativen Visualisierung von Schlüsselakteuren (vgl. Kap. 5.4), kann beispielsweise in südasiatischen Kontexten als „Chapati-Diagramm" bezeichnet werden, da seine runde Form den typischen Chapati-Broten gleicht. In manchen Kontexten stehen sich auch die Originalsprache und die Übersetzung gegenüber: Anstelle des Hindi-begriffs „Panchayat" kann man „dörfliche Selbstverwaltung" nutzen, was uns weniger fremdländisch erscheint und damit direkt Bilder vor Augen ruft und inklusiver wirkt, allerdings möglicherweise auch falsche Assoziationen auf den Plan bringt. Ein weiteres Beispiel: Der Begriff „Hijra" steht im südasiatischen Raum für Eunuchen, Intersexuelle und Transgender-People, die bestimmte soziale Rollen übernehmen und in vielerlei Hinsicht nicht mit Transgender-People in Deutschland vergleichbar sind. Somit kann es ratsam sein, sich in der EZ der lokalen Ausdrucksweise zu bedienen, während sich dies bei Medien- und PR-Aktivitäten besonders schwierig gestalten würde.

Milieu (soziales) Der Begriff ‚milieu social' stammt vom französischen Soziologen Emile Durkheim, beschreibt die soziale Umgebung, in der ein Individuum aufwächst und lebt, und bezieht sich auf soziale Gruppen mit ähnlichen Lebenszielen, Lebensstilen und Werthaltungen. Die auf die Erfassung von Alltags-Lebenswelten gerichteten sogenannten „Sinus-Milieustudien", in denen soziokulturelle Milieus auf einer Matrix in Bezug auf „soziale Lage/Schichtzugehörigkeit" und „Werteorientierung" abgebildet werden, zeigen sowohl gravierende Veränderungen im Längsschnitt (z. B. nach der Wende Ausbildung eines „DDR-nostalgischen" Milieus) als auch nationale Spezifika bzw. Besonderheiten von Migrantenlebenswelten (vgl. Sinus Markt- und Sozialforschung).

Monitoring bezeichnet allgemein die Überwachung von Vorgängen und liefert in der EZ „…dem Team und den Partnern in regelmäßigen Abständen Hinweise darüber, wo das Vorhaben in Bezug auf die angestrebten Wirkungen steht und ob der Prozess so verläuft, wie er geplant war. […] Es macht deutlich, wo notwendige Kurskorrekturen schnell und effektiv vorgenommen werden können. Außerdem liefert es eine wichtige Datengrundlage für die Evaluierung und die Berichterstattung an den Auftraggeber" (GIZ Glossar). Die GIZ nutzt das Monitoring auch, um ihr „Wirkungsmodell", das die angestrebten Veränderungen von Vorhaben abbildet, auf blinde Flecken zu hinterfragen, indem Perspektiven verschiedener Akteure regelmäßig erfasst und so der Komplexität von Entwicklungsvorhaben Rechnung getragen werden soll.

Nachhaltigkeit/nachhaltige Entwicklung Ausgangspunkt der weltweiten Diskussionen um das Konzept der nachhaltigen Entwicklung war der 1987 unter dem Titel Our Common Future vorgelegte, nach seiner Vorsitzenden benannte sog. Brundtland Report der Weltkommission für Umwelt und Entwicklung. Nachhaltige Entwicklung (sustainable development) wurde darin definiert als „Entwicklung, die die Bedürfnisse der Gegenwart befriedigt, ohne zu riskieren, dass künftige Generationen ihre eigenen Bedürfnisse nicht befriedigen können" (World Commission on Environment and Development 1987). Diese Idee einer umwelt- und klimabezogenen „Generationengerechtigkeit" ist mit der 2018 entstandenen, globalen Schüler- und Studierendenbewegung *Fridays for Future,* die sich für einen radikalen Klimaschutz stark macht, nach über 30 Jahren in ganz neuer Form wieder politisch aktuell geworden. Seit der „Konferenz der

Vereinten Nationen über Umwelt und Entwicklung" (UNCED) in Rio de Janeiro 1992 bildet das Konzept der Nachhaltigen Entwicklung das Leitbild internationaler Um-welt- und Entwicklungspolitik. Aus ihm ging auch die Agenda 21 hervor, ein Aktionsprogramm mit konkreten Handlungsempfehlungen für das 21. Jahrhundert. Vorrangig als ein Maßnahmen-paket für internationale Organisationen und nationale Regierungen konzipiert, findet dieses Programm – nach dem Motto „Global Denken, Lokal Handeln" – inzwischen in der Lokalen Agenda 21 auf kommunaler Ebene seine Entsprechung. „In den letzten zwei Jahrzehnten haben sich unterschiedliche Sichtweisen auf Nachhaltigkeit entwickelt. Der dabei in Deutschland am häufigsten verwendete Ansatz geht auf die 1994 eingesetzte Enquete-Kommission des Deutschen Bundestages ‚Schutz des Menschen und der Umwelt' zurück, die sich auf die drei Dimensionen Ökologie, Soziales und Ökonomie bezieht" (Bethge et al. 2011, S. 21).

Ownership bedeutet wörtlich: „Eigentümerschaft und wird in der entwicklungspolitischen Diskussion verwendet, um die Identifikation der Menschen mit einem sie betreffenden Vorhaben zu umschreiben. Ownership ist auch die Eigenverantwortung, die Zielgruppen von Maßnahmen und Partnerorganisationen bei der Entwicklungszusammenarbeit übernehmen. Sie gilt als wichtige Vorbedingung für die Effizienz, die Nachhaltigkeit und den Erfolg von Maßnahmen." (BMZ Glossar).

Positionalität Der Zoologe und Philosoph Helmuth Plessner beschäftigte sich in seiner philosophischen Anthropologie (1928) mit dem Verhältnis vom (organischen) Körper zu seiner Grenze und seiner Beziehung zum Raum um ihn herum. Er beschrieb dieses Verhältnis für Tiere als gegenüber ihrer Umwelt zentrisch geschlossen, da sie von ihren Instinkten angetrieben werden, für den Menschen aber im Sinne einer „exzentrischen Positionalität": der Mensch kann zu sich in Distanz treten, ist prinzipiell weltoffen, nicht umweltgebunden und hat die Möglichkeit, wie den Zwang, seine Welt zu erweitern. Seine Fähigkeit zur Selbstdistanzierung beinhaltet die prinzipielle Möglichkeit, sich der eigenen, wie der Positionalität der Mitakteure und deren Konsequenzen bewusst zu sein. Der kanadische Entwicklungskritiker Ilan Kapoor schlägt für diese Form der „erhöhten Reflexivität" einen Dreischritt vor: zunächst, anzuerkennen, dass unsere persönlichen und institutionellen Interessen unvermeidbar in unsere Repräsentationen über die „Anderen" eingeschrieben sind; zweitens, dominante und als solches vertraute Wissenssysteme zu „verlernen" und drittens, „zu lernen von unten zu lernen", sodass Wissensaustausch nach beiden Seiten möglich wird (Kapoor 2008, S. 55).

Postkolonialismus Eine in den 1980er Jahren entstandene kritische Forschungsrichtung, die davon ausgeht, dass die Geschichte des Kolonialismus mit der formalen Unabhängigkeitserklärung nicht vorüber war und auch danach in den Köpfen der Menschen mit seinen kulturellen Dispositionen aber auch in politischer und ökonomischer Weise fortwirke. „Die neue Architektur des *Global Governance* sei die Fortsetzung des Imperialismus, eine Re-Kolonisierung durch neo-imperialistische Institutionen" (Koller 2007, S. 20). Damit liegt die postkoloniale Haltung nahe beim>Orientalismus.

Project vs. Program Based Approaches „Bei einem Entwicklungshilfeprojekt handelt es sich um ein geschlossenes, zeitlich und wirtschaftlich klar abgrenzbares Vorhaben. Es ist ein gegenständlich, regional und zeitlich abgegrenztes Bündel von Aktivitäten, um eine Reihe von Ergebnissen im Hinblick auf ein vereinbartes Ziel zu erreichen" (Kühl 1998, S. 53). Seit den 2000ern werden einzelne Projektvorhaben zunehmend durch eine programmorientierte EZ (Program-Based Approaches – PBA) abgelöst. „Existierende Partnerstrukturen (Budgetverfahren, Durchführungskapazitäten etc.) sollen dabei genutzt werden. Ownership soll dadurch vergrößert, Effektivität, Effizienz (Verringerung der Transaktionskosten etc.) und Signifikanz des EZ-Beitrags sollen gesteigert werden. Kritik: Notwendige Budgetmanagement- und Rechenschaftslegungsstrukturen sind bei Partnern vielfach nicht in ausreichendem Maße vorhanden" (Klingebiehl 2003).

Stakeholder Wer in einem Feld einen „Pfahl" oder „Pfosten" stehen hat, ist jemand, der oder die in diesem Feld Interessen hält. Im Zusammenhang mit der EZ geht es um alle Interaktionspartner, die vom Vorhaben negativ oder positiv betroffen sein können und deshalb „Interessenträger" sind, bezogen auf ihre Einstellung zum, oder Rolle im Projekt, ihren Einfluss auf andere Stakeholder und ihr Entscheidungspotenzial auf das Projekt/Programm. Einer bestimmten Gruppe zu helfen, kann dazu führen, dass sich eine ganz neue Dynamik vor Ort ergibt, die gravierende Veränderungen im Leben von Personen mit sich bringt, die zunächst gar nicht im Fokus der Entwicklungsmaßnahme stehen. Hinzu kommt das Problem, dass nicht alle Stakeholder ihre Stakes klar kommunizieren können oder wollen. Bei EZ-Projekten ‚erdrückt' die offizielle Projektlogik förmlich die Artikulation der wirklichen Interessen: Ein lokaler Minister kann nicht sagen, daß es ihm überwiegend darum geht, durch das Projekt

Gelder und Leistungen für sein völlig unzureichend ausgestattetes Ministerium abzuzweigen, und er deswegen die Finanzverwaltung des Projektes über sein Ministerium laufen lassen möchte. „Der Vorstand eines Dorfkomitees kann nicht verkünden, daß es ihm nur darum geht, Kredite in die eigene Tasche zu stecken. Der europäische Experte kann nicht verkünden, daß es ihm überwiegend um ein schönes Leben in Afrika geht und er in Europa sowieso keinen Job mehr finden würde. Durch diese Verunmöglichung der offenen Auseinandersetzung über die wirklichen Interessen sind partizipative Projekte organisatorisch hochriskante Unternehmungen" (Kühl 1998, S. 65).

Transparenz verstanden als „Offenlegung der Verwendung von Mitteln und Geldflüssen" wird Transparenz in der Agenda für nachhaltige Entwicklung als Grundvoraussetzung für eine wirksame EZ angesehen. Durch transparentes Handeln soll „die Eigenverantwortung der Partnerregierungen gestärkt, die Koordination zwischen Gebern verbessert und das Risiko von Korruption gemindert" (und somit) wesentliche Bedingungen für die Erzielung nachhaltiger Entwicklungsergebnisse geschaffen werden (BMZ Glossar). Transparency International fordert in diesem Zusammenhang die Einführung und Weiterentwicklung von Hinweisgebersystemen und Beschwerdemechanismen.

Triangulation bedeutet, einer einzelnen Forschungsfrage mit verschiedenen Methoden zu begegnen, um systematische Fehler zu verringern bzw. eine höhere Validität zu erreichen bzw. ein persönliches oder methodologisches Bias zu überwinden (vgl. Harper 2012, S. 58). Im Feld partizipativer Methoden ist ein triangulatives Vorgehen besonders wichtig. Allerdings ist dort nicht die Erhöhung der Validität (objektive Gültigkeit), sondern der Trustworthiness („Glaubwürdigkeit") Ziel der Triangulation.

Zielgruppe Der Begriff kommt eigentlich aus der Militärsprache und bezog sich auf Zielfestlegungen für Bombardements der USA in Vietnam (vgl. Bliss 2019, in Vorbereitung). In der EZ-Terminologie gemeint sind diejenigen Teile der Bevölkerung, an die sich EZ-Maßnahmen „richten". Der Begriff wird seit Mitte der 2000er aus o. g. Gründen kaum mehr gebraucht. Allerdings lösen auch Ersatzbegriffe wie „Betroffene", „direkt Beteiligte", „Endbegünstigte", „Nutzergruppen", „lokale Partner" oder „Gesprächspartner" das Problem nicht grundsätzlich. In der Zusammenarbeit mit verfassten Gruppen wird heute von „Partnerorganisationen" gesprochen. Die deutsche EZ verwendete bis in die 1990er Jahre die sog. „Zielgruppenanalyse", um die Problemsicht, die Veränderungsvorstellungen und die Handlungsbeschränkungen von „Endbegünstigten" ihrer Vorhaben zu erfassen. Das Zielgruppenkonzept des BMZ ist 1999 zusammen mit dem ‚Soziokulturellen Rahmenkonzept' im „Partizipationskonzept" aufgegangen.

Literatur

Vorbemerkung: Wo digitale Links sich verflüchtigt haben, lohnt die Eingabe von Autor und exaktem Titel in Suchmaschinen zur Wiederauffindung im weltweiten Netz. Gegebenenfalls kann der Titel auch beim Autorenteam als PDF-File angefragt werden.

Abedo, Simon. 2000. Training Manual on Participatory Rural Appraisal. Food Security and Nutrition Network FSN. Addis Abeba. https://www.fsnnetwork.org/sites/default/files/pra_guide.pdf. Datum des Zugriffs: 18. Juni 2019.

Abels, Heinz. 2017. *Identität. Über die Entstehung des Gedankens, dass der Mensch ein Individuum ist, den nicht leicht zu verwirklichenden Anspruch auf Individualität und Kompetenzen, Identität in einer riskanten Modernen zu finden und zu wahren.* Wiesbaden: Springer.

ActionAid International. 2009. *Participatory Vulnerability Analysis and Action.* The Hague. http://netbox-production.s3.eu-central-1.amazonaws.com/resources/dacf046dedbf421f-8e16a06cedb728ea.pdf. Datum des Zugriffs: 18. Juni 2019.

ActionAid International. o. J. *Networked Toolbox. Tools Overview.* http://www.networkedtoolbox.com/workareas/tools/. Datum des Zugriffs: 18. Juni 2019.

Aengenheyster, Stefan et al. 2017. Comparison of different RTD platforms: Real-Time Delphi in practice – A comparative analysis of existing software-based tools. *Technological Forecasting & Social Change* 118, 15–27.

African Union. *African Peer Review Mechanism (APRM).* https://au.int/en/organs/aprm. Datum des Zugriffs: 18. Juni 2019.

Agar, Michael. 1994. *Language Shock: Understanding the Culture of Conversation.* New York: William Morrow and Company.

AGEE. 2013. Ethische Leitlinien der Arbeitsgemeinschaft Entwicklungsethnologie e.V. (AGEE). *Trierer Materialien zur Ethnologie* Heft 6. http://entwicklungsethnologie.org/wp-content/uploads/2013/04/Ethische-Leitlinen-AGEE-deutsch-6-9-2013.pdf. Datum des Zugriffs: 18. Juni 2019.

Akapire, Edward A.J. et al. 2013. Catch them young: the young female parliament in northern Ghana. PLA Notes 64, 113–122. https://pubs.iied.org/pdfs/G03199.pdf. Datum des Zugriffs: 18. Juni 2019.

Akeyo, Stephen Ogola. 2010. Youth Involvement in Disaster Management. Available at SSRN: https://ssrn.com/abstract=1728425 or http://dx.doi.org/10.2139/ssrn.1728425. Datum des Zugriffs: 18. Juni 2019.

Alaei, M., A. Pourshams, N. Altaha, G. Goglani und E. Jafari. 2013. Obtaining Informed Consent in an Illiterate Population. *Middle East Journal of Digestive Diseases* 5 (1): 37–40.
Andres, Luis et al. 2016. Sustainability of Demand Responsive Approaches to Rural Water Supply The Case of Kerala. World Bank Policy Research Working Paper 8025. http://documents.worldbank.org/curated/en/283051491326550979/pdf/WPS8025.pdf. Datum des Zugriffs: 18.06.2019.
AnthroWiki. Hauptseite. https://anthrowiki.at/Hauptseite. Datum des Zugriffs: 18. Juni 2019.
Antons, Christoph. 2012. Intellectual Property Rights in Indigenous Cultural Heritage: Basic Concepts and Continuing Controversies. In *International Trade in Indigenous Cultural Heritage – Legal and Policy Issues*, Hg. C.B. Graber, K. Kuprecht und J. Christine Lai, 144–174. Cheltenham; Northampton, MA: Edward Elgar.
Antweiler, Christoph. 2007. *Was ist den Menschen gemeinsam? Über Kultur und Kulturen*. Darmstadt: Wissenschaftliche Buchgesellschaft.
Anyaegbunam, Chike, Paolo Mefalopulos und Titus Moetsabi. 2004. *Participatory rural communication appraisal. Starting with the People*. A Handbook for the SADC Centre of Communication for Development. Rom, FAO. http://www.fao.org/3/y5793e/y5793e00.htm. Datum des Zugriffs: 18. Juni 2019.
Appadurai, Arjun. 2004. The Capacity to Aspire: Culture and the Terms of Recognition. In *Culture and Public Action*, Hg. M. Walton und V. Rao, 59–84. Stanford: Stanford University Press. http://documents.worldbank.org/curated/en/243991468762305188/pdf/298160018047141re0and0Public0Action.pdf. Datum des Zugriffs: 18.06.2019.
Archon Fung, (2006) Varieties of Participation in Complex Governance. Public Administration Review 66 (s1):66-75
Arnstein, Sherry, R. 1969. A ladder of citizen participation. *Journal of the American Institute of Planners* 35 (4): 216–224.
Arvidson, Malin. 2013. Ethics, intimacy and distance in longitudinal, qualitative research: Experiences from Reality Check Bangladesh. *Progress in Development Studies* 13 (4): 279–293. https://journals.sagepub.com/doi/pdf/10.1177/1464993413490476. Datum des Zugriffs: 18. Juni 2019.
Aryeetey, Genevieve et al. 2013. Community concepts of poverty: An application to premium exemptions in Ghana's National Health Insurance Scheme. *Globalization and Health*, 9:12. https://globalizationandhealth.biomedcentral.com/track/pdf/10.1186/1744-8603-9-12. Datum des Zugriffs: 28. Juni 2019.
Asian Development Bank. 2005. Effectiveness of Participatory Approaches: Do the New Approaches Offer an Effective Solution to the Conventional Problems in Rural Development Projects? Operations Evaluation Department Special Evaluation Study. https://www.adb.org/sites/default/files/evaluation-document/35012/files/ses-effectiveness.pdf. Datum des Zugriffs: 18. Juni 2019.
Asker, S. und A. Gero. 2012. The Role of Child and Youth Participation in Development Effectiveness. A Literature Review. Child Fund Australia. https://www.unicef.org/adolescence/cypguide/files/Role_of_Child_and_Youth_Participation_in_Development_Effectiveness.pdf. Datum des Zugriffs: 18. Juni 2019.
Asmorowati, Sulikah. 2013. Bureaucratic reform for participatory development: Bureaucracy and community in implementing the National Program for Community Empowerment Urban in Surabaya, Indonesia. In *Challenges for Participatory Development in Contemporary Development Practice*, Hg. Pamela Thomas, 14–17. Canberra: Australian National University. https://crawford.anu.edu.au/rmap/devnet/devnet/db-75.pdf. Datum des Zugriffs: 18. Juni 2019.

Aycrigg, Maria. 1998. Participation and the World Bank: Success, Constraints, and Responses. Social Development Papers 29 (Nov. 1998). http://documents.worldbank.org/curated/en/373911468767354995/pdf/multi0page.pdf. Datum des Zugriffs: 18. Juni 2019.

Ball, S. und C. Gilligan. 2010. Visualising Migration and Social Division: Insights From Social Sciences and the Visual Arts. *Forum: Qualitative Sozialforschung / Qualitative Social Research* 11 (2, Art. 26). http://www.qualitative-research.net/index.php/fqs/article/view/1486. Datum des Zugriffs: 18. Juni 2019.

Banks, S., A. Armstrong, K. Carter, H. Graham, P. Hayward, A. Henry, T. Holland, C. Holmes, A. Lee, N. McNulty, N. Moore, N. Nayling, A. Stokoe und A. Strachan. 2013. Everyday ethics in community-based participatory research. *Contemporary Social Science*, 8 (3): 263–277. http://dro.dur.ac.uk/13859/1/13859.pdf?DDD34+mrnv91. Datum des Zugriffs: 18. Juni 2019.

Barrett, Sam, D. H. Nanja und S. Anderson. 2017. *From climate risk to climate resilience: How Zambian smallholders are using local knowledge and climate data to adapt their cropping strategies*. London: IIED.

Barth, Fredrik. 1969. *Ethnic Groups and Boundaries: The Social Organization of Culture Difference*. London: Allen & Unwin.

Báu, Valentina. 2014. Telling stories of war through the screen. Participatory video approaches and practice for peace in conflict-affected contexts. *Conflict & communication online* 13 (1): 1–9. http://www.cco.regener-online.de/2014_1/pdf/ba%C3%BA.pdf. Datum des Zugriffs: 18. Juni 2019.

Bauer, Steffen. 2008. Leitbild der nachhaltigen Entwicklung. *Informationen zur politischen Bildung* 287: 16–20.

Baumann, Gerd. 1999. *The Multicultural Riddle: Rethinking National, Ethnic and Religious Identities*. New York: Routledge.

Bayre, F., C. Harper und A. I. Alfonso. 2016. Participatory Approaches to Visual Ethnography from the Digital to the Handmade. An Introduction. *Visual Ethnography* 5 (1): 5–13.

Becker, H., E. Boonzaier und J. Owen. 2005. Fieldwork in shared spaces: positionality, power and ethics of citizen anthropologists in southern Africa. *Anthropology Southern Africa* 28 (3–4): 123–132.

Becker-Schmidt, Regina. 2007. Class, gender, ethnicity, race: Logiken der Differenzsetzung, Verschränkungen von Ungleichheitslagen und gesellschaftliche Strukturierung. In *Achsen der Differenz. Gesellschaftstheorie und feministische Kritik II*, Hg. G. A. Knapp und A. Wetterer, 56–83. Münster: Westfälisches Dampfboot.

Befani, Barbara und John Mayne. 2014. Process Tracing and ContributionAnalysis: A Combined Approach toGenerative Causal Inference forImpact Evaluation. *IDS Bulletin* 45, 6 (Nov.). https://opendocs.ids.ac.uk/opendocs/bitstream/handle/123456789/7348/IDSB_45_6_10.1111-1759-5436.12110.pdf?sequence=1. Datum des Zugriffs: 18. Juni 2019.

Befani, Barbara, Chris Barnett und Elliot Stern. 2014. Rethinking Impact Evaluation for Development. *IDS Bulletin* 45, 6 (Nov). https://bulletin.ids.ac.uk/idsbo/issue/view/18.

Befani, Barbara, Ben Ramalingam und Elliot Stern (Hg.). 2015. Towards Systemic Approaches to Evaluation and Impact. *IDS Bulletin* 46,1 (Jan.). https://bulletin.ids.ac.uk/idsbo/issue/view/11. Datum des Zugriffs: 18. Juni 2019.

Benda-Beckmann, F. v., K. v. Benda-Beckmann, W. Heise und M. Schönhuth. 2005. Recht und Entwicklung: Law and Development. *Zeitschrift der Arbeitsgemeinschaft Entwicklungsethnologie e.V.* 14 (1–2).

Benest, Gareth. 2010. A Rights-Based Approach to Participatory Video: toolkit. Insightshare, UK. https://goo.gl/forms/fklMLdY4Qgq313Jp1 or: https://insightshare.org/resources/rights-based-approach-to-participatory-video/. [Datum des Zugriffs 13.06.2019].

Benighaus, C., B. Oppermann und O. Renn. 2005. Partizipative Verfahren in der kommunalen Planung. In *Handbuch Nachhaltigkeitskommunikation: Grundlagen und Praxis*, Hg. G. Michelsen und J. Godeman, 698–708 [hier: S. 10–20]. https://www.researchgate.net/publication/286934583_Partizipative_Verfahren_in_der_kommunalen_Planung. Datum des Zugriffs: 18. Juni 2019.

Berger, P. L. und T. Luckmann. [1970] 1973. *Die gesellschaftliche Konstruktion der Wirklichkeit. Eine Theorie der Wissenssoziologie*. 3. Aufl. Frankfurt a. M.: Suhrkamp.

Bergfelder-Boos, Gabriele. 2012. Aktionsforschung in der Weiterbildung Romanische Sprachen: Handreichung zum Aktionsforschungsseminar: „Theorie-Praxis-Modul II: Aktionsforschung für Weiterbildungsstudierende". Freie Universität Berlin. https://www.geisteswissenschaften.fu-berlin.de/we05/romandid/fort-und-weiterbildung/aktionsforschung/1_2_merkmale.pdf. Datum des Zugriffs: 18. Juni 2019.

Bergold, J. und S. Thomas. 2012. Partizipative Forschungsmethoden: Ein methodischer Ansatz in Bewegung. *Forum Qualitative Social Research* 13 (1). http://www.qualitative-research.net/index.php/fqs/article/view/1801/3335. Datum des Zugriffs: 18. Juni 2019.

Bethge, J. P., N. Steurer und M. Tscherner. 2011. Nachhaltigkeit: Begriff und Bedeutung in der Entwicklungszusammenarbeit. In *Nachhaltigkeit in der Entwicklungszusammenarbeit*, Hg. J. König und J. Thema, 15–40. Wiesbaden: VW Verlag für Sozialwissenschaften.

Bierschenk, Thomas. 2014. Entwicklungsethnologie und Ethnologie der Entwicklung: Deutschland, Europa, USA. Arbeitspapiere des Instituts für Ethnologie und Afrikastudien der Johannes Gutenberg-Universität Mainz. http://www.ifeas.uni-mainz.de/Dateien/AP_150.pdf. Datum des Zugriffs: 18. Juni 2019.

Bliss, Frank. 2002. Von der Mitwirkung zur Selbstbestimmung. Grundlegende Elemente einer partizipativen Entwicklungszusammenarbeit. *Das Parlament* vom 16.11.2002 *Beilage: Aus Politik und Zeitgeschichte (B 9)*, 1–8. http://www.bpb.de/apuz/25711/von-der-mitwirkung-zur-selbstbestimmung?p=0. Datum des Zugriffs: 18. Juni 2019.

Bliss, Frank. 2003. Wer vertritt die Armen: NRO versus Zivilgesellschaft? *Entwicklung und Zusammenarbeit* 44 (5): 195–199.

Bliss, Fran, K. Gaesing, S. Häusler und S. Neumann .1995. Approaches to Women in Development/Gender – An International Comparison. With Recommendations for German Development Cooperation. *Research Reports of the Federal Ministry for Economic Cooperation and Development Volume 118*. Köln.

Bliss, Frank, K. Gaesing und S. Neumann. 1997. Die sozio-kulturellen Schlüsselfaktoren in Theorie und Praxis der deutschen staatlichen Entwicklungszusammenarbeit. *Forschungsberichte des BMZ Band 122*. Köln.

Bliss, Frank, M. Heinz und S. Neumann. 2007. Zur Partizipationsdiskussion in der internationalen Entwicklungszusammenarbeit. „State of the art" und Herausforderungen. *Beiträge zur Partizipationsdiskussion*. https://d-nb.info/983335486/04. Datum des Zugriffs: 18. Juni 2019.

Bliss, Frank und Marco Heinz. 2010. Wer vertritt die Armen im Entwicklungsprozess. *Entwicklungsethnologie. Zeitschrift der Arbeitsgemeinschaft Entwicklungsethnologie e.V. (AGEE)* 18 (1+2).

Bliss, Frank und M. Heinz. 2013. *Ethik in der Praxis der Entwicklungszusammenarbeit.* Bonn: PAS.

Bliss, Frank und R. Hennecke. 2018. Wer sind die Ärmsten im Dorf? Mit dem ID Poor-Ansatz werden die Armen in Kambodscha partizipativ und transparent identifiziert. Institut für Entwicklung und Frieden (INEF), Universität Duisburg-Essen (AVE-Studie 9/2018). https://inef.uni-due.de/media/ave_09_wer_sind_die_aermsten_im_dorf.pdf. Datum des Zugriffs: 18. Juni 2019.

Bliss, F. und K. Geasing (Hg.) 2019. Wege aus extremer Armut, Vulnerabilität und Ernährungssicherheit. *Entwicklungsethnologie* 23. und 24.

BMBF – Bundeministerium für Bildung und Forschung. o. J. Ethik. https://www.horizont2020.de/einstieg-ethik.htm. Datum des Zugriffs: 18. Juni 2019.

BMNT – Bundesministerium für Nachhaltigkeit und Tourismus. Partizipation und nachhaltige Entwicklung in Europa. https://www.partizipation.at/methoden.html. Datum des Zugriffs: 18. Juni 2019.

BMZ – Bundesministerium für wirtschaftliche Zusammenarbeit. 1986. *Aus Fehlern lernen: Neun Jahre Erfolgskontrolle der Projektwirklichkeit. Ergebnisse und Schlussfolgerungen.* Bonn: BMZ.

BMZ – Bundesministerium für wirtschaftliche Zusammenarbeit und Entwicklung. 1999. Übersektorales Konzept: Partizipative Entwicklungszusammenarbeit. Partizipationskonzept. BMZ. Konzepte (102). https://conservation-development.net/Projekte/Nachhaltigkeit/CD2/Brasilien/Links/PDF/BMZ_1999_Partizipation_Konzept_102.pdf. Datum des Zugriffs: 18. Juni 2019.

BMZ – Bundesministerium für wirtschaftliche Zusammenarbeit und Entwicklung. 2000. Langfristige Wirkungen deutscher Entwicklungszusammenarbeit und ihre Erfolgsbedingungen: Eine Ex-post-Evaluierung von 32 abgeschlossenen Projekten. *BMZ Spezial* (19).

BMZ – Bundesministerium für wirtschaftliche Zusammenarbeit. 2011. Menschenrechte in der deutschen Entwicklungspolitik. BMZ-Strategiepapier (4/2011). https://www.bmz.de/de/mediathek/publikationen/archiv/reihen/strategiepapiere/Strategiepapier303_04_2011.pdf. Datum des Zugriffs: 18. Juni 2019.

BMZ – Bundesministerium für wirtschaftliche Zusammenarbeit. 2014. Gleichberechtigung der Geschlechter in der deutschen Entwicklungspolitik. BMZ-Strategiepapier (2/2014). http://www.bmz.de/de/mediathek/publikationen/reihen/strategiepapiere/Strategiepapier341_02_2014.pdf. Datum des Zugriffs: 18. Juni 2019.

BMZ- Bundesministerium für wirtschaftliche Zusammenarbeit. 2015. Disaster Risk Management. Approach and Contributions of German Development Cooperation. http://www.bmz.de/en/publications/topics/climate/Materialie245a_disaster_risk_managment.pdf. Datum des Zugriffs: 18. Juni 2019.

BMZ – Bundesministerium für wirtschaftliche Zusammenarbeit. 2017. *Afrika und Europa: Neue Partnerschaft für Entwicklung, Frieden und Zukunft. Eckpunkte für einen Marshallplan mit Afrika.* Berlin: BMZ

BMZ – Bundesministerium für wirtschaftliche Zusammenarbeit und Entwicklung. Der direkte Weg zum Partner. http://www.bmz.de/de/ministerium/wege/bilaterale_ez/index.html. Datum des Zugriffs: 18. Juni 2019.

BMZ – Bundesministerium für wirtschaftliche Zusammenarbeit und Entwicklung. Die Erklärung von Paris. https://www.bmz.de/de/ministerium/ziele/parisagenda/paris/index.html. Datum des Zugriffs: 18. Juni 2019.
BMZ – Bundesministerium für wirtschaftliche Zusammenarbeit und Entwicklung. Die globalen Ziele für nachhaltige Entwicklung – Ziel 3: Gesundheit und Wohlergehen. http://www.bmz.de/de/ministerium/ziele/2030_agenda/17_ziele/ziel_003_gesundheit/index.html. Datum des Zugriffs: 18. Juni 2019.
BMZ – Bundesministerium für wirtschaftliche Zusammenarbeit und Entwicklung. Entwicklungszusammenarbeit. http://www.bmz.de/de/service/glossar/E/entwicklungszusammenarbeit.html. Datum des Zugriffs: 18. Juni 2019.
BMZ – Bundesministerium für wirtschaftliche Zusammenarbeit und Entwicklung. Lexikon. https://www.bmz.de/de/service/glossar/. Datum des Zugriffs: 18. Juni 2019.
BMZ – Bundesministerium für wirtschaftliche Zusammenarbeit und Entwicklung. Nichtregierungsorganisationen. http://www.bmz.de/de/ministerium/wege/bilaterale_ez/akteure_ez/nros/index.html?follow=adword. Datum des Zugriffs: 18. Juni 2019.
BMZ – Bundesministerium für wirtschaftliche Zusammenarbeit und Entwicklung. Ownership. http://www.bmz.de/de/service/glossar/O/ownership.html. Datum des Zugriffs: 18. Juni 2019.
BMZ – Bundesministerium für wirtschaftliche Zusammenarbeit und Entwicklung. Transparenz. http://www.bmz.de/de/ministerium/zahlen_fakten/transparenz-fuer-mehr-Wirksamkeit/Veroeffentlichung-gemaess-IATI-Standard/. Datum des Zugriffs: 18. Juni 2019.
BMZ – Bundesministerium für wirtschaftliche Zusammenarbeit und Entwicklung. Wie ‚misst' man Good Governance? http://www.bmz.de/de/themen/guteregierung/hintergrund/indizes/. Datum des Zugriffs: 18. Juni 2019.
BMZ – Bundesministerium für wirtschaftliche Zusammenarbeit. Deutsche Gesellschaft für Internationale Zusammenarbeit (GIZ). http://www.bmz.de/de/ministerium/wege/bilaterale_ez/akteure_ez/einzelakteure/giz/index.html. Datum des Zugriffs: 18. Juni 2019.
BMZ Bundesministerium für wirtschaftliche Zusammenarbeit und Entwicklung. Menschenrechte: Leitprinzip der deutschen Entwicklungspolitik. https://www.bmz.de/de/themen/allgemeine_menschenrechte/deutsche_entwicklungspolitik/index.html. Datum des Zugriffs: 18. Juni 2019.
Bogner, Alexander, Beate Littig und Wolfgang Menz (Hg). 2009. *Experteninterviews: Theorien, Methoden, Anwendungsfelder.* (3. überarb. Aufl.). Wiesbaden: VS-Verlag. (1. Aufl.: https://www.researchgate.net/publication/284419432_Das_Experteninterview_Theorie_Methode_Anwendung/link/5a8f1ac40f7e9ba42969755f/download). Datum des Zugriffs: 18. Juni 2019.
Bohannan, Paul und D. van der Elst. 2002. *Fast nichts Menschliches ist mir fremd. Wie wir von anderen Kulturen lernen können.* Wuppertal: Peter Hammer.
Böhm, B., H. Legewie und H.-L. Dienel. 2008. The Citizens' Exhibition: A Combination of Socio-scientific, Participative and Artistic Elements. *Forum Qualitative Social Research* 9 (2). http://www.qualitative-research.net/index.php/fqs/article/view/380/830. Datum des Zugriffs: 18. Juni 2019.
Böll, Winfried. 1998. Entwicklungspolitische Zusammenarbeit in der einen Welt. In *Entwicklungspolitische Zusammenarbeit in der Bundesrepublik Deutschland und der DDR*, Hg. Hans-Jörg Bücking, 11–36. Berlin: Duncker & Humblot.

Borg, M., B. Karlsson, H. S. Kim und B. McCormack. 2012. Opening up for many voices in knowledge construction. *Forum Qualitative Social Research 13(1)*. http://www.qualitative-research.net/index.php/fqs/article/view/1793. Datum des Zugriffs: 18. Juni 2019.

Borrmann, Axel und Reinhard Stockmann. 2009b. *Evaluation in der deutschen Entwicklungszusammenarbeit. Band 2: Fallstudien*. Münster u. a.: Waxmann. http://www.hwwi.org/fileadmin/hwwi/Leistungen/Gutachten/eval_dt_ez_waxmann_2009_bd2.pdf. Datum des Zugriffs: 18. Juni 2019.

Borrmann, Axel und R. Stockmann. 2009a. *Evaluation in der deutschen Entwicklungszusammenarbeit. Band 1: Systemanalyse*. Münster u. a.: Waxmann. http://www.hwwi.org/fileadmin/hwwi/Leistungen/Gutachten/eval_dt_ez_waxmann_2009_bd1.pdf. Datum des Zugriffs: 18. Juni 2019.

BpB – Bundeszentrale für Politische Bildung. 2015. Achter Statusbericht des Portals Buergerhaushalt.org. Juni 2015. http://www.buergerhaushalt.org/sites/default/files/downloads/8._Statusbericht_Buergerhaushalte_in_Deutschland_Juni_2015.pdf. Datum des Zugriffs: 18. Juni 2019.

BpB – Bundeszentrale für Politische Bildung. 2018. Neunter Statusbericht Bürgerhaushalt in Deutschland (2014 – 2017). https://www.buergerhaushalt.org/sites/default/files/9._Statusbericht_Buergerhaushalt.pdf. Datum des Zugriffs: 18. Juni 2019.

BpB – Bundeszentrale für Politische Bildung. 2019. Bürgerhaushalt. Statusbericht Redaktion. 15.03.2019. http://www.buergerhaushalt.org/de/article/9-statusbericht. Datum des Zugriffs: 18. Juni 2019.

Bracken-Roche, D., E. Bell, M. Ellen Macdonald und E. Racine. 2017. The concept of ,vulnerability' in research ethics: an in-depth analysis of policies and guidelines. *Health Research Policy and Systems* 15(8), 1–18. https://health-policy-systems.biomedcentral.com/track/pdf/10.1186/s12961-016-0164-6. Datum des Zugriffs: 18. Juni 2019.

Brand, K.-W. und G. Jochum. 2000. Der deutsche Diskurs zu nachhaltiger Entwicklung: Abschlussbericht eines DFG-Projekts zum Thema „Sustainable Development/Nachhaltige Entwicklung – Zur sozialen Konstruktion globaler Handlungskonzepte im Umweltdiskurs". Münchener Projektgruppe für Sozialforschung. http://www.sozialforschung.org/wordpress/wp-content/uploads/2009/09/kw_brand_deutscher_nachh_diskurs.pdf. Datum des Zugriffs: 18. Juni 2019.

Brecht, Berthold. [1932] 1992. Der Rundfunk als Kommunikationsapparat. Buchreihe *Bertolt Brecht: Gesammelte Werke in 20 Bänden*. Bd. 18: 127–134. Frankfurt a. M.: Suhrkamp.

Breidenstein, G., S. Hirschauer, H. Kalthoff und B. Nieswand. 2013. *Ethnografie. Die Praxis der Feldforschung*. Konstanz/München: UVK Verlagsgesellschaft.

Brendel, Christine. 2002. Partizipation und partizipative Methoden in der Arbeit des DED. Ein Orientierungsrahmen aus der Praxis für die Praxis. Deutscher Entwicklungsdienst DED. https://www.partizipation.at/fileadmin/media_data/Downloads/themen/Partizipation_und_partizipative_Methoden_in_der_Arbeit_des_DED.pdf. Datum des Zugriffs: 18. Juni 2019.

Breuer, Franz. 2009. Subjektivität, Perspektivität und Selbst/Reflexivität. In *Reflexive Grounded Theory. Eine Einführung in die Forschungspraxis,* Hg. Franz Breuer, 115–141. Wiesbaden: Springer VS.

Brewer, J. K. 2014. Indigenous Knowledge and Intellectual Property: Drug Research and Development in Contemporary Context. *Intel Prop Rights* 2 (3): 120. https://www.longdom.org/open-access/indigenous-knowledge-and-intellectual-property-drug-research-and-development-in-contemporary-context-ipr.1000120.pdf. Datum des Zugriffs: 18. Juni 2019.

Brickell, Katherine. 2015. Participatory video drama research in transitional Vietnam: post-production narratives on marriage, parenting and social evils. *Gender, Place & Culture. A Journal of Feminist Geography* 22 (4), 510–525.

Brown, J., and D. Isaacs. 2005. *The World Café. Shaping Our Futures Through Conversations That Matter.* San Francisco: Berrett-Koehler Publishers.

Brown, Richard. 1973. Anthropology and Colonial Rule: The Case of Godfrey Wilson and the Rhodes-Livingstone Institute, Northern Rhodesia. In *Anthropology and the Colonial Encounter*, Hg. Talal Asad, 173–198. London: Ithaca Press.

Brunnel, F. und T. Drage. 2016. Nachhaltigkeit in der Stadt: Von Herausforderungen, Partizipation und integrativen Konzepten. In *Nachhaltigkeit wofür? Von Chancen und Herausforderungen für eine nachhaltige Zukunft*, Hg. Friedrich Zimmermann, 113–146. Wiesbaden: Springer.

Bruno-van Vijfeijken, T., Gneiting, U. and Schmitz, H.P. 2009. Rights based approach to development: Learning from Plan Guatemala. https://www.academia.edu/2734354/Rights-based_approach_to_development.

BTI-Project: Startseite. https://www.bti-project.org/de/startseite/. Datum des Zugriffs: 18. Juni 2019.

Bugenhagen, Anja. 2015. „Objektiv geht nicht mehr.": Experteninnensicht auf systemische Evaluationsansätze in der Entwicklungszusammenarbeit. In *Evaluation komplexer Systeme. Systemische Evaluationsansätze in der deutschen Entwicklungszusammenarbeit*, Hg. Jan-Lorenz Wilhelm, 81–126. Potsdam: Universitätsverlag Potsdam. https://publishup.uni-potsdam.de/opus4-ubp/frontdoor/deliver/index/docId/7838/file/pgp10.pdf. Datum des Zugriffs: 18. Juni 2019.

Buist, Ken. 2007. Building Rapport. Process and Principle. The Trusted Adviser. http://www.top-consultant.com/articles/buildingrapport.pdf. [Datum des Zugriffs 13.06.2019].

Bundeministerium für Bildung und Forschung: Ethik. https://www.horizont2020.de/einstieg-ethik.htm. Datum des Zugriffs: 18.06.2019.

Bundeszentrale für politische Bildung (Hg.). 2009. Compasito – Handbuch zur Menschenrechtsbildung mit Kindern. Bonn. https://www.compasito-zmrb.ch/index.html. Datum des Zugriffs: 18. Juni 2019.

Burgess, Jean. 2006. Hearing Ordinary Voices. Cultural Studies, Vernacular Creativity and Digital Storytelling. *Continuum: Journal of Media and Cultural Studies* 20 (2): 201–214.

Burns, D.; Lopez-Franco, E.; Shahrokh, T. und Ikita, S. 2015. *Citizen participation and accountability for sustainable development.* Brighton: IDS. https://opendocs.ids.ac.uk/opendocs/bitstream/handle/123456789/5995/Citizen_Partic_Report_.pdf?sequence=1. Datum des Zugriffs: 18. Juni 2019.

Byansi, P. K. et al. 2013. Reflections on participatory HIV prevention research with fishing communities, Uganda. *PLA Notes* 66, 93–90.

Cabannes, Yves. 2004. Participatory budgeting: a significant contribution to participatory democracy. *Environment & Urbanization* 16 (1). https://pubs.iied.org/pdfs/G00471.pdf. Datum des Zugriffs: 18. Juni 2019.

CANARI (Carribean Natural Resources Institute). 2011. Facilitating participatory natural resource management. A toolkit for Caribbean managers. https://www.cepf.net/resources/documents/facilitating-participatory-natural-resource-management-toolkit-caribbean.

Cartwright, E. und D. Schow. 2016. Anthropological Perspectives on Participation in Community-Based Participatory Research (CBPR). Insights From the Water Project, Maras, Peru. *Qualitative Health Research* 26 (1), 136–140. https://journals.sagepub.com/doi/pdf/10.1177/1049732315617480. Datum des Zugriffs: 18. Juni 2019.

Caspari, Alexandra. 2004. *Evaluation der Nachhaltigkeit von Entwicklungszusammenarbeit: Zur Notwendigkeit angemessener Konzepte und Methoden*. Wiesbaden: VS Verlag.

Causemann, B. und E. Gohl. 2013. Tools for measuring change: self-assessment by communities. *PLA-Notes* 10, 113–122. https://pubs.iied.org/pdfs/G03665.pdf. Datum des Zugriffs: 18. Juni 2019.

CBM (Christoffel-Blindenmission). 2019. Wir öffnen Augen. Homepage: https://www.cbm.de/. Datum des Zugriffs: 15 August 2019.

Cernea, Michael. 1991. *Putting People First: Sociological Variables in Rural Development*. Oxford: Oxford University Press.

Chambers Robert. 1994b: Poverty And Livelihoods: Whose Reality Counts? An Overview Paper prepared for the Stockholm Roundtable on Global Change 22–24 July 1994. Institute of Development Studies: University of Sussex. https://opendocs.ids.ac.uk/opendocs/bitstream/handle/123456789/579/rc441.pdf?sequence=1. Datum des Zugriffs: 18. Juni 2019.

Chambers, R., and N. Loubere. 2017. Liberating Development Inquiry. Freedom, Openness and Participation in Fieldwork. In *Understanding Global Development Research*, Hg. G. Crawford, L. Kruckenberg. N. Loubere and R. Morgan, 27–46. London: Sage Publications.

Chambers, Robert. 1980. Rapid Rural Appraisal: Rationale and Repertoire. IDS Discussion Paper. No. 155, 95–106. https://opendocs.ids.ac.uk/opendocs/bitstream/handle/123456789/865/rc291.pdf?sequence=1&isAllowed=y. Datum des Zugriffs: 18. Juni 2019.

Chambers, Robert. 1983. *Rural Development: Putting the Last First*. Harlow: Longman.

Chambers, Robert. 1992. Rural appraisal: rapid, relaxed and participatory. IDS Discussion Paper 311. https://www.ids.ac.uk/files/Dp311.pdf. Datum des Zugriffs: 18. Juni 2019.

Chambers, Robert. 1994a. Participatory rural appraisal (PRA): Challenges, potentials and paradigm. *World Development* 22 (10): 1437-1454.

Chambers, Robert. 1997. *Whose Reality Counts? Putting the First Last*. London: Earthscan.

Chambers, Robert. 2002. *Participatory Workshops: A Sourcebook of 21 Sets of Ideas and Activities*. London: Earthscan.

Chambers, Robert. 2008. From PRA to PLA and Pluralism: Practice and Theory. https://opendocs.ids.ac.uk/opendocs/bitstream/handle/123456789/745/rc13.pdf?sequence=1. Datum des Zugriffs: 18. Juni 2019.

Chambers, Robert. 2012. *Provocations for Development*. Warwickshire: Practicing Action Publishing LTD.

Chambers, Robert. 2013. From Rapid to reflective: 25 years of Participatory Learning and Action. Participatory Learning and Action 66 (IIED), 13–14. https://pubs.iied.org/pdfs/G03654.pdf. Datum des Zugriffs: 18. Juni 2019.

Chambers, Robert. 2017. Can We Know Better? Reflections for Development. Practical Action Publishing.   https://www.developmentbookshelf.com/doi/pdf/10.3362/9781780449449. Datum des Zugriffs: 18. Juni 2019.

Charman, Andrew. 2018. *Photovoice Street Life in Ivory Park. A Participate Project.* Sustainable Livelihood Foundation. http://livelihoods.org.za/wp-content/uploads/2018/05/SLF-Photovoice-Street-Life-Publication-.pdf. Datum des Zugriffs: 18. Juni 2019.

Chen, Christina. 2015. Digital Storytelling with Refugee Youth: A Tool for Promoting Literacy and Youth Empowerment And a Catalyst for Social Action. Master's Capstone Projects 34. https://scholarworks.umass.edu/cie_capstones/34/. Datum des Zugriffs: 18. Juni 2019.

Chevalier, Jacques M. und Daniel J. Buckles. 2019a. Handbook for Participatory Action, Research, Planning and Evaluation. SAS2 Dialogue. Ottawa. (Revised edition). https://www.participatoryactionresearch.net/publications. Datum des letzten Zugriffs: 19. Oktober 2019.

Chevalier, Jacques M. und Daniel J. Buckles. 2019b. Participatoty Actions Rsearch. Theory and Methods for Engaged Inquiry. London: Routledge.

Christens, B., and P. W. Speer. 2006. Tyranny/Transformation: Power and Paradox in Participatory Development. *Forum Qualitative Social Research* 7 (2, Art. 22). http://www.qualitative-research.net/index.php/fqs/article/view/91/189. Datum des Zugriffs: 18. Juni 2019.

CIFOR (Center for International Forestry Research). 2012. Participatory Land Use Planning Handbook and Toolbox. NAFRI, IRD, CIFOR, Vientiane, Lao PDR. http://www.cifor.org/publications/pdf_files/HCIFOR1201.pdf. Datum des Zugriffs: 18. Juni 2019.

Cobb, J., and K. K. Hoang. 2015. Protagonist-Driven Urban Ethnography. *City & Community* 14 (4): 348–351.

Cochran, P. A. L., C. A. Marshall, C. Garcia-Downing, E. Kendall, Doris Cook, L. McCubbin, R. M. S. Gover. 2008. Indigenous Ways of Knowing: Implications for Participatory Research and Community. *American Journal of Public Health* 98 (1), 22–27. https://www.ncbi.nlm.nih.gov/pmc/articles/PMC2156045/. Datum des Zugriffs: 18. Juni 2019.

Coles, A., J. Momsen und L. Grey (eds.). 2015. *The Routledge Handbook of Gender and Development*. London/New York: Routledge.

Comaroff, Jean und J. Comaroff (Hg.).1993. *Modernity and Its Malcontents: Ritual and Power in Postcolonial Africa*. Chicago: University of Chicago Press.

Community Toolbox Team. o. J. Section 1. A Framework for Program Evaluation: A Gateway to Tools. University of Kansas: Center for Community Health and Development. https://ctb.ku.edu/en/table-of-contents/evaluate/evaluation/participatory-evaluation/main. Datum des Zugriffs: 18. Juni 2019.

Community Toolbox Team. o. J. Section 1. Tools Related to the Recommended Framework. University of Kansas: Center for Community Health and Development. https://ctb.ku.edu/en/table-of-contents/evaluate/evaluation/framework-for-evaluation/tools. Datum des Zugriffs: 18. Juni 2019.

Community Toolbox Team. o. J. Section 4. Adapting Community Interventions for Different Cultures and Communities https://ctb.ku.edu/en/table-of-contents/analyze/choose-and-adapt-community-interventions/cultural-adaptation/main. Datum des Zugriffs: 18. Juni 2019.

Conzen, Kathleen N. 1980. Germans. In *Harvard Encyclopedia of American Ethnic Groups*, Hg. Stephen Thermstrom (u. a.), 407. Cambridge, MA./London: Harvard University Press.

Cook, J. und G. E. Kofana. 2008. Recording land rights and boundaries in Aulu-ta Basin, Solomon Islands. In *Making Land Work, Vol. 2. Case studies on customary land and development in the Pacific*, Hg. Commonwealth of Australia, 47–64. https://dfat.gov.au/about-us/publications/Documents/MLW_VolumeTwo_Bookmarked.pdf. Datum des Zugriffs: 18. Juni 2019.

Cook, Tina. 2012. Where participatory approaches meet pragmatism in funded (health) research: The challenge of finding meaningful spaces. *Forum: Qualitative Social Research* 13 (1, Art. 18). http://www.qualitative-research.net/index.php/fqs/article/view/1783. Datum des Zugriffs: 18. Juni 2019.

Cooke, Bill und U. Kothari. 2001. *Participation: The New Tyranny*. London: Zed Books.

Corfee-Morlot, Jan et al. 2009. Cities, Climate Change and Multilevel Governance. *OECD Environmental Working Papers*. 14, OECD publishing. http://www.oecd.org/env/cc/44242293.pdf. Datum des Zugriffs: 9. Juli 2019.

Cornwall, A., J. Edstrom und A. Greig. 2011. *Men in Development: Politicising Masculinities*. London: Zed Books.

Cornwall, A. und P. Garett. 2011. The Use and Abuse of Participatory Rural Appraisal. Reflections From the Practice. *Agriculture and Human Values* 28 (2): 263–272.

Cornwall, A. und S. Fleming. 1995. Context and Complexity: Anthropological Reflections on PRA. *PLA Notes* 24, 8–12.

Cornwall, Andrea. 2000. Making a difference? Gender and participatory development. IDS Discussion Paper 378. Institute of Development Studies. https://www.participatorymethods.org/sites/participatorymethods.org/files/Dp378.pdf. Datum des Zugriffs: 18. Juni 2019.

Cornwall, Andrea. 2001. „Making a Difference? Gender and Participatory Development." IDS Discussion Paper 378. https://www.participatorymethods.org/sites/participatorymethods.org/files/Dp378.pdf. Datum des Zugriffs: 29. Juli 2019.

Cousins, J. B. und E. Whitmore. 1998. Framing participatory evaluation. *New Directions for Evaluation* 80, 5–23.

Crabtree, C. und K. Braun. 2015. PhotoVoice: A Community-Based Participatory Approach in Developing Disaster Reduction Strategies. *Progress in Community Health Partnerships: Research, Education, and Action* 9 (1, Spring): 31–40.

Cram, F., K. Tibbetts und J. LaFrance (Hg.). 2018. A Stepping Stone in Indigenous Evaluation. *New Directions for Evaluation* (159, Fall): 7–16.

Crawford, G., L. Kruckenberg, N. Loubere und R. Morgan. 2017. *Understanding Global Development Research: Fieldwork Issues, Experiences and Reflections*. London: Sage Publications.

Crouch, Colin. 2008. *Postdemokratie*. Frankfurt a. M.: Suhrkamp.

Cruz, M. und V. Atanassova. 2017. Collaborative and Participatory Communications. A how-to guide. https://commons.wikimedia.org/wiki/File:30-_Collaborative_%2B_Participatory Communications-_A_how-to_guide.pdf. Datum des Zugriffs: 18. Juni 2019.

Cultural Survival. Advocacy. Supporting grassroots Indigenous movements to protect, respect, and fulfill the rights of their communities. https://www.culturalsurvival.org/programs/advocacy. Datum des Zugriffs: 18. Juni 2019.

Dahrendorf, Ralf. 1992. *Der moderne soziale Konflikt. Essay zur Politik der Freiheit*. Stuttgart: DVA.

Dalbert, C., L. Montada und M. Schmitt. 1987. Glaube an eine gerechte Welt als Motiv: Validierungskorrelate zweier Skalen. *Psychologische Beiträge* 29 (1/1987): 596–615. http://psydok.psycharchives.de/jspui/bitstream/20.500.11780/743/1/Glaube_an_eine_gerechte_Welt.pdf. Datum des Zugriffs: 18. Juni 2019.

Danish Red Cross. 1996. Vietnamizing PRA. Reflections of a group of vietnamese PRA trainers and trainees. Hanoi. Draft version.
Danner, Stefan. 2012. Partizipation von Kindern in Kindergärten: Hintergründe, Möglichkeiten und Wirkungen. *Aus Politik und Zeitgeschichte* (22–24): 40–45. https://www.bpb.de/shop/zeitschriften/apuz/136759/fruehkindliche-bildung. Datum des Zugriffs: 18. Juni 2019.
Datta, Ranjan. 2018. Decolonizing both researcher and research and its effectiveness in Indigenous research. *Research Ethics* 14 (2), 1–24. https://doi.org/10.1177/1747016117733296; https://journals.sagepub.com/doi/pdf/10.1177/1747016117733296.
Davidoff, Paul. 1965. Advocacy and Pluralism in Planning. *Journal of the AIP* (Nov. 1965): 331–338.
Davis-Case, D'Arcy. 1990. The Community's Toolbox. The Idea, Methods and Tools for Participatory Assessment, Monitoring and Evaluation in Community Forrestry. Rome: http://www.fao.org/3/x5307e/x5307e00.htm. Datum des Zugriffs: 18. Juni 2019.
De Marchi, B. und J. R. Ravetz. 2000. Participatory Approaches to Environmental Policy. Environmental Evaluation Europe. Policy Research Brief 10. http://www.clivespash.org/eve/PRB10-edu.pdf. Datum des Zugriffs: 18. Juni 2019.
DEAT – Department of Environmental Affairs and Tourism und GTZ – Deutsche Gesellschaft für Technische Zusammenarbeit. Success Stories in South Africa: Community Based Natural Resource Management (CBNRM). Transform Training and Support for Resource Management Programme. https://conservation-development.net/Projekte/Nachhaltigkeit/CD1/Suedafrika/Literatur/PDF/DEATGTZSuccessStoriesNew.pdf. Datum des Zugriffs: 18. Juni 2019.
Debiel, Tobias (Hg.). 2018. Entwicklungspolitik in Zeiten der SDGs. Essays zum 80. Geburtstag von Franz Nuscheler. Duisburg. Stiftung Entwicklung und Frieden. https://www.die-gdi.de/uploads/media/Entwicklungspolitik_in_Zeiten_der_SDGs_Web.pdf. Datum des Zugriffs: 18. Juni 2019.
DED (Deutscher Entwicklungsdienst). 2010. „We Want (U) to Know." Dokumentarfilm. Deutschalnd /Kambodscha. Regie: Ella Pugliese. Bildsturz tv. 90 Minuten.
DeFilippis, James und S. Saegert (Hg.). 2008. *The Community Development Reader*. London/New York: Routledge.
DeGEval – Deutsche Gesellschaft für Evaluation (Hg.). 2010. *Verfahren der Wirkungsanalyse. Ein Handbuch für die entwicklungspolitische Praxis*. Freiburg: Arnold-Bergstraesser-Institut.
Deinet, Ulrich und Richard Krisch. 2002. Der sozialräumliche Blick der Jugendarbeit. Methoden und Bausteine zur Konzeptentwicklung und Qualifizierung. Opladen 2002; Verlag Leske und Budrich S. 87 – 154. http://www.spinnenwerk.de/glienicke-sro/krisch_deinet_methoden.pdf. Datum des Zugriffs: 18. Juli 2019.
Denniston, Derek. 1995. Defending Land With Maps. *PLA Notes* 22: 36–40. https://pubs.iied.org/pdfs/G01561.pdf. Datum des Zugriffs: 18. Juni 2019.
Dentith, A. M., L. Measor und M. P. O'Malley. 2012. The research imagination amid dilemmas of engaging young people in critical participatory work. *Forum: Qualitative Social Research* 13 (1, Art. 17). http://www.qualitative-research.net/index.php/fqs/article/view/1788. Datum des Zugriffs: 18. Juni 2019.

Derichs, Claudia. 2018. SDGs und Gender: Tragen die Ziele wirklich zur Chancengleichheit bei? In *Entwicklungspolitik in Zeiten der SDGs*, Hg. Thomas Debiel, 22–25. https://www.die-gdi.de/uploads/media/Entwicklungspolitik_in_Zeiten_der_SDGs_Web.pdf. Datum des Zugriffs: 18. Juni 2019.

DEval – Deutsches Evaluierungsinstitut der Entwicklungszusammenarbeit. Startseite. https://www.deval.org/de/. Datum des Zugriffs: 18. Juni 2019.

Deverill, P., S. Bibby, A. Wedgwood und I. Smout. 2001. Designing water and sanitation projects to meet demand in rural and peri-urban areas: the engineer's role. Interim Report. https://wedc-knowledge.lboro.ac.uk/resources/books/Role_of_Engineers_in_the_Demand_Responsive_Approach_-_Complete.pdf. Datum des Zugriffs: 18. Juni 2019.

DEZA – Direktion für Entwicklung und Zusammenarbeit. 1996. *PEMU – Ein Einstieg*. Bern: DEZA.

DEZA – Direktion für Entwicklung und Zusammenarbeit. 2003. Gender-Gleichstellung: Ein Schlüssel zur Armutsbekämpfung und nachhaltiger Entwicklung. https://www.eda.admin.ch/dam/deza/de/documents/themen/gender/Gender-Gleichstellung_DE.pdf. Datum des Zugriffs: 18. Juni 2019.

DFID. 2010. Youth Participation in Development. A Guide for Development Agencies and Policy Makers, DFID–CSO Youth Working Group. http://www.youthpolicy.org/wp-content/uploads/library/2010_Youth_Participation_in_Development_Guide_Eng.pdf. Datum des Zugriffs: 18. Juni 2019.

Dhanaka, Rao. 2017. Encounters at the Margins: Situating the Researcher Under Conditions of Aid. In *Understanding Global Development Research*, Hg. G. Crawford et al., 109–114. London: Sage Publications.

Diaby-Pentzlin, Friederike. 2005. Projektpraxis und Wissenschaftshärne oder: Die Einsamkeit der Projektkonzeptionalistin beim Rechtspluralismus. In *Recht und Entwicklung*, Hg. Franz von Benda-Beckmann, 61–84. Saarbrücken: Verlag für Entwicklungspolitik.

Diduck, Alan P. und J. A. Sinclair. 2002. Public Involvement in Environmental Assessment: The Case of the Nonparticipant. *Environmental Management* 29 (4): 578–588. https://link.springer.com/content/pdf/10.1007/s00267-001-0028-9.pdf. Datum des Zugriffs: 18. Juni 2019.

Dienel, Peter C. [1975] 2002. *Die Planungszelle. Der Bürger als Chance. Mit Statusreport 2002*. 5. Aufl. Wiesbaden: Westdeutscher Verlag.

Digital Empowerment. 2012. A Methodology for Digital Storytelling. http://healthy-children.eu/portals/24/toolbox/box_Training%20and%20education/01_Methodology_en.pdf. Datum des Zugriffs: 18. Juni 2019.

Dilger, Hansjörg und Bernhard Hadolt (Hg.). 2009. *Medizin im Kontext: Krankheit und Gesundheit in einer vernetzten Welt*. Frankfurt a. M.: Peter Lang.

Doucouliagos, Hristos und M. Paldam. 2005. Aid Effectiveness on Growth. Aarhus University Economics Paper 2005 (13). https://papers.ssrn.com/sol3/papers.cfm?abstract_id=1147609. Datum des Zugriffs: 18. Juni 2019.

Eckstein, Kerstin und M. Schönhuth. 2011. Der weiße Mann schluchzt. Christoph Schlingensief träumte von einem Operndorf in Burkina Faso. Die Umsetzung nach seinem Tod ist schwieriger als ursprünglich gedacht. *DIE ZEIT* 34, 19. 8. 2011. https://www.zeit.de/2011/34/Schlingensief/komplettansicht. Datum des Zugriffs: 18. Juni 2019.

Edpev – Exposure- und Dialogprogramme. Startseite. https://edpev.de/. Datum des Zugriffs: 18. Juni 2019.

Ehlers, Torben. 2017. *Kultur, Entwicklung und ‚Cultural Turn': Ursprung, Bedeutung und Wandel von euro- und ehtnozentristischem Kulturverständnis im Kontext liberaler Entwicklungs- und Modernisierungstheorien*. Marburg: Tectum Verlag.
Elliott, Anthony. 2016. *Identity Troubles: An introduction*. New York: Routledge.
Elwert, Georg. 2002. Partizipation als Ersatz für den Rechtsstaat. Entwicklungspolitische Diskussionstage 2002. SLE/HBS: Kritische Bilanz Partizipativer Ansätze: 17–23. https://www.sle-berlin.de/files/sle/EPDT/2002/Kritische_Bilanz_Partizipation.pdf. Datum des Zugriffs: 18. Juni 2019.
EMAN – The Ecological Monitoring and Assessment Network. 2003. Improving Local Decision Making through Community Based Monitoring: Toward a Canadian Community Monitoring Network. Ottawa: Environment Canada. http://publications.gc.ca/collections/collection_2014/ec/En40-883-2003-eng.pdf. Datum des Zugriffs: 18. Juni 2019.
Engberg, Lars, A. 2018. Climate Adaptation and Citizens' Participation in Denmark: Experiences from Copenhagen. *Climate Change in Cities. Innovations in Multi-Level Governance*. Hg. Sara Hughes, Eric K. Chu and Susan G. Mason. Springer International Publishing AG, 139–161.
Enengel, B. 2009. Partizipative Landschaftssteuerung: Kosten-Nutzen-Risiken-Relationen aus Sicht der Beteiligten. Dissertation, Universität für Bodenkultur Wien. https://www.partizipation.at/fileadmin/media_data/Downloads/Forschungsplattform/Dissertation_Barbara_Enengel_PartizipativeLandschaftsteuerung2010.pdf. Datum des Zugriffs: 18. Juni 2019.
Escobar, Arturo. 1995. *Encountering Development. The Making and Unmaking of the Third World*. Princeton University Press.
Estacio, Emee Vida and David F. Marks. 2010. Critical reflections on social injustice and participatory action research: The case of the indigenous Ayta community in the Philippines. *Procedia – Social and Behavioral Sciences*. 5, 548–552. https://www.sciencedirect.com/science/article/pii/S.1877042810015144/pdf?md5=508056b3b14672879c4e7ad171758e3d&pid=1-s2.0-S1877042810015144-main.pdf. Datum des Zugriffs: 28.6. 2919.
Estelella, Adolfo und Tomás Sánchez Criado. 2019. Experimental Collaborations. Ethnography Through Fieldwork Devices. New York, Oxford: Berghahn.
Estrella, M. und J. Gaventa. 1998. Who Counts Reality? Participatory Monitoring and Evaluation: A Literature Review. IDS Working Paper 70. https://www.ids.ac.uk/files/Wp70.pdf. Datum des Zugriffs: 18. Juni 2019.
Etzold, Benjamin, Milena Belloni, Russell King, Albert Kraler und Ferruccio Pastore. 2019. Transnational Figurations of Displacement. Conceptualising protracted displacement and translocal connectivity through a process-oriented perspective. *TRAFIG Working Paper* No. 1 (05 June 2019). https://trafig.eu/output/working-papers/2019-01/D011-TWP-Transnational-Figurations-of-Displacement-Etzold-et-al-2019-v02p-20190709.pdf. Datum des Zugriffs: 23.7. 2019.
EU-UNICEF. 2014. Child Rights Toolkit – Integrating Child Rights in Development Cooperation. United Nations Children's Fund (UNICEF). Programme Division. https://www.unicef.org/eu/crtoolkit/downloads/Child-Rights-Toolkit-Web-Links.pdf. Datum des Zugriffs: 23.7.2019.
Europarat. Schutz nationaler Minderheiten. https://www.nationale-minderheiten.eu/. Datum des Zugriffs: 18. Juni 2019.

European Comission. Ethics Appraisal Procedure. http://ec.europa.eu/research/participants/docs/h2020-funding-guide/cross-cutting-issues/ethics_en.htm. Datum des Zugriffs: 18. Juni 2019.

Eversole, Robyn. 2010. Remaking participation: challenges for community development practice. *Community Development Journal* 47 (1, January) : 29–41.

Eversole, Robyn. 2015. *Knowledge Partnering for Community Development*. New York: Routledge.

Eversole, Robyn. 2018. *Anthropology for Development: From Theory to Practice*. New York: Routledge.

Fairey, Tiffany. 2018. Whose photo? Whose voice? Who listens? ‚Giving,' silencing and listening to voice in participatory visual projects. *Visual Studies,* 33:2, 111–126, https://doi.org/10.1080/1472586x.2017.1389301.

Fairtrade International. 2015. Fairtrade Theory of Change: Version 2.0. https://www.fairtrade.net/fileadmin/user_upload/content/2009/resources/140112_Theory_of_Change_and_Indicators_Public.pdf. Datum des Zugriffs: 18. Juni 2019.

Fals-Borda, O. und M. A. Rahman. 1991. Preface. In *Action and Knowledge: Breaking the Monopoly with Participatory Action-Research*, Hg. O. Fals-Borda und M. A. Rahman, vii-viii. New York: Doubleday. https://de.scribd.com/document/36085852/Fals-Borda-and-Rahman-1991-Action-and-Knowledge-Breaking-the-Monopoly-With-P. Datum des Zugriffs: 29. Juli 2019.

Fanelli, Carolyn W. und Mildred Mushunje. 2007. Child Participation in Education Initiatives. How-to Guide. Catholic Relief Services. Zimbabwe. https://www.crs.org/sites/default/files/tools-research/how-to-guide-child-participation-education.pdf. Datum des Zugriffs: 29. Juli 2019.

Feeny, Thomas und Jo Boyden. 2003. Children and poverty: Shaping a response to poverty: A conceptual overview and implications for responding to children living in poverty, Children and Poverty Series. Part III. Virginia: Christian Children's Fund. https://www.childfund.org/uploadedFiles/NewCF/Impact/Knowledge_Center/ChildrenAndPoverty_Study_Part3.pdf. Datum des Zugriffs: 29. Juli 2019.

Feiring, Brigitte. 2014. Indigenous peoples' rights to lands, territories, and Resources. International Land Coalition. https://www.landcoalition.org/sites/default/files/documents/resources/IndigenousPeoplesRightsLandTerritoriesResources.pdf. Datum des Zugriffs: 29. Juli 2019.

Felsenstein, Lee. 2007. The Real OLPC Debate: Laptop Project vs. Education Project. http://olpcnews.com/commentary/press/debate_laptop_education.html. Datum des Zugriffs: 29. Juli 2019.

Ferguson, James. 1990. *The Anti-Politics Machine: ‚Development', Depoliticization and Bureaucratic Power in Lesotho*. Camridge: Cambridge University Press.

Ferguson, James. 1999. *Expectations of Modernity*. Berkely, LA, London: University of California Press.

Fernandez, Aloysius S. 2018. *The Myrada Experience. 50 Years of Learning*. Bangalore: MYRADA.

Festinger, Leon. 1957. *A Theory of Cognitive Dissonance*. Row, Peterson and Company.

Feuerstein, Marie-Therese. 1987. *Partners in Evaluation. Evaluating Development and Community Programmes with Participants*. London: Macmillan Publishers.

FFP – Fund For Peace. Startseite. https://fundforpeace.org/. Datum des Zugriffs: 29. Juli 2019.
Fischer, Lorenz und G. Wiswede. 2009. *Grundlagen der Sozialpsychologie*. München: Oldenbourg Wissenschaftsverlag.
Flick, Uwe. 2007. *Qualitative Sozialforschung: Eine Einführung*. Rohwolt: Rheinbeck bei Hamburg.
Flick, Uwe. 2010. Triangulation. In *Handbuch qualitative Forschung in der Psychologie*, Hg. von G. Mey und K. Mruck, 278–289. Wiesbaden: Springer VS.
Fox, Jefferson et al. 2005. *Mapping power: ironiceffects of spatial information technology in mapping communities, ethics values, practice*. Honolulu, USA : East-West Center
Freire, Paulo. 1970. *Pedagogy of the Oppressed*. New York: Herder and Herder.
French, Wendell L. und C. H. Bell. 1994. *Organisationsentwicklung. Sozialwissenschaftliche Strategien zur Organisationsveränderung*. Bern, Stuttgart: Paul Haupt.
Frey, Regina. 1997. Partizipative Ansätze in der Entwicklungszusammenarbeit: Eine Kritik. In *Entwicklung -Theorie, Empirie, Strategie: Festschrift für Volker Lühr*, Hg. Manfred Schulz, 187–196. Hamburg: Lit Verlag.
Frieden, Matthias. 2000. Indigene Gemeinschaften und Eigentumsrechte: Der potentielle Beitrag der Eigentumsrechte zum Schutz indigenen Wissens. Institut für Ethnologie, Universität Bern, Arbeitsblatt 18. http://www.anthro.unibe.ch/unibe/portal/fak_historisch/dkk/anthro/content/e40422/e40425/e40426/e127585/files127779/AB18_Fri_ger.pdf. Datum des Zugriffs: 29. Juli 2019.
Gad, Daniel. 2012. *Die Kunst der Entwicklungszusammenarbeit: Konzeptionen und Programme einer auswärtigen Kulturpolitik nordischer Staaten*. Wiesbaden: Springer VS.
Gamper, M. und M. Schönhuth. 2019. Zeigen, was sich nicht sagen lässt: Ansätze und Verfahren der visuellen Netzwerkforschung. In *Handbuch Visuelle Kommunikationsforschung*, Hg. Katharina Lobinger. Wiesbaden. (im Erscheinen).
Gardner, Katy und D. Lewis. 2015. *Anthropology and Development. Challenges for the Twenty-First Century*. London, Chicago, IL: Pluto Press.
Geisen, Thomas und Christine Riegel (Hg.). 2009. *Jugend, Partizipation und Migration. Orientierungen im Kontext von Integration und Ausgrenzung*. 2. Aufl. Wiesbaden: Springer VS.
Georgalakis, James and Pauline Rose (Hg.). 2019. Exploring Research–Policy Partnerships In International Development. *IDS Bulletin* 50, 1(May). https://opendocs.ids.ac.uk/opendocs/bitstream/handle/123456789/14526/IDSB50.1_10.190881968-2019.100.pdf?sequence=1&isAllowed=y.
Georges, K. E., T. Baier, J. Schultheiß, u. a. 2017. *Der neue Georges. Kleines Deutsch-Lateinisches Handwörterbuch*. Darmstadt: Wiss. Buchgesellschaft.
Gernbauer, K., T. Ködelpeter und U. Nitschke, Ulrich, (Hg.). 2008. *Jugendliche planen und gestalten Lebenswelten. Partizipation als Antwort auf den gesellschaftlichen Wandel*. Wiesbaden: Springer VS.
Gill, Gerard. 1991. But how does it compare with the "real" data? *RRA Notes* 14: 5–13. https://pubs.iied.org/pdfs/G01414.pdf. Datum des Zugriffs: 29. Juli 2019.
Gill, Gerard. 1993. OK, the data's lousy, but it's all we've got (being a critique of conventional methods). Sustainable Agriculture Programme. Gatekeeper Series SA, 38, IIED. http://mekonginfo.org/assets/midocs/0002911-utilities-communications-o-k-the-data-s-lousy-but-it-s-all-we-ve-got-being-a-critique-of-conventional-methods.pdf. Datum des Zugriffs: 29. Juli 2019.

Girtler, Roland. 2001. *Methoden der Feldforschung.* 4. Auflage. Wien: Böhlau Verlag.
GIZ – Gesellschaft für Internationale Zusammenarbeit. 2007. Mainstreaming Participation Multi-stakeholder management:Tools for Stakeholder Analysis. https://www.fsnnetwork.org/sites/default/files/en-svmp-instrumente-akteuersanalyse.pdf. Datum des Zugriffs:26. Juni 2019.
GIZ – Deutsche Gesellschaft für Internationale Zusammenarbeit Gmbh. 2013. *Vom Wirkungsmodell zur Wirkungsmatrix: Eine Arbeitshilfe für die Prüfung und Angebotserstellung von Maßnahmen.* Eschborn: GIZ.
GIZ – Gesellschaft für Internationale Zusammenarbeit. 2014. Bürgerbeteiligung: nicht nur in der Planung: Community-Based Monitoring als wirksames Instrument der inklusiven Stadtentwicklung. In *Minderung von Armut und Erreichung der Millenniumsentwicklungsziele: Neue Ansätze in der Erprobung.*, Hg. GIZ- Gesellschaft für Internationale Zusammenarbeit. Bonn: GIZ. https://docplayer.org/37812445-Minderung-von-armut-und-erreichung-der-millenniumsentwicklungsziele.html. Datum des Zugriffs: 29. Juli 2019.
GIZ – Gesellschaft für Internationale Zusammenarbeit (Hg.). 2015. *Kooperationsmanagement in der Praxis: Gesellschaftliche Veränderungen gestalten mit Capacity WORKS.* Wiesbaden: Springer Gabler.
GIZ – Deutsche Gesellschaft für Internationale Zusammenarbeit Gmbh. 2016a. *Promoting equal participation in sustainable economic development. Toolbox.* Bonn, Eschborn: GIZ. https://www.enterprise-development.org/wp-content/uploads/Toolbox_Promoting_equal_participation_GIZ_2015.pdf. Datum des Zugriffs: 29. Juli 2019.
GIZ – Deutsche Gesellschaft für Internationale Zusammenarbeit Gmbh. 2016b. Toolkit: Digitalisation in Development Cooperation and International Cooperation in Education, Culture and Media. https://www.bmz.de/en/zentrales_downloadarchiv/ikt/Toolkit-Digitalisation-Development-Education-Culture-Media.pdf. Datum des Zugriffs: 26. Juni 2019.
GIZ – Deutsche Gesellschaft für Internationale Zusammenarbeit Gmbh. 2017. Guidelines for Gender Budgeting in Development Cooperation: A selection of Tools and Approaches. https://genderingermandevelopment.net/custom/images/contentBilderGalerie/bilderGalerie1000501/giz-bmz-guidelines-gender-budgeting-2017-EN.pdf. Datum des Zugriffs: 29. Juli 2019.
GIZ – Deutsche Gesellschaft für Internationale Zusammenarbeit Gmbh. 2019. Cambodia: Digital innovation for human rights. (Media, Human Rights and Good Governance). https://gc21.giz.de/ibt/var/app/wp381P/2230/index.php/sithi-hub-innovation-for-human-rights/.[Datum .Datum des Zugriffs: 26. Juni 2019.
GIZ – Deutsche Gesellschaft für Internationale Zusammenarbeit Gmbh. o. J. Capacity Development. https://www.giz.de/international-services/de/html/1865.html. Datum des Zugriffs: 29. Juli 2019.
GIZ – Deutsche Gesellschaft für Internationale Zusammenarbeit Gmbh. o. J. Wirkungsorientiertes Monitoring. https://www.giz.de/fachexpertlse/html/59828.html. Datum des Zugriffs: 26. Juni 2019.
Glinka, Hans-Jürgen. 2016. *Das narrative Interview: Eine Einführung für Sozialpädagogen.* Edition Soziale Arbeit. Weinheim und Basel: Beltz.
Global Policy Forum. 2017. *Die Agenda 2030: Globale Zukunftsziele für nachhaltige Entwicklung.* Bonn: Terre des Hommes.

Goethe-Institut. 2016. *Kultur Wirkt. Mit Evaluation Außenbeziehungen nachhaltiger gestalten*. München. http://educult.at/wp-content/uploads/2011/08/Kultur-wirkt_Brosch%C3%BCre.pdf. Datum des Zugriffs: 29. Juli 2019.

Gohl, Eberhard et al. 2011. NGO-IDEAs Impact Toolbox: Participatory Monitoring of Outcome and Impact. Bonn: VENRO. http://www.ngo-ideas.net/mediaCache/impact_toolbox/NGO_Ideas_Toolbox_v05.pdf. Datum des Zugriffs: 29. Juli 2019.

Gohl, Eberhard und Deutsches Zentrum für Entwicklungstechnologien – GATE. 1993. *Participative impact monitoring – A position paper*. Stuttgart.

Gorse, C. und D. Schneider. 2018. Geschichte des Radios. https://www.planet-wissen.de/kultur/medien/geschichte_des_radios/index.html. Datum des Zugriffs: 29. Juli 2019.

Götsch, M., S. Klinger und A. Thiesen. 2012. Stars in der Manege? Demokratietheoretische Überlegungen zur Dynamik partizipativer Forschung. *Forum Qualitative Sozialforschung*, 13 (1). http://www.qualitative-research.net/index.php/fqs/article/view/1780. Datum des Zugriffs: 29. Juli 2019.

Gray, S., M. Paolisso, R. Jordan und S. Gray, (Hg.). 2017. Environmental modeling with stakeholders : theory, methods, and applications. Cham, Switzerland : Springer. https://link.springer.com/content/pdf/bfm%3A978-3-319-25053-3/1.pdf. Datum des Zugriffs: 29. Juli 2019.

Green, John. 2012. Who Counts Reality and Why It Counts. *Journal of Rural Social Sciences* 27 (2), 137–149.

Greenhalf, Jessica und Rosemary McGee. (Hg.). 2011. Young citizens: youth and participatory governance in Africa. *PLA Notes* 64. https://pubs.iied.org/pdfs/14607IIED.pdf. Datum des Zugriffs: 29. Juli 2019.

Grieb, Volker. 2008. *Hellenistische Demokratie. Politische Organisation und Struktur in freien griechischen Poleis nach Alexander dem Großen*. Stuttgart: Franz Steiner Verlag

Grindle, Merilee S. 2017. Good Governance, R.I.P.: A Critique and an Alternative. *Governance: An International Journal of Policy, Administration, and Institutions* 30 (1): 17–22. https://onlinelibrary.wiley.com/doi/pdf/10.1111/gove.12223. Datum des Zugriffs: 29. Juli 2019.

Gruber, Petra C. 2003. *Umwelt – Friede – Entwicklung: Glokale Herausforderungen für eine zukunftsfähige Welt*. Wien: Institut für Umwelt, Friede und Entwicklung.

Grundmann, G. und J. Stahl. 2002. *Como la Sal den la Sopa: Handreichung zur umfassenden Methode und Technik von Partizipation in Projekten und Programmen*.

GTZ – Deutsche Gesellschaft für Technische Zusammenarbeit, (Hg.). 2007. *Peace And Conflict Assessment (PCA). Ein Methodischer Rahmen zur konflikt- und friedensbezogenen Ausrichtung von EZ-Maßnahmen*. Eschborn: Deutsche Gesellschaft für Technische Zusammenarbeit (GTZ), Sektorvorhaben Krisenprävention und Konfliktbearbeitung.

GTZ – Deutsche Gesellschaft für Technische Zusammenarbeit. o. J. Participatory Impact Monitoring – PIM : Selected reading examples. A Publication of the Deutsches Zentrum für Entwicklungstechnologien (GATE). https://sswm.info/sites/default/files/reference_attachments/GTZ%20ny%20Participatory%20Impact%20Monitoring%20Selected%20Reading%20Examples.pdf. Datum des Zugriffs: 29. Juli 2019.

GTZ – Gesellschaft für Technische Zusammenarbeit. 2004. *Wirkungsorientiertes Monitoring Leitfaden für Vorhaben der Technischen Zusammenarbeit*. Eschborn: Deutsche Gesellschaft für Technische Zusammenarbeit (GTZ)

GTZ – Gesellschaft für Technische Zusammenarbeit. 2006. Förderung partizipativer Entwicklung in der deutschen Entwicklungszusammenarbeit: Vom Leitbild zur entwicklungspolitischen Praxis. Sektorvorhaben Mainstreaming Participation. http://star-www.giz.de/dokumente/bib/07-0016.pdf. Datum des Zugriffs: 29. Juli 2019.

Guba, Egon G. und Yvonna S. Lincoln. 1994. Competing paradigms in qualitative research. In In: Denzin, N.K. and Lincoln, Y.S., Eds., Handbook of Qualitative Research, Sage Publications, Inc., Thousand Oaks, 105–117.

Gubrium, Aline and Krista Harper. 2013. Participatory visual and digital methods Walnut Creek: California Left Coast Press. https://works.bepress.com/krista_harper/21/download/(Introduction) [Datum des Zugriffs: 26. Juni 2019].

Guijt Irene und M. K. Shah, (Hg.). 1998. *The Myth of Community: Gender issues in participatory development*. London: Intermediate Technology Publications in Participation.

Guijt, Irene. 2014. Participatory Approaches: Methodological Briefs. Impact Evaluation 6. https://www.participatorymethods.org/sites/participatorymethods.org/files/Participatory_Approaches_ENG%20Irene%20Guijt.pdf. Datum des Zugriffs: 29. Juli 2019.

Guldi, Jo. 2017. A History of the Participatory Map. *Public Culture* 29 (1), 79–112.

Gwaleba, J. und M. Fahria. 2018. Participation of Informal Settlers in Participatory Land Use Planning Project in Pursuit of Tenure Security. *Urban Forum* 2: 169–184.

Habermas, Jürgen. 1981. Theorie des kommunikativen Handelns. (Bd. 1: Handlungsrationalität und gesellschaftliche Rationalisierung, Bd. 2: Zur Kritik der funktionalistischen Vernunft, Frankfurt a. M.: Suhrkamp.

Hahn, Hans-Peter. 2013. Ethnologie: Eine Einführung. Berlin: Suhrkamp.

Hall, Stuart. 1992. The West and the Rest: Discourse and Power. In *Formations of Modernity*, Hg. S. Hall und B. Giebben, 275–320. Cambridge: Polity Press.

Hansen, Stephen A. und J. W. van Fleet. 2003. Traditional Knowledge and Intellectual Property: A Handbook on Issues and Options for Traditional Knowledge Holders in Protecting their Intellectual Property and Maintaining Biological Diversity. Prepared for the American Association for the Advancement of Science. https://community-wealth.org/content/traditional-knowledge-and-intellectual-property-handbook-issues-and-options-traditional. Datum des Zugriffs: 29. Juli 2019.

Hardin, Garrett. 1968. The Tragedy of the Commons. In *Science* 162: 1243–1248. (Deutsche Übersetzung in Michael Lohmann, Hg. 1970. *Gefährdete Zukunft*, 30–48. München: Hanser).

Hardin, Garrett. 1994. The Tragedy of the Unmanaged Commons. *Trends in Ecology & Evolution* 9 (5), 199. https://doi.org/10.1016/0169-5347(94)90097-3. Datum des Zugriffs: 29. Juli 2019.

Harper, Caroline and Nicola Jones. 2009. Child rights and aid: mutually exclusive? Background Note November 2009. Overseas Development Institute (ODI), S. 1–8. https://www.odi.org/resources/docs/5307.pdf. Datum des Zugriffs: 29. Juli 2019.

Harper, Douglas. 2012. *Visual Sociology*. London, New York: Routledge.

Harper, Krista und Aline Gubrium. 2017. Visual and Multimodal Approaches in Anthropological Participatory Action Research. *General Anthropology* 24 (Fall): 1–14. https://anthrosource.onlinelibrary.wiley.com/doi/epdf/10.1111/gena.12028. [Datum des Zugriffs: 26.6. 2019].

Harvey, William S. 2011. Strategies for conducting elite interviews. *Qualitative Research* 11, 4: 431–441. https://doi.org/10.1177/1468794111404329

Hasnain, Zahid. 2017. E-bureaucracy: Can Digital Technologies Spur Public Administration Reform? The World Bank Bureaucracy Lab. http://blogs.worldbank.org/governance/e-bureaucracy-can-digital-technologies-spur-public-administration-reform. Datum des Zugriffs: 29. Juli 2019.

Hauser-Schäublin, Brigitta.2008. Teilnehemende Beobachtung. In *Methoden ethnologischer Feldforschung*. Bettina Beer (Hg.), Berlin: Reimer, 37–58.

Heckmann, Bue. 2014. A Handbook for Community-Based Monitoring in Uganda's Forestry Sector. Cooperative for Assistance and Relief Everywhere. http://accu.or.ug/wp-content/uploads/2014/06/CBM-Booklet-layout_final.pdf. Datum des Zugriffs: 29. Juli 2019.

Heinelt, Hubert et al. (Hg.). 2002. Participatory Governance in Multi-Level Contexts. Concepts and Experiences. Opladen: Leske+Budrich.

Heinz, M. und F. Bliss, (Hg.). 2018. Kulturen der Armut. *Entwicklungsethnologie* 2016-2017. Bonn: PAS.

Heinz, M. und F. Bliss. 2010. Wer vertritt die Armen im Entwicklungsprozess? Thesenpapier und Hintergrundanalyse zur Frage der Vertretung armer Bevölkerungsgruppen. *Entwicklungsethnologie* 18 (1–2): 13–77. http://entwicklungsethnologie.org/wp-content/uploads/2010/12/ZFEE-2010-Wer-vertritt-die-Armen.pdf. Datum des Zugriffs: 29. Juli 2019.

Helfferich, Cornelia. 2011. *Die Qualität qualitativer Daten: Manual für die Durchführung qualitativer Interviews*. Wiesbaden: VS-Verlag.

Helfrich, Silke, D. Bollier und Heinrich-Böll-Stiftung. (Hg.). 2015. *Die Welt der Commons. Muster gemeinsamen Handelns*. Bielefeld: transcript. https://www.boell.de/sites/default/files/welt_der_commons.pdf?dimension1=division_wf. Datum des Zugriffs: 29. Juli 2019.

Helfrich, Silke, Rainer Kuhlen, Wolfgang Sachs, Wolfgang und Chrsitian Siefkes. 2010. Ge-meingüter – Wohlstand durch Teilen. Ein Report. Berlin 2010. https://www.boell.de/sites/default/files/Gemeinguter_Report_Commons.pdf. Datum des Zugriffs: 29. Juli 2019.

Heller, Ayelet. 2005. EuroArts Music International, 2005. The Orpheus Chamber Orchestra Presents: Music Meets Business. DVD.

Heron, John. 1996. *Co-operative inquiry: Research into the human condition*. London: Sage.

Hess, C., M. Schönhuth, E. Sodeik, S. de Vries. 1999. Partizipation unter der Lupe: Ethnologische Begegnungen mit partizipativen Methoden im Forschungs- und Aktionszusammenhang. *Zeitschrift für Entwicklungsethnologie* 7 (2): 11–48.

Heybrock, Matthias. 2018. Besser nicht allein im Feld. Transkulturelle Teams in der Ethnologie. *Uni Wisssen*, 1. Freiburg. https://www.ethno.uni-freiburg.de/de/dok/uni-wissen_1_2018_tandems_schlehe.pdf. Datum des Zugriffs: 29. Juli 2019.

Hickey, Samuel, and Giles Mohan, (Hg.). 2004. *Participation: From Tyranny to Transformation?* New York: Zed Books.

Hobart, Mark, (Hg.). 1993. *An Anthropological Critique of Development: The Growth of Ignorance*. London: Routledge

Hofmann, J. und M. Mörike. 2014. Partizipation: von top down zu bottom up. *HMD – Praxis der Wirtschaftsinformatik* 51: 865–866.

Holland, Jeremy, (Hg.). 2013. Who Counts?: The Power of Participatory Statistics. Bourton on Dunsmore: Practical Action Publishing. Video-lectures with PPT-presentations. https://www.youtube.com/watch?v=tq_AfnQuXSI. Datum des Zugriffs: 29. Juli 2019.

Hollstein, Bettina und F. Straus. 2006. *Qualitative Netzwerkanalyse: Konzepte, Methoden, Anwendungen*. Wiesbaden: Springer VS.

Holmberg, Allan R. 1958. The Research and Development Approach to the Study of Change. *Human Organization* 17: 12–16.

Holstenkamp, Lars und Jörg Radtke (Hg.). 2018. Handbuch Energiewende und Partizipation. Wiesbaden: Springer *(insbesondere Kap. 5: Disziplinäre Perspektiven)*.

Holtz, Uwe. 2018. SDGs und demokratische Partizipation: Was ist die Rolle von Parlamenten? In *Entwicklungspolitik in Zeiten der SDGs*, Hg. Thomas Debiel, 93–98. https://inef.uni-due.de/index.php?rex_media_type=ImgTypeName&rex_media_file=entwicklungspolitik_in_zeiten_der_sdgs_web.pdf. Datum des Zugriffs: 29. Juli 2019.

Hughes, Alexandra. 2005. PRSPs, Minorities and Indigenous Peoples: An issues paper. London: Minority Rights Group International. https://minorityrights.org/wp-content/uploads/old-site-downloads/download-75-PRSPs-Minorities-and-Indigenous-Peoples-An-Issues-Paper.pdf. Datum des Zugriffs: 29. Juli 2019.

Hughes, Sara, Eric K. Chu und Susan G. Mason (Hg.). 2018. *Climate Change in Cities. Innovations in Multi-Level Governance* (Hg.) Springer International Publishing AG.

Huizer, Gerrit. 1982. *Guiding Principles for People's Participation Projects: Design, Operation, Monitoring and On-going Evaluation*. Rome: FAO.

Humborg, Christian und T. A. Nguyen. 2018. *Die publizistische Gesellschaft: Journalismus und Medien im Zeitalter des Plattformkapitalismus*. Wiesbaden: Springer.

Hunt, Paul. 1993. Children's Rights in West Africa. The Case of the Gambia's Almudos. *Human Rights Quarterly* 15 (3): 499–532.

Hurworth, R. und G. Harvey, (Hg.). 2012. Indigenous evaluation. The Evaluation Journal of Australasia 12 (1, Special Issue). https://www.anneconsulting.com.au/files/1513/9046/1352/EJA%2012_1_draft1_23062012.pdf. Datum des Zugriffs: 29. Juli 2019.

Hüsken, Thomas. 2006. *Der Stamm der Experten: Rhetorik und Praxis des Interkulturellen Managements in der deutschen staatlichen Entwicklungszusammenarbeit*. Bielefeld: Transcript. https://www.transcript-verlag.de/media/pdf/b9/ff/d8/oa9783839404447.pdf. Datum des Zugriffs: 29. Juli 2019.

IDS – Institute of Development Studies. Levels of Participation. https://www.participatorymethods.org/method/levels-participation. Datum des Zugriffs: 29. Juli 2019.

IDS – Institute of Development Studies. Participatory Methods. https://www.participatorymethods.org/. Datum des Zugriffs: 29. Juli 2019.

IDS 2013. Policy Briefing. Informing Post-2015 Development with Ground Level Knowledge. https://opendocs.ids.ac.uk/opendocs/bitstream/handle/123456789/2905/PolicyBriefing%2044%20LowRes.pdf?sequence=1. Datum des Zugriffs: 18. Juni 2019.

Ihne, Hartmut und Wilhelm, Jürgen. 2013. Grundlagen der Entwicklungspolitik. In *Einführung in die Entwicklungspolitik*, Hg. H. Ihne und J. Wilhelm, 5–40. Berlin: Lit Verlag.

ILC (International Land Coalition) Global Forum. 2013. Antigua Declaration. Inclusive and Sustainable Territorial Governance for Food Security: Sharing Lessons from Around the World. https://www.landcoalition.org/sites/default/files/documents/resources/antiguadeclaration.pdf. Datum des Zugriffs: 29. Juli 2019.

ILO – International Labour Organisation. 1989. Indigenous and Tribal Peoples Convention http://www.ilo.org/dyn/normlex/en/f?p=NORMLEXPUB:12100:0::NO::P12100_INSTRUMENT_ID:312314. Datum des Zugriffs: 29. Juli 2019.

Infostelle des Deutschen Kinderhilfswerks. Methoden o. J. https://www.kinderpolitik.de/methoden. Datum des Zugriffs: 29. Juli 2019.

Inglehart, Ronald. 1998. *Modernisierung und Postmodernisierung: Kultureller, wirtschaftlicher und politischer Wandel in 43 Gesellschaften*. Frankfurt a. M.: Campus Verlag.

Insideshare. Methods. https://insightshare.org/methods/. Datum des Zugriffs: 29. Juli 2019.

International HIV/AIDS Alliance. 2006. All together now: community mobilisation for HIV/AIDS. Brighton. https://www.participatorymethods.org/sites/participatorymethods.org/files/all%20together%20now_int%20HIVAIDS.pdf.

Israel, B. A., A. J. Schulz, E. A. Parker und A. B. Becker. 1998. Review of community-based research: Assessing partnership approaches to improve public health. *Annual Review of Public Health* 19: 173–202. https://www.annualreviews.org/doi/pdf/10.1146/annurev.publhealth.19.1.173. Datum des Zugriffs: 29. Juli 2019.

Jabry, Amer (Hg.). 2005. After the Cameras Have Gone: Children in Disasters, 2nd edition. Jobham House: PLAN. http://www.eird.org/herramientas/eng/documents/emergency/education/After%20thecameras.pdf. Datum des Zugriffs: 29. Juli 2019.

Jackson, Anthony. 1987. *Anthropology at Home*. London: Tavistock Publications.

Jäger, Matthias. 2016. Duale Berufsbildung als Option in der Entwicklungszusammenarbeit: Befragung von Expertinnen und Experten im Auftrag des Geberkomitees für duale Berufsbildung. Schlussbericht. https://www.bibb.de/dokumente/pdf/DCdVET_Duale_Berufsbildung_als_Option_in_der_Entwicklungszusammenarbeit_Studie_Matthias_Jaeger.pdf. Datum des Zugriffs: 29. Juli 2019.

Jentsch, Gero. 2002. Partizipation in der deutschen staatlichen Entwicklungspolitik. SLE / HBS Entwicklungspolitische Diskussionstage 2002. https://www.sle-berlin.de/files/sle/EPDT/2002/Kritische_Bilanz_Partizipation.pdf. Datum des Zugriffs: 29. Juli 2019.

Jerrentrup, Maja T. 2005a. *Werbung für wohltätige Zwecke im Medium des Plakats*. Nordhausen: Bautz Verlag.

Jerrentrup, Maja T. 2005b. *Abwenden: Plakatwerbung für wohltätige Zwecke – eine Analyse*. Stuttgart: Ibidem Verlag.

Jerrentrup, Maja T. 2018. *Modeln als Therapie? Zum Potenzial inszenierter Menschenfotografie*. Münster: Waxmann Verlag.

Jorio, Nicola et al. 2010. *Handbuch Jugendparlament: Von der Gründung bis zur Umsetzung: Wissen, Anleitungen und Praxis-Beispiele*. Luzern: Rex.

Jörke, D. und V. Selk. 2015. Der hilflose Antipopulismus. *Leviathan* 43 (4): 484–500.

Jupp, D. und S. I. Ali. 2010. Measuring Empowerment? Ask Them: Quantifying qualitative outcomes from people's own analysis: Insights for results-based management from the experience of a social movement in Bangladesh. SIDA Studies Evaluation. https://www.oecd.org/countries/bangladesh/46146440.pdf. Datum des Zugriffs: 29. Juli 2019.

Kamara, Sallieu und Abdul Swarray. 2011. Kenema youth change lives and perceptions with participatory video in Sierra Leone. *PLA Notes* 64, 55–64. https://pubs.iied.org/14607IIED/. Datum des Zugriffs: 29. Juli 2019.

Kaplan, David. 2000. The Darker Side of the "Original Affluent Society". *Journal of Anthropological Research* 56 (3): 301–324. https://kk.org/mt-files/reCCearch-mt/kaplan-darker.pdf. Datum des Zugriffs: 29. Juli 2019.

Kapoor, Ilan. 2001. Towards participatory environmental management? *Journal of Environmental Management* 63, 269–279. https://doi.org/10.1006/jema.2001.0478. http://www.communicationsskills.yolasite.com/resources/Article_Environmental%20Management.pdf. Datum des Zugriffs: 29. Juli 2019.

Kasaija, Josephine und Xavier Nsabagasani. (Hg.). 2008. *Community HIV Counselling and Testing. A Handbook on Participatory Needs Assessment*. Kampala: JSI Research & Training Institute, Inc. https://resourcecentre.savethechildren.net/sites/default/files/documents/1329.pdf.

Kapoor, Ilan. 2008. *The Postcolonial Politics of Development*. London: Routledge.

KDA – Kirchlicher Dienst in der Arbeitswelt. 2005. Bürgerbeteiligung nach der PRA-Methode im Norden. https://www.kda-nordkirche.de/. Datum des Zugriffs: 29. Juli 2019.

Keller, Alice. 2010. Einsatz von digitalen Foto-Lesetagebüchern zur Erforschung des Leseverhaltens von Studierenden. In *eLibrary – den Wandel gestalten: 5. Konferenz der Zentralbibliothek Forschungszentrum Jülich 8.-10. November 2010*, Hg. Bernhard Mittermaier, 33–48. Jülich: WissKom.

Kemmis, S. und R. McTaggart. 2005. Participatory action research. Communicative action and the public sphere. In *Handbook of qualitative research*, Hg. N. K. Denzin und Y. S. Lincoln, 3. Aufl., 559–603. Thousand Oaks, CA: Sage Publications.

Kesselring, Thomas. 2014. Entwicklungshilfe und Entwicklungspolitik aus ethischer Perspektive. *Zeitschrift der Arbeitsgemeinschaft Entwicklungsethnologie e.V.*: 1–2. http://thomaskesselring.com/uploads/4/6/1/4/46146447/entwicklungszusammenarbeit_aus_ethischer_perspektive.pdf. Datum des Zugriffs: 29. Juli 2019.

Ketelhodt, Volker. Praxis PRA: Perspektiven für ältere Menschen im Barkauer Land. https://www.buergergesellschaft.de/?id=109295. Datum des Zugriffs: 29. Juli 2019.

Ketelhodt, Volker. Praxis PRA: Universität Hohenheim. https://www.buergergesellschaft.de/?id=109296. Datum des Zugriffs: 29. Juli 2019.

KfW (Kreditanstalt für Wiederaufbau). 2019. E-Governance: Barrieren zwischen Behörden und BürgerInnen abbauen. https://newsletter.kfw.de/inxmail2/d/d.pdf?q00fgwol00d-zu400d000000000000000bynkjf6y253&. Datum des Zugriffs: 02. September 2019.

Khurana, Reema et al. 2014. E-governance initiatives in India – critique and challenges. *International Journal of Procurement Management, Inderscience Enterprises Ltd*, 7,1, 85–102.

Kievelitz, Uwe. 1988. *Kultur, Entwicklung und die Rolle der Ethnologie: Zur Konzeption einer Entwicklungsethnologie*. Bonn: Beiträge zur Kulturkunde 11.

Kinderhilfswerk, Infostelle. o. J. Strukturierte Sozialraumbegehung. Methodendatenbank. https://www.kinderpolitik.de/component/methoden/?ID=475. Datum des Zugriffs: 29. Juli 2019.

Kindon, Sara, Rachel Pain und Mike Kesby (Hg.). 2010. Participatory Action Research Approaches and Methods: Connecting People, Participation and Place, New York: Routledge. 213.55.83.214:8181/Education/27503.pdf. Datum des Zugriffs: 29. Juli 2019.

Kipfer, Inez. 1998. Teilnehmende Kirmesbeobachtung in einem Familienplanungsprojekt. In *Entwicklungsethnologie* 7 (1): 135–136.

Kisambu, Nasieku. 2016. *Mainstreaming gender in Tanzania's local land governance*. London: IIED.

Klingebiehl, Stefan. 2013. Entwicklungszusammenarbeit – eine Einführung. Studies 73. Bonn: Deutsches Institut für Entwicklungspolitik. https://www.die-gdi.de/uploads/media/Studies_73.pdf. Datum des Zugriffs: 29. Juli 2019.

Klingebiehl, Stephan. 2003. *Der internationale Diskussionsstand über Programmorientierung: Schlussfolgerungen für die deutsche Entwicklungszusammenarbeit*. Bonn: Deutsches Institut für Entwicklungspolitik. http://edoc.vifapol.de/opus/volltexte/2013/4014/pdf/BuG_5.2003_DE.pdf. Datum des Zugriffs: 29. Juli 2019.

Klocke-Daffa, Sabine (Hg.). 2019. *Angewandte Ethnologie: Perspektiven einer anwendungsorientierten Wissenschaft.* Tübingen. (in Vorbereitung).
Kluckhohn, Florence. 1940. The Participant Observer Technique in Small Communities. *American Journal of Sociology.* 46, 331–343.
Knapp, Manfred. 1990. Deutschland und der Marshallplan. Zum Verhältnis zwischen politischer und ökonomischer Stabilisierung der amerikanischen Deutschladpolitik nach 1945. In *Marshallplan und westdeutscher Wiederaufstieg,* Hg. Hans-Jürgen Schröder, 35–59. Stuttgart: Franz Steiner.
Kohl, Karl-Heinz. 2000. *Ethnologie – die Wissenschaft vom kulturell Fremden: Eine Einführung.* München: C.H.Beck.
Kohnert, Dirk. 1996. Magic and witchcraft: Implications for democratization and poverty-alleviating aid in Africa. *World Development* 24 (8): 1347-1355.
Kokot, Waltraud. 2008. ‚Studying up' als Methodenproblem – Überlegungen zur ethnologischen Elitenforschung. *Ethnoscripts* 10 (2): 104–113.
Koller, Franziska. 2007. *Entwicklungszusammenarbeit und Ethik – eine Evaluation: das Beispiel eines Dezentralisierungsprogramms in Burkina Faso.* Bern: Haupt Verlag.
König, J. und J. Thema. 2011. Editorial. In *Nachhaltigkeit in der Entwicklungszusammenarbeit,* Hg. J. König und J. Thema, 11–14. Wiesbaden: Springer VS.
Korf, Benedikt et.al. 2001. PRA in Wohlstandsgesellschaften. Erfahrungen aus Norddeutschland. *BeraterInnen News* 1: 53–57.
Kotvojs, Fiona und Bradley Shrimpton. 2004. Contribution analysis: A new approach to evaluation in international development. http://mail.usaidlearninglab.org/sites/default/files/resource/files/mod17_ausaid_fiji_case_article.pdf. Datum des Zugriffs: 29. Juli 2019.
Kraemer, K. L., J. L. Dedrick und P. Sharma. 2009. One laptop per child: vision vs. reality. In *Communications of the ACM* 52 (6): 66–73.
Krämer, Paul. 1999. Beschnittene Rechte. Die weibliche Beschneidung wird zu einem unblutigen Symbol. *Franziskaner Mission* 2, 15ff.
Kraus, Michael und K. Noack. 2015. *Quo vadis, Völkerkundemuseum?* Bielefeld: transcript.
Krause, Kai. The True Size Of Africa. Kai Krause Blog. http://kai.sub.blue/de/africa.html. Datum des Zugriffs: 29. Juli 2019.
Krause, Ulrike. 2015. Flüchtlinge als „Gegenstand" in der Feldforschung? Forschungsethische Reflektionen zu Möglichkeiten, Risiken und Limitierungen. https://www.sicherheitspolitik-blog.de/2015/10/12/fluechtlinge-als-gegenstand-in-der-feldforschung/. Datum des Zugriffs: 29. Juli 2019.
Krefeld, Thomas. 2016. Die ‚emische' und die ‚etische' Forschungsperspektive: Lehre in den Digital Humanities. Portal der IT-Gruppe Geisteswissenschaften der LMU. https://www.dh-lehre.gwi.uni-muenchen.de/. Datum des Zugriffs: 29. Juli 2019.
Kröck, Thomas. 2016. Entwicklungszusammenarbeit: Macht ausüben oder Selbstbestimmung ermöglichen. In *Ein Schrei nach Gerechtigkeit,* Hg. T. Faix, T. Kröck und D. Roller, 247–257. Marburg: Francke.
Krueger, Richard A. und Mary Anne Casey. 2015. Focus Groups. A Practical Guide for Applied Research. Thousand Oaks: Sage. (5th ed.)
Krueger, Richard A. 2002. Designing and Conducting Focus Group Interviews. https://www.eiu.edu/ihec/Krueger-FocusGroupInterviews.pdf. Datum des Zugriffs: 29. Juli 2019.
Kühl, Stefan. 1998. Wenn Partizipation zum Problem wird. In *Peripherie* 72: 51–70. https://www.uni-bielefeld.de/soz/personen/kuehl/pdf/Kuehl1998_Wenn_Partizipation_zum_Problem_wird.pdf. Datum des Zugriffs: 29. Juli 2019.

Kühne, Anja. 2017. Rassismus in der Wissenschaft: Kann Technik rassistisch sein? Der Tagesspiegel, 30.08.2017. https://www.tagesspiegel.de/wissen/rassismus-in-der-wissenschaft-kann-technik-rassistisch-sein/20261290.html. Datum des Zugriffs: 29. Juli 2019.

Kühnold, I., O. Putzer und H. Wellmann. 1978. *Das Adjektiv. Deutsche Wortbildung. Typen und Tendenzen in der Gegenwartssprache. Dritter Hauptteil.* Düsseldorf: Pädagogischer Verlag Schwann.

Kumar, Shomesh. 1999. Force field analysis: applications in PRA. *PLA Notes* 36, 17–23. IIED London. https://pubs.iied.org/pdfs/G01849.pdf. [Datum des Zugriffs: 26. Juni 2019]

Kumar, Somesh. 2002. *Methods for Community Participation. A Complete Guide for Practitioners.* London: Practical Action Pub.

Kuratani, Darrah L. Goo und Elaine Lai. 2011. TEAM Lab – Photovoice Literature Review. https://cpb-us-e1.wpmucdn.com/sites.usc.edu/dist/0/198/files/2018/08/Photovoice-Literature-Review-FINAL-22ltfmn.pdf. Datum des Zugriffs: 29. Juli 2019.

Kurer, Oskar. 2017. *Entwicklungspolitik heute: Lassen sich Wohlstand und Wachstum planen?* Wiesbaden: Springer.

Lachmann, Werner. 2010. *Entwicklungshilfe. Motive – Möglichkeiten und Grenzen – Problemfelder.* München: Oldenbourg Wissenschaftsverlag.

LaFrance, J. und R. Nichols. 2010. Reframing Evaluation: Defining an Indigenous Evaluation Framework. In *Canadian Journal of Program Evaluation* 23 (2): 13–31. https://evaluationcanada.ca/secure/23-2-013.pdf. Datum des Zugriffs: 29. Juli 2019.

Lairumbi, Geoffrey M., Michael Parker, Raymond Fitzpatrick et al. 2012. Forms of benefit sharing in global health research undertaken in resource poor settings: a qualitative study of stakeholders' views in Kenya. Philos Ethics Humanit Med. 7, 7. Jan 17. https://doi.org/10.1186/1747-5341-7-7. https://www.ncbi.nlm.nih.gov/pmc/articles/PMC3274462/pdf/1747-5341-7-7.pdf. Datum des Zugriffs: 29. Juli 2019.

Lamkowsky G. und M. Saladin. 2014. Partizipative Methoden: Erfahrungen zur verbesserten Siedlungswasserwirtschaft in der Mongolei. http://ipit.eu/wa_files/MoMoII_Partiz_Methoden_Kompendium_1.pdf. Datum des Zugriffs: 29. Juli 2019.

Lamprecht, Paula und M. Brungs. 2014. *Bildung oder Brunnenbau? Eine kritische Analyse der Entwicklungszusammenarbeit mit Afrika aus der Perspektive der Sozialen Arbeit.* Herbolzheim: Centaurus.

Lassiter, Luke E. 2005. *The Chicago Guide to Collaborative Ethnography.* Chicago and London: The University of Chicago Press.

Lauth, Hans-Joachim, (Hg.). 1999. *Im Schatten demokratischer Legitimität: Informelle Institutionen und politische Partizipation im interkulturellen Demokratievergleich.* Opladen: Westdeutscher Verlag.

Leeb, W. 1995. Psychodrama. In *Lehrbuch der psychosozialen Medizin,* Hg. O. Frischenschlager et al., 843–846. Wien: Springer.

Leiderer, Stefan. 2012. Wirksamere Entwicklungszusammenarbeit durch Budgethilfe? Theorie und Praxis eines umstrittenen Instruments. In *Neue Formen und Instrumente der Entwicklungszusammenarbeit,* Hg. R. Öhlschläger und H. Sangmeister, 97–110. Baden-Baden: Nomos.

Lek Team und ICTA 2014: Material for the Communities. http://icta.uab.cat/Etnoecologia/lek/index.php?Color=verde&Opcion=16. Datum des Zugriffs: 29. Juli 2019.

Levins, Richard. 1966. The strategy of model building in population biology. In *Conceptual issues in evolutionary biology,* Hg. Elliot Sober, 18–27. Cambridge, MA: MIT Press.

Lewin, Kurt. 1948. Aktionsforschung und Minderheitenprobleme. In *Die Lösung sozialer Konflikte*, Hg. Kurt Lewin, 278–298. Bad-Nauheim: Christian Verlag.

Lewin, Kurt. 1958. *Group Decision and Social Change*. New York: Holt, Rinehart and Winston.

Lewis, Oscar. 1959. *Five Families: Mexican Case Studies in the Culture of Poverty*. New York: Basic Books.

Lincoln, Y. S., S. A. Lynham und E. G. Guba. 2011. Paradigmatic Controversies, Contradictions, and Emerging Confluences Revisted. In *The SAGE Handbook of Qualitative research*, Hg. N. K. Denzin und Y. S. Lincoln, 4. Auflage, 97–128. Thousand Oaks: Sage.

Linden, Markus. 2016. Beziehungsgleichheit als Anspruch und Problem politischer Partizipation. *Zeitschrift für Politikwissenschaft* 26 (2): 173–195.

Lipotso Musi und Maseisa Ntalma. 2013. Lesotho's shadow children's parliament: voices that bridged the policy gap. PLA Notes 64, 105–112. https://pubs.iied.org/pdfs/14607IIED.pdf. Datum des Zugriffs: 29. Juli 2019.

Loewenson, René et al. 2011. Raising the Profile of Participatory Action Research at the 2010 Global Symposium on Health Systems Research. MEDICC Review 13,3 (July). https://www.scielosp.org/pdf/medicc/v13n3/08.pdf. (Datum des Zugriffs 28.0.2019).

Loewenson, René, A. C. Laurell, C. Hogstedt, L. D'Ambrouso und Z. Shroff. 2014. Participatory Action Research in Health Systems: A Methods Reader. Equinet. http://www.equinetafrica.org/sites/default/files/uploads/documents/PAR%20Methods%20Reader2014%20for%20web.pdf. Datum des Zugriffs: 29. Juli 2019.

Lukensmeyer, C. J., J. Elliott, N. Slocum und S. Heesterbeek. 2003. Participatory Methods Toolkit: A practitioner's manual. Flemish Institute of Science and Technology Assessment. King Baudouin Foundation. http://www.issuelab.org/requester/grantcraft/id/16971. Datum des Zugriffs: 29. Juli 2019.

Lunch, Chris. 2006. Participatory video for monitoring and evaluation. http://insightshare.org/wp-content/uploads/2017/05/PV-for-ME-Experiences-with-the-MSC-approach-English.pdf. Datum des Zugriffs: 29. Juli 2019.

Maalim A.D. 2006. Participatory rural appraisal techniques in disenfranchised communities: a Kenyan case study. International Nursing Review 53, 178–188. https://onlinelibrary.wiley.com/doi/epdf/10.1111/j.1466-7657.2006.00489.x. Datum des Zugriffs: 28.Juni 2019.

Macamo, Elisio. 2009-2017. Construire son avenir: Selbstverständnis und Laufbahnpraktiken von Jungdiplomierten in Burkina Faso und Mali. https://forschdb2.unibas.ch/inf2/rm_projects/object_view.php?r=1121685. Datum des Zugriffs: 29. Juli 2019.

MAEJT (Mouvement africain des enfants et jeunes travailleurs).2012. Objectifs. https://web.archive.org/web/20120901033154/http://www.maejt.org/French%2012%20droits.htm. Datum des Zugriffs: 29. Juli 2019.

Mahadev, Rekha. 2015. Making silent voices heard: Using participatory video to address sexual violence. *Agenda*. 29 (3): 13–21.

Mahiri, Ismail. 1998. Comparing transect walks with experts and local people. *PLA Notes 31: .4–8.* https://pubs.iied.org/pdfs/G01744.pdf. Datum des Zugriffs: 29. Juli 2019.

Mahjabeen, Z., S. K. Krishna und J. A. Dee. 2009. Rethinking Community Participation in Urban Planning: The Role of Disadvantaged Groups In Sydney Metropolitan Strategy. *Australasian Journal of Regional Studies* 15 (1), 45–64. https://www.anzrsai.org/assets/Uploads/PublicationChapter/289-Mahjabeen.pdf. Datum des Zugriffs: 29. Juli 2019.

Majivoice: Startseite. http://majivoice.com/. Datum des Zugriffs: 29. Juli 2019.

Máñez, R. T. und L. L. Artza. 2012. Fighting inequality from the basics – The social protection floor and gender equality. ILO, United Nations Entity for Gender Equality and the Empowerment of Women, and UNDP. https://www.undp.org/content/dam/undp/library/gender/Gender%20and%20Poverty%20Reduction/Social%20Protection%20Floor%20and%20GE.pdf. Datum des Zugriffs: 29. Juli 2019.

Mansuri, Ghazala; Rao, Vijayendra. 2013. Localizing Development: Does Participation Work? Policy Research Report. Washington, DC: World Bank. https://openknowledge.worldbank.org/handle/10986/11859. Datum des Zugriffs 04. Juli 2019.

Mascarenhas, John. 1992. Participatory Rural Appraisal and Participatory Learning Methods: Recent Experiences from MYRADA and South India. *Forests, Trees and People News-Letter* 15/16: 10–17.

Mayne, John. 1999. Addressing Attribution Through Contribution Analysis: Using Performance Measures Sensibly: Discussion Paper. http://www.oag-bvg.gc.ca/internet/docs/99dp1_e.pdf. Datum des Zugriffs: 29. Juli 2019.

Mayne, John. 2012. Contribution analysPis: Coming of age? *Evaluation* 18 (3), 270–280. https://assets.aspeninstitute.org/content/uploads/2018/02/Mayne12-CAComingofAge.pdf. Datum des Zugriffs: 29. Juli 2019.

Mbuvi, Musingo & Ayiemba, Washington & Kagombe, Joram & Paul M., Matiku. (2015). Participatory natural resources management: how to involve local communities. A Handbook for PFM Facilitators. 10.13140/RG.2.1.4726.6002. https://www.researchgate.net/publication/283052113_PARTICIPATORY_NATURAL_RESOURCES_MANAGEMENT_HOW_TO_INVOLVE_LOCAL_COMMUNITIES_A_Handbook_for_PFM_Facilitators. Datum des Zugriffs: 29. Juli 2019.

McIver, Chris und Karen Myllenen. 2005. Children's Feedback Committees in Zimbabwe: An Experiment in Humanitarian Accountability. Save the Children (UK), Harare. https://www.alnap.org/system/files/content/resource/files/main/p1270-children-feedback-zimbabwe-jan2005.pdf. Datum des Zugriffs: 29. Juli 2019.

McNamara, Robert S. 1973. The Nairobi speech Address to the Board of Governors. World Bank. http://documents.worldbank.org/curated/en/930801468315304694/pdf/Address-to-the-Board-of-Governors-by-Robert-S-McNamara.pdf. Datum des Zugriffs: 29. Juli 2019.

McPeak, M., R. Gomez und S. Chan. 2013. Midnight in Paris? Case studies of participation in the new post-Paris world. In *Challenges For Participatory Development in Contemporary Development Practice*, 75, Hg. Pamela Thomas, 14–17. Canberra: Australian National University. https://crawford.anu.edu.au/rmap/devnet/devnet/db-75.pdf. Datum des Zugriffs: 29. Juli 2019.

Medico Interntaional. 2018. "Marshallplan mit Afrika". Guter Plan oder schlechter Witz? https://www.medico.de/guter-plan-oder-schlechter-witz-17078/. Datum des Zugriffs: 29. Juli 2019.

Medienpädagogik Open Praxis Blog.o. J. Fotostories erstellen. https://www.medienpaedagogik-praxis.de/2012/11/25/fotostories-erstellen/). Datum des Zugriffs: 29. Juli 2019.

Mende, Janne. 2018. Indigene Menschenrechte: Universalismus oder Indigenität? Zeitgeschichte-Online. https://zeitgeschichte-online.de/indigene-menschenrechte-universalismus-oder-indigenitaet. Datum des Zugriffs: 29. Juli 2019.

Menzel, Ulrich. 1991. *Das Ende der Dritten Welt und das Scheitern der großen Theorie*. Frankfurt a. M.: Suhrkamp.

Menzel, Ulrich. 2016. Entwicklungstheorie. In *Entwicklungspolitik. Theorien – Probleme – Strategien*, Hg. R. Stockmann, U. Menzel und Franz Nuscheler, 12–46. Berlin: de Gruyter.

Merkel, Wolfgang und Claudia Ritzi, (Hg.). 2017. *Die Legitimität der Demokratie. Wie demokratisch sind Volksabstimmungen?* Wiesbaden: Springer VS

Merton, Robert K. 1949. On Sociological Theories of the Middle Range. In *Social Theory and Social Structure*, Hg. Simon Schuster, 39–53. New York: The Free Press. http://www.csun.edu/~snk1966/Robert%20K%20Merton%20-%20On%20Sociological%20Theories%20of%20the%20Middle%20Range.pdf. Datum des Zugriffs: 29. Juli 2019.

Meyer, Wolfgang und R. Stockmann. 2016. *The Future of Evaluation: Global Trends, New Challenges and Shared Perspectives*. New York: Palgrave Macmillan.

Miamen, Anderson und Annette Jaitner. 2011. Our time to be heard: youth, poverty forums and participatory video. *PLA Notes* 64, 65–76. https://pubs.iied.org/14607IIED/. Datum des Zugriffs: 29. Juli 2019.

Milne, E-J. Mitchell, C. and de Lange, N. (Hg.). 2012. The Handbook of Participatory Video. Lanham: AltaMira Press.

Milne, Elizabeth-Jane. 2016. Critiquing participatory video: Experiences from around the world. *Area* 48 (4, Special Section: Critiquing participatory video. Guest edited by Elizabeth-Jane Milne): 401–404. https://rgs-ibg.onlinelibrary.wiley.com/doi/epdf/10.1111/area.12271. Datum des Zugriffs: 29. Juli 2019.

Mishra, Pankej. 2014. Der Westen hat ausgeherrscht. *Sächsische Zeitung Online*, 18.03.2014. https://www.saechsische.de/der-westen-hat-ausgeherrscht-2798468.html. Datum des Zugriffs: 29. Juli 2019.

Mitchell, Claudia, N. De Lange und R. Moletsane. 2017. *Participatory Visual Methodologies. Social Change, Community and Policy*. Los Angeles, CA: Sage Publications.

Mohamed-Katerere, Jeniffer. 2001. Participatory Natural Resource Management in the Communal Lands of Zimbabwe: What Role for Customary Law? A*frican Studies Quarterly 5,3*, http://asq.africa.ufl.edu/files/Katerere-Vol-5-Issue-3.pdf. Datum des Zugriffs: 29. Juli 2019.

Molnar, Augusta. 1991. Rapid Rural Appraisal Methodology Applied to Project Planning and Implementation in Natural Resource Management. In *Soundings: Rapid and Reliable Research Methods for Practicing Anthropologists*, Hg. J. van Willigen und T. L. Finan, 11–23. o.O: NAPA.

Morrow, Susan L. 2005. Quality and Trustworthiness in Qualitative Research in Counseling Psychology. *Journal of Counseling Psychology* 52 (2): 250–260.

Mosse, David. 2001. 'People's knowledge'. Participation and Patronage: Operations and Representations in Rural Development. In *Participation: The New tyranny?* Hg. B. Cooke und U. Kothari, 16–35. London: ZedBooks.

Mosse, David, (Hg.). 2011. *Adventures in Aidland. The Anthropology of Professionals in International Development*. New York, Oxford: Berghahn.

Mukherjee, Neela. 2002. Participatory Learning and Action: With 100 Field Methods. New Delhi: Concept Publishing Company.

Müller, Roland. 2018. Disruption der Freiheit: Bedroht das Netz die Demokratie? *Südwestpresse*, 5. September 2018. https://www.swp.de/politik/inland/der-digitale-angriff-auf-die-freiheit-27493114.html. Datum des Zugriffs: 29. Juli 2019.

Murelli, Elena. 2002. *Breaking The Digital Divide: Implications For Developing Countries, Commonwealth Secretariat*. London: SFI Publishing.

Mvula Trust (Hg.). 1999. *The Demand Responsive Approach to Community Water Supply and Sanitation*. Prepared by Martin Rall. Manila, Philippines: Asian Development Bank.

Nadiruzzaman, M. und D. Wrathall. 2014. Participatory Exclusion – Elite capture of participatory approaches in the aftermath of Cyclone Sidr. UNU-EHS Working Paper Series 3 (December). https://www.munichre-foundation.org/dms/MRS/Documents/Resilience-Academy/2014_resilience_academy_wp4.pdf. Datum des Zugriffs: 29. Juli 2019.

Nanz, P. und M. Fritsche. 2012. Handbuch Bürgerbeteiligung: Verfahren und Akteure, Chancen und Grenzen. Schriftenreihe Band 1200. http://www.bpb.de/system/files/dokument_pdf/Handbuch_Buergerbeteiligung.pdf. Datum des Zugriffs: 29. Juli 2019.

Narayan, D., R. Chambers, M. K. Shah und P. Petesch. 2000. Voices of the Poor: Crying Out for Change. The World Bank. http://documents.worldbank.org/curated/en/501121468325204794/Voices-of-the-poor-crying-out-for-change. Datum des Zugriffs: 29. Juli 2019.

Narayan, D., R. Patel, K. Schafft, A. Rademacher und S. Koch-Schulte. 2000. Voices of the poor. Can Anyone Hear Us? New York: Poverty Group, PREM World Bank. http://documents.worldbank.org/curated/en/131441468779067441/Voices-of-the-poor-can-anyone-hear-us. Datum des Zugriffs: 29. Juli 2019.

Narayanasamy, N. 2009. Participatory Rural Appraisal. Principles, Methopds and Applications. New Delhi etc.: Sage.

Nelson, Erica, Gerald Bloom und Alex Shankland (Hg.). 2019. Accountability for Health Equity: Galvanising a Movement for Universal Health Coverage. IDS Bulletin. 49, 2 (May). https://bulletin.ids.ac.uk/idsbo/article/view/2973/Full%20issue%20pdf.

Nelson, Nici und S. Wright. 1995. *Power and Participatory Development: Theory and practice*. London: ITDG Publishing.

Nepal Rural Access Programme. Monitoring, Evaluation and Learning Component. 2015. Reality check approach baseline report (June 2015). UK Aid Government of Nepal Ministry of Federal Affairs and Local Development. https://itad.com/wp-content/uploads/2015/07/rca_baseline_report.pdf. Datum des Zugriffs: 29. Juli 2019.

Neubert, D., A. Neef und R. Friederichsen. 2008. Interaktive Methoden: Erfahrungen mit der Verwendung von "Participatory Rural Appraisal" (PRA) in der Forschung. In *Forschen unter Bedingungen kultureller Fremdheit*, Hg. Gabriele Cappai, 95–127. Wiesbaden: Springer VS.

Neubert, Susanne. 2010a. Wirkungsevaluation in der Entwicklungszusammenarbeit: Herausforderungen, Trends und gute Praxis. Deutsches Institut für Entwicklungspolitik (DIE) Analysen und Stellungnahmen 3/2010. https://www.die-gdi.de/uploads/media/AuS_3.2010.pdf. Datum des Zugriffs: 29. Juli 2019.

Neubert, Susanne. 2010b. MAPP: Description and Examples of MAPP. A Participatory Method for Impact Assessment of Programmes and Projects. Lusaka. http://www.ngo-ideas.net/mediaCache/MAPP/MAPP-Description.pdf. Datum des Zugriffs: 29. Juli 2019.

NGO-IDEAs. 2011. Impact Toolbox. Participatory Monitoring of Outcome and Impact, Bonn. http://ngo-ideas.net/mediaCache/impact_toolbox/NGO_Ideas_Toolbox_v05.pdf. Datum des Zugriffs: 29. Juli 2019.

Nguyen, Lisa K. 2016. *Interkulturelle Aspekte der Entwicklungszusammenarbeit: Eine ethnographische Studie zu deutschen Organisationen in Peru und Bolivien*. Münster: Waxmann.

Niederberger, Marlen und Ortwin Renn. 2018. Das Gruppendelphi-Verfahren: Vom Konzept bis zur Anwendung. Wiesbaden: Springer VS.

Nohlen, Dieter und F. Nuscheler. 1993. *Handbuch der Dritten Welt: Grundprobleme, Theorien, Strategien*. Bonn: Dietz.

Noltze, Martin. 2014. Von der Theorie des Wandels zur Überprüfung des Beitrags: Kontributionsanalyse bei einer komplexen Evaluierung. Vortrag auf der Frühjahrstagung AK Methoden, DeGEval. Bonn, 25. April 2014. https://www.degeval.org/fileadmin/users/Arbeitskreise/AK_Methoden/Vortrag_Martin_Noltze.pdf. Datum des Zugriffs: 29. Juli 2019.

Norris, Pippa. 2001. *Digital Divide: Civic Engagement, Information Poverty and the Internet Worldwide*. Cambridge: Cambridge University Press.

OECD – Organisation for Economic Co-operation and Development. 2005. Paris Declaration on Aid Effectiveness (Deutsch). http://www.oecd.org/dac/effectiveness/35023537.pdf. Datum des Zugriffs: 29. Juli 2019.

OECD – Organisation for Economic Co-operation and Development. 2009. Glossary of Key Terms in Evaluation and Results Based Management: Glossar entwicklungspolitischer Schlüsselbegriffe aus den Bereichen Evaluierung und ergebnisorientiertes Management. Paris: OECD. https://www.oecd.org/dac/evaluation/dcdndep/43184177.pdf. Datum des Zugriffs: 29. Juli 2019.

OECD – Organisation for Economic Co-operation and Development. 2013. „Gender equality and women's rights in the post-2015 agenda: A foundation for sustainable development." OECD and Post-2015 Reflections Element 3, Paper 1. Accessed September 13, 2018. Electronic Source: http://www.oecd.org/dac/POST-2015%20Gender.pdf [Ein Policy-Papier der OECD zum Thema mit Blick auf die SDGs].

OEGUT – Österreichische Gesellschaft für Umwelt und Technik. 2019. Partizipation & nachhaltige Entwicklung in Europa. Methoden. Informationswebsite des Bundesministerium für Nachhaltigkeit und Tourismus (BMNT). https://www.partizipation.at/home.html. Datum des Zugriffs: 29. Juli 2019.

Oelers, Heinz. 2015. 1000 Häuser bauen – aber wie? *Frankfurter Rundschau*, 12. Januar 2015, 71 (9).

Oels, Angela. 2007. Nachhaltigkeit, Partizipation und Macht.: oder: warum Partizipation nicht unbedingt zu Nachhaltigkeit führt. In *Partizipation und Nachhaltigkeit. Vom Leitbild zur Umsetzung*, Hg. Helga Jonuschat, 28–43. München: oekom-Verl.

Offley, Clive. 1981. The Million Dollar Man. *New Internationalist* 96. https://newint.org/features/1981/02/01/million-dollar-man. Datum des Zugriffs: 29. Juli 2019.

Olivier, Claudia. 2013. Papier trotz Laptop? Zur wechselseitigen Ergänzung von digitalen und haptischen Tools bei der qualitativen Netzwerkanalyse. In: *Visuelle Netzwerkforschung*, Hg. Michael Schönhuth et al., 99–120.

OLPC News. 2014. Goodbye One Laptop Per Child. http://olpcnews.com/about_olpc_news/goodbye_one_laptop_per_child.html. Datum des Zugriffs: 29. Juli 2019.

OLPC Wiki. 2008. Rwanda 0709.jpg. http://wiki.laptop.org/go/File:Rwanda_0709.jpg. Datum des Zugriffs: 29. Juli 2019.

Olsson, Gunilla. 1991. The Link Between Advisory Work and Academic Research and Teaching. In *The Socio-Cultural Dimension of Development*, Hg. Michael Schönhuth, 39–44. Eschborn: GTZ-Publikation.

Olympio, Francisco N. K. 2001. *Third Scramble for Africa: Power Petrodollars and Challenge of Good Governance*. Frankfurt: VDM Verlag.

Ong, Walter J. 1987. *Oralität und Literalität: Die Technologisierung des Wortes*. Wiesbaden: Springer.

Onyango, G. und M. Worthen. 2010. Handbook on Participatory Methods for Community-Based Projects: A Guide for Programmers and Implementers Based on the Participatory Action Research Project with Young Mothers and their Children in Liberia, Sierra Leone, and Northern Uganda. http://www.uwyo.edu/girlmotherspar/_files/pubs-handbook.pdf. Datum des Zugriffs: 29. Juli 2019.

Ostrom, Elinor. 1999. Revisiting the Commons. Local Lessons, Global Challenges. *Science*, 284 (5412): 278–282. https://doi.org/10.1126/science.284.5412.278.

Ostrom, Elinor. 2011. *Was mehr wird, wenn wir teilen. Vom gesellschaftlichen Wert der Gemeingüter*. München: Oekom Verlag.

Ostrom, Eilnor. 2015 [1990]. Governing the Commons: The Evolution of Institutions for Collective Action. Oxford: Cambridge University Press (Reissue).

Palibroda, Beverly, Brigetta Krieg, Lisa Murdock und Joanne Havelock. 2009. A Practical Guide to Photovoice: Sharing Pictures, Telling Stories and Changing Communities. Winnipeg, MB: The Prairie Women's Health Centre of Excellence. http://www.pwhce.ca/photovoice/pdf/Photovoice_Manual.pdf. Datum des Zugriffs: 29. Juli 2019.

Participatorymethods.org. Participatory Visual Methods: A Case Study. https://www.participatorymethods.org/method/participatory-visual-methods-case-study. Datum des Zugriffs: 29. Juli 2019.

Pauwels, Luc. 2013. Participatory' visual research revisited: A critical-constructive assessment of epistemological, methodological and social activist tenets. *Ethnography*, 16(1), 95–117. https://journals.sagepub.com/doi/pdf/10.1177/1466138113505023. Datum des Zugriffs: 26. Juni 2019.

Pels, Peter, Igor Boog, J. Henrike Florusbosch et al. 2018. Data management in anthropology: the next phase in ethics governance? *Social Anthropology*, 26 (3), August, 391–413. https://doi.org/10.1111/1469-8676.12526. https://onlinelibrary.wiley.com/doi/epdf/10.1111/1469-8676.12526. Datum des Zugriffs: 26. Juni 2019.

Peoples, James und G. Bailey. 2017. *Humanity: An Introduction to Cultural Anthropology*. Boston: Cengage Learning.

Percy-Smith, Barry und Karen Malone. 2001. Making children's participation in neighbourhood settings relevant to the everyday lives of young people. PLA Notes 42. 18–22. IIED, London. https://pure.hud.ac.uk/en/publications/making-childrens-participation-in-neighbourhood-settings-relevant. Datum des Zugriffs: 26. Juni 2019.

Pfeiffer, Constanze. 2007. *Die Erfolgskontrolle der Entwicklungszusammenarbeit und ihre Realitäten: Eine organisationssoziologische Studie zu Frauenrechtsprojekten in Afrika*. Bielefeld: transcript.

Pfeiffer, Franziska. 2019. Die 7 Formen der Beobachtung für die Bachelorarbeit mit Beispielen. https://www.scribbr.de/methodik/formen-der-beobachtung/. Datum des Zugriffs. 29. Juli 2019.

Pictures of Identity. 2016. Unbegleitete minderjährige Fluchtlinge: Stärken stärken. http://www.picturesofidentity.com/. Datum des Zugriffs: 29. Juli 2019.

Piketty, Thomas. 2014. *Das Kapital im 21. Jahrhundert*. München: C.H. Beck.

Piontek, Anja. 2017. *Museum und Partizipation: Theorie und Praxis kooperativer Ausstellungsprojekte und Beteiligungsangebote*. Bielefeld: transcript.

Plattner, Michael und Michael Schönhuth. 2009. Evaluation of a Personal Business Network with VennMaker. http://www.vennmaker.com/files/Plattner-Schoenhuth-HMI-PrototypeVenn-Business-2009-Engl-2009-3-18.pdf. Datum des Zugriffs: 19. Oktober 2019.

PLA Notes 42. 2001. Children's Participation: Evaluating Effectiveness. IIED. https://pubs.iied.org/pdfs/9113IIED.pdf. Datum des Zugriffs: 29. Juli 2019.

PLA Notes 50. 2004. Critical Reflections, Future Directions. IIED, 224–226. https://www.iied.org/pla-50-critical-reflections-future-directions. Datum des Zugriffs: 29. Juli 2019.

PLA Notes 54. 2006. Mapping for change: practice, technologies and communication. IIED. https://www.iied.org/pla-54-mapping-for-change-practice-technologies-communication. Datum des Zugriffs: 29. Juli 2019.

PLA Notes 59. 2009. Change at hand: Web 2.0 for development. IIED. https://www.iied.org/pla-59-change-hand-web-20-for-development. Datum des Zugriffs: 29. Juli 2019.

Plessner, Helmuth. 1928. *Die Stufen des Organischen und der Mensch: Einleitung in die philosophische Anthropologie*. Berlin: de Gruyter.

Polack, E. 2010. Child Rights and Climate Change Adaptation: Voices from Kenya and Cambodia. Children in a changing climate, IDS and Plan. http://www.childreninachangingclimate.org/uploads/6/3/1/1/63116409/polack_voicesfromkenyaandcambodia_2010.pdf. Datum des Zugriffs: 29. Juli 2019.

Poppe, Michaela et al. 2016. Was? Wie? Warum? Jugendliche erforschen Flusslandschaften – Förderung des Systemverständnisses als Basis für gelebte Partizipation im Flussgebietsmanagement. *Österr. Wasser- und Abfallwirtschaft* 68. https://link.springer.com/article/10.1007/s00506-016-0325-4. Datum des Zugriffs: 29. Juli 2019.

Population Council. 2002. New approaches to sex work and HIV/AIDS. *Horizons Report 02 (*May) 16 p. Washington, DC. https://www.who.int/hiv/topics/vct/sw_toolkit/Horizons_Report2.pdf. Datum des Zugriffs: 29. Juli 2019.

Pretty, J. N., I. Gujit, J. Thompson und I. Scoones. 1995. *Participatory Learning & Action A Trainer's guide*. London: International Institute for Environment and Development (IIED). https://pubs.iied.org/pdfs/6021IIED.pdf. Datum des Zugriffs: 29. Juli 2019.

Pretty, J. N. und S. D. Vouduhe. 1998. Chapter 6. Using rapid or participatory rural appraisal. In: *Improving agricultural extension: A reference manual*, Hg. B. E. Swanson, R. P. Bentz und A. J. Sofranko. Rom: FAO. http://www.fao.org/3/W5830E/W5830E00.htm. Datum des Zugriffs: 29. Juli 2019.

Prokopy, Joshua und Paul Castelloe. 1999. Participatory Development: Approaches From the Global South and the United States, Journal of the Community Development Society, 30 (2), 213–231. https://doi.org/10.1080/15575339909489722

Rademacher, F. J. und A. Schlüter. 2010. *Die Zukunft unserer Welt: Navigieren in schwierigem Gelände*. Essen: Edition Stifterverband.

Raftree, Linda und Judith Nkie. 2011. Digital mapping: a silver bullet for enhancing youth participation in governance? *PLA Notes* 64, 43–54. https://pubs.iied.org/14607IIED/. Datum des Zugriffs: 29. Juli 2019.

Rahman, Anisur M. 1985. The Theory and Practice of Participatory Action Research. In *The Challenge of Social Change*, Hg. Orlando Fals Borda, 107–132. London: Sage.

Rahnema, Majid. 1993. Partizipation. In *Wie im Westen, so auf Erden. Ein polemisches Handbuch zur Entwicklungspolitik*, Hg. Wolfgang Sachs, 248–273. Reinbek: Rowohlt.

Rambaldi, Giacomo. 1997. Transect Mapping Guidelines. Manuscript: http://pgis-tk.cta.int/m08/docs/M08U01_handout_transect_mapping.pdf. Datum des Zugriffs: 29. Juli 2019.

Rambaldi, Giacomo. 2010. *Participatory Three-Dimensional Modelling: Guiding Principles and Applications*. Wageningen, Netherlands: ACP-EU Technical Centre for Agricultural and Rural Cooperation (CTA). https://www.researchgate.net/profile/Giacomo_Rambaldi/publication/272791499/inline/jsViewer/58bc3298a6fdcc2d14e58e33. Datum des Zugriffs: 29. Juli 2019.

Rambaldi, G., R. Chambers, M. Mc Call und J. Fox. 2006. Practical ethics for PGIS practitioners, facilitators, technology intermediaries and researchers. *PLA Notes* 54, 106–113.

Rambaldi, G. et al. 2007. Through the Eyes of Hunter-Gatherers: participatory 3D modelling among Ogiek indigenous peoples in Kenya. *Information Development* 23 (2–3): 113–128. https://journals.sagepub.com/doi/pdf/10.1177/0266666907078592. Datum des Zugriffs: 29. Juli 2019.

Randall, Sara, Ernestina Coast, Natacha Compaore und Antoine, Philippe. 2013. The power of the interviewer. *Demographic Research* 28, 27. https://www.researchgate.net/profile/Philippe_Antoine/publication/236142997_The_power_of_the_interviewer/links/0a85e53661ccf3585c000000/The-power-of-the-interviewer.pdf. Datum des Zugriffs: 29. Juli 2019.

RCA – Reality Check Approach. 2015. Experiences and Perspectives of Direct Beneficiaries: Reality Check Approach Study. http://www.reality-check-approach.com/uploads/6/0/8/2/60824721/rap_beneficiaries_rca_report_final_v2.pdf. Datum des Zugriffs: 29. Juli 2019.

RCA – Reality Check Approach. Community of Practice. 2018. What is RCA? http://www.reality-check-approach.com/what-is-rca.html. Datum des Zugriffs: 29. Juli 2019.

Reallabor Go Karlsruhe. 2019. Projektleiter: Prof. Dr. Thomas Schlegel. Förderer: Ministerium für Wissenschaft, Forschung und Kunst Baden-Württemberg Laufzeit: 01.11.2015 – 31.10.2018. http://www.imm.hs-karlsruhe.de/gokarlsruhe/. Datum des Zugriffs: 29. Juli 2019.

Reason, Peter und Hillary Bradbury. (Hg.). 2006. *Handbook of action research: Participative inquiry and practice* (2. Auf.). London: Sage.

Reese, Niklas. 2005. *Armut unter Palmen: Soziale Sicherung, Bildung und Gesundheit in den Philippinen*. Essen: Asienstiftung.

Reinders, Heinz. 2016. *Qualitative Interviews mit Jugendlichen führen*. Berlin: de Gruyter.

Reinecke, Jost. 1991. Interviewereffekte und soziale Erwünschtheit: Theorie, Modell und empirische Ergebnisse. *Journal für Sozialforschung* 31(3): 293–320.

Rew, Alan. 1997. The donor's discourse: Official social development knowledge in the 1980s. In *Discourses in development: Anthropological perspectives*, Hg. R. D. Grillo und R. L. Stirrat, 81–106. Oxford: Berg.

Reybrouck, David van. 2016. *Gegen Wahlen: Warum Abstimmen nicht demokratisch ist*. Göttingen: Wallstein Verlag.

Reyes-Garcia, Victoria et al. 2010. Does participatory mapping increase conflict? A randomized experimental evaluation in the Bolivian Amazon. *Tsimane' Amazonian Panel Study Working Paper,* 59. https://heller.brandeis.edu/sustainable.../wp/TAPS-WP-59.pdf. Datum des Zugriffs: 29. Juli 2019.

Richards, Paul. 1995. Participatory Rural Appraisal: A Quick and Dirty Critique. *PLA Notes 24*, 13–16.

Rietbergen-McCracken, Jennifer. 1996. Participation in Practice: The Experience of the World Bank and Other Stake holders. World Bank: Discussion Papers 333. http://documents.worldbank.org/curated/en/963551468776728926/pdf/multi-page.pdf. Datum des Zugriffs: 29. Juli 2019.

Robinson, C. J. et al. 2016. Participatory mapping to negotiate indigenous knowledge used to assess environmental risk. *Sustainability Science* 11 (1): 115–126. https://link.springer.com/content/pdf/10.1007%2Fs11625-015-0349-x.pdf. Datum des Zugriffs: 29. Juli 2019.

Rodríguez, Clemencia. 2001. *Fissures in the Mediascape. An International Study of Citizens' Media*. Cresskill: Hampton Press.

Roleff, Daniel. 2012. Digitale Politik und Partizipation. Möglichkeiten und Grenzen. *Aus Politik und Zeitgeschichte* 7, 2012. http://www.bpb.de/apuz/75834/digitale-politik-und-partizipation-moeglichkeiten-und-grenzen. Datum des Zugriffs: 29. Juli 2019.

Rolshoven, Johanna. 2010. Fremdheit is ordinary: Kulturthema Fremdheit in der kritischen Kulturwissenschaft. In *Fremdheit – Migration – Musik. Kulturwissenschaftliche Essays für Max Matter*, Hg. N. Grosch und S. Zinn-Thomas, 11–21. Münster: Waxmann.

Rosanvallon, Pierre. 2013. *Die Gesellschaft der Gleichen*. Hamburg: Hamburger Edition.

Rosenbrock, Rolf und S. Hartung, (Hg.). 2012. *Handbuch Partizipation und Gesundheit*. Bern: Huber.

Rössel, Jörg. 2006. Daten auf der Suche nach einer Theorie: Ronald Ingleharts Analysen des weltweiten Wertewandels. In *Kultur: Theorien der Gegenwart*, Hg. S. Möbius und D. Quadflieg, 545–556. Wiesbaden: Springer VS.

Roth, Kuno. 2016. Greenpeace: Von der Theorie zur Praxis des Wandels. https://www.greenpeace.ch/de/story/9668/von-der-theorie-zur-praxis-des-wandels/. Datum des Zugriffs: 29. Juli 2019.

Rottenburg, Richard. 2002. *Weit hergeholte Fakten: Eine Parabel der Entwicklungshilfe*. Stuttgart: Lucius und Lucius.

Rotter, Maja et al. 2013. Stakeholder Participation in Adaptation of Climate Change. Lessons and Experience from Germany. Dessau-Roßlau: Umweltbundesamt. https://www.umweltbundesamt.de/sites/default/files/medien/461/publikationen/climate_change_12_2013_stakeholder_participation_in_adaptation_to_climate_change_bf_0.pdf. Datum des Zugriffs: 29. Juli 2019.

Rowden, R. und J. O. Irama. 2004. Rethinking Participation: Questions for Civil Society about the Limits of Participation in PRSPs. ActionAid International. https://www.internationalbudget.org/wp-content/uploads/Rethinking-Participation-Questions-for-Civil-Society-about-the-Limitations-of-Participation-in-PRSPs.pdf. Datum des Zugriffs: 29. Juli 2019.

Rowe, Gene und George Wright. 2011. The Delphi technique: Past, present, and future prospects. *Technological Forecasting and Social Change* 78, 9 (November).

Rowley, John, (Hg.). 2014. *Wellbeing Ranking: Developments in applied community-level poverty research*. Rugby: Practical Action Publishing Ltd.

Rowse, Tim. 1995. *After Mabo: Interpreting Indigenous Traditions*. Carlton, VIC: Melbourne University Press.

Rudersdorf, Nina. 2016. Persönliche Bezugspunkte und das Konzept des sense of place: Fotografiegestützte Leitfadeninterviews und Qualitative Inhaltsanalyse. In *Qualitative Methoden in der Sozialforschung. Forschungsbeispiele von Studierenden für Studierende*, Hg. Jeannie Wintzer, 109–116. Wiesbaden: Springer VS.

Ruth, Petra. 2001. *Partizipative Landnutzungsplanung: Theorie und Praxis am Beispiel der Gemeinde Alcoy, Cebu/Philippinen*. München: Beck.
Sachs, Wolfgang. 1992. *The Development Dictionary: A Guide to Knowledge as Power*. London: Zed Books.
Sachs, Wolfgang. 2002. *Nach uns die Zukunft. Der globale Konflikt um Gerechtigkeit und Ökologie*. Frankfurt a. M.: Brandes & Apsel.
Sahlins, Marshall. 1974. *Stone Age Economics*. London: Tavistock.
Sawhney, Nitin. 2008. Voices Beyond Walls: The Role of Digital Storytelling for Empowering Marginalized Youth in Refugee Camps. IDC Workshops June 3–5, 2009. http://homepage.divms.uiowa.edu/~hourcade/idc-workshop/sawhney.pdf. Datum des Zugriffs: 29. Juli 2019.
Schäfer, Armin. 2015. *Der Verlust politischer Gleichheit. Warum die sinkende Wahlbeteiligung der Demokratie schadet*. Frankfurt a. M.: Campus.
Schäfer, Rita. 1995. *Frauenorganisationen und Entwicklungszusammenarbeit: Traditionelle und moderne afrikanische Frauenzusammenschlüsse im interethnischen Vergleich*. Pfaffenweiler: Centaurus Verlag & Media UG.
Schaupp, Ulrike. 2012. *Soziale Identität und schulische Transition. Gruppengefühl und –zugehörigkeit beim Übergang von der Primar- in die Sekundarschule*. Wiesbaden: Springer.
Schedler, Andreas. 1999. Conceptualizing Accountability. In *The Self-Restraining State: Power and Accountability in New Democracies*, Hg. A. Schedler, L. Diamond und M. F. Plattner, 14–17. Boulder: Lynne Rienner.
Schensul, Jean J. und Margaret D. LeCompte. 2012. *Essential Ethnographic Methods: A Mixed Methods Approach* (Ethnographer's Toolkit, 2nd edition). Lanham: AltaMira Press.
Schiffer, Eva. 2007a. *Net-map toolbox: Influence mapping of social networks*. Washington, D.C.: International Food Policy Research Institute.
Schiffer, Eva. 2007b. Organizational learning in multi-stakeholder water governance: Net-Map Case Study Series. International Food Policy Research Institute. Washington, DC. https://netmap.files.wordpress.com/2007/11/schiffer07_net_map_water_governance_ghana.pdf. Datum des Zugriffs: 29. Juli 2019.
Schlehe Judith und Sita Hidayah. 2013. Transcultural Ethnography in Tandems: Collaboration and Reciprocity Combined and Extended. *Freiburger Ethnologische Arbeitspapiere* 23. https://www.freidok.uni-freiburg.de/fedora/objects/freidok:9155/datastreams/FILE1/content. Datum des Zugriffs: 29. Juli 2019.
Schnell, Rainer. 2019. *Survey-Interviews. Methoden standardisierter Befragungen*. Springer: Wiesbaden.
Schönhuth, Michael et al. o. J. Vennmaker. Akteurszentrierte Darstellung und Analyse sozialer Netzwerke. http://www.vennmaker.com/. Datum des Zugriffs: 29. Juli 2019.
Schönhuth, Michael. 1997. *Der Berater und die Lokale Bäuerin*. Manuskript.
Schönhuth, Michael. 1998. Was ist des Menschen Recht?: Ein ethnologischer Diskurs zum Universalitätsanspruch individueller Menschenrechte im globalen Dorf. In *Globalisierung und Modernisierung: Kräfte und Gegenkräfte, Ängste und Perspektiven*, Hg. Wolfgang Berg. SSIP Texte 5. https://www.uni-trier.de/fileadmin/fb4/ETH/Aufsaetze/Was_ist_des_Menschen_Recht.pdf. Datum des Zugriffs: 29. Juli 2019.

Schönhuth, Michael. 2005a. *Entwicklung, Partizipation und Ethnologie: Implikationen der Begegnung von ethnologischen und partizipativen Forschungsansätzen im Entwicklungskontext*. Trier: Universität Trier. https://ubt.opus.hbz-nrw.de/opus45-ubtr/frontdoor/deliver/index/docId/160/file/habil_schoenhuth.pdf. Datum des Zugriffs: 29. Juli 2019.

Schönhuth, Michael. 2005b. Das Kulturglossar. Ein Vademecum durch den Kulturdschungel für Interkulturalisten. http://www.kulturglossar.de/. Datum des Zugriffs: 29. Juli 2019.

Schönhuth, Michael. 2007. Diversity in der Werkstatt – Eine Feldstudie zum Thema Vielfalt und Behinderung. In *Diversity Management und Antidiskriminierung*, Hg. B. Steinmetz und G. Vedder, 95–114. Weimar: Bertuch-Verlag.

Schönhuth, Michael. 2009. Participatory Appraisal of a Personal Network with VennMaker. http://www.vennmaker.com/files/Schoenhuth-1stTestTut-Migrants-Engl-23Mrz2009-All.pdf. Datum des Zugriffs: 29. Juli 2019.

Schönhuth, Michael. 2010. Kultur im Fokus der Entwicklungspolitik und Entwicklung im Fokus der Auswärtigen Kulturpolitik. In *Kultur und globale Entwicklung: Die Bedeutung von Kultur für die politische, wirtschaftliche und soziale Entwicklung*, Hg. Jürgen Wilhelm, 182–189. Berlin: Berlin University Press.

Schönhuth, Michael. 2019a. Hexerei, Verwandtschaft, Unterentwicklung und die Kultur der Armut: Einsichten vom afrikanischen Kontinent. *Entwicklungsethnologie* 23.+24.Jg. (2016 und 2017): 59–70.

Schönhuth, Michael. 2019b (im Druck). Kompetenzlosigkeitskompetenz oder die Kunst der Abduktion. In *Interkulturelle Kompetenz: kritische Perspektiven*, Hg. Alois Moosmüller. München: Münchener Beiträge zur Interkulturellen Kommunikation.

Schönhuth, Michael. 2019c (im Druck). Ethnologische Ethnographie. In: *Handbuch Soziologische Ethnographie*. Hg. A. Poferl und N. Schröer Wiesbaden: Springer VS.

Schönhuth, Michael, (Hg.). 1991. *The Socio-Cultural Dimension of Development: The Contribution of Sociologists and Social Anthropologists to the Work of Development Agencies*. Eschborn: GTZ et al.

Schönhuth, Michael und Uwe Kievelitz. 1995. *Participatory Learning Approaches: Rapid Rural Appraisal / Participatory Appraisal: An introductory guide*. Roßdorf: TZ Verlagsgesellschaft.

Schönhuth, Michael, Felix Kupper und Dagmar Horn. 2000. Hätt' ich Fliegel, würd ich nach Deutschland fliegen. Eine partizipative Feldstudie bei Angehörigen der deutschen Minderheit in einem sibirischen Dorf. *Trierer Reihe Materialien zur Ethnologie (1)*. Trier: Selbstverlag. https://www.uni-trier.de/fileadmin/fb4/ETH/Aufsaetze/Schoenhuth2000_Zako-Publikation-TriererMat1_final.pdf. Datum des Zugriffs: 29. Juli 2019.

Schönhuth, Michael und Frank Bliss. 2001. Ethische Leitlinien der Arbeitsgemeinschaft Entwicklungsethnologie (AGEE) e.V. Erläuterungen und Hinweise. *Trierer Materialien zur Ethnologie 2*. http://entwicklungsethnologie.org/wp-content/uploads/2010/09/Ethische-Leitlinien-der-AGEE-Kurzversion.pdf. Datum des Zugriffs: 29. Juli 2019.

Schönhuth, Michael, Markus Gamper, Michael Kronenwett und Martin Stark. 2013. *Visuelle Netzwerkforschung*. Bielefeld: transcript.

Schroer, Jürgen. 1998. Entwicklungspolitik in Castrop-Rauxel und anderswo: Eine Weltpolitik als landespolitische Aufgabe. In *Entwicklungspolitische Zusammenarbeit in der Bundesrepublik Deutschland und der DDR*, Hg. Hans-Jörg Bücking, 50–56. Berlin: Duncker und Humblot.

Schwartz, S. und R. Lederman. 2011. Collaborative Methods: A Comparison of Subfield Styles. *Reviews in Anthropology* 40 (1): 53–77.

Scoones, Ian. 1995. PRA and anthropology. Challenges and Dilemmas. *PLA Notes 24*, 17–20.

Seithel, Friderike. 2000. *Von der Kolonialethnologie zur Advocacy Anthropology. Zur Entwicklung einer kooperativen Forschung und Praxis von EthnologInnen und indigenen Völkern.* Münster: LIT.

SFCG (Search for Common Ground).o. J. Participatory Theatre. https://www.youtube.com/watch?v=ph7_nJP5MQs. Datum des Zugriffs: 28. Junin 2019.

Shah, Ashish. 2017. Democracy of the Ground? Encountering Elite Domination during Fieldwork. In *Understanding Global Development Research*, Hg. Gordon Crawford, 47–52. London: Sage Publications.

Shrijvers, Joke. 1995. Participation and power. A transformative feminist research perspective. In *Power and Participatory Development: Theory and practice*, Hg. S. Wright und N. Nelson, 19–29. London: ITP.

SIDA – Swedish International Development Cooperation Agency. 2015. Women and Landrights: Policy Brief. https://www.sida.se/contentassets/1cc2e9756fd04d80bb-a64d0d635fe158/women-and-land-rights.pdf. Datum des Zugriffs: 29. Juli 2019.

Siebenhüner, Bernd. 2001. Homo Sustinens: Homo Sustinens als Menschenbild für eine nachhaltige Ökonomie. https://www.sowi-online.de/sites/default/files/siebenhuener.pdf. Datum des Zugriffs: 29. Juli 2019.

Silvestrini, S. und R. Stockmann. 2013. Metaevaluierung Berufsbildung: Ziele, Wirkungen und Erfolgsfaktoren der deutschen Berufsbildungszusammenarbeit. Buchreihe *Sozialwissenschaftliche Evaluationsforschung*, Bd. 12, Hg. Reinhard Stockmann. Münster: Waxmann.

Simon, Nina. 2012. Das partizipative Museum. In *Das partizipative Museum: Zwischen Teilhabe und User Generated Content: Neue Anforderungen an kulturhistorische Ausstellungen*, Hg. S. Gesser, M. Handschin, A. Jannelli und S. Lichtensteiger, 95–108. Bielefeld: transcript.

Sinus Markt- und Sozialforschung. 2016. Sinus-Studie zu den Migranten-Lebenswelten in Deutschland 2016. https://www.sinus-institut.de/sinus-loesungen/sinus-migrantenmilieus/. Datum des Zugriffs: 29. Juli 2019.

Slocum, Nikki. 2003. Participatory methods toolkit. A practitioner's manual. King Baudouin Foundation and the Flemish Institute for Science in collab. with United Nations University. http://archive.unu.edu/hq/library/Collection/PDF_files/CRIS/PMT.pdf. Datum des Zugriffs: 24.07. 2019.

Sökefeld, Martin. 2012. Identität: ethnologische Perspektiven. In *Identität. Ein Kernthema moderner Psychotherapie: Interdisziplinäre Perspektiven*, Hg. Hilarion G. Petzold, 39–56. Wiesbaden: Springer VS.

Spies, Eva. 2006. *Das Dogma der Partizipation: Interkulturelle Kontakte im Kontext der Entwicklungszusammenarbeit in Niger*. Dissertation. Köln: Rüdiger Köppe.

Spies, Eva. 2010. Partizipative Entwicklung: eine global anwendbare Vorstellung von Zusammenarbeit? *Journal für Entwicklungspolitik* 4: 50–72.

Spradley, James P. [1979] 1997. *The Ethnographic Interview*. New York: Holt, Rinehart and Winston.

Spülbeck, Susanne. 1998. *Biographische Forschung in der Ethnologie. Theorien – Methoden – Probleme*. Münster: LIT-Verlag.
Stadler, Christian und S. Kern. 2010. *Psychodrama: Eine Einführung*. Wiesbaden: Springer VS.
Stadtverwaltung Trier. 2019. Trierer Aktionsplan Entwicklungspolitik. Trier: Büro des Oberbürgermeisters. https://www.trier.de/File/190325-aktionsplan-web_3.pdf. Datum des Zugriffs: 29. Juli 2019.
Stagl, Justin. 1999. Kulturwandel. In *Neues Wörterbuch der Völkerkunde*, Hg. Walter Hirschberg, 227. Berlin: Reimer.
Stamm, L. und L. Bettzieche. 2015. How the Child's Right to Participation Can be Promoted in German Development Cooperation. German Institute for Human Rights. https://www.institut-fuer-menschenrechte.de/fileadmin/user_upload/Publikationen/Studie/How_the_Child_s_Right_to_Participation_Can_be_Promoted_in_German_Development_Cooperation.pdf. Datum des Zugriffs: 29. Juli 2019.
Stegemann, A. und T. Morris, (Hg.). 2016. Realizing the Potential of Community Based Monitoring in Assessing the Health of Our Waters. Our Living Waters. https://d3n8a8pro7vhmx.cloudfront.net/freshwateralliance/pages/217/attachments/original/1476805515/Realizing_the_Potential_of_Community_Based_Monitoring.pdf. Datum des Zugriffs: 29. Juli 2019.
Steinke, Ines. 2000. Gütekriterien qualitativer Forschung. In *Qualitative Forschung: Ein Handbuch*, Hg. U. Flick, E. von Kardorff und I. Steinke, 319–331. Hamburg: Rowohlt Taschenbuch.
Stockmann, Reinhard. 1996. *Die Wirksamkeit der Entwicklungshilfe: Eine Evaluation der Nachhaltigkeit von Programmen und Projekten der Berufsbildung*. Opladen: Westdeutscher Verlag.
Stockmann, Reinhard. 2002. Was ist eine gute Evaluation. *Ceval-Arbeitspapiere* 9. Saarbrücken: Centrum für Evaluation.
Stockmann, Reinhard. 2016. Einleitung. In *Entwicklungspolitik: Theorien – Probleme – Strategien*, Hg. R. Stockmann, U. Menzel und F. Nuscheler, 1–10. Berlin: de Gruyter.
Stollorz, Volker. 2011. Elinor Ostrom und die Wiederentdeckung der Allmende. *Aus Politik und Zeitgeschichte (APuZ)* 61 (28–30): 3–8.
Ströbele-Gregor, Juliana. 2004. *Indigene Völker und Gesellschaft in Lateinamerika: Herausforderungen an die Demokratie*. Deutsche Gesellschaft für Technische Zusammenarbeit, 1–27.
Stroud, Natalie Jomini. 2018. Selective Exposure Theories. In *The Oxford Handbook of Political Communication*, Hg. K. Kenski und K. H. Jamieson. https://doi.org/10.1093/oxfordhb/9780199793471.013.009_update_001.
Sultana, Farhana. 2015. Rethinking Community and Participation in Water Governance. In *The Routledge Handbook of Gender and Development*, Hg. A. Coles, J. Momsen und L. Grey, 261–272. https://www.researchgate.net/profile/Farhana_Sultana/publication/273914401_Rethinking_Community_and_Participation_in_Water_Governance/links/55103add0cf2ba84483d31d3/Rethinking-Community-and-Participation-in-Water-Governance.pdf?origin=publication_detail. Datum des Zugriffs: 29. Juli 2019.
Sülzer, R. und A. Zimmermann. 2013. *Abschied vom Planungswahn: Neue und alte Organisationsfragen der Internationalen Zusammenarbeit*. Wiesbaden: Springer VS.
Sword-Daniels, Victoria, John Twigg und Susan Clare Loughlin. 2015. Time for change? Applying an inductive timeline tool for a retrospective study of disaster recovery in

Montserrat, West Indies. *International Journal of Disaster Risk Reduction,* 12, 125–133. http://discovery.ucl.ac.uk/1475083/1/Sword-Daniels_The%20use%20of%20timeline%20tools%20within%20participatory%20research_22%2012%2014_final.pdf. Datum des Zugriffs: 29. Juli 2019.

Tanner, Thomas und Frances Seballos. 2012. Action Research with Children: Lessons from Tackling Disasters and Climate Change. IDS Bulletin 43(3): 59–70 https://opendocs.ids.ac.uk/opendocs/handle/123456789/7490. Datum des Zugriffs: 29. Juli 2019.

Tapia, M., A. Brasington und L. van Lith. 2007. *Involving Those Directly Affected in Health and Development Communication Programs.* Baltimore: Health Communication Partnerships. https://www.participatorymethods.org/sites/participatorymethods.org/files/Involving%20those%20directly%20affected%20in%20health.pdf. Datum des Zugriffs: 29. Juli 2019.

Tavangar, Temily. 2016. Development and Anthropology: Moving From Participatory to Collaborative Methods. OIDA – International Journal of Sustainable Development 9: 33–46. https://www.researchgate.net/publication/313413842_Development_and_Anthropology_Moving_From_Participatory_to_Collaborative_Methods. Datum des Zugriffs: 29. Juli 2019.

Taylor, Zack. 2016. Good Governance at the Local Level: Meaning and Measurement. *IMFG Papers on Municipal Finance and Governance,* 16. Toronto: Western University. https://munkschool.utoronto.ca/imfg/uploads/346/imfgpaper_no26_goodgovernance_zacktaylor_june_16_2016.pdf. Datum des Zugriffs: 29. Juli 2019.

Teves, Lurli. 2000. *The Sociocultural Dimension of People's Participation in Community-Based Development: The Role of Patron-Client System in the Phillippines.* Kassel: Selbstverlag der Tropenlandwirte Witzenhausen.

The Nature Conservancy. 2014. Adapting to a Changing Climate-Workshop Report-Guam. March 10–14. https://data.nodc.noaa.gov/coris/library/NOAA/CRCP/NOS/OCM/Projects/198/NatureConservancy2017n_AdaptingWorkshop.pdf. Datum des Zugriffs: 29. Juli 2019.

Thomas, Pamela, (Hg.). 2013. *Challenges for participatory development in contemporary development practice.* Development Studies Network. Development Bulletin 75. https://crawford.anu.edu.au/rmap/devnet/devnet/db-75.pdf. Datum des Zugriffs: 29. Juli 2019.

Thomas, Pamela. 2013. Introduction. In *Challenges for participatory development in contemporary development practice.* Development Studies Network. Development Bulletin 75, Hg. Pamela Thomas, 4–9. https://crawford.anu.edu.au/rmap/devnet/devnet/db-75.pdf. Datum des Zugriffs: 29. Juli 2019

Tonti, Annick. 1991. The Model of Swiss Development Cooperation. In *The Socio-Cultural Dimension of Development: The Contribution of Sociologists and Social-Anthropologists to the Work of Development Agencies,* Hg. Michael Schönhuth, 54–57. Eschborn: GTZ-Publikation.

Townsend, Ditch und Anne Garrow. 2003. Drugs, AIDS, and PLA in Myanmar/Burma. *PLA Notes,* 46, 58 – 61

Transparency International. Was ist Korruption? https://www.transparency.de/ueber-uns/was-ist-korruption/?L=0. Datum des Zugriffs: 29. Juli 2019.

Treaty Alliance Deutschland. 2017. *Für eine menschenrechtliche Regulierung der globalen Wirtschaft. Positionspapier der Treaty Alliance Deutschland zum UN-Treaty-Prozess zu transnationalen Konzernen und anderen Unternehmen.* Berlin: CorA-Netzwerk für Unternehmensverantwortung. https://power-shift.de/wp-content/uploads/2017/09/Treaty-Alliance-D_Positionspapier_12-2017.pdf. Datum des Zugriffs: 29. Juli 2019.

Trierer Summer School on Social Network Analysis.12. Trierer Summer School on Social Network Analysis. https://www.sna-summerschool.de/. Datum des Zugriffs: 29. Juli 2019.

Tufte, Thomas und P. Mefalopulos. 2009. *Participatory Communication: A Practical Guide*. Washington, D.C.: The International Bank for Reconstruction and Development/ The World Bank. https://elibrary.worldbank.org/doi/abs/10.1596/978-0-8213-8008-6. Datum des Zugriffs: 29. Juli 2019.

Tunamsifu, Shirambere Philippe. 2015. *Transitional justice and peacebuilding in the Democratic Republic of the Congo*. https://www.accord.org.za/ajcr-issues/transitional-justice-and-peacebuilding-in-the-democratic-republic-of-the-congo/. Datum des Zugriffs: 29. Juli 2019.

Turac, M. und A. Lotfi. 2017. *Partizipative Flüchtlingsarbeit: Chancen und Herausforderungen im Rahmen einer Bildung für nachhaltige Entwicklung*. http://umweltbildung-mit-fluechtlingen.de/fileadmin/umf/Veranstaltungsdokus/Turac_Partizipative__Fl%C3%BCchtlingsarbeit1_Nov._2017.pdf. Datum des Zugriffs: 29. Juli 2019.

UN. o. J. Erklärung der Vereinten Nationen über die Rechte der indigenen Völker. (Anlage zu RESOLUTION 61/295 der VN-Generalversammlung). http://www.humanitaeres-voelkerrecht.de/ERiV.pdf. Datum des Zugriffs: 29. Juli 2019.

UNDP. 2006. Youth and Violent Conflict: Society and Development in Crisis? New York: UNDP.

UNESCO-Kommission. 1983. *Weltkonferenz über Kulturpolitik. Schlussbericht der von der UNESCO vom 26. Juli bis 6. August 1982 in Mexiko-Stadt veranstalteten internationalen Konferenz*. Deutsche UNESCO-Kommission (UNESCO-Konferenzberichte, Nr. 5): 121. München: K. G. Saur.

UNHCR. 2008. A Community-based Approach in UNHCR Operations. https://www.unhcr.org/publications/legal/47ed0e212/community-based-approach-unhcr-operations.html. Datum des Zugriffs: 29. Juli 2019.

UNICEF. 2011. Children's Vulnerability to Climate Change and Disaster Impacts in East Asia and the Pacific. UNICEF East Asia and Pacific Regional Office. https://www.unicef.org/media/files/Climate_Change_Regional_Report_14_Nov_final.pdf. Datum des Zugriffs: 29. Juli 2019.

UNISDR (United Nations Office for Disaster and Risk reduction).2012. Children's Action for Disaster Risk Reduction. https://www.unisdr.org/files/29304_bookunisdrfinishweb.pdf. Datum des Zugriffs: 29. Juli 2019.

Van de Sand, Klemens. 2009. Was ist aus Armutsbekämpfung und Partizipation in der deutschen Entwicklungszusammenarbeit geworden? *KAS Auslandsinformationen* 11: 7–19. https://www.kas.de/c/document_library/get_file?uuid=261cc469-ad0f-1dfd-03dd-6b0a-c072a6d2&groupId=252038. Datum des Zugriffs: 29. Juli 2019.

Vermeulen, Stefan und M. Teller. 2010. *Participation of children and young people in poverty: Lessons from practice*. Brüssel: The King Baudouin Foundation & Unicef Belgien.

Viar, Eduardo J. 2007. Die politische Partizipation von Migranten stärkt die Demokratie: Fallstudie: die bolivianische Minderheit in Argentinien. In *¿Sin fronteras? Chancen und Probleme lateinamerikanischer Migration*, Hg. Lena Berger, 49–72. München: Peter Lang.

Vokral, Edita. 1994. Partizipative Methoden und Gruppenzusammenhalt: Erfahrungen mit Frauen im Andenhochland Ecuadors. *Entwicklungsethnologie* 3 (1): 26–45.

von Braun, J., U. Grote und J. Jütting. 2000. Working Paper: Zukunft der Entwicklungszusammenarbeit. *ZEF Discussion Papers on Development* No 24. https://www.zef.de/uploads/tx_zefportal/Publications/zef_dp24-00.pdf. Datum des Zugriffs: 29. Juli 2019.

von Freyhold, Michaela. 2002. Partizipation als Leitvorstellung von Nicht-Regierungsorganisationen und die Kritik daran. In *Peripherie* 87: 271–292.
von Unger, H., H.-J. Dilger und M. Schönhuth. 2016. Ethikbegutachtung in der sozial- und kulturwissenschaftlichen Forschung? Ein Debattenbeitrag aus soziologischer und ethnologischer Sicht. *Forum Qualitative Sozialforschung* 17 (3, Art. 20). http://www.qualitative-research.net/index.php/fqs/article/view/2719/4033. Datum des Zugriffs: 29. Juli 2019.
von Unger, H. und P. Narimani. 2012. Ethische Reflexivität im Forschungsprozess: Herausforderungen in der Partizipativen Forschung. *WZB Discussion Paper* (SP I 2012-304). https://bibliothek.wzb.eu/pdf/2012/i12-304.pdf. Datum des Zugriffs: 29. Juli 2019.
von Unger, Hella. 2012. Partizipative Gesundheitsforschung: Wer partizipiert woran? *Forum Qualitative Sozialforschung* (1, Art. 7). http://www.qualitative-research.net/index.php/fqs/article/view/1781. Datum des Zugriffs: 29. Juli 2019.
Wagner, Bernd. 2002. Kulturelle Globalisierung. Von Goethes „Weltliteratur" zu den weltweiten Teletubbies. *Aus Politik und Zeitgeschichte (APuZ)* 12: 11–18.
Walk, Heike. 2008. Partizipative Governance: Beteiligungsformen in der Klimapolitik. Wiesbaden: Springer VS.
Wallerstein, Immanuel. 1988. Die Konstruktion von Völkern: Rassismus, Nationalismus, Ethnizität. In *Rasse, Klasse, Nation: Ambivalente Identitäten*, Hg. É.Balibar und I. Wallerstein, 87–106. Hamburg: Argument Verlag.
Wallerstein, Immanuel. 2004. *World-Systems Analysis: An Introduction*. Durham: Duke University Press.
Walton, Michael, and V. Rao, (Hg.). 2004. *Culture and Public Action*. Stanford: Stanford University Press. http://documents.worldbank.org/curated/en/243991468762305188/pdf/298160018047141re0and0Public0Action.pdf. Datum des Zugriffs: 29. Juli 2019.
Walz, Susanne, et al. 2011. Handbuch zur Partizipation. Berlin: Kulturbuch-Verlag GmbH. https://www.stadtentwicklung.berlin.de/soziale_stadt/partizipation/download/Handbuch_Partizipation.pdf. Datum des Zugriffs: 29. Juli 2019.
WBGU – Wissenschaftlicher Beirat der Bundesregierung Globale Umweltveränderungen. 2004. Welt im Wandel. Armutsbekämpfung durch Umweltpolitik. Berlin: Springer.
Wealth, Doty A.J. 2014. Participatory Wealth Rankings as A Tool for Targeting and Evaluation: Do participatory methods successfully identify the poor and measure change in their lives? https://villageenterprise.org/wp-content/uploads/2015/12/Participatory-Wealth-Ranking-and-PPIs_November_2015_AJ-white-paper.pdf. Datum des Zugriffs: 29. Juli 2019.
Weber, Max. 1922. Wirtschaft und Gesellschaft Grundriss der verstehenden Soziologie: Erster Teil: Die Wirtschaft und die gesellschaftlichen Ordnungen und Mächte, Kapitel 1, § 16. Tübingen: Mohr. https://www.textlog.de/7312.html. Datum des Zugriffs: 29. Juli 2019.
Webler, Thomas und Ortwin Renn. 1995. A brief Primer on Participation: Philosophy. In *Fairness and Competence in Citizen Participation*, Hg. Ortwin Renn, Thomas Webler, and Peter Wiedemann, 17–34. Wiesbaden: Springer.
Weidemann, Doris. 2001. Learning About „Face": „Subjective Theories" as a Construct in Analysing Intercultural Learning Processes of Germans in Taiwan. *Forum Qualitative Social Research* 2 (3, Art. 20). http://www.qualitative-research.net/index.php/fqs/article/viewArticle/915/1998#g64. Datum des Zugriffs: 29. Juli 2019.

Weißman, Karsten et al. 2016. Aufbau eines PPGIS zur Standortplanung von Fahrradstationen. *AGIT – Journal für Angewandte Geoinformatik*, 2: 285–290. https://gispoint.de/fileadmin/user_upload/paper_gis_open/AGIT_2016/537622042.pdf. Datum des Zugriffs: 9. Juli 2019.

Wessels, Bridgette. 2013. The reproduction and reconfiguration of inequality: Differentiation and class, status and power in the dynamics of digital divides. In *The Digital Divide*, Hg. M. Ragnedda und G. W. Muschert, 17–28. New York: Routledge.

WHO. 2014. Verfassung der Weltgesundheitsorganisation. https://www.admin.ch/opc/de/classified-compilation/19460131/201405080000/0.810.1.pdf. Datum des Zugriffs: 29. Juli 2019.

Wikan, Unni. 1980. *Life Among the Poor in Cairo*. London: Tavistock.

Wikipedia. Industriestaat. https://de.wikipedia.org/wiki/Industriestaat. Datum des Zugriffs: 29. Juli 2019.

Wikipedia. Protest gegen Stuttgart 21. https://de.wikipedia.org/wiki/Protest_gegen_Stuttgart_21. Datum des Zugriffs: 29. Juli 2019.

Wikipedia. World-Café https://de.wikipedia.org/wiki/World-Caf%C3%A9. Datum des Zugriffs: 29. Juli 2019.

Wilhelm, Jan Lorenz, (Hg.). 2015. *Evaluation komplexer Systeme: Systemische Evaluationsansätze in der deutschen Entwicklungszusammenarbeit*. Universität Potsdam: Potsdamer Geographische Praxis 10. https://publishup.uni-potsdam.de/opus4-ubp/frontdoor/deliver/index/docId/7838/file/pgp10.pdf. Datum des Zugriffs: 29. Juli 2019.

Will, Christian. 2016. *Armutsökonomie: Zwischen Bürgerengagement und Staatsversagen*. Hochschule Mittweida (BA-Thesis). https://monami.hs-mittweida.de/frontdoor/deliver/index/docId/6656/file/Bachelorarbeit+Christian+Will+2016.pdf. Datum des Zugriffs: 29. Juli 2019.

Wilson, E., A. Kenny, V. Dickson-Swift. 2018. Ethical challenges of community based participatory research: exploring researchers' experience. *International Journal of Social Research Methodology* 21 (1): 7–24.

Wilson, James Q. 1963. Planning and Politics: Citizen Participation in Urban Renewal. *Journal of the AIP* (Nov. 1963): 242–249.

Wimmer, Andreas. 1996. Einleitung. In *Weltsystem und kulturelles Erbe: Gliederung und Dynamik der Entwicklungsländer aus ethnologischer und soziologischer Sicht*, Hg. Hans-Peter Müller, 9–17. Köln: Weltforumverlag.

Wimmer, Andreas. 1997. Die Pragmatik der kulturellen Produktion: Anmerkungen zur Ethnozentrismusproblematik aus ethnologischer Sicht. In *Ethnozentrismus: Möglichkeiten und Grenzen des interkulturellen Dialogs*, Hg. M. Brocker und H. H. Nau, 120–140. Darmstadt: Wissenschaftliche Buchgesellschaft.

Winker, Gabriele und N. Degele. 2010. *Intersektionalität. Zur Analyse sozialer Ungleichheiten*. 2. Aufl. Bielefeld: transcript.

Wittekopf, Gabi und Michael Noack. 2015. Form follows Function: Stadtteilerkundung im Rollstuhl und Stadtteilbegehung Indoor als Varianten der Stadtteilbegehung. Sozialraum. DE, 7,1. https://www.sozialraum.de/form-follows-function.php. Datum des Zugriffs: 27.07.2019

Wöhrer, Veronika, Doris Arztmann, Teresa Wintersteller et al. 2017. Was ist Partizipative Aktionsforschung? Warum mit Kindern und Jugendlichen? In: dies.: Partizipative Aktionsforschung mit Kindern und Jugendlichen. Wiesbaden: Springer, 28–47.

Wolf, Veronika. 2016. Psychische Leiden und Krankheiten im interkulturellen Vergleich: ein Interview mit Helene Basu. https://www.medizinethnologie.net/interview-basu/. Datum des Zugriffs: 29. Juli 2019.
World Bank. o. J. Participation & Civic Engagement Group: Das Partizipationsportal der Weltbank. Themen: Social Accountability; Civic Engagement Participatory M&E. Participation at the Project, Program & Policy http://go.worldbank.org/SOCP6G0IH0.
World Bank o. J. Tool: Wealth/Well Being Ranking: https://siteresources.worldbank.org/EXTTOPPSISOU/Resources/1424002-1185304794278/4026035-118537565 3056/4028835-1185375678936/5_Wealth_ranking.pdf.
World Bank. 1996. *The World Bank Participation Source Book*. Washington D.C.: World Bank. http://documents.worldbank.org/curated/en/289471468741587739/pdf/multi-page.pdf. Datum des Zugriffs: 29. Juli 2019.
World Bank. 2001. *World Development Report 2000/2001: Attacking Poverty*. New York: Oxford University Press. https://openknowledge.worldbank.org/handle/10986/11856. Datum des Zugriffs: 29. Juli 2019.
World Bank. 2008. The TIPs Sourcebook: Participatory Tools for Micro-Level Poverty and Social Impact Analysis. web.worldbank.org/WBSITE/EXTERNAL/TOPICS/EXTSOCIALDEVELOPMENT/EXTTOPPSISOU/0,,contentMDK:21421096~menuPK:4028954~pagePK:64168445~piPK:64168309~theSitePK:1424003,00.html. Datum des Zugriffs: 29. Juli 2019.
World Bank. 2018a. South-South Learning Forum 2018: Building Resilience Through Adaptive Social Protection. http://www.worldbank.org/en/events/2018/03/13/south-south-learning-forum-2018. Datum des Zugriffs: 29. Juli 2019.
World Bank. 2018b. Worldwide Governance Indicators. http://info.worldbank.org/governance/wgi/index.aspx#home. Datum des Zugriffs: 29. Juli 2019.
World Commission on Environment and Development. 1987. *Our Common Future*. Oxford: Oxford University Press. http://www.un-documents.net/wced-ocf.htm. Datum des Zugriffs: 29. Juli 2019.
World Summit Award Winners. 2007. Intangible Cultural Heritage in Fiji: https://web.archive.org/web/20081118164116/http://www.wsis-award.org/winners/winners.wbp?year=2007. Datum des Zugriffs: 29. Juli 2019.
Wurzer, Jörg. 1994. Karl Poppers Kübel- und Scheinwerfermodell der Erkenntnis. http://wurzer.org/Homepage/Publikationen/Eintr%C3%A4ge/1994/5/1_Karl_Poppers_K%C3%Bcbel_und_Scheinwerfermodell_der_Erkenntnis_files/kuebel_und_scheinwerfer.pdf. Datum des Zugriffs: 29. Juli 2019.
Zanella, Matheus Alves, Judith Rosendahl und Jes Weigelt, (Hg.). 2015. *Pro-poor Resource Governance under Changing Climates*. Potsdam: IASS; Rom: IFAD. https://www.researchgate.net/publication/273403446_Pro-poor_Resource_Governance_under_Changing_Climates_BOOK. Datum des Zugriffs: 29. Juli 2019.
Zaunreiter, Adson (i.e. Michael Schönhuth). 1993. Notizen aus dem Felde. In: Ethnologie der Arbeitswelt. Beispiele aus europäischen und außereuropäischen Feldern', Hg. Sabine Helmers. Bonn: Holos, S. 133–144. http://www.uni-trier.de/fileadmin/fb4/ETH/Aufsaetze/Zaunreiter1993_NotizenAusDemFelde.pdf. Datum des Zugriffs: 1.7. 2019.
Zeuch, Andreas. 2015. *Alle Macht für niemand. Aufbruch der Unternehmensdemokraten*. Hamburg: Murmann.
Ziai, Aram. 2010. Postkoloniale Perspektiven auf „Entwicklung". *Peripherie* 120: 399–426.

Zillien, Nicole und M. Haufs-Brusberg. 2014. *Wissenskluft und Digital Divide*. Baden-Baden: Nomos.

Zimmermann, Arthur. 2003. Partizipation Dimensionen – Akteure – kulturelle Bühne. PPT-Präsentation. o.O.: GTZ.

Zimmermann, Arthur. 2006. Instrumente zur AkteursAnalyse: 10 Bausteine für die partizipative Gestaltung von Kooperationssystemen. Sektorvorhaben Mainstreaming Participation. Eschborn: GTZ. http://star-www.giz.de/dokumente/bib/06-0488.pdf. Datum des Zugriffs: 29. Juli 2019.

Zimmermann, Arthur 2011. *Kooperationen erfolgreich gestalten. Konzepte und Instrumente für Berater und Entscheider*. Stuttgart: Schäffer-Peoschel Verlag.

Zimmermann, Friedrich M. 2016. Was ist Nachhaltigkeit: eine Perspektivfrage? In *Nachhaltigkeit wofür? Von Chancen und Herausforderungen für eine nachhaltige Zukunft*, Hg. Friedrich M. Zimmermann, 1–24. Wiesbaden: Springer.

Zink, Roland et al. 2016. Interaktives GIS-Framework für partizipative Raumplanungsverfahren. AGIT – Journal für Angewandte Geoinformatik, 2, 488–497. https://gispoint.de/fileadmin/user_upload/paper_gis_open/AGIT_2016/537622065.pdf. Datum des Zugriffs: 05. Juli 2019.

Chevalier, Jacques M. und Daniel J. Buckles. 2019a. Handbook for Participatory Action, Research, Planning and Evaluation. SAS2 Dialogue. Ottawa. (Revised edition). https://www.participatoryactionresearch.net/publications. Datum des letzten Zugriffs: 19. Oktober 2019.

Chevalier, Jacques M. und Daniel J. Buckles. 2019b. Participatoty Actions Rsearch. Theory and Methods for Engaged Inquiry. London: Routledge.

Estelella, Adolfo und Tomás Sánchez Criado. 2019. Experimental Collaborations. Ethnography Through Fieldwork Devices. New York, Oxford: Berghahn.

Archon Fung, (2006) Varieties of Participation in Complex Governance. Public Administration Review 66 (s1):66-75

Krueger, Richard A. und Mary Anne Casey. 2015. Focus Groups. A Practical Guide for Applied Research. Thousand Oaks: Sage. (5th ed.)

Plattner, Michael und Michael Schönhuth. 2009. Evaluation of a Personal Business Network with VennMaker. http://www.vennmaker.com/files/Plattner-Schoenuth-HMI-PrototypeVenn-Business-2009-Engl-2009-3-18.pdf. Datum des Zugriffs: 19. Oktober 2019.

MIX
Papier aus verantwortungsvollen Quellen
Paper from responsible sources
FSC® C105338

If you have any concerns about our products,
you can contact us on
ProductSafety@springernature.com

In case Publisher is established outside the EU,
the EU authorized representative is:
Springer Nature Customer Service Center GmbH
Europaplatz 3, 69115 Heidelberg, Germany

Printed by Libri Plureos GmbH
in Hamburg, Germany